Mémoires
pour mon pays

Wilfried Martens

Mémoires pour mon pays

Adapté en français par Guy Daloze

Éditions Racine

Du même auteur

Parole donnée, Wilfried Martens, Didier-Hatier, Bruxelles, 1985
L'une & l'autre Europe, Wilfried Martens, Éditions Racine, Bruxelles, 1994

Une version néerlandaise de ce livre, sous le titre De Memoires. Luctor et emergo, *paraît simultanément aux Éditions Lannoo à Tielt.*

52, rue Defacqz · B-1050 Bruxelles
www.racine.be

D. 2006, 6852.11
Dépôt légal: avril 2006
ISBN 2-87386-454-0

Imprimé en Belgique

Je dédie ce livre à mes enfants Kris, Anne, Sarah, Sophie et Simon, et à mes deux petits-fils Alexander et Lucas, ainsi qu'à tous les jeunes qui voudraient savoir ce que l'engagement politique peut signifier dans la vie d'un homme.

W M

LEVER DE RIDEAU

O Lord, support us all the day long
Until the evening comes,
The shadows lengthen and the busy world is hushed,
The fever of life is over and our work is done.

Then, Lord, in your Mercy,
Give us a safe lodging,
A Holy rest and peace at the last. Amen.
John Henry Cardinal Newman [1]

Toute vie, et donc tout récit de vie, est une suite d'essais et d'erreurs, de succès et d'échecs. Nous aimons tous nous remémorer nos succès et avons tendance à refouler nos échecs. Les uns et les autres sont cependant inextricablement liés. L'échec aiguise la combativité, et bien des victoires sont des défaites surmontées. Luctor et emergo *: «Je lutte et me relève.»*

J'ai lu trop de mémoires de personnages politiques d'ici et d'ailleurs, d'hier et d'aujourd'hui, pour ne pas me rendre compte qu'il s'agit d'un genre hautement périlleux. Certains livres versent dans l'autoglorification, d'autres tournent au règlement de comptes. Les uns tombent dans le romanesque, les autres voudraient accorder une valeur d'éternité à de simples notes de carnet.

J'ai, quant à moi, voulu donner à ce livre un but pédagogique. Aux jeunes qui s'éveillent à la politique, comme à tous ceux que le combat politique interpelle, j'ai voulu donner une sorte d'historiographie de la période 1950-2005 à partir de mes expériences personnelles. L'ambition n'était-

1 «Seigneur, soutenez-nous durant toute la journée, jusqu'à ce que le soir tombe, que les ombres s'allongent et que le monde agité soit revenu au calme, que la vie fiévreuse soit finie et que notre travail soit effectué.

Donnez-nous, Seigneur, dans votre miséricorde, un abri sûr, un saint repos et, enfin, la paix. Amen.» Traduit de *The Oxford Book of Prayer,* 1988.

elle pas démesurée ? L'écriture de mémoires est, en effet, un travail absorbant et astreignant, surtout pour un dirigeant politique actif, sur la scène européenne et internationale, et responsable d'une organisation supranationale comme le Parti populaire européen, comme c'est mon cas.

Je me suis donc mis en quête de collaborations. Mon choix s'est vite porté sur le journaliste politique Hugo de Ridder, qui m'avait tenu dans le collimateur et ne m'avait, pour ainsi dire, pas lâché les semelles depuis trente ans... Il a consenti à mettre à ma disposition toute la documentation qu'il avait rassemblée pour ses livres politiques, à commencer par les éléments biographiques utilisés dans Le cas Martens[1]. *L'apport de cet observateur éminent, vieux routier du Landerneau politique, a énormément allégé mon travail de recherche. Il m'a, en outre, été d'un grand secours pour combler les lacunes de mes propres sources.*

Mais il ne s'agissait pas d'écrire un livre pour le seul microcosme de la rue de la Loi. C'est pourquoi j'ai aussi sollicité la collaboration de deux jeunes chercheurs de la KULeuven qui, sous la direction du professeur Emmanuel Gerard, devaient veiller à resituer toutes mes activités dans leur cadre historique.

Pour le volet européen, j'ai pu bénéficier de la grande expertise de Steven van Hecke, auteur en 2005 d'une thèse de doctorat sur la naissance et l'évolution du PPE. Pour les chapitres consacrés à la Belgique, Pieter Ronsijn a fourni une contribution essentielle. J'avais rencontré Pieter pour la première fois à l'époque où il travaillait à son mémoire de licence sur « L'émergence de l'idée fédérale au sein du CVP ». Ses nombreuses questions, hypothèses et investigations, généralement très pertinentes et pénétrantes, m'ont en quelque sorte acculé à lui donner mon témoignage direct sur les idéaux et les réalisations, les conflits, succès et échecs de ma génération politique. Il fut donc mon sparring partner *idéal dans la préparation de cet ouvrage.*

Mêlant la fougue de la jeunesse au poids de l'expérience, ce groupe de travail a connu souvent d'âpres discussions, l'objectif étant constamment de coller au plus près à la vérité historique, pour autant qu'elle existe. La rédaction de ces mémoires fut ainsi une plongée passionnante dans mon propre passé. À la faveur de toutes sortes de documents, images ou fragments sonores, je me retrouvais chaque fois confronté à mes multiples vérités et conceptions du moment. Même s'ils ont évolué depuis, je me suis efforcé de rendre à mes paroles et à mes actes d'alors toute leur vérité.

---

1 Hugo De Ridder, *Le cas Martens*, Duculot, Louvain-la-Neuve, 1991.

À tous mes compatriotes

J'ai toujours été un partisan – et un artisan ! – du dialogue de communauté à communauté. J'ai été pendant douze ans le Premier ministre de tous les Belges. Le fédéralisme d'union est ma passion, et je parcours à présent les grands espaces européens. C'est dire si la nécessité d'une version française s'est rapidement imposée. Je voudrais en effet m'adresser à tous mes compatriotes dans ce livre qui retrace des événements clés de notre pays.

Guy Daloze a accepté le 30 mars 2004 d'en être le « poisson pilote » au cours d'un déjeuner qu'il avait organisé – mais wîîî... – avec Stéphane Steeman. L'ancien chef du service politique de La Libre Belgique *a vécu au cœur de ce qu'il appelle lui-même « les années Martens », et j'ai pu l'apprécier de la rue de la Loi au cap Bénat, en passant par Washington.*

Il nous a donc accompagnés pas à pas dans l'élaboration de ce livre, d'autant que sa version française n'a rien d'une traduction classique. C'est en effet à une véritable adaptation qu'a procédé Guy Daloze en prenant la responsabilité de synthétiser et de sélectionner les passages les plus importants de la version originale. Il a été secondé dans la traduction par Chantal et Jean Verbiest, ainsi que par Emmanuel Brutsaert et Walter Hilgers, que je remercie pour leur apport. Merci aussi, pour ses recherches, à Catherine Vroonen, l'archiviste de La Libre. *Et nous avons trouvé une oreille attentive chez Hervé Gérard, l'éditeur passionné d'histoire des Éditions Racine.*

Parmi toutes les autres personnes qui m'ont apporté leur aide multiforme, je veux encore citer et remercier spécialement les bibliothécaires et hémérothécaires du Parlement fédéral, Guy Coppieters et Marc Therry, pour le soin apporté à mes trois cent vingt mètres de cartons dans les caves des Archives générales du Royaume, sous le Mont des Arts. Je n'oublie pas mon conseiller diplomatique Jan Grauls junior, pour ses précieuses notes.

Quatre parties

*Après une plongée dans mes souvenirs de jeunesse, je décris d'abord mon éveil à la politique dans les cercles de défense de l'*Algemeen Beschaafd Nederlands *et l'action catholique estudiantine (KSA), puis à l'université de Louvain et dans le mouvement flamand, ensuite comme président des* CVP-jongeren. *Cette partie relate aussi mes sept années de présidence du CVP jusqu'à l'échec du pacte d'Egmont. Elle couvre la période 1936-1978. (Chapitres I à IV)*

La deuxième partie est consacrée à mes douze années comme chef du gouvernement belge (1979-1992). Tous les grands thèmes sont abordés: les réformes de l'État, la crise économique, la dette publique, la dévaluation, les pouvoirs spéciaux et les plans d'austérité. Je n'escamote ni Poupehan, ni le carrousel fouronnais, le drame du Heysel ou l'affaire des missiles. Je m'étends largement sur la question de l'avortement, ainsi que sur nos relations avec le Zaïre et le Rwanda. Je m'attache bien entendu aussi aux différentes crises gouvernementales et à la composition des équipes ministérielles. (Chapitres V à XXII)

Dans la troisième partie, je passe en revue un des volets les plus importants, mais les moins connus du grand public, de ma vie politique. C'est mon entrée et ma présence sur le forum européen depuis 1975. J'ai porté le Parti populaire européen sur les fonts baptismaux, ai participé activement en tant que Premier ministre aux Conseils européens, et, comme parlementaire européen, président du PPE et chef du groupe PPE, ai fait de ce parti la plus grande famille politique du continent européen. Peu de gens savent combien d'énergie et de combativité j'ai investi dans cette entreprise. (Chapitres XXIII à XXX)

Dans la dernière partie, je développe mes idées fédéralistes et mes conceptions concernant la fonction de Premier ministre, j'évoque mes relations avec le roi Baudouin et ma vie familiale, et je termine en dégageant les signes d'espoir d'un renouveau de la démocratie-chrétienne. (Chapitres XXXI à XXXV)

Devoir de réserve

Dans ces mémoires, je me suis permis de publier pour la première fois quelques lettres du roi Baudouin. Cela peut sembler insolite de la part de quelqu'un qui a toujours plaidé, et plaide encore, pour le devoir de réserve. Mais les événements dont il s'agit remontent à quinze ans d'ici, voire davantage, et le Roi nous a quittés en 1993. Feu le cardinal Suenens a même estimé pouvoir citer des extraits du journal intime du Roi pour illustrer un ouvrage à caractère religieux[1]*. Le roi Baudouin a, par ailleurs, été l'objet de spéculations tenaces, concernant notamment son attitude pendant la crise du Rwanda en octobre 1990, qui n'ont aucun rapport avec la réalité. Pour faire droit à la vérité historique, j'ai considéré qu'il était essentiel de divulguer le contenu des lettres qu'il m'écrivit à cette époque.*

---

1 Cardinal Léon-Joseph Suenens, *Le roi Baudouin. Une vie qui nous parle*, FIAT, Paris, 1995.

Quant à sa lettre du 11 juillet 1988 relative à la réforme de l'État, dont j'ai donné lecture au Conseil des ministres du 15 juillet, elle a déjà été révélée dans l'ouvrage de l'ancien correspondant du journal Le Monde *à Bruxelles, José-Alain Fralon*[1]*. Celui-ci a manifestement bénéficié d'une fuite au sein du gouvernement de l'époque. Les lettres sur l'affaire de l'avortement, que je reprends également dans ces mémoires, appartiennent déjà au domaine public. Le roi Baudouin et le gouvernement avaient en effet décidé en avril 1990 d'en communiquer le contenu au Parlement.*

Dans ses mémoires sur la Question royale, publiés vingt-cinq ans après les faits, mais encore du vivant de Léopold III, l'ancien Premier ministre Jean Duvieusart a transcrit le texte intégral des comptes rendus de tous les Conseils des ministres de cette période de crise[2]*. Dans les mémoires de Gaston Eyskens, on peut également lire les comptes rendus de nombreuses conversations avec les rois Léopold III et Baudouin, encore en vie au moment de leur publication. Je me demande, d'ailleurs, quel historien après l'expiration du délai de prescription de cinquante ans, serait encore capable de replacer mes entretiens et ma correspondance avec le roi Baudouin dans leur juste cadre historique, si je ne l'avais pas mis sur la voie par le biais des présents mémoires.*

Ces mémoires contiennent un certain nombre de portraits d'amis et d'adversaires. L'index onomastique en fin du volume comporte quelque cinq-cent seize noms. Il n'empêche : j'ai certainement encore oublié nombre d'amis et de collaborateurs. Si vous êtes l'un d'eux, j'espère que vous voudrez me le pardonner. À ceux dont le nom est effectivement cité, je voudrais dire : voici mon histoire, écrite aussi honnêtement et fidèlement que possible. Mais rien ne vous interdit de vous en démarquer, ou de la contester. La connaissance historique ne pourra qu'en profiter. Il va sans dire que j'assume seul l'entière responsabilité de ce que j'ai écrit.

Wilfried Martens
Oostduinkerke, le 21 mars 2006

---

1 José-Alain Fralon, *Baudouin, l'homme qui ne voulait pas être roi*, Éditions Fayard, Paris, 2001.

2 Jean Duvieusart, *La Question royale, crise et dénouement*, Éditions du CRISP, Bruxelles, 1975.

Première partie
MES DÉBUTS

Chapitre I

MES JEUNES ANNÉES

Mon plus ancien souvenir? Je suis assis dans une pièce au plafond bas, à une immense table éclairée par une lampe qui répand une lumière blafarde. Devant moi, une assiette de flocons d'avoine gluants que je déteste. Mon père, assis en face de moi, m'ordonne de manger. Je refuse. Plus mon père se fâche, plus je m'entête. Cette obstination est dans les gènes des Martens: elle apparaît déjà chez mon fils Simon qui a 4 ans au moment où j'écris ces lignes, l'âge de ma «grève du porridge».

Quand situer cet incident? En tout cas, avant le 10 mai 1940, ce jour éclatant de soleil où la guerre survint brusquement. Comme il était normal pour un gamin de 4 ans, j'allais à l'école gardienne depuis Pâques. Une servante m'emmenait sur son vélo à l'école des sœurs, à trois kilomètres de chez nous. Tout à coup, la fille se mit à crier: «Regarde, tous ces avions là-haut!» Les Allemands avaient envahi la Belgique pendant la nuit et bombardaient derrière les lignes. Des soldats belges vinrent mettre leurs chevaux à l'abri dans nos petites étables. Et quand l'artillerie allemande se mit à les canarder, ce fut la panique. Ma mère prit la fuite avec ses quatre fils, dont des jumeaux de trois mois à peine! Elle se terra dans le fossé que mon père avait creusé pour conserver les betteraves et les pommes de terre en hiver.

Je suis né le 19 avril 1936, à Sleidinge, dans le quartier Wittemoer, à douze kilomètres au nord-ouest de Gand, et je suis l'aîné d'une famille de cinq enfants (moi, Gilbert, André – mort en 1940 –, Amaat et Daniel). Mon grand-père paternel Eduardus Martens avait treize enfants. Mon grand-père paternel était ouvrier agricole. Ma mère, Stella Vanlaecken, s'est mariée avec mon père, Cyriel Martens, le 11 mai 1934, le jour de son trentième anniversaire. Mon père était un petit agriculteur, ramasseur de lait et marchand de charbon. Il mourut le 26 octobre 1943, alors que j'étais un gamin de sept ans et demi. Ma mère s'est remariée un an plus tard avec Octaaf Van der Haeghen, qui mourut dix ans après, et, en 1946, cette femme de 42 ans a encore mis au monde mon demi-frère Rudy…

Léopold III abdique

Je garde le souvenir précis de ma convalescence pendant les vacances de 1950. Depuis Pâques, j'étais cloué au lit par un sévère rhumatisme articulaire et j'écoutais le transistor que ma mère m'avait offert. Mes parents avaient craint le pire. Un professeur de Gand m'avait prescrit de la pénicilline et ma marraine, Emma Martens, venait me faire jusqu'à trois piqûres par jour! Je ressens encore le point douloureux où elle introduisait l'aiguille, mais le traitement fut bénéfique. Le médecin de famille avait, cependant, été catégorique: «Wilfried pourra terminer ses humanités, mais il ne pourra jamais faire plus que de légers travaux de bureau.»

Le journal parlé du 1er août 1950 annonça le dénouement dramatique de la Question royale. Léopold III demandait au Parlement d'approuver une loi transmettant les prérogatives royales à son fils, le prince Baudouin.

Il espérait obtenir ainsi la réconciliation promise. Je n'étais pas à cette époque expert en politique mais je sentais que le pays risquait de vivre des heures difficiles. Le 12 mai 1950, 57,68 % de la population avait demandé par référendum le retour du Roi (72 % en Flandre et 42 % en Wallonie). Léopold III avait réintégré le château de Laeken le 22 juillet, au petit matin et protégé par une haie de gendarmes. Immédiatement, des troubles et des grèves éclatèrent, surtout en Wallonie. À Grâce Berleur, trois manifestants furent tués par les gendarmes au cours d'une manifestation houleuse. Socialistes et communistes menaçaient d'organiser une marche sur Bruxelles. Je suivais de près les événements à la radio. Un matin, au milieu des bruits de la ferme, j'entends la voix de mon beau-père Octaaf: «Léopold a abdiqué!» J'essayais de m'imaginer comment se sentait le jeune prince dans son grand palais. Trente-trois ans plus tard, le 1er août 1983, je serais assis en face du roi Baudouin, au château de Laeken, et il me proposerait sa propriété d'Opgrimbie pour y passer ma convalescence après mon opération du cœur...

Une jeunesse rude

Chaque homme reste marqué par sa jeunesse: *The boy can leave the farm, but the farm will never leave the boy.* La plupart des gens idéalisent cette période de leur vie. Moi, je me rappelle surtout combien était rude l'existence des paysans. Mon père était debout à 4 heures et, tout petit garçon, je l'aidais déjà à nourrir les vaches et les cochons. Puis, chaque jour, j'allais à la messe, au village, puis à l'école et je traversais, à pied ou à vélo, des étendues de blé ou de maïs, et des champs de neige en hiver. On dirait un film pastoral flamand, mais c'est ainsi que je le ressens.

Ma mère était une femme douée et très active. Elle n'a pas eu l'occasion de faire des études. Lorsqu'elle était jeune fille, comme ses sœurs, elle avait été «servir» dans les belles villas, aux alentours de Gand…

J'ai terminé ma septième année d'études en tête de classe. Une très bonne classe: nous étions huit à avoir plus de 90%. Et pourtant, je serai le seul à poursuivre des études. Je le dois à notre vicaire, l'abbé Drossens, qui m'a orienté vers le collège Saint-Vincent à Eeklo, grâce à une bourse du «fonds des mieux doués». Ma première année d'humanités gréco-latines fut pénible. C'est celle de mes cinq mois de maladie. En fin de compte, ils me furent profitables car je me plongeai dans la lecture de Félix Timmermans et à l'écoute de la radio, et je découvris un néerlandais élégant, le *beschaafd.* Au collège, où j'étais interne, je fis tout pour rattraper mon retard et, brusquement, en cinquième, tout marcha mieux. Peut-être parce que j'étais plus âgé, plus sérieux et plus mûr que mes compagnons de classe. Je n'étais pas fort en gymnastique mais ma conduite exemplaire me rapportait beaucoup de points en application.

Je travaillais dur, mais les études n'occupaient que la deuxième place pour moi. Je passais tout mon temps libre dans les mouvements de jeunesse. Dans la congrégation de Marie, je récitais le Rosaire à la perfection.

La langue de la radio

J'ai renié mon dialecte à l'âge de 14 ans. Cinq condisciples et moi ne parlions plus que l'*Algemeen Beschaafd Nederlands* (ABN). Cette démarche fut la résolution la plus lourde de conséquences que j'aie prise au cours de ma jeunesse. C'était un combat quotidien qui allait être à la base de mon éveil politique. Une espèce d'élite linguistique s'était créée, soucieuse de la promotion de sa langue: il fallait absolument que les Flamands parlent *beschaafd,* sinon ils resteraient un peuple inférieur, incapable de rivaliser avec les francophones qui, eux, parlaient correctement leur langue.

Je devins rapidement promoteur des cellules ABN. Pendant deux ans, j'ai été rédacteur en chef d'une revue mensuelle: *Mijn moederspraak* («Ma langue maternelle»). En rhétorique, je remportai le concours d'éloquence et je terminai premier de classe alors que j'avais toujours été deuxième.

Je voulais devenir assistant social mais un professeur, le futur chanoine Albert de Schepper, insista pour que je prenne le chemin de l'université. Il essaya d'abord de m'envoyer au séminaire mais quand il se rendit compte que je n'étais pas attiré par la prêtrise, il m'incita à obtenir une bourse pour les études d'avocat.

Respirer un air catholique

Il allait de soi que cette université serait Louvain. Le grand argument du recteur, Mgr Van Wayenbergh, était que les étudiants y respiraient un « air catholique »! En 1955, j'obtins une bourse d'études de 48 000 francs. La grande ambition de mon père avait toujours été de gagner 4 000 francs par mois… Mais sans cette bourse (le ministre PSC de l'Éducation encore nationale, Pierre Harmel, avait imposé le système sous le gouvernement social-chrétien homogène), jamais je n'aurais pu faire d'études universitaires.

Il me fallait, la première année, obtenir une distinction pour garder ma subvention. La discipline du collège du Pape – messe à l'aube et retour le soir à 23 heures – me soutint. L'année suivante, je déménageai au 2 de la rue Jean Stas, où je « co-kotais » avec une dizaine d'autres étudiants, la plupart actifs dans le mouvement des étudiants catholiques. Ce dernier était plus connu sous le nom d'*Universitas*, qui était celui de sa revue. L'âme de la digne maison bourgeoise était le professeur Dondeyne, l'auteur de *Geloof en Wereld* et de « Foi chrétienne et pensée contemporaine[1] ».

Mgr Dondeyne était pour nous une sorte de frère aîné. Nombreux sont les étudiants qu'une conversation avec ce prêtre durant une période difficile a marqués pour la vie. Il savait écouter et nous encourageait à dialoguer avec ceux qui ne pensaient pas de la même façon que nous. J'ai évoqué cette période dans une interview au *Standaard*: « L'expérience d'*Universitas* m'a gardé du nationalisme. Nous venions tous de l'action catholique avec tout le risque de fanatisme qui s'y rattache. Le philosophe Dondeyne nous a appris la tolérance, le respect de ceux qui pensent autrement, le sens critique envers notre propre milieu, envers certains phénomènes de l'Église. En cela, il s'est révélé un précurseur. Il nous a situé le mouvement flamand dans un ensemble plus vaste. La volonté du peuple flamand, le

---

1 Albert Dondeyne, *Geloof en wereld*, Anvers, 1961.
Albert Dondeyne, *Foi chrétienne et pensée contemporaine: les problèmes philosophiques soulevés dans l'encyclique Humani generis*, Bibliothèque philosophique de Louvain, 1951.

parti unitaire flamand et toutes ces idées avec lesquelles nous avions grandi, se sont effilochées et révélées irréelles. Dondeyne nous a également montré les différentes dimensions de la vérité : scientifique, philosophique, religieuse. »

Je m'intéressais progressivement à l'actualité politique et me sentais vraiment chez moi au KVHV (*Katholiek Vlaams Hoogstudentenverbond*, l'Association des étudiants universitaires catholiques flamands) dont les thèses étaient proches de celles du mouvement flamand.

Mon premier combat politique réel fut celui de l'instauration d'une journée flamande à l'Expo 58. Ce combat doit être replacé dans son juste contexte. Guido Van de Perre, vice-président du *Vlaams Economisch Verbond*, écrivait ainsi en 1954 dans le *Standaard* : « Cette exposition universelle doit faire apparaître clairement que la Belgique d'aujourd'hui, qui réclame l'attention du monde, n'est plus la Belgique de 1830, mais un État où vivent deux communautés nationales ayant chacune leur propre caractère, langue et culture, communautés liées par une tradition commune et par la volonté de vivre ensemble. Ensemble, elles ont fait de Bruxelles la capitale de leur pays. Aujourd'hui, Bruxelles a l'occasion de montrer qu'elle est avant tout le carrefour de deux communautés linguistiques et culturelles qui vivent en Belgique. »

L'Expo 58

Au milieu de l'année 1957, nous sommes parvenus à faire collaborer tous les mouvements de jeunesse et les mouvements estudiantins flamands au sein du *Vlaams Jeugdcomité* (Comité de la jeunesse flamande). J'en fus élu président le 11 mai 1957. Ce fut un moment crucial : pour la première fois, des mouvements catholiques et laïcs et des nationalistes flamands allaient travailler ensemble. Au départ, les vieux flamingants se montrèrent fort sceptiques et estimèrent que l'action n'avait aucune chance. Le 6 juin 1957, je pénétrai dans les bâtiments de la Sabena avec une délégation du *Vlaams Jeugdcomité*. Nous voulions rencontrer le baron Moens de Fernig, commissaire général de l'Expo 58. J'avais 21 ans et j'entrais en scène pour la première fois !

Edgard van Cauwelaert, notre président bruxellois, dressa un réquisitoire sévère des situations linguistiques déséquilibrées. Moens de Fernig s'énerva aussitôt et tenta de répondre. Il en était incapable en raison de son néerlandais défectueux. Il commit ensuite une énorme gaffe. Il fit en effet sentir qu'il ne pouvait concevoir qu'il y ait en Belgique deux communautés qui avaient droit à leur existence propre. Le gouvernement, assurait-il, n'accepterait jamais qu'une journée purement flamande soit organisée. En fait, il mettait les ministres devant un fait accompli… mais plus tard ces derniers acceptèrent que la journée ait lieu. Quand la journée eut effectivement lieu, un an plus tard, il refusa cependant d'y participer.

Nous avons commencé alors une campagne d'information de grande envergure. J'avais rédigé un dépliant qui fut distribué sous le titre: «Expo 58: un bras de fer.» J'y soulignais qu'au commissariat général de l'Expo, il y avait 70% de francophones et 30% de néerlandophones. Sur septante architectes, sept seulement étaient flamands. Et pourtant, l'Expo attendait beaucoup plus de néerlandophones que de francophones. Et à qui allait profiter cette exposition? Essentiellement, aux exposants, exclusivement wallons et bruxellois, ou presque, aux «marchands» bruxellois, au personnel de l'exposition universelle et à la ville de Bruxelles pour laquelle on dégagea des milliards destinés aux routes et travaux publics.

Il était évident que cette grandiose démonstration des techniques modernes, des cultures et des modes de vie qui existaient en Europe et dans le monde ne pouvait laisser la jeunesse flamande indifférente. Elle était décidée à y prendre sa place, avec une conviction: l'Expo ne serait pas une humiliation pour la Flandre mais l'expression d'un peuple débordant de vitalité.

Je n'étais pas au pavillon français

Maintenant que mon nom était apparu dans les médias nationaux, on me demandait comme orateur dans tout le pays flamand. Je faisais quatre à cinq discours par semaine, j'écrivais des motions et des lettres ouvertes aux responsables. Le 17 novembre, lors de la clôture d'un meeting de protestation à Bruxelles, je déclarais: «Le point d'action principal du Comité de la jeunesse est de prouver que les Flamands ont dépassé le stade de l'intérêt folklorique. Pour cela, il est indispensable qu'ils commencent à parler *beschaafd*… Le 11 juillet sera commémoré sur la plaine du Heysel, avec ou sans les organisateurs.»

Nous envoyâmes une foule de lettres et de motions au ministre libéral des Affaires économiques Roger Motz qui les laissa sans réponse. Nous avons, alors, changé notre fusil d'épaule. Au soir du mercredi 19 février 1958, je me rendis au domicile du ministre avec un groupe d'étudiants brandissant des calicots: «11 juillet à l'Expo 58» ou «Attention, Thyl arrive!» Le lendemain, nous faisions irruption à la Chambre en criant: «Motz, réponds!» On nous conduisit au poste de garde mais nous avons été libérés le soir même à la demande du président de la Chambre, Camille Huysmans, qui déclara ne voir dans l'incident qu'une simple plaisanterie estudiantine. Deux jours plus tard cependant, sous une pression essentiellement francophone, Camille Huysmans déposa tout de même une plainte pour perturbation de l'ordre. Nous fûmes condamnés à cinq cents francs d'amende et aux frais de justice. Le lendemain, le directeur du *Standaard*, Bert De Smaele, nous téléphona en disant que son journal paierait les amendes.

Le 17 avril 1958, à l'ouverture de l'Expo, nous sommes passés à l'action en distribuant des petits drapeaux frappés du lion des Flandres que même des écoliers francophones agitèrent au passage du Roi. Puis nous avons organisé un énorme lâcher de ballons décorés du même lion. Je me fis de nouveau arrêter mais relâcher le soir même.

Le 6 juillet eut lieu la mémorable Journée flamande de l'Expo. Le baron Moens de Fernig était absent. Moi aussi. Je me trouvais en effet à Louvain pour préparer mes examens, mais j'ai tout suivi à la radio. Durant les cérémonies, un petit groupe de flamingants conduits par Flor Grammens se dirigea vers le pavillon de la France pour y barbouiller les inscriptions en français. Cet incident entraîna la réprobation des organisateurs de la Journée flamande, mais reçut un écho international, d'autant que la visite du président français Coty avait lieu deux jours plus tard. Bien longtemps après, et jusqu'au Parlement, on assura que j'avais lancé des œufs pourris sur le pavillon français, ce qui était interprété comme du mépris pour la culture française. Mon alibi était sans faille: je n'étais pas présent à la Journée flamande à la réalisation de laquelle j'avais pourtant œuvré.

Le 31e pèlerinage de l'Yser, le 24 août, fut pour moi une apogée, cette année-là. J'y ai prononcé le «message de la jeunesse» qui contenait pratiquement tous les ingrédients et systèmes d'action qui me guideraient pendant les mois et années à venir: la lutte contre la régression des Flamands, contre la francisation de Bruxelles, pour une action flamande structurée et pour le bon usage de la langue, la collaboration entre jeunes de toutes les opinions et l'autonomie pour les communautés flamande et wallonne. Je disais, entre autres: «Jeunes Flamands, nous serons la première génération qui sera prise en considération dans l'union européenne.» C'était la première mention d'une perspective européenne.

Je n'étais pas un « guindailleur »

Grâce à ce discours de Dixmude, je devins, sans rencontrer de concurrence, président du VVS (*Vereniging van Vlaamse Studenten*, Union des étudiants flamands) pour l'année académique 1958-1959. Mes contacts réguliers avec les parlementaires CVP datent de cette période. Le futur et flamboyant député VU Mik Babylon pouvait conjuguer l'action et la fête. Moi, je n'ai jamais été un grand « guindailleur ». Il est vrai que mon état de santé n'était pas toujours optimal. Je réservais mes forces à mes études et aux nombreuses conférences que je donnais dans tout le pays flamand. Comme président du KVHV, je menais des actions contre le recensement linguistique imminent, contre la francisation de Bruxelles et pour l'amnistie. Heureusement, je pouvais assimiler la matière en très peu de temps. Les professeurs qui ont contribué à ma formation sont indubitablement Gérard Verbeke avec son cours de métaphysique, Albert Westerlinck en littérature, Mgr Louis de Raeymaeker à l'Institut de philosophie, Willy Peremans sur l'Antiquité gréco-romaine, Émile Lousse en histoire moderne, Jan De Meyer, qui enseignait le droit constitutionnel. Et principalement le professeur Albert Dondeyne, qui guida définitivement mon engagement politique.

Mes derniers mois à l'université (année académique 1959-1960) se déroulèrent moins bien. Je fus régulièrement malade et dus absorber des antibiotiques pendant de longues périodes, à la suite d'angines récurrentes. J'étais dans le doute. Je n'étais pas vraiment dépressif mais je me posais des questions sur mon avenir en raison de mes problèmes cardiaques. Et pourtant, c'est à ce moment que ma vie prit son orientation définitive, lorsque Paul Daels me proposa de travailler au VVB, le mouvement populaire flamand. J'ai accepté, et en octobre j'obtenais, avec distinction, les diplômes de docteur en droit, licencié en notariat et bachelier en philosophie thomiste.

Le « fédéralisme d'union »

Je devins avocat au barreau de Gand, en octobre 1960. J'avais 24 ans. Mais, jusqu'en mars 1972, date de mon élection à la présidence du CVP, j'ai surtout été un « militant », à l'intérieur du mouvement populaire flamand, du Comité d'action pour Bruxelles et la frontière linguistique et des Jeunes CVP.

Je jouais un rôle politique au VVB. J'ai prononcé mon meilleur discours au *Billard Palace* d'Anvers, le 4 février 1962. J'y ai exposé pour la première fois mes idées sur une Belgique fédérale: « La réforme de la structure de l'État belge est devenue la première tâche pour le pays, attendu que les mesures partielles se sont d'ores et déjà avérées insuffisantes et ne font qu'attiser la confusion. Les communautés flamande et wallonne doivent, dans le cadre d'une patrie commune, acquérir une autonomie effective dans une structure d'État fédéral... »

Ce n'est pas moi qui ai employé le premier l'expression « fédéralisme d'union » mais bien, au cours de ce congrès, Maurits Coppieters, président du VVB. Il plaidait pour un État fédéral où personne ne serait dupé, ni les Flamands, ni les Wallons, ni Bruxelles.

Mars op Brussel

Aidé par le Comité d'action pour Bruxelles et la frontière linguistique, j'ai organisé la première et la seconde « Marche sur Bruxelles », le 22 octobre 1961 et le 14 octobre 1962. Nous nous opposions aux facilités et voulions que la frontière linguistique soit fixée définitivement. J'étais responsable des slogans et de l'organisation. J'ai même encaissé quelques coups lors de la seconde Marche. Debout sur les escaliers de la Bourse, je voyais des manifestants flamands se faire molester par des perturbateurs francophones. En tant que coorganisateur, je me sentais responsable et j'ai tenté de demander de l'aide au commissariat le plus proche. Mais je devais passer pour m'y rendre entre les deux camps antagonistes. On m'a reconnu et la colère francophone s'est retournée contre moi. J'ai reçu quelques coups de poing avant que la police n'intervienne.

Une autre manifestation marquante fut celle du 29 juillet 1963 à Wezembeek-Oppem, une semaine avant l'accord élaboré par le gouvernement de Théo Lefèvre à propos des facilités linguistiques dans six communes de la périphérie bruxelloise. Cet accord sera baptisé « le compromis de Val Duchesse », que rejeta l'aile flamande du PSC-CVP, sous la direction de Jos De Saeger. Le gouvernement Lefèvre-Spaak entra alors dans de graves difficultés.

« Donnez-nous des armes »

Sept mille Flamands répondirent à l'appel du Comité d'action contre le vol du territoire, le dernier samedi de juin, juste avant les grandes vacances. Mon langage y fut très dur: les parlementaires flamands devaient désapprouver la politique du gouvernement et les ministres flamands devaient démissionner. Et j'ai été plus loin: « Si la conspiration contre la Flandre réussit malgré tout, il serait bon que les Wallons et les Flamands sachent qu'une marche définitive sera organisée sur Bruxelles. Son but sera le renversement de la Belgique unitaire et capitaliste. Nous ferons cette manifestation à un moment très inopportun pour le Parlement. Si votre diktat est réalisé, Théo (Lefèvre), alors, ce sera la révolution! » Tandis que les participants applaudissaient ces propos, un petit groupe massé à côté du podium commença à crier: « Donnez-nous des armes! » Je n'ai jamais prononcé ces paroles mais on me les a longtemps imputées, même au Parlement. Ce n'était pas un slogan que les organisateurs approuvaient et un de ceux-ci, Antoon Roossens, se précipita à la tribune: « Nous avons une arme plus puissante que les pierres. Nous avons la masse derrière nous et cette masse anéantira tous les politiciens qui nous trahiront. » Trois jours plus tard, le 2 juillet, Théo Lefèvre présentait sa démission que le Roi refusa. Le 5 juillet, après un conclave fameux à Val Duchesse, les socialistes et les sociaux-chrétiens présentèrent un nouveau compromis. Après cet accord de Val Duchesse et les lois linguistiques de 1963, nous avons organisé une nouvelle grande manifestation à Anvers, le 10 novembre 1963. Les slogans étaient: « Fédéralisme » et « Réformes de structures économiques », ce qui a provoqué de fortes tensions dans le comité. Quelques groupements associés ont décroché et aucun membre du CVP ne participait à la manifestation.

Le VVB avait une fameuse « gueule de bois »: tant d'efforts, de réflexion et d'action pour si peu de résultats. À la fin de l'année 1963, je présidais le groupe de travail politique du VVB, celui qui a publié l'année suivante un rapport intitulé « La Flandre et la réforme institutionnelle ». C'est avec ce rapport que j'ai participé, dans l'aile flamande du PSC-CVP, à la journée d'étude du 26 septembre 1964. Je devins ainsi un membre fidèle de la commission d'étude de ce parti. C'était mon premier engagement dans la famille sociale-chrétienne.

Chapitre II

PAS PAR LA GRANDE PORTE

Je ne suis pas entré au CVP par la grande porte. Certains me considéraient comme un aventurier politique, un nationaliste flamand camouflé, un tribun ambitieux, un concurrent politique et, pire que tout, un esprit rebelle. Heureusement, quelques dirigeants mieux intentionnés m'appréciaient.

Dans l'arrondissement de Gand, mon port d'attache, tout n'allait pas pour le mieux. L'homme qui jouissait du plus grand prestige moral était le président-fondateur du CVP, August De Schryver. C'est lui qui m'a repéré le premier tandis que je prononçais une allocution dans notre paroisse de Sleidinge. Je n'étais alors qu'un jeune étudiant disponible, mais il ne m'a jamais perdu de vue. Neuf ans se passèrent avant que je ne puisse obtenir un mandat parlementaire. Il y avait des résistances telles qu'aux élections de 1968, je n'ai même pas posé ma candidature. Je me suis présenté à Gand en 1971, j'ai obtenu 3427 voix mais pas de mandat et je ne fus élu parlementaire qu'en 1974.

De Harmel à VDB

Revenons en 1965. Les élections prirent une allure de correction pour le gouvernement Lefèvre-Spaak. Mais, malgré la perte de 800000 voix, la coalition fut reconduite, cette fois, sous la houlette du Liégeois Pierre Harmel. Dès la formation du gouvernement, le chef de cabinet du Premier ministre, Jan Grauls, me téléphona et me proposa de devenir conseiller. Mon domaine serait la politique scientifique, l'autonomie culturelle et la décentralisation.

Après les vacances, une attaque virulente me vint de *La Libre Belgique* qui était alors le porte-parole des conservateurs catholiques francophones. Selon le journal, j'étais un « Gambetta de faubourg, le porteur d'eau de la Volksunie, un arriviste, un personnage écumant qui ne devait sa montée en puissance qu'à ses attaques racistes». Ceux qui prétendent aujourd'hui que les journalistes étaient jadis plus tendres, qu'ils jouaient la balle et non l'homme, n'ont qu'à relire les coupures de presse d'antan!

Pierre Harmel était très ennuyé, d'autant que Jean Defraigne, jeune élu libéral liégeois, avait déposé une motion au Parlement dans laquelle il demandait au Premier ministre de m'éloigner du cabinet. Finalement, on me garda: le président du CVP, Robert Vandekerkhove avait pesé de tout son poids.

J'ai travaillé dans le bureau qui appartint jadis à Camille Huysmans et j'ai fortement apprécié la diplomatie et le sens de l'État du chef de cabinet Jan Grauls. Quand je devins Premier ministre, quinze ans plus tard, je n'ai pas hésité un seul instant à le nommer secrétaire du Conseil des ministres. Le gouvernement Harmel fut éphémère et fut remplacé par celui de Vanden Boeynants – De Clercq. M. Vanden Boeynants me proposa de travailler dans son cabinet, avec les mêmes compétences que dans le cabinet Harmel. Distante au début, notre relation personnelle devint franchement amicale. Je dois préciser ici que je n'ai jamais été consulté sur la question de Louvain qui conduisit à la chute du gouvernement. Je n'étais qu'un jeune conseiller et le problème était monopolisé par Jan Grauls. J'ai rejoint en 1968 le cabinet de Léo Tindemans, en charge des réformes institutionnelles.

J'ai donc travaillé dans un cabinet de 1965 à 1971. Pendant six ans, j'ai côtoyé de près tous ceux qui jouaient un rôle prépondérant. Ce fut une excellente école.

Le «*wonderbureau*»

Les années soixante, les *Golden Sixties*, restent très présentes dans la mémoire collective, surtout chez ceux qui les ont vécues alors qu'ils étaient jeunes. Un grand processus d'émancipation investissait l'Europe et même le parti social-chrétien belge était touché. Les vieux lions politiques comme Gaston Eyskens, Robert Houben, Paul-Willem Segers, Robert Vandekerkhove, Jos De Saeger et Théo Lefèvre qui dominaient le parti depuis la Seconde Guerre mondiale étaient en fin de carrière et n'avaient plus guère d'impact électoral. À preuve, les défaites successives du PSC-CVP depuis 1958. Le CVP avait non seulement besoin d'hommes neufs mais aussi et surtout d'un nouveau profil. Des problèmes passionnels comme la répression, la Question royale et la guerre scolaire avaient faussé son image. Une usure interne avait affaibli le parti, faute d'un projet de vaste envergure. Dans le traitement du dossier communautaire, il ne parvenait plus qu'à des solutions bâtardes.

Il est impossible de se renouveler en se contentant de changer son programme mais en gardant les mêmes personnes. Je reconnais donc que j'ai atterri au CVP au bon moment. Le parti avait besoin de jeunes politiciens capables de recruter des électeurs. C'est ce qui m'a permis non seulement d'y entrer mais aussi d'y proclamer pratiquement sans freins mes idées fédéralistes. Nous étions la première génération que l'enseignement avait émancipée. Comme nous vivions dans de bien meilleures conditions matérielles que nos parents, il nous était loisible d'exprimer notre créativité dans tous les domaines.

Au début de l'année 1967, j'ai posé ma candidature à la présidence des jeunes du CVP. Le 11 février, je devenais leur sixième président. Je me rappelle de ma première rencontre avec Jean-Luc Dehaene comme si c'était hier. Je recherchais des personnalités «spitantes», capables de prendre le commandement tout en gardant le contact avec les jeunes. Jean-Luc Dehaene terminait à ce moment-là sa carrière dans le mouvement scout et travaillait au service d'études de l'ACW. Je lui proposai donc de participer au bureau des Jeunes. Il accepta aussitôt. Avec son langage terre à terre et sa nature de rebelle, il était le personnage idéal, celui qui pouvait renforcer le bureau des jeunes séditieux. Au parti, il se fit rapidement une réputation de rustre brutal, capable, en quelques mots, de casser à jamais un projet ou une personne grâce à son sens de la répartie. Son anticonformisme s'étendait même à ses habitudes vestimentaires. Il refusa longtemps de porter une cravate, le pull à col roulé étant sa tenue favorite. Jusqu'au moment où il devint mon chef de cabinet au 16, rue de la Loi: Paul Vanden Boeynants lui recommanda alors l'achat de quelques cravates! Il y avait entre nous une complémentarité inouïe: il écrivait les discours et je les présentais. Nous avons formé un solide tandem jusqu'à l'année de crise 1991, lorsque les circonstances nous séparèrent.

Louvain-Leuven

En janvier 1968, le problème de Louvain resurgit. Le conseil académique francophone de l'université avait mis de l'huile sur le feu en exposant son plan d'expansion, qui sous-entendait qu'une université francophone complète demeurerait à Louvain. Nous avons immédiatement réagi contre cette «dangereuse provocation» qui récompensait mal, disions-nous, la patience et la bonne foi flamandes. Nous insistions auprès des hommes politiques pour qu'ils prennent les mesures légales qui résoudraient le problème, sur la base de l'autonomie culturelle et de l'homogénéité culturelle des communautés.

Le 6 février, Jan Verroken interpella VDB à la Chambre. Il exigeait du gouvernement une prise de position nette sur le sujet. Les ministres CVP ne pouvaient se contenter de la réponse évasive préparée par le Premier ministre Vanden Boeynants. Ils démissionnèrent donc, ce qui provoqua la chute du gouvernement et la scission entre le CVP et le PSC qui fonctionnèrent désormais en partis autonomes.

Les élections de 1968 aboutirent, comme celles de 1965, à une défaite. Les partis linguistiques (VU, RW et FDF) gagnèrent énormément de voix. Le gouvernement Eyskens accepta le défi de trouver des solutions structurelles aux problèmes communautaires. Pendant cet été 1968, je me suis rendu aux États-Unis pour suivre, à Harvard, le prestigieux séminaire de politique internationale et d'économie que dirigeait Henry Kissinger. À mon retour, j'ai travaillé à temps partiel au cabinet de Léo Tindemans, alors ministre chargé des Affaires communautaires. Je devais mettre un terme à la confusion qui régnait autour des termes « autonomie culturelle » et « fédéralisme ».

Conservateurs et progressistes

Le renouveau du parti ne pouvait se limiter, à nos yeux de Jeunes CVP, à un rajeunissement du personnel politique. Il fallait aller plus loin et appliquer ce renouveau à l'ensemble de l'appareil politique. J'ai même dit dans plusieurs communiqués qu'un paysage politique basé sur des options confessionnelles était totalement dépassé. Nous nous demandions si un parti social-chrétien avait encore des raisons d'exister et s'il ne valait pas mieux que le monde politique s'organise en deux pôles, les progressistes et les conservateurs.

L'année 1968 fut celle de toutes les turbulences. Elle n'épargna pas le mouvement des Jeunes CVP, qui se trouvèrent pris dans un véritable cyclone idéologique. Je me souviens d'un discours prononcé en novembre 1956 par un professeur très populaire : Jan De Meyer. En pleine guerre scolaire, il soutenait que les forces de gauche devaient s'unir avec les catholiques progressistes. Il ajoutait qu'en Belgique, de nombreuses dualités rendaient les rapports extrêmement compliqués : Flamands et Wallons, libres penseurs et catholiques, conservateurs et progressistes. Le clivage catholiques – libres penseurs était le plus fort. La solution se trouvait dans le pluralisme et en particulier dans le rapprochement entre les forces de gauche et les catholiques progressistes.

Tandis qu'à Paris les barricades brûlaient, au Hengelhoef, nous élaborions le manifeste des Jeunes CVP : « La formation des partis en Belgique et le rôle du CVP ». Son contenu était révolutionnaire : « Nous pensons que notre régime politique fonctionne de façon désolante. Pour sortir de l'impasse, il faudrait regrouper les éléments progressistes des différents partis politiques en un parti « radical – progressiste – populaire », à l'image du PPR néerlandais et rapprocher le CVP et le SP. » Les réactions au CVP ne furent pas tout à fait négatives mais elles n'étaient pas non plus très encourageantes. Le fait que nous voulions travailler en permanence et la main dans la main avec les socialistes éveillait les soupçons : « Les jeunes naïfs découvriraient vite de quel bois sectaire et fanatique est fait le parti socialiste », écrivait Jef Claes, dans *Het Volk*.

L'appel de Léo Collard

Je fus réélu le 1er mars 1969 président des Jeunes CVP et m'entourai d'une nouvelle équipe, avec entre autres Jean-Luc Dehaene, Jan Huyghebaert, Georges Monard et Miet Smet, qui fut baptisée le *wonderbureau* (bureau miracle) par le journaliste politique Hugo De Ridder. Le 1er mai 1969, le président du parti socialiste, Léo Collard, adressa un appel remarqué au monde catholique. Le leader socialiste affirmait que les différences d'opinion politiques basées sur des critères religieux appartenaient au passé. Toutes les forces progressistes devaient s'unir pour faire contrepoids au conservatisme politique de la Belgique. Le bureau des jeunes accueillit cet appel favorablement. Par deux fois, je me rendis, le cœur battant, au bureau de Léo Collard, boulevard de l'Empereur, afin de voir quelles actions communes nous pourrions entreprendre.

J'étais reçu chaque fois par son secrétaire privé, un flamboyant jeune homme considéré comme une des forces montantes du parti : il s'appelait Guy Mathot… La direction du CVP n'appréciait guère ces contacts : si Léo Collard voulait vraiment briser le cloisonnement entre partis, qu'il commence par faire des concessions dans le domaine de la législation scolaire, disait-on. Léo Collard fut pour moi un interlocuteur valable mais nos entretiens n'ont abouti à rien. Il était esseulé au sein du parti socialiste et n'est pas arrivé à faire passer son idée d'un front progressiste.

Nos relations avec le parti atteignirent leur niveau le plus bas au début des années septante. Notre équipe de jeunes adopta un manifeste plaidant la cause d'une école communautaire et pluraliste, l'enseignement confessionnel nous paraissant lui aussi dépassé. La direction du CVP envisagea sérieusement de prendre des sanctions contre Jean-Luc Dehaene et moi ; nous faisions figure de trublions face au leader charismatique de l'enseignement catholique, Mgr Daelemans. Après des confrontations avec le bureau du CVP, j'ai instinctivement senti que nous devions reprendre notre souffle. Il n'était pas question que je divise mon propre parti.

L'État unitaire dépassé

Entre-temps, Gaston Eyskens annonçait, le 18 février 1970, une nouvelle réforme de l'État devant la Chambre : « L'État unitaire est dépassé par les faits, dans sa structure et dans son fonctionnement tels qu'ils sont réglés par la législation actuelle. Les communautés et les régions doivent prendre leur place dans de nouvelles structures de l'État, mieux adaptées aux situations spécifiques du pays. »

Au congrès du 25e anniversaire du parti, Robert Houben termina son discours en nous soumettant toute une série de problèmes éthiques à débattre, l'homosexualité, l'euthanasie et l'avortement, à propos desquels, disait-il, il n'était plus permis de faire la politique de l'autruche. La plupart des congressistes étaient scandalisés, mais Jean-Luc Dehaene qui était assis derrière moi, enfonça le clou : « Écoute bien monsieur Houben. Il dit des choses très intéressantes. »

Je repense avec satisfaction à l'héritage spirituel que nous avons laissé en quatre ans de présidence des Jeunes sous la forme de trois manifestes, les trois fondements sur lesquels reposait notre action au CVP : autonomie flamande dans une Belgique fédérale, création d'une école communautaire et pluraliste et collaboration avec des progressistes non catholiques. Il s'agissait de textes généreux. Aujourd'hui encore je m'étonne d'avoir pu réunir autour de moi autant de jeunes adultes aux qualités exceptionnelles et d'en avoir fait une équipe soudée. Ce groupe ne s'est jamais renié et a continué à traduire cette mentalité nouvelle issue des années soixante.

L'esprit de Paul Ricœur

Il n'y a pas de période dans ma vie qui me rende plus nostalgique que celle du bureau miracle. Les idées nouvelles devaient être injectées au plus profond du parti et pour cela, il fallait que ma génération s'engage au cœur de la politique au lieu de rester à sa périphérie.

Mais comment parcourir ce chemin sans avoir l'impression de trahir son intime conviction? Je suis profondément redevable à des essais de Paul Ricœur, traduits en néerlandais par *Politique et foi* [1]. Je les ai lus et relus. Dans son chapitre «Tâches de l'éducateur politique», il précise les rapports entre éthique et politique, rapports difficiles et pleins de pièges. Comme le grand sociologue allemand Max Weber, il distingue deux niveaux de la morale: ce que Weber appelle la morale de conviction, et d'autre part la morale de responsabilité. Pour Paul Ricœur, «la santé d'une collectivité repose finalement sur la justesse des rapports entre ces deux morales: d'un côté la morale de conviction est portée par les sociétés de pensée et de culture et par les communautés confessantes, parmi lesquelles les églises, qui trouvent ici, et non point dans la politique proprement dite, leur véritable point d'insertion; d'autre part la morale de responsabilité est aussi la morale de la force, de la violence réglée, et de la culpabilité réglée... Si nous réduisions la morale de la conviction à la morale de la responsabilité, nous tomberions dans le réalisme politique, dans le machiavélisme, qui résulte de la confusion constante des moyens et des fins.» Ce fut mon leitmotiv et je n'ai cessé de dire que le CVP ne pouvait être un parti auquel rien n'importe d'autre que le pouvoir.

1 Paul Ricœur, *Religion et Politique*, Esprit, 33, Paris, 1965, p. 89.

Chapitre III

J'ÉTAIS UN PRÉSIDENT INQUIÉTANT

Les élections du 7 novembre 1971 ne furent pas le plébiscite escompté en faveur de Gaston Eyskens. Le CVP perdait deux sièges, la VU en gagnait un. Mais c'est surtout la Belgique francophone qui connaissait les plus grands bouleversements : le FDF gagnait cinq sièges à Bruxelles et le RW en obtenait sept en Wallonie. Il fallut attendre le 21 janvier 1972 pour que Gaston Eyskens présente devant les Chambres une nouvelle coalition de socialistes et de sociaux-chrétiens.

Les ministres étaient en grande partie les mêmes, les problèmes aussi ! Comme Léo Tindemans avait préféré le poste de ministre à celui de président du parti, il fallait le remplacer. Quatre noms circulaient : Gaston Geens, Luc Dhoore, Jos Chabert et moi-même. Le favori était Chabert : beau parleur, fortement soutenu par l'ACW, il avait souvent strictement défendu la ligne du parti. Certes, on lui reprochait d'être un peu trop flamingant mais ce n'était absolument pas un fédéraliste. Lors d'une réunion informelle de jeunes dirigeants du parti, on me demanda ainsi qu'à Chabert de quitter le local de réunion. Jos semblait plein de bon sens : « Wilfried, accepte la présidence. Moi, en tant que Bruxellois, je ne puis diriger un parti flamand : toutes mes prises de position sembleraient suspectes… Ce que l'on craint surtout chez toi, c'est que tu ne défendes pas assez les principes sociaux-chrétiens. L'enseignement est un point sensible et si les intellectuels peuvent concevoir un rapprochement avec les socialistes, chez nos militants de base, ils sont un épouvantail ! »

Quand on nous rappela, Roger Dillemans annonça, à mon grand étonnement, que j'étais leur candidat. Il y avait tout de même un bémol : la tâche serait difficile, je devais mettre une sourdine à mes prétentions et regagner la confiance des organisations chrétiennes et particulièrement de Gust Cool, de Mgr Daelemans et de bien d'autres…

Une candidature diversement accueillie

La nouvelle de ma candidature provoqua des réactions en sens divers mais elles étaient surtout critiques. La presse francophone était franchement hostile et même Manu Ruys écrivait dans le *Standaard,* le 7 février 1972: « Martens croit-il toujours que la démocratie-chrétienne est une formule durable et valable entre socialisme et libéralisme? Dans ses entretiens d'antan avec Léo Collard, il a donné l'impression que le CVP serait le tremplin d'un rassemblement progressiste. Le croit-il toujours?» Sur le conseil de Jean-Luc Dehaene, j'ai décidé de donner une interview rassurante au *Standaard* et Manu Ruys put écrire: «Wilfried Martens affirme qu'il croit dans la démocratie-chrétienne et qu'il veut donner à son parti une dimension humaine.»

Le 1er mai 1970, jour anniversaire de l'appel à un front progressiste, j'avais participé à un débat télévisé avec Léo Collard et Ward Leemans. J'ai déclaré que l'appel de Léo Collard ne m'était jamais apparu comme une manœuvre politicienne. J'avais estimé qu'un tel appel ne pouvait rester sans réponse. Il n'en restait pas moins trois énormes problèmes: le visage anticlérical et antireligieux du socialisme «dans sa forme actuelle», la concrétisation d'un programme socio-économique et les modalités selon lesquelles une telle collaboration pourrait s'organiser.

Léo Collard ne put convaincre les siens et démissionna; il fut remplacé par Jos Van Eynde et Edmond Leburton qui n'étaient vraiment pas dans la même ligne. Malgré deux ans d'intense activité, les mentalités n'avaient pas changé.

Des actes plus que des paroles

Je fus élu à la présidence du CVP avec 271 voix, soit 83,6% des votes, au congrès du 4 mars 1972.

Dès mon discours d'investiture, je suis entré dans le vif du sujet: «On a soutenu que le CVP, dans son programme de Courtrai, avait renié sa base chrétienne. C'est faux! Mais cette base chrétienne doit s'exprimer en actes autant qu'en paroles, par le contenu de la politique que nous menons... Le parti n'est pas un but en soi, ce n'est pas un simple instrument de pouvoir mais un moyen d'atteindre un but, c'est-à-dire une politique progressiste, d'inspiration chrétienne... Le travail historique des Premiers ministres Eyskens et Tindemans a rendu possible la réalisation d'une autonomie des communautés... La situation des Flamands à Bruxelles reste notre souci majeur… Le parachèvement du mouvement flamand reste notre ambition. La démocratie-chrétienne a joué un rôle décisif dans le double processus d'émancipation flamande et sociale… Elle reste la plus belle expression du peuple flamand. Vous avez choisi comme président un homme dont les parents n'avaient que leurs mains pour travailler, qui a perdu son père à 7 ans, en temps de guerre et dont la mère a porté seule une famille de cinq enfants avant de disparaître à son tour et avant que ses enfants aient fondé un nouveau foyer. Pourtant chacun a eu la chance de mener une vie à la mesure de ses talents. Voilà la vraie démocratie-chrétienne en Flandre… »

Ce discours fut accueilli par des applaudissements nourris. La glace entre les cadres du parti et moi-même semblait enfin brisée. Ma tâche n'était pas simple. Le parti unitaire s'était scindé depuis quatre ans, au moment de la crise de Louvain. Mais toute l'infrastructure laissait supposer que c'était provisoire et que bientôt, les deux ailes du parti pourraient collaborer à nouveau. Il y avait toujours un président CVP-PSC (Robert Houben) et un secrétaire national (Frank Swaelen), un centre d'étude unique dirigé par Gaston Geens et un trésorier national (Raymond Scheyven).

Gaston Eyskens amer

Vint mon premier congrès, à Anvers, du 6 au 8 octobre. J'y déclarai, à la consternation du Premier ministre Eyskens : « Il est temps de restaurer le dialogue avec les autres partis et de leur demander de mettre cartes sur table. La mise en œuvre de l'article 107 quater de la Constitution qui est la clé de voûte de la réforme de l'État, serait, à cet effet, un bon point de départ. Le CVP est prêt au dialogue. Il n'y a plus de doute : l'architecte de la révision de la Constitution, le Premier ministre Gaston Eyskens, doit prendre l'initiative de ce débat. Ce sera le début d'une nouvelle ère du parti. » Gaston Eyskens attribue à mon discours d'Anvers la chute de son gouvernement, un mois plus tard[1]. C'est sa version des événements, mais il est certain que le gouvernement avait du plomb dans l'aile depuis pas mal de temps et que les ministres ne parvenaient pas à s'entendre sur un certain nombre de sujets, comme celui des communes de la frontière linguistique (Fourons et Mouscron-Comines). Même l'exécution de l'article 107 quater de la Constitution posait problème. Les Wallons n'acceptaient pas que les Flamands de Mouscron-Comines aient les

1 Gaston Eyskens, *De Memoires*, Lannoo, Tielt, 1993, p. 928.

mêmes droits que les francophones des Fourons. Eyskens, finalement, a voulu faire le *forcing*. Voilà la véritable raison de sa démission et non diverses intrigues comme il le raconte dans ses mémoires. Les médias ont même parlé de «parricide»! Malgré sa grande admiration pour Gaston Eyskens, Léo Tindemans, dans ses mémoires, est infiniment plus nuancé [1].

Le départ de Houben

Quelques semaines après ma désignation, Charles-Ferdinand Nothomb fut élu à la présidence du PSC. Le bouillant Luxembourgeois se disait «unioniste bilatéral» et ne pouvait accepter que les leaders des structures communes du PSC-CVP fussent trois Flamands: Houben, Swaelen et Geens. La démission du gouvernement Eyskens fut la goutte d'eau qui fit déborder le vase de sa déception. Il me proposa de nommer comme président coordinateur le mutualiste wallon Jean Hallet et déclara à Houben que le PSC n'avait plus confiance en lui.

Gaston Eyskens en parle dans ses mémoires: «Les deux jeunes présidents Martens et Nothomb incarnaient une nouvelle génération de CVP et de PSC... Ils sont apparus comme de jeunes loups qui ont écarté Robert Houben du pouvoir, alors qu'il avait toujours réussi, lui, à coordonner et unifier le CVP et le PSC. Il m'a toujours été d'un réel soutien. Mais il fut mis hors-jeu... J'ai souvent repensé à l'allocution de Martens. S'il avait réfléchi davantage, il n'aurait pas précipité le pays dans un chaos communautaire et financier. Très vite, Wilfried Martens et Charles-Ferdinand Nothomb ont pris de nombreuses initiatives qui ont précipité les relations communautaires dans un véritable maelström [2].»

Il se trompe. Depuis 1968, le CVP était un parti indépendant. N'était-il pas normal que nous cherchions à obtenir notre propre direction, une organisation et des moyens financiers fournis par nos membres? Ce n'est ni Charles-Ferdinand, ni moi, qui nous sommes débarrassés du Comité de concertation PSC-CVP. Cela s'est passé beaucoup plus tard, lorsque Léo Tindemans et VDB sont devenus présidents du CVP et du PSC.

Après la démission de Gaston Eyskens en novembre 1972, il fallait constituer un nouveau gouvernement et les pourparlers s'annonçaient

1 Leo Tindemans, *De memoires. Gedreven door een overtuiging*, Lannoo, Tielt, 2002, p. 184 et 185.

2 Gaston Eyskens, *De memoires. Gedreven door een overtuiging*, Lannoo, Tielt, 1993, p. 912.

difficiles. Un jeune président CVP avait soi-disant sacrifié son Premier ministre et un président PSC aux allures de gamin avait écarté Robert Houben. Il leur fallait affronter les vieux crocodiles de la politique comme Jos van Eynde et Edmond Leburton. Ce fut un véritable chemin de croix! Les leaders unitaires du parti socialiste s'employèrent à discréditer ces deux jeunes présidents inexpérimentés afin de prendre les rênes du pouvoir!

Un Premier ministre wallon unilingue

Après la chute du gouvernement Eyskens, il était clair que le nouveau gouvernement devrait s'atteler à une double tâche: régler le statut des Fourons et, surtout, mettre en place la régionalisation en vertu de l'article 107 quater de la Constitution. Une majorité qualifiée était nécessaire pour ce faire et on avait donc besoin des socialistes. Lorsque le Roi nomma comme formateur Edmond Leburton, un Wallon unilingue, l'enthousiasme de mon parti s'en trouva refroidi. Le formateur n'aimait guère le CVP et c'était réciproque. Il avait déclaré naguère à l'hebdomadaire bruxellois *Pourquoi pas?*: «J'en ai marre du CVP!» On n'oubliait pas son attitude durant les grèves révolutionnaires de 1960-1961, quand il avait bloqué dans sa ville les trains qui circulaient encore (d'où son surnom de «chef de gare de Waremme»). Le président du parti socialiste avait une réputation bien établie d'aimer boire un coup. Son goût pour les jolies femmes était aussi manifeste que sa surprenante attirance pour les leaders forts des régimes totalitaires: Tito, Ceausescu, Mobutu et le Shah d'Iran. Cette dernière amitié lui serait d'ailleurs fatale.

Il fallait donc former un nouveau gouvernement et la polémique s'enflamma: qui serait le chef de ce gouvernement? L'unilinguisme de Leburton suscitait une véritable allergie au CVP alors que les libéraux et socialistes flamands n'y voyaient aucun inconvénient.

À la fin des pourparlers, le 16 et le 17 janvier 1973, je fis part, crûment, des griefs du CVP à Leburton. Je lui disais toutefois qu'au congrès du parti je soutiendrais sa position à deux conditions: le vice-Premier ministre serait un CVP et ce vice-Premier ministre serait le porte-parole du gouvernement devant l'opinion flamande.

Il y eut à ce congrès 40% de voix contre une participation du CVP au gouvernement. Le PSC, seul, fut unanime à la suite d'un plaidoyer vibrant de Charles-Ferdinand Nothomb, pour qui le choix d'un Premier ministre wallon, sept ans après Pierre Harmel, était qualifié d'historique.

L'homme montant du CVP, Léo Tindemans, fut nommé vice-Premier ministre avec le soutien de Jos Chabert, ministre de la Culture néerlandaise. Mais le gouvernement Leburton-Tindemans-De Clercq était né sous de mauvais auspices et ne vécut qu'un an.

L'avortement

Il fallait résoudre certains problèmes éthiques, dont celui de l'avortement. Lors d'une conférence de presse commune, le PSC et le CVP avaient déclaré sa libéralisation inadéquate. Mais nous proposions quelques mesures qui pouvaient apparaître comme extrêmement progressistes dans les milieux catholiques. Nous demandions une information sur la contraception et proposions que l'avortement ne soit pas punissable lorsqu'une poursuite de la grossesse mettait la mère en danger. N'oublions pas que les autorités religieuses interdisaient le préservatif et que l'évêque gantois Léonce Van Peteghem déclara même, juste après notre conférence de presse, qu'on ne pouvait en aucun cas tuer le bébé pour sauver la mère. Mais le PSC-CVP soutenait clairement aussi que le problème de l'avortement ne pouvait être abordé sans tenir compte d'une des règles fondamentales de la civilisation : le respect de la vie humaine.

Quelques mois plus tard, le parti socialiste proposait une libéralisation totale de l'avortement. Je manifestai ma complète désapprobation lors d'une réunion du CVP, à Gand : certes, la mère en état de détresse ne pouvait être abandonnée à son sort et aucun handicapé ne pouvait être exclu, car le respect de la vie s'étendait à l'enfant à naître. Je souscris toujours à ce texte, trente ans plus tard. Ironie du sort, je fus contraint, en 1990, alors que j'étais Premier ministre, de signer pour sauver la monarchie une loi contre laquelle j'avais voté !

Les scandales RTT et Ibramco

Le gouvernement Leburton démarra difficilement. Les premières conséquences d'une crise économique se faisaient sentir. Dès le 18 mai, dans le *Standaard,* Hugo De Ridder levait un fameux lièvre : le dossier bourré d'irrégularités des adjudications à la RTT. Seules des personnalités socialistes y étaient mêlées : le ministre Edouard Anseele, le secrétaire d'État Abel Dubois et l'administrateur général Germain Baudrin, entre autres.

En même temps, on apprenait que les socialistes voulaient construire une raffinerie de pétrole à Liège et qu'un accord secret avait même été conclu avec la société irano-belge Ibramco.

Au fur et à mesure des révélations, le climat politique se gâtait au gouvernement; il n'y avait en outre plus moyen d'obtenir un consensus à la commission parlementaire qui s'occupait de la régionalisation. J'écrivis donc au Premier ministre que cela suffisait et que s'il ne parvenait pas à démentir les affirmations du *Standaard*, le CVP retirerait sa confiance au ministre Anseele et interpellerait sur les dossiers RTT et Ibramco dès la reprise des activités parlementaires, au mois d'octobre.

Mais Leburton ne nous laissa pas cette chance. Il nous prévint qu'il voulait présenter un programme actualisé au Parlement et une équipe allégée: Anseele ne pouvait pas être le seul à démissionner. Il me demandait de désigner les deux ministres ou secrétaires d'État CVP qu'il fallait, selon moi, éliminer. Après une réunion des dirigeants du parti, je tins une conférence de presse où je précisai que nos ministres écartés du gouvernement n'étaient en aucun cas compromis dans l'affaire Anseele.

Même allégé, le gouvernement Leburton avait du plomb dans l'aile. L'affaire Ibramco restait une pomme de discorde. Malgré une visite de prestige au Shah, à Téhéran, et des déclarations tonitruantes, Leburton ne parvint pas à prouver que cette usine d'État, implantée à Liège, pourrait travailler rentablement et assurer notre approvisionnement. Des déclarations contradictoires et un télégramme de rupture des négociations en provenance d'Iran le contraignirent à démissionner.

Pas sans le PSC

Ce 19 janvier 1974, notre pays subissait donc sa deuxième crise gouvernementale depuis les élections du 7 novembre 1971. Il restait plus ou moins deux ans avant les élections suivantes. La plupart des hommes politiques pensaient que le Roi devait dissoudre le Parlement et qu'il fallait organiser de nouvelles élections. Même le vice-Premier ministre Tindemans était de cet avis. Moi, j'avais une tout autre opinion dont je fis part au roi Baudouin.

Le Souverain m'accueillit dans le hall d'entrée du château de Laeken par ces mots: «Vous avez un bien beau loden.» Je m'étais à peine défait de mon manteau vert que le Roi enchaîna: «Monsieur le président, il paraît que vous vous opposez à des élections immédiates.» Je répondis: «Sire, j'y suis absolument opposé. La dissolution des Chambres serait une rupture avec une longue tradition de ce pays. Lorsqu'un gouvernement chute, on essaie ou bien de résoudre la crise, ce qui me paraît improbable, ou bien de mettre un nouveau gouvernement en place. Agir autrement, sous la pression du parti socialiste, serait contredire une longue tradition politique.» Le Roi fut un moment désarçonné par une prise de position aussi ferme. À sa question: «Que faire?», je répondis qu'il fallait nommer un informateur ou un formateur et voir si la formation d'un nouveau gouvernement était possible, ne fût-ce que pour donner une compétence constitutionnelle au Parlement suivant. Le Roi réfléchit un court moment et me posa une question surprenante: «Pouvez-vous me promettre une chose: c'est que vous ne formerez jamais un gouvernement sans le PSC?» Je répondis sans hésiter: «Oui, Sire, je vous le promets!»

Je me suis beaucoup interrogé sur cette demande royale inhabituelle. Jamais on n'avait, à l'époque, spéculé sur un gouvernement asymétrique. Le Roi craignait que je sois à tout prix partisan d'un gouvernement transitoire qui ferait de la prochaine législature une constituante. Le président du PSC Nothomb était un adversaire acharné de cette nouvelle révision parce qu'il estimait que la réforme de l'État de 1970 n'était pas encore digérée. Le chef de l'État voulait-il, avec le PSC et une grande partie de l'*establishment* politique de l'époque, bloquer indirectement par sa question toute étape supplémentaire dans la voie du fédéralisme?

Quelques heures après cette entrevue royale, Léo Tindemans était nommé formateur. Il négocia quatre jours, passa régulièrement à la télévision, parlant un langage clair. Pour les gens qui s'étaient lassés d'entendre des invectives et en avaient assez de l'atmosphère de scandale qui entourait Leburton, ce fut une bouffée d'air frais. On saluait l'arrivée d'un politicien aux mains propres.

Mais, faute d'accord, il fallut dissoudre le Parlement et organiser des élections, le 10 mars 1974. L'agence de publicité Tréma conçut la fameuse affiche de Léo Tindemans: «Avec cet homme tout va changer!» Le résultat dépassa toutes nos espérances. Pour la première fois depuis quinze ans, le CVP gagna 100 000 électeurs et trois sièges; le parti frère PSC allait aussi bien puisqu'il engrangea deux sièges de plus. Après des années de lutte, j'étais enfin éligible à Gand. J'étais même tête de liste et j'ai obtenu 33 105 voix de préférence, ce qui est énorme pour un «débutant»!

L'essai manqué de Steenokkerzeel

Comme le parti socialiste s'opposait à toute participation au pouvoir des libéraux, le formateur, Léo Tindemans, dut négocier avec lui. La rivalité qui opposait Leburton et Cools paralysa longtemps les débats. On aboutit dans une impasse mais Tindemans resta formateur et annonça qu'il allait former un gouvernement avec les libéraux et les partis régionaux, RW, FDF et VU. Afin de sonder leurs intentions, ils furent tous conviés au château du Ham à Steenokkerzeel, le 19 avril. Pour Tindemans, c'était un grand pas à franchir. Moi, par contre, en tant que fédéraliste, je n'avais aucune objection à ce que des partis qui ne recrutaient leurs membres que dans une région du pays soient introduits au gouvernement. Les choses se présentaient bien lorsque le président de la VU, Frans Van Der Elst, mit le problème de l'amnistie sur la table avec une évidente maladresse ! Les francophones, François Perin du RW en tête, considérèrent cela comme un sabotage et une provocation et les pourparlers échouèrent.

Le 11 juin 1974, le gouvernement Tindemans I comptait cependant trois ministres RW. Il n'y avait pas eu moyen d'y introduire des représentants de la VU, parti régional flamand, parce que le FDF, parti régional bruxellois, n'était pas représenté. Ce fut néanmoins une période politiquement féconde, grâce à une excellente atmosphère de travail.

Les caprices du Rassemblement wallon

Dès le départ, le gouvernement fut sous le feu des critiques socialistes. Willy Claes définissait le Premier ministre comme un pur produit des agences de publicité et Jos Van Eynde tonnait quotidiennement contre sa politique « réactionnaire ». Mais pour le CVP, ce fut incontestablement une période de grand épanouissement. Notre position déterminée face aux socialistes nous avait gagné une importante clientèle en Flandre…

J'ai immédiatement soutenu le gouvernement avec un grand enthousiasme. Dans mes interviews, j'ai toujours affirmé qu'il devait tenir quatre ans, même quand le syndicat chrétien commença à s'agiter en 1977 contre les mesures de restrictions et se mit à participer aux « grèves du vendredi ».

Comme la plupart des membres du parti, nous trouvions que ces grèves étaient à courte vue. Elles prouvaient que le monde syndical ne se rendait pas encore compte de la gravité de la situation économique et financière.

Ces grèves ont d'ailleurs à peine affaibli le gouvernement. Sa chute fut en effet provoquée par les caprices du RW qui se manifestèrent dès sa première participation au pouvoir. D'abord, les chefs de ce parti, François Perin, Jean Gol et Étienne Knoops, passèrent au parti libéral wallon. Leurs successeurs étaient faibles. Comme le RW refusait d'approuver le budget en mars 1977, Léo Tindemans les écarta du pouvoir, ce qui lui coûta la majorité parlementaire. Pour éviter d'être mis en minorité à la Chambre, il proposa au Roi, dans la nuit du 8 au 9 mars, de dissoudre le Parlement.

Pour la deuxième fois en trois ans, nous nous présentions devant l'électeur, en étant certains que le gouvernement suivant ne posséderait pas suffisamment d'armes pour procéder à une réforme radicale de l'État.

Chapitre IV
LA PÉNIBLE ÉPOPÉE DU PACTE D'EGMONT

La brève mais brutale histoire du pacte d'Egmont peut étonner pour de multiples raisons. La coalition du moment avait une forte majorité parlementaire, beaucoup de bonne volonté et du courage politique. Pendant dix-huit mois, d'avril 1977 à octobre 1978, les négociations allèrent bon train, les points de vue flamands et wallons se rapprochèrent, la pacification communautaire semblait à portée de main. Mais tout s'écroula lors de la séance plénière de la Chambre du 11 octobre 1978.

Les élections de 1977 avaient été très favorables aux sociaux-chrétiens: un gain de huit sièges qui portait leur total à quatre-vingts. Les socialistes enregistraient une légère progression mais le parti libéral subissait de lourdes pertes. Il devenait le quatrième parti en Flandre, après la Volksunie qui conservait ses vingt sièges. Le RW était pratiquement éliminé: il passait de treize à cinq sièges, alors que les transfuges Gol, Perin et Knoops amenaient quelques sièges aux libéraux wallons. Mais le plus remarquable fut le score personnel de Tindemans, dont le slogan *Meer dan ooit Tindemans* («plus que jamais») avait fait mouche. Il avait obtenu 134 000 voix à Anvers et ce vote populaire fit de lui le Premier ministre désigné.

Le verdict était si clair que le Roi ne consulta que les présidents de parti. Cinq jours après le scrutin, Léo Tindemans était formateur. Son but était de réunir une large majorité afin de mettre en œuvre l'article 107 quater. Dès le départ, il essaya de former un gouvernement tripartite avec les socialistes et les libéraux. Ce type de gouvernement était rare en Belgique mais l'expérience négative vécue avec le Rassemblement wallon ne lui donnait pas envie de tenter une nouvelle aventure! Mais le parti socialiste (qui ne voulait pas des libéraux), la VU et le FDF voulaient rester associés: ensemble, au pouvoir ou dans l'opposition. Ils avaient d'ailleurs discrètement préparé le terrain.

Un nouveau pacte communautaire

Finalement, et après bien des péripéties tournant essentiellement autour de la participation de la Volksunie (j'ai favorisé un contact secret à Habay-la-Neuve entre Hugo Schiltz et Charles-Ferdinand Nothomb), des négociations communautaires commencèrent le 9 mai, dans un palais d'Egmont hermétiquement clos.

Les débats furent menés par les présidents de parti, aidés d'un deuxième négociateur et par le formateur assisté de son chef de cabinet Jan Grauls [1]. Nous étions tous animés par la volonté de réussir un « pacte communautaire » comme on avait conclu un « pacte scolaire » en 1958. Les participants représentaient 80 % des électeurs ! Les divergences de vue portaient, bien sûr, sur Bruxelles et sa périphérie mais aussi sur la structure future de l'État. Pour diverses raisons, Willy Claes, Charles-Ferdinand Nothomb et Léo Tindemans reculaient devant une fédéralisation radicale du pays. Nothomb surtout. Après la chute de Leburton, il avait déjà exprimé ses doutes sur la nécessité d'une nouvelle réforme de l'État. Sa tactique était donc d'émettre, pour la communauté française, des exigences extrêmes, surtout en matière linguistique, qu'il savait impossibles à obtenir intégralement, ce qui lui permettait, en fin de compte, de mettre de l'eau dans son vin. Cette stratégie ne m'a jamais scandalisé : le PSC n'était que le deuxième ou troisième parti en Wallonie et nous ne risquions pas vraiment l'escalade communautaire. Mais, heureusement, André Cools, représentant du plus puissant parti wallon, n'agissait pas de cette manière.

Il n'empêche que mes divergences de vue avec le président du PSC étaient énormes. Moi, j'accordais la priorité à des objectifs institutionnels tandis que Nothomb avait surtout en vue des objectifs linguistiques pour les francophones de Bruxelles et des environs. De plus, cet « unitariste bilatéral » (il respectait les différences du pays et de ses langues et avait pris l'habitude de mener en néerlandais toutes nos conversations privées) tentait, autant que faire se peut, de préserver le modèle d'État qui lui était cher. Il y avait donc entre nous une grande confiance, et une espèce de politique d'échange (je prends, je donne) au travers de laquelle j'essayais de réaliser mon but fédéral tandis que Nothomb en acceptait les grandes lignes… mais en évitant la marginalisation des francophones. Dès notre première rencontre, nous avons éprouvé de la sympathie, puis une amitié

---

1 Hugo Schiltz et Frans Van der Elst (VU), Léon Defosset et Lucien Outers (FDF), Willy Claes et Jef Ramaekers (BSP), André Cools et Léon Hurez(PSB), Georges Gramme et Charles-Ferdinand Nothomb (PSC), Wilfried Martens et Paul De Keersmaeker (CVP).

bientôt partagée par nos épouses. Nous avons fait ensemble un voyage en Amérique du Sud. Un jour, près d'un marécage au Venezuela, je fis un faux pas. Charles-Ferdinand me saisit par le bras et «me sauva d'une mort certaine», comme il aime à le raconter!

André Cools, du côté wallon, m'a beaucoup aidé à réaliser mon programme fédéraliste. La régionalisation était le rêve de la vie de cet ancien renardiste. Du côté flamand, les pourparlers d'Egmont m'ont appris à connaître Frans Van der Elst. Ce fondateur de la Volksunie avait la réputation d'être un extrémiste flamingant, voire un incivique, alors qu'il n'avait jamais été impliqué dans aucun fait de collaboration. Nous avons découvert avec surprise un homme politique très différent de ce que nous imaginions: un nationaliste flamand, certes, mais en quête de consensus avec le monde politique francophone.

La nuit la plus longue

Le lundi 23 mai, nous en étions à trois semaines de délibérations. Nous avions bien progressé sur quatre points. Restaient Bruxelles et les limites des régions. La nervosité avait augmenté... Voici l'histoire de la nuit la plus longue...

Le formateur a suspendu la réunion pour faire à 21 h 30 au Roi un rapport très pessimiste. Pendant cette suspension, je fais apporter les cartes de rattachement de parties de communes à Bruxelles basées sur les contacts Lode Claes-Moreau-Leysen de 1975[1]; nous y avons fait d'importantes corrections de limites à Wezembeek-Oppem et Wemmel ainsi que d'autres, moins importantes, à Linkebeek, Rhode-Saint-Genèse, Kraainem et Drogenbos. C'était le maximum des concessions que nous pouvions faire. Charles-Ferdinand Nothomb manifeste immédiatement son désaccord et maintient ses exigences initiales. Je réponds qu'il est impossible de céder des communes entières à Bruxelles. Un consensus apparaît impossible autour d'une formule d'adaptation des limites. J'évoque la possibilité d'accorder des garanties en matière culturelle aux francophones, mais cette fois le refus vient d'André Cools.

---

1 Il s'agit d'entretiens secrets entre des représentants du CVP, de la VU et du PVV, à l'initiative et sous la conduite de Vaast Leysen, qui était à l'époque président du *Vlaams Economisch Verbond*. Ces contacts furent ensuite élargis à des représentants du FDF et du Rassemblement wallon, dont le principal porte-parole était Robert Moreau. Son interlocuteur pour la VU était Lode Claes.

Léo Tindemans veut abandonner les pourparlers. André Cools et Charles-Ferdinand Nothomb insistent, comme moi, pour continuer. Willy Claes fait de même, pour éviter une crise de régime. Le formateur propose une courte pause pendant laquelle je consulte Hugo Schiltz et Lucien Outers sur la piste des garanties culturelles. Outers est prêt à abandonner les revendications frontalières en échange de deux choses : d'abord, que les francophones de la périphérie bruxelloise puissent s'inscrire dans une des dix-neuf communes pour les formalités administratives, judiciaires, électorales et fiscales (c'est ce qu'on a appelé le droit d'inscription) et, deuxièmement, que l'on crée dans les six communes périphériques des conseils communautaires semblables à celui de Bruxelles-Capitale. Nous lui demandons, Hugo Schiltz et moi, de mettre ce projet sur papier et de le soumettre aux francophones. À trois heures du matin, Outers distribue son texte écrit et tous adhèrent immédiatement à cet ultime projet.

L'impossible est réalisé

Après un dernier débat sur les listes européennes (une par communauté et non une nationale, à la demande de Nothomb et d'Outers qui redoutaient un nouveau triomphe de Tindemans et un déséquilibre entre le nombre de sièges attribués aux francophones et aux flamands), le texte définitif de l'accord fut signé dans la nuit du 24 au 25 mai dans un des plus petits et des plus sombres locaux de ce palais qui est tout sauf intime ! Le « pacte d'Egmont » était né, nous avions réalisé l'impossible et levé une lourde hypothèque qui pesait sur la vie politique belge !

Durant le week-end suivant, il me fallait obtenir l'accord des participants au congrès du CVP à Gand. J'ai affirmé que les structures proposées correspondaient parfaitement « à ce que notre parti avait imaginé pour la réforme de l'État ». La Belgique serait enfin remodelée, elle se présenterait comme un État fédéral basé sur la reconnaissance de deux communautés, la flamande et la francophone, et de trois régions, la Flandre, la Wallonie et Bruxelles, avec une structure double pour cette dernière. En relisant mon discours aujourd'hui, je constate que je prédisais déjà ce qui pouvait échouer dans l'application du pacte : « L'accord contient beaucoup de moyens pour ramener la paix dans notre pays mais aussi autant de mécanismes qui peuvent attiser des conflits et mener à brève échéance à la dislocation de nos institutions. Mais je puis dire aussi que ceux qui ont travaillé pendant trois semaines dans le bunker du palais d'Egmont étaient animés d'un esprit de pacification. »

Le débat qui suivit prit un tour aigu à propos de l'aménagement de la périphérie bruxelloise. L'opposition venait des Jeunes CVP, de Jan Verroken et des représentants de l'arrondissement de Bruxelles-Hal-Vilvorde. Sous la conduite de Jean-Luc Dehaene, ces derniers fulminaient contre le droit d'inscription. En tant qu'habitants du Brabant, ils s'insurgeaient contre ces « touristes francophones ». Cet arrangement n'amènerait pas la pacification attendue mais encouragerait la francisation de la périphérie. Le vote fut mitigé : 507 « oui » contre 151 « non » et 20 abstentions.

Mais un sentiment de satisfaction dominait au sein de la direction du parti et nous fûmes nombreux à participer au déjeuner organisé à *L'Auberge du Pêcheur*, à Laethem-Saint-Martin. Tout se passa très amicalement. Les pourparlers étaient derrière nous et le CVP allait participer à un gouvernement qui avait une mission historique. Léo Tindemans était d'excellente humeur et, dans l'euphorie du moment, il régla même la note !

Huit ans ? Non, dix-huit mois !

Une fois le pacte approuvé par les partis, le gouvernement Tindemans II dit aussi « d'Egmont » pouvait démarrer. La réalisation complète du pacte communautaire appelait des modifications de la Constitution. Ces modifications ne seraient appliquées que lors de la législature suivante car le Parlement n'avait pas de pouvoirs constitutionnels. Voilà pourquoi ceux qui avaient souscrit au pacte s'engagèrent à gouverner ensemble pendant deux périodes de quatre ans. Le cabinet Tindemans devait donc gérer le pouvoir pendant huit ans. En fait, il ne tint que dix-huit mois.

Les tensions autour du pacte d'Egmont grandirent très vite. L'encre des textes n'était pas encore sèche que le Mouvement flamand constituait un comité anti-Egmont, surtout contre le droit d'inscription.

Hugo Schiltz et moi étions les têtes de Turc parce que nous avions accepté des concessions sur Bruxelles. J'étais pourtant, premièrement, persuadé que pour la Wallonie et les francophones, l'existence d'une région bruxelloise distincte était impérative, à côté des régions flamande et wallonne. Deuxièmement, même dans les milieux les plus flamands, il était généralement reconnu qu'il faudrait accepter des compromis à propos du statut des francophones dans la périphérie. Les francophones, eux aussi, avaient perdu des plumes en acceptant la limitation de Bruxelles aux dix-neuf communes.

Il est vrai que le pacte obtenu pendant ces journées cruciales de mai 1977 n'était pas un chef-d'œuvre de clarté. L'interprétation des textes était tellement différente que de nouvelles négociations s'imposèrent. Nous nous sommes donc réunis au château du Stuyvenberg sous la houlette de Léo Tindemans, du 24 septembre 1977 au 17 janvier 1978. C'est un château sobre, presque intimiste, situé dans les vertes collines de Laeken. Contrairement au sombre palais d'Egmont, nous disposions ici d'un immense jardin.

Un élément nouveau était l'arrivée de Karel Van Miert dans le groupe des présidents. Il succédait à Willy Claes, passé aux Affaires économiques, et n'était pas signataire du pacte d'Egmont. Et il n'acceptait pas la domination d'André Cools. On assista rapidement à un éloignement des points de vue des socialistes flamands et wallons, jusqu'à la scission du 11 octobre 1978.

Accord au Stuyvenberg, mais…

Notre tâche, au Stuyvenberg, était très ardue. Chaque amélioration du Pacte qui apparaissait comme une concession à une communauté, devait être compensée par une concession équivalente à l'autre. Il y eut aussi de vives discussions avec le Palais royal au sujet des prestations de serment des présidents des exécutifs et de la parité entre lois et décrets. Finalement le Roi et le Premier ministre tombèrent d'accord : le Souverain ne signerait pas les décrets. C'était une importante concession de la part de l'entourage royal. Mais désormais, les gouvernements régionaux seraient qualifiés d'« exécutifs », tandis que les parlements régionaux devenaient des « conseils ». Les appellations classiques de « gouvernement » et de « Parlement » étaient réservées aux institutions nationales.

La fin du tunnel apparut le 16 janvier après de très longues journées et nuits de négociations. Je suis resté loger au château avec les autres politiciens qui n'habitaient pas la région bruxelloise. Il neigeait, il y avait de la tempête et c'est dans un cadre féerique que nous avons pu présenter enfin à la presse, le 17 janvier 1978, un texte remanié. Karel Van Miert fit une déclaration optimiste : « Le cheval a sauté l'obstacle », tandis que Léo Tindemans commandait le champagne. Nous étions convaincus que le Pacte était nettement amélioré et que son traitement par le Parlement suivrait rapidement. Les présidents de parti avaient réellement voulu concilier les aspirations des deux communautés à tel point qu'aucun d'eux ne voulut plus s'en détacher. À la lumière des événements futurs, nous avons sans doute été exagérément sûrs de nous. J'ai fait alors une courte escapade au carnaval de Rio avec Charles-Ferdinand Nothomb et nos épouses, histoire de vider nos esprits du pacte communautaire.

Il s'agissait maintenant pour le gouvernement et les secrétaires d'État De Bondt et Hoyaux de convertir les principes en textes de lois concrets. Il apparut très vite que ce ne serait pas une sinécure. Il fallut un troisième tour de négociations, à la résidence du Premier ministre. Autant les pourparlers du Stuyvenberg s'étaient déroulés dans une atmosphère positive, autant le climat politique se détériorait à présent.

Deux façons d'aborder les problèmes débouchaient sur une confrontation ouverte. Il y avait celle des politiciens francophones du FDF et du parti socialiste qui plaidaient depuis des années pour une division du pays en trois régions, qui voyaient leur rêve sur le point de se réaliser et qui ne supportaient plus le moindre retard. Il y avait celle de politiciens comme Ferdinand De Bondt et Léo Tindemans qui avaient les plus grands doutes sur l'application du droit d'inscription et voulaient avancer pas à pas… La méfiance grandissait et le 14 juin 1978, Léo Tindemans, qui refusait que les socialistes couplent l'assainissement budgétaire et la réforme de l'État, remit sa démission au Roi. Après avoir hésité, celui-ci la refusa.

La junte des présidents

On a beaucoup écrit et spéculé sur les relations des présidents de parti au cours de l'aventure d'Egmont. L'image d'une junte vint d'une déclaration d'Hugo Schiltz affirmant qu'il fallait «cravacher» le Parlement afin de faire passer le Pacte. La démission spectaculaire du Premier ministre renforça cette impression. L'interpellation de Léo Tindemans par la plupart des présidents était pour le Premier ministre la preuve de leur arrogance.

Pour démythifier notre rôle, il me paraît utile de situer l'action des présidents dans un cadre à la fois politique et humain. Après l'accord, je suis resté en contact étroit avec les cinq autres présidents: Spaak, Schiltz, Cools, Van Miert et Nothomb. Une complicité était rapidement née entre nous. Nous avions l'impression d'être les créateurs d'une nouvelle Belgique. Nous nous entendions très bien. Nous nous racontions notre vie. Nous nous faisions des blagues. Cools était très fort à ce petit jeu et il était certainement le plus charismatique du petit club. Cette connivence a été vécue en toute loyauté, car personne ne voulait rouler l'autre. Nous avions tous pris des risques politiques énormes et il était donc essentiel que le Pacte soit exécuté.

Il est de notoriété publique que le gouvernement de Tindemans n'était pas très dynamique... La collaboration entre De Bondt et Hoyaux n'était pas brillante et l'entente entre Léo Tindemans et son vice-Premier ministre, le socialiste Léon Hurez, était plus que boiteuse. Le chef du gouvernement avait pris l'habitude de faire appel à tout bout de champ aux présidents de parti pour demander leur avis mais aussi pour prendre certaines décisions. C'est ainsi que naquit la fable selon laquelle ils avaient veillé sur le gouvernement «comme des belles-mères».

Je n'oublierai jamais comment le Premier ministre convoqua tous les présidents, le 4 juillet 1978 à 19 heures. Lorsque nous sommes arrivés rue de la Loi, on nous introduisit dans la salle du Conseil des ministres. Quelle surprise d'y voir des sièges vides! Seuls le Premier ministre, le vice-Premier ministre et les secrétaires d'État étaient présents. Le Conseil des ministres avait été suspendu et on faisait appel à nous pour résoudre un problème du dossier communautaire. Je nous vois encore dans ces fauteuils ministériels. Nous n'avions aucune légitimité. En fait, nous avions été réquisitionnés et cette situation était très désagréable! Je me suis dit plus tard que nous avions choisi une mauvaise voie. Les présidents de parti auraient dû faire partie du gouvernement pour exécuter «leur» pacte. Le pays aurait évité ainsi bien des malentendus.

Le jour des passions

Le vendredi 4 août 1978 allait marquer la fin du pacte communautaire. J'ai le souvenir très présent de ce jour fatal où un fossé s'est creusé entre le Premier ministre et les présidents. Grâce à mon expérience du dossier communautaire, j'étais, depuis le 13 juillet, président de la commission spéciale de la Chambre, chargée d'examiner le fameux projet 461. Le problème était de savoir s'il fallait consulter le Conseil d'État. Edmond Leburton, devenu président de la Chambre, décida de demander un avis d'urgence à cette haute juridiction. En fait, il s'agissait d'une vengeance contre André Cools qui ne l'avait guère soutenu lorsqu'il était Premier ministre.

Les premiers avis furent publiés dès le 2 août. Je m'attendais certes à quelques remarques négatives, mais ce fut un véritable déluge: selon le Conseil, des parties essentielles du projet exigeaient une révision de la Constitution.

Il est vrai qu'on ne pouvait appliquer le Pacte sans faire d'entorses à la Constitution. C'est une chose que le Premier ministre, qui ne lui était pas vraiment favorable, ne pouvait accepter. Il espérait que l'avis du Conseil d'État mettrait le Pacte en question ; il était peut-être préférable, estimait-il, de n'adopter que les textes irréprochables constitutionnellement et préparer à terme une profonde révision constitutionnelle. Il fit part de ces réflexions au vice-Premier ministre Hurez, au cours d'une conversation confidentielle. Que celui-ci rapporta immédiatement à André Cools, qui se fâcha tout rouge.

Au cours d'une rencontre épouvantable des présidents, rue Lambermont, il traita Léo Tindemans de « crapule » et l'accusa d'avoir tendu un traquenard à ceux qui s'étaient engagés en faveur du Pacte. Il menaça de ne pas voter le budget. Charles-Ferdinand Nothomb fut aussi virulent, reprochant en outre au porte-parole de Tindemans d'avoir répandu des calomnies sur sa vie privée et sa « conduite dissolue ». Willy Claes m'avoua plus tard que s'il avait été Premier ministre, il ne serait pas resté une minute de plus en présence d'André Cools ! Antoinette Spaak avec qui je traversais le parc de Bruxelles pour rejoindre le Parlement, me confia : « C'est insensé ! Hurez est un maillon très faible et il s'est conduit de façon déloyale. Cet entretien avec le Premier ministre devait rester entre *eux.* » Mais elle était persuadée que cette empoignade entre Tindemans, Cools et Nothomb sonnait la fin de la coalition.

Le respect de la parole donnée

André Cools était un homme passionné pour qui le respect de la parole donnée était sacré. Il attachait une grande importance aux relations personnelles. Une rupture de la parole donnée lui était insupportable. Un politicien peut-il raisonner de la sorte ? Je pense que oui et que seule une loyauté profonde entre quelques personnes peut nous aider à surmonter des moments critiques. Dans cette optique, André Cools me semble avoir été un beau politicien belge. Qu'on pense à sa relation de camaraderie avec son premier « grand patron », Gaston Eyskens.

J'ai, personnellement, exigé une grande loyauté autour de moi. Je l'ai cultivée aussi, de mon côté. Mes relations avec Jean-Luc Dehaene pendant des années en sont un exemple. Le respect de la parole donnée et la fidélité à des accords conclus doivent être des bases indispensables à la vie politique belge.

On comprend qu'à partir de ce jour-là, le pacte d'Egmont fut dans une impasse. Le soir venu, nous nous sommes réunis une fois encore, les présidents, le Premier ministre et le vice-Premier ministre. André Cools s'emporta à nouveau contre Tindemans qui finit par lui dire : « Je comprends maintenant pourquoi les généraux de Hitler tremblaient devant ses accès de colère. » Pendant le restant de la soirée, le Premier ministre resta muet. À un certain moment, Paul Vanden Boeynants le prit à part et l'incita à accepter le Pacte parce que « sinon, ce serait le fédéralisme ! » VDB n'avait pas compris que le pacte jetait les bases d'une Belgique fédérale.

Une tragédie familiale

Cet affreux 4 août prend plus de relief encore à la lumière d'un autre désastre qui me frappa ce jour-là. Les présidents entamaient une nouvelle réunion. Paul De Keersmaeker vint m'avertir que mon fils avait eu un grave accident sur la côte espagnole. Mon épouse, Lieve, était en vacances à Estepona avec nos deux enfants, Kris, 13 ans et Anne, 9 ans. En traversant la route, Kris avait été happé par une voiture et était touché à la cuisse.

Il n'est pas dans ma nature d'exprimer mes sentiments devant des tiers et j'ai toujours séparé ma vie privée et ma vie publique. Je ne dis donc rien à personne et continuai la réunion. Mais à un moment, j'ai craqué et j'ai raconté à mes collègues l'accident survenu à mon fils. La réaction de sympathie fut immédiate et spontanée. Ils me conseillèrent de rejoindre ma famille au plus vite. J'entends encore Cools : « Qu'est-ce que tu fous ici, nom de Dieu ? Prends le Mystère et rejoins ta femme et ton fils. » Ma première réaction fut de refuser l'usage d'un avion du gouvernement dans un but privé, mais Cools vint à bout de ma résistance : « On mène une vie de fous ! On sacrifie notre temps, notre famille et nos vacances, et pourquoi ? Allez, Vanden Boeynants, téléphone à Melsbroek ! »

Lorsque j'arrivai à Malaga, Kris était déjà plâtré mais il avait perdu beaucoup de sang et on avait constaté un blocage des reins. Le professeur et chirurgien Georges Stalpaert nous rejoignit le lendemain avec Jos Chabert et Léo Tindemans. L'équipe médicale espagnole ne savait que faire et on craignait une infection et une amputation.

Kris fut rapatrié à l'hôpital universitaire de Louvain où on lui enleva le plâtre. On tenta vainement de sauver sa jambe jusqu'au 20 septembre. L'amputation apparut alors inévitable. Pendant que mon fils était aux soins intensifs, j'ai vécu avec ma femme à Herent, chez sa sœur. Je suivais les événements politiques de loin. Ce drame familial a-t-il entamé mes forces ? Je ne me suis jamais effondré psychologiquement, mais je me suis parfois senti au bord du gouffre. Alors, j'allais me balader dans les champs aux alentours et je priais Dieu de sauver mon fils. Les gens qui vivent en permanence dans un contexte religieux ne me comprendront sûrement pas. Mais c'était la première fois que surgissait spontanément en moi le besoin de prier. Même avec le recul du temps, cette période reste affreuse pour moi. Je me suis posé mille fois la même question : pourquoi étais-je resté au Parlement cet été-là ? Pourquoi mes proches étaient-ils partis seuls en vacances ? Si j'avais été là, j'aurais peut-être pu empêcher mon fils de traverser, ou je lui aurais tenu la main… Jamais je n'ai pu perdre un sentiment de culpabilité face à cette tragédie.

Coincé entre deux loyautés

La commission spéciale avait repris ses travaux le 4 septembre et elle approuva le projet 461, en première lecture. Les objections constitutionnelles avaient cependant de plus en plus de poids au sein de mon parti à cause des critiques de la presse, des électeurs et des groupes de pression flamands. Léo Tindemans partit en voyage officiel au Japon, du 18 au 24 septembre. Charles-Ferdinand Nothomb, qui commençait à être ébranlé par les avis négatifs des juristes, et moi-même en étions venus à la conclusion que tout pouvait être sauvé si nous mettions les accords d'Egmont en œuvre en plusieurs phases. Mais les socialistes wallons et le FDF ne voyaient là qu'une vilaine manœuvre du CVP.

Le 26 septembre, je fis clairement comprendre à mes collègues présidents que le CVP faisait grand cas des avis négatifs du Conseil d'État et qu'il fallait tenir compte des critiques du groupe CVP. Les réponses furent évasives parce que d'autres groupes avaient également émis des réserves. Et pourtant, *pacta sunt servanda*!

On m'a souvent posé la question plus tard : le CVP et moi étions-nous sincères en invoquant la Constitution et les avis négatifs n'étaient-ils pas un prétexte pour couler le Pacte ? Je me dois de donner une réponse franche même si elle n'engage que moi. Ceux qui connaissent les positions que j'aurai plus tard en tant que Premier ministre savent que j'ai toujours accordé beaucoup d'importance au Conseil d'État. J'ai respecté ses avis même lorsque je gouvernais avec des pouvoirs spéciaux. Il ne m'est donc jamais venu à l'idée de considérer ses griefs comme lettre morte pendant la période Egmont. Mais, en les reprenant à mon compte, je me suis mis dans une situation fort délicate. J'étais coincé entre ma loyauté envers le Pacte et mes collègues présidents et ma fidélité à la Constitution.

L'animosité entre les partenaires du gouvernement avait atteint un maximum de virulence. Dans *Le Peuple* du 7 octobre, André Cools reprochait à Tindemans « d'engager son gouvernement sans s'engager lui-même et de contresigner des textes tout en se donnant un rôle d'arbitre et finalement, sans rien trancher du tout». Il ajoutait: «Cela suffit!» Le lundi suivant, j'exigeai publiquement que l'on arrête d'attaquer mon parti et Léo Tindemans, faute de quoi, la coalition deviendrait invivable.

Cools n'était pas seulement en brouille avec Tindemans. Des bagarres éclatèrent même au sein de la direction unitaire PSB-BSP. Cools et Van Miert s'accusaient mutuellement de soutenir un front francophone ou un front flamand au détriment de la solidarité socialiste. Au cours d'un entretien confidentiel, Cools me jeta même à la figure: « Tu as réussi à faire éclater notre parti. » Je tiens à dire que n'ai pas été chercher l'aide de Cools pour qu'il oblige le groupe CVP et Tindemans à approuver le Pacte! Et je n'étais pas présent le 10 octobre à la réunion où les présidents décidèrent de mettre Tindemans dans l'embarras. Le 11 octobre, quand les présidents de parti ont interpellé le Premier ministre, tous ceux qui étaient présents ont pu voir mon étonnement, puis ma fureur!

La fin

Ce 11 octobre, donc, eut lieu le bras de fer. Contre toute tradition, les présidents de parti Cools et Nothomb et le chef de groupe FDF Havelange interpellèrent pendant la séance plénière de la Chambre le Premier ministre, et lui demandèrent quelle était la position du gouvernement à propos des remarques constitutionnelles du CVP.

Tindemans refusa de poser la question de confiance sur des textes dont l'inconstitutionnalité pourrait apparaître. Il présenta sur le champ la démission de son gouvernement en tenant le discours suivant: « La Constitution n'est pas un chiffon de papier. Je ne veux pas que, demain, des aventuriers de gauche ou de droite puissent invoquer l'exemple de Tindemans pour avaliser les aventures dans lesquelles ils entraîneraient le pays. Tenant compte de cela et suite aux injures et attaques en règle dont j'ai été l'objet ces derniers jours, je déclare qu'il n'y a plus pour moi qu'une solution: je quitte cette tribune et je remets ma démission au Roi. »

Il partit immédiatement au Palais et insista auprès du Souverain pour qu'il accepte sa démission. Ainsi fut fait.

Le royaume perdu

Le pacte d'Egmont était bel et bien mort et enterré. Cette expérience traumatisante m'apprit une chose, c'est que le dossier Bruxelles n'était pas arrivé à maturité ! Et, à ma grande déception, il me fallait reconnaître que dans une grande partie du mouvement flamand, la conscience de la nécessité des réformes de l'État et la notion de fédéralisme étaient loin d'être claires.

Léo Tindemans avait joué un rôle très spécial dans tout le drame d'Egmont. C'est lui qui avait dirigé la première réforme constitutionnelle en 1970, lorsqu'il était ministre des Affaires communautaires. Elle était son enfant spirituel. Mon discours d'Anvers, en 1972, lui était donc apparu comme un sacrilège pur et simple ! J'y réclamais la mise en œuvre de l'article 107 quater sur la régionalisation. Et, ironie du sort, le plébiscite de 1977 catapulta Léo Tindemans à la tête d'un gouvernement qui, comme moi, voulait aller plus loin dans cette réforme de l'État que lui ne le souhaitait. Il n'a pas su saisir une opportunité historique.

Il y avait des failles techniques et politiques dans notre œuvre, il y avait beaucoup d'imperfections dans les textes. Mais, avec le temps, de la patience et du dévouement, nous aurions pu les corriger et les amender. Cet échec rendit toutefois possible la réforme constitutionnelle de 1980 qui ne recommençait pas les mêmes erreurs…

Deuxième partie
DOUZE ANS PREMIER MINISTRE

Chapitre V
D'ABORD UN REFUS

Après la chute du gouvernement Tindemans, le Roi avait nommé Paul Vanden Boeynants informateur. Pour tenter de sauver une partie du pacte d'Egmont, il me proposa par deux fois de diriger le nouveau gouvernement, mais j'ai refusé par loyauté envers mon parti et sa figure de proue, Léo Tindemans, même si ce dernier était devenu *persona non grata* chez les présidents francophones. Ils considéraient en effet qu'il avait fait échouer le Pacte de manière scandaleuse.

Ne pas diviser le parti

Je me suis rendu le 17 octobre au domicile de VDB pour lui signifier la décision négative définitive de mon parti dont les dirigeants approuvaient mon attitude. Voyant qu'il était impossible de me faire fléchir, il s'écria : « C'est une catastrophe, je revois les présidents tout à l'heure, que dois-je leur dire ? »

Vers midi, effectivement, nous nous retrouvâmes tous – Schiltz, Spaak, Van Miert, Nothomb, Cools et moi – dans la cave de VDB, bien connue des initiés : une vraie taverne souterraine avec un grand bar et un grill à la broche où le politicien-boucher faisait cuire les viandes les plus fines pour ses invités ! VDB faisait semblant de rien et nous expliqua tout un système qui permettait à son entreprise de payer moins d'impôts. Cette franchise était typique du personnage mais l'humeur changea lorsque j'ai demandé la parole ! J'ai rapidement jeté un pavé dans la mare : je ne serais pas Premier ministre ! Ce fut un grand moment d'émotion. André Cools et moi retenions nos larmes et Karel Van Miert n'en revenait pas : « Ces deux hommes "durs comme pierre" étaient donc capables de sentiments », a-t-il dit dans une interview. Cools a tenté de me faire changer d'avis : renoncer n'était pas son style. Mais ma résolution était inébranlable : « J'ai fait tout ce que je pouvais, ai-je dit, André tu es un chic type, mais il y a une chose que tu ne peux pas me demander : diviser mon parti. »

Je me suis demandé longtemps pourquoi des hommes politiques aussi éminents me considéraient comme un partenaire loyal et respectable. Parce que j'avais tenté de sauver au moins partiellement le Pacte, parce que j'attachais de l'importance à un compromis qui tienne compte des revendications wallonnes, parce que j'osais résister aux groupes de pression flamands. Cools m'a défini un jour comme «ce qu'il y a de mieux en Flandre»...

En tout cas, VDB se rendit chez le Roi pour lui faire part de l'échec de sa mission. Ce fut finalement un vieux briscard, P.-W. Segers, qui apparut comme un *deus ex machina*. Il proposa au Roi de nous mettre, Léo Tindemans et moi, hors course, et de laisser VDB faire le travail de première urgence, à la tête d'un gouvernement de transition. Celui-ci devint donc Premier ministre le 20 octobre 1978. Le gouvernement reprenait la coalition sortante et réussit, le 15 novembre, à faire approuver, par le Parlement, la déclaration de révision de la Constitution.

Le plus chouette Sicilien de Bruxelles

VDB fut le seul homme d'État belge à rendre ses initiales aussi populaires qu'une marque publicitaire! J'avais appris à le connaître comme président du PSC-CVP, à la rue des Deux-Églises et, plus tard, à son cabinet. Il avait été à la base de la coalition Eyskens-Cools mais, dans les années septante, alors qu'il était ministre de la Défense, ses 480 milliards d'achat de matériel militaire (dont 106 avions Mirage Dassault) furent contestés.

Je me souviens de lui comme d'un politicien intrigant mais pour lequel j'avais une certaine estime, même si certains de ses actes et propos me faisaient froncer les sourcils. Sa politique reposait sur une ligne claire et droite, celle du *selfmade man* qui veut avancer dans la vie et réserve son attention aux problèmes concrets. Il ne connaissait pas les doutes qui assaillent les intellectuels et lorsqu'il s'agissait des décisions importantes du gouvernement, il faisait preuve d'une grande fermeté. Cette détermination allant jusqu'à l'obstination était la caractéristique essentielle de cet homme venu de la classe moyenne et qui avait réussi. Fils d'un boucher connu, il avait brillé aussi dans le milieu professionnel de la boucherie. Sous sa direction, son entreprise de charcuterie multiplia sa production par quatorze en vingt ans.

Il y avait une relation certaine entre sa manière de diriger son usine et sa façon d'agir dans son cabinet ministériel. En bras de chemise, il pouvait s'attaquer au chaos administratif qu'on lui avait légué ! Il attendait de ses collaborateurs un engagement total, de la loyauté, de la camaraderie mais il rendait tout cela sans compter. Il s'imposait une discipline de fer, sa journée commençait à 6 heures du matin, il était dans son entreprise à 6h30, à 7h30 au cabinet et il recevait ses premiers visiteurs à 8 heures. Je n'ai jamais été de ses intimes. Nous avions toutefois d'excellents rapports qui se sont dégradés dans les dernières années, pour des raisons que je ne connais pas complètement. Je crois savoir que le problème vient de mon cabinet qui a omis de lui transmettre mes condoléances, lors du décès de son petit-fils. Je n'étais pas au courant. Il m'a même reproché un jour de n'avoir pas de sang dans les veines, mais bien du Coca !

Son image a été salie par ses ennemis politiques – principalement au FDF – qui ne reculèrent pas devant les insinuations de corruption et de compromission morale et l'accusèrent d'avoir favorisé ses affaires privées. Deux livres qui étaient de véritables entreprises de démolition ne ratèrent pas leur cible. À l'intérieur de son propre parti, Charles-Ferdinand Nothomb, Gérard Deprez et Philippe Maystadt se heurtèrent à ses conceptions et obtinrent sa démission de la présidence du PSC en 1981. Lors des élections communales, Gérard Deprez interdit même qu'il figure sur une liste PSC-CVP. VDB en fut véritablement blessé, d'autant que Deprez avait été son proche collaborateur dans les cabinets ministériels et qu'il avait aidé et soutenu ce dernier au début de sa carrière politique. Personnellement, je suis scandalisé par la façon brutale dont il fut mis au placard.

Il fut de plus en plus impliqué dans des « affaires » dans les années quatre-vingt et cela a beaucoup pesé sur nos relations. Il fut accusé de fraude et condamné à trois ans avec sursis en 1986. En 1988, c'est moi qui ai dû lui apprendre qu'il devait renoncer à devenir bourgmestre de Bruxelles, le rêve de sa vie. Il avait les larmes aux yeux lorsqu'il rencontra la presse pour lui annoncer qu'il retirait sa candidature.

Peu d'hommes d'État ont eu la chance de quitter la vie politique en beauté. VDB a partagé ce destin. Certes, son parcours ne fut pas irréprochable mais il reste pour moi une belle et généreuse personnalité qui a toujours su transcender les rancunes même si ses adversaires lui ont fait payer le prix fort au point de vue politique et humain. Il accordait beaucoup de crédit à son entourage et en attendait sans doute autant en retour. C'est ce qui l'a perdu. Frans Verleyen surnommait VDB « le plus chouette Sicilien de Bruxelles ». Rien ne peut mieux le définir, au sens le plus positif du terme.

Un néophyte au « 16 »

La situation politique de la Belgique s'était encore compliquée à la suite des élections du 17 décembre 1978. La Volksunie était le grand perdant et payait cher le pacte d'Egmont. Léo Tindemans avait obtenu aux élections 139 041 voix de préférence. Il entendait donc que le CVP le soutienne comme Premier ministre. Mais aucun parti ne voulait plus gouverner avec lui. Après cent jours de crise, je fus nommé Premier ministre. Mais comme Tindemans était le grand vainqueur des élections, celui qui l'avait écarté du pouvoir ne pouvait être qu'un usurpateur aux yeux de la plupart des militants. Le gouvernement était une coalition des sociaux-chrétiens, des socialistes et du FDF. Mais Léo Tindemans fut élu à ma place à la présidence du CVP. Notre petit jeu de chaises musicales n'avait pas amélioré nos relations. Aujourd'hui encore, Tindemans croit que j'ai trahi sa confiance pour devenir Premier ministre. Il oublie que c'est une logique de fer qui m'a forcé à accepter ce poste parce qu'il n'était plus une figure de consensus en raison de l'hostilité incontournable que les autres partis lui vouaient.

Normalement, on devient Premier ministre à la fin de sa carrière. C'est le couronnement d'une vie politique bien bâtie. On a souvent occupé précédemment plusieurs postes ministériels et on est au courant des traditions propres aux réunions ministérielles. Ce n'était pas mon cas. Lorsque je devins Premier ministre du royaume de Belgique, le mardi 3 avril 1979, je n'avais aucune expérience ministérielle et c'est un parfait néophyte qui entrait au 16, rue de la Loi. À 42 ans, j'étais le plus jeune Premier ministre en Europe. Qui aurait soupçonné que ma carrière allait durer 4 466 jours, avec, il est vrai, une interruption de 256 jours, en 1981.

Aujourd'hui encore, je pense que cette nomination est venue trop tôt, et pas seulement en raison de mon jeune âge et de mon inexpérience. La véritable raison est que je souffrais du cœur depuis trente ans, à la suite de mon rhumatisme articulaire. Une intervention chirurgicale s'imposait à long terme. Les médecins la reportaient autant que possible et, pendant toutes les séances de nuit, j'étais sous médicament pour éviter les troubles cardiaques.

Le 3 avril, donc, je me rendis au Palais avec des pieds de plomb afin de prêter serment. L'allocution du Roi fut très sombre : « Après une crise la plus longue de notre histoire, le pays a de nouveau un gouvernement… Sa première tâche consistera à restaurer la confiance entre les communautés et à récréer le contact avec la population, afin qu'elle se sente à nouveau solidaire de ses représentants. »

Le 10 avril, mon gouvernement obtenait la confiance de la Chambre et, le lendemain, celle du Sénat. Mais comme certains membres du CVP avaient voté contre, je ne possédais même pas la majorité constitutionnelle des deux tiers à la Chambre.

Mes compagnons du CVP n'étaient pas très optimistes, en général. Quelques semaines plus tard, la ville de Gand organisa un dîner au *Bijloke* afin de fêter l'avènement d'un gantois au poste de Premier ministre. Ce n'était plus arrivé depuis Théo Lefèvre. Ce fut un beau dîner. Mais, tout à coup j'entendis l'épouse d'un échevin CVP dire à son voisin de table: «Si ce n'est pas malheureux: tout cela pour quelques semaines!» Je n'ai jamais pu lui dire que, finalement, les choses ne s'étaient pas trop mal passées: j'ai été Premier ministre pendant 12 ans!

Chapitre VI
LA PREMIÈRE FOIS

J'ai présidé pour la première fois le 3 avril 1979 un conseil de cabinet, au 16, rue de la Loi. La lumière du jour ne pénétrait pas dans la salle et on l'appelait «le cercueil» en raison de la forme de la table. Plus tard, j'y ai fait installer des fenêtres.

J'étais entouré de plusieurs anciens ministres comme Paul Vanden Boeynants, vice-Premier ministre et ministre de la Défense, et Willy Claes, ministre des Affaires économiques. Il y avait aussi le troisième vice-Premier ministre, Guy Spitaels, au Budget. Je faisais figure de véritable néophyte au milieu de ces politiciens chevronnés. Pendant les premiers conseils, je me sentais dans la peau d'un chef d'orchestre qui dirige des musiciens qu'il connaît à peine.

Je me suis donc rapidement entouré de collaborateurs avisés: à côté du secrétaire chevronné du conseil, Jan Grauls, Jean-Luc Dehaene était chef du cabinet politique et Jacques van Ypersele de Strihou dirigeait le cabinet socio-économique. Jacques a joué un rôle fondamental lors des tractations avec les interlocuteurs sociaux et particulièrement lors de la dévaluation du franc belge sous le gouvernement Martens V. Jean-Luc fut particulièrement actif pendant mes quatre premiers gouvernements, lors des entretiens préparatoires avec les deux autres chefs de cabinet, Philippe Moureaux et Gérard Deprez. Son rôle dans la réforme de l'État de 1980 fut crucial.

Un trio de choc

Lou De Clerck, qui était déjà mon porte-parole au CVP, était un autre pion important de ce dispositif. Il bénéficiait de la totale confiance de ses anciens confrères et il était complètement informé, puisque je le conviais souvent aux réunions du Conseil des ministres. Il était pour beaucoup un soulagement après Werner de Combrugghe, l'attaché de presse de Léo

Tindemans. Il s'est trouvé une autre passion et, aujourd'hui, il peint. Ce journaliste indépendant et droit redevint rédacteur en chef de la *Gazet van Antwerpen* puis du *Standaard*, d'où il fut scandaleusement écarté par les titulaires du pouvoir. Il a été et reste mon ami le plus fidèle.

Pol van Stallen, qui avait été journaliste à l'agence Belga, fut un successeur de qualité. Il est aujourd'hui actif dans le milieu des consultants internationaux.

Le troisième fut une femme : Marie-Paule Meert. Et elle est restée jusqu'à la fin de mon séjour au « 16 » ! De famille francophone mais parfaite bilingue, elle m'a rendu d'énormes services. Elle avait un caractère ouvert, était très crédible et bénéficiait de la totale confiance des journalistes. C'est elle qui, à l'aube du 4 avril 1990 dut informer la presse que le gouvernement avait constaté que le Roi se trouvait dans l'impossibilité de régner. Et elle l'a fait brillamment ! Elle a aussi vécu à mes côtés en mars 1992 mes dernières heures au « 16 » et elle a eu à ce moment-là des mots émouvants. Marie-Paule est aujourd'hui une experte très appréciée en consultance européenne.

Un accord gouvernemental ambitieux

On attendait de mon gouvernement qu'il réussisse ce sur quoi ses prédécesseurs avaient échoué : la concrétisation législative des nouveaux accords communautaires. J'avais lancé une fusée à trois étages : d'abord une réforme immédiate (avec la mise en place de quatre exécutifs communautaires et régionaux au sein du gouvernement central), puis un règlement transitoire et irréversible dont l'essentiel était la création « provisoire » de conseils régionaux et communautaires, en attendant la troisième phase, « définitive » de la réforme de l'État. Celle-ci devait être terminée avant le 31 décembre 1982.

Martens I démarra donc avec un programme communautaire assez ambitieux et un volet socio-économique qui ne lui cédait en rien ! La surprise vint du formateur, Paul Vanden Boeynants : inspiré par Jacques van Ypersele, il proposait pour la fin de l'année 1981 la semaine de 36 heures, une « thérapie de choc », précisait-il. J'avais personnellement des doutes très sérieux : partout, en Europe, on appliquait la semaine de 40 heures et l'expérience belge était risquée. Ainsi, Helmut Schmidt ne me cacha pas son scepticisme : « Vous pouvez essayer. On verra bien ce que cela donnera. En tous cas, nous, en Allemagne, nous ne ferons jamais cela. » Les 36 heures ne sont finalement pas devenues une mesure générale, en raison de la résistance du patronat. Vingt-cinq ans ont passé, et aujourd'hui, je suis persuadé que les travailleurs belges devront travailler davantage pour sauvegarder notre position concurrentielle.

« *Wo ist der bub ?* »

En juin 1979, ma première rencontre avec le chancelier Helmut Schmidt fut très peu conventionnelle. Lou De Clerck qui se tenait non loin de lui, l'a entendu demander : « *Wo ist der bub* – Où est le gamin ? » J'étais le plus jeune Premier ministre européen mais je n'aimais pas qu'on me le rappelle ! Au niveau européen, Schmidt reste pour moi la plus forte personnalité que j'aie côtoyée à cette époque. Giscard d'Estaing, certes, était extrêmement brillant et d'une souplesse intellectuelle rare. Mais Schmidt, qui est resté chancelier pendant dix ans, était plus solide. Au début des années quatre-vingt, la deuxième crise économique a fortement ébranlé son image de « cerveau économique ». Pourtant, cet Européen fervent mit en place avec Giscard, en 1979, le système monétaire européen.

Il est tragique que le crépuscule politique de cette figure considérable ait été lié au rejet par son propre parti de sa position sur les Euromissiles.

Un million de voix

Pour en revenir à mon premier mandat, notre gouvernement prit à bras-le-corps tous les dossiers en sommeil : la politique de l'énergie, les problèmes sociaux et la première phase de la réforme de l'État. Une loi-programme prit des mesures immédiates mais, sous l'impulsion de la FGTB, des réactions vives se manifestèrent, surtout en Wallonie.

Comme dans les autres États membres, la Belgique organisait les premières élections directes au Parlement européen. À mon grand regret, ce vote fut une espèce de test pour mon gouvernement et constitua pour lui une réelle menace. Du côté francophone, les partis majoritaires PS et PSC reculèrent au profit des libéraux. Léo Tindemans, lui, enregistrait un record de voix : 963 600 ! La presse présenta cette victoire comme une défaite pour moi et mon gouvernement : l'électeur CVP n'acceptait pas que Tindemans soit rétrogradé du poste de Premier ministre à celui de président de parti !

Au congrès du Heysel, le 15 et le 16 décembre 1979, la réforme de la Constitution fut une autre épreuve périlleuse. Les résolutions soumises au vote avaient été rédigées par Herman Van Rompuy et, bizarrement, par mon chef de cabinet Jean-Luc Dehaene. Elles étaient en désaccord total avec les accords gouvernementaux. Le congrès n'acceptait plus la régionalisation et souhaitait la création de deux communautés dans laquelle Bruxelles aurait uniquement une fonction de capitale, sous tutelle nationale. Pour couronner le tout, Éric Van Rompuy s'en prit violemment au FDF: «Bruxelles ne deviendra pas une région à part entière, ni maintenant, ni jamais! Le chantage du FDF a suffisamment duré», affirma le président des Jeunes CVP, ovationné par ses partisans qui scandaient «FDF dehors!»

Le souvenir le plus fort qui me restera de ce congrès du Heysel est l'incroyable métamorphose de Léo Tindemans. Pendant toute sa carrière politique, il s'était montré très peu favorable au fédéralisme, qu'il soit à deux ou à trois. Et voilà qu'il s'improvisait défenseur d'un fédéralisme radical à deux! Je me suis toujours étonné de ce revirement, qui a rendu le fédéralisme politiquement incontournable. Mais il est vrai que, dans les années septante, l'idée fédérale était très à la mode et que quelqu'un qui restait attaché à l'État unitaire risquait fort de rester en marge de la décision politique…

Kriegspiel

Durant la présidence de Léo Tindemans, les relations entre le gouvernement et le bureau du parti se modifièrent totalement. Au début de chaque réunion, je devais justifier ma façon de gouverner, ce qui engendrait un conflit permanent et extrêmement traumatisant. Cette divergence de vue entre Léo Tindemans et moi-même entravait fortement l'action du bureau. On peut lire dans *La Libre Belgique* du 23 janvier 1980: «Le CVP est impliqué dans une lutte de clans et s'asphyxie dans la rivalité Martens-Tindemans; ce dernier ne parvient pas toujours à digérer les buts inscrits par son successeur.» En fait, il n'y avait pas de situation conflictuelle mais une opposition due à des conceptions divergentes. Nous n'avions aucune volonté consciente de nous mener la vie dure. Mais nos collaborateurs s'étaient engagés dans un véritable duel. Une situation étrange s'était installée dont ni Tindemans ni moi n'avions le contrôle; nous tentions de rester en bons termes pendant que nos «sergents» s'entretuaient en croyant nous rendre service.

Très attachés à Léo Tindemans, Herman Van Rompuy, le directeur du centre d'études du parti, et ses amis se sentaient trompés et menaient une *kriegspiel* contre le gouvernement « du front des progressistes, dominé par les socialistes et l'ACW ». Dans le camp d'en face, Hugo De Ridder cite un « fidèle de Martens » (dans lequel je reconnais Jean-Luc Dehaene) : « Nous étions occupés à recoller les morceaux après la démission émotionnelle de Tindemans. Nous gardions le pays gouvernable mais nous nous sentions continuellement menacés. Quand Tindemans était en Belgique, nous étions inquiets. Son million de voix pesait comme du plomb sur le gouvernement et son chef. Parfois, nous attendions que Tindemans soit parti pour le Parlement européen. La "semaine de Strasbourg" était entourée en doré dans nos agendas... Chaque événement national ou international allumait une petite flamme chez nous : c'est bon ou c'est mauvais pour Tindemans. Ça tournait à l'obsession[1]. »

Il les a démissionnés !

Mon gouvernement se trouvait entre la vie et la mort après le congrès du Heysel qui ne m'avait pas laissé d'autre choix que d'éliminer le FDF. Mais je restais décidé à réussir la réforme de l'État avec le FDF si possible, sans lui, s'il le fallait. Je n'étais pas favorable à la participation du parti bruxellois au gouvernement mais sa présence était nécessaire pour obtenir une majorité constitutionnelle.

Le 7 janvier 1980, je présentai au cabinet restreint ma « proposition de la dernière chance ». Elle fut acceptée par les cinq partis au pouvoir, avec de légers remaniements. Mais le lendemain, un incident assez particulier se produisit : le FDF qui n'avait donné son aval qu'à contrecœur, conclut, avec le PSC et le PS, un accord secret qui réaffirmait le statut de Bruxelles comme région à part entière. Les trois partis francophones s'engageaient à tirer la sonnette d'alarme constitutionnelle si un quelconque abus vis-à-vis de la Communauté française était constaté. Antoinette Spaak, la présidente, précisa fort peu finement qu'il s'agissait simplement d'une « correction » apportée aux projets du gouvernement. Je ne pouvais accepter cette façon d'agir et dès le 16 janvier, je présentai au Roi la démission – forcée – des ministres FDF. Le Roi qui était alité, souffrant de douleurs dorsales, l'accepta sans réserve, au contraire. Il me dit qu'il était heureux de la fin de leur participation gouvernementale. Sa remarque venait du fond du cœur. Le Souverain n'appréciait

1 Hugo De Ridder, *Le cas Martens*, Duculot, Louvain-la-Neuve, 1991, p. 117.

clairement pas le FDF et n'avait accepté le parti au gouvernement que par pure nécessité[1].

Pour le FDF, ce fut une douche froide lorsqu'il s'aperçut qui ni le PSC, ni le PS n'avaient fait la moindre démarche pour les maintenir dans le gouvernement! Cet incident laissa cependant un goût amer à certains hommes politiques francophones. Je l'ai constaté personnellement en me rendant à la cave de VDB où j'avais rendez-vous avec André Cools et le maître de maison. J'ai entendu un VDB indigné crier: «Il les a démissionnés! Comment ose-t-il?» mais la conversation cessa dès que je fus entré.

«*Brüssel vlaams*? Ça jamais!»

Un parti extrémiste comme le FDF ne peut laisser personne indifférent. Leur intolérance vis-à-vis des Bruxellois flamands et leur frénésie d'expansion par delà les frontières de la capitale impressionnaient vivement les Flamands en période d'élection. On explique la naissance du FDF comme une réaction aux «Marches sur Bruxelles» qui auraient suscité une grande inquiétude dans les milieux francophones. Je crois qu'il faut surtout voir du côté des lois linguistiques de 1962. Beaucoup de Bruxellois francophones ne voulaient pas du bilinguisme qui leur était imposé, lui déniant ainsi son rôle réel de capitale. C'est dans ce contexte que le FDF avait pu rafler un certain nombre de votes issus des autres partis. Mais la question qui se posait était de savoir s'il fallait impliquer le FDF dans la réforme de l'État. La constitution d'un «front francophone» en 1979 ne nous laissa pas le choix. Mais le mécanisme d'une «majorité significative» dans chaque région était intenable puisqu'il impliquait que le FDF soit présent pendant des siècles au gouvernement.

Il est certain que, pendant des années, le FDF a été un obstacle à la pacification communautaire. Il utilisait le slogan «*Brüssel vlaams*? Ça jamais!»

---

1 Le Roi téléphona la nouvelle à son chef de cabinet, Jean-Marie Piret. À 16 heures pile, au moment même où les ministres étaient attendus à mon cabinet, la radio signala que «sur proposition du Premier ministre, la démission de MM. Defosset, Outers et Persoons a été acceptée». Les ministres apprirent donc par la radio qu'ils avaient démissionné. L'information avait été donnée trop vite par les services du Palais et je dus m'en excuser publiquement à la Chambre. Les ministres FDF avaient envoyé une lettre au Roi dans laquelle ils assuraient expressément qu'ils n'avaient ni donné ni encore moins demandé leur démission. Cette faute déontologique provoqua au FDF une colère froide. À la Chambre, Antoinette Spaak, avec laquelle j'avais toujours entretenu une relation courtoise, accepta mes excuses dans son style particulier.

Avec un succès certain : le *umlaut* allemand et le caractère gothique utilisés pour l'affiche remplaçaient l'absence d'arguments.

Suite au départ du FDF, il nous manquait deux voix pour obtenir la majorité constitutionnelle et, lors du vote du 2 avril 1980, l'inévitable se produisit : le projet 261 n'obtint que 117 voix (et 61 voix contre). Six sénateurs CVP avaient voté non et deux s'étaient abstenus. La majorité des deux tiers n'était donc pas atteinte. Le 3 avril 1980, un an exactement après ma nomination comme Premier ministre, je présentai au Roi la démission de mon gouvernement. Le Roi me demanda de tenter un dernier effort mais André Cools refusa de nouvelles négociations et la démission du gouvernement fut effective le 9 avril.

Beaucoup d'observateurs se sont trompés sur le rôle joué par Jan De Meyer, qui fut mon professeur de droit public à l'université. Il ne croyait pas à une réforme fédérale mais c'est lui, pourtant, qui m'a aidé, lorsque je mis sur pied, dès le mois de mai, un gouvernement tripartite, à faire adopter les lois d'août 1980. Il n'était pas d'accord avec elles mais il fit de son mieux comme technicien et corrigea – et même écrivit lui-même – des textes. Un homme extraordinaire, d'une grande probité intellectuelle.

Chapitre VII

LE ROI ET LE PRINCE MIS EN CAUSE

« Le roi règne mais ne gouverne pas », disait déjà en France Adolphe Thiers en 1846. En Belgique aussi, la règle constitutionnelle est qu'un acte du roi doit être contresigné par un ministre. Le roi est politiquement irresponsable et, partant, inviolable.

Le souverain a de plus en plus d'activités liées à sa fonction protocolaire et il s'engage aussi dans des problèmes de société. En outre, les médias sont davantage à la recherche d'incidents mettant sa personne en cause. La vulnérabilité du souverain a donc augmenté et une responsabilité ministérielle active est plus que jamais nécessaire.

Une poignée de mains

Pendant ma longue carrière de Premier ministre, j'ai dû, à plusieurs reprises, défendre la couronne. J'étais à peine installé au 16, rue de la Loi, que survint un incident particulièrement émotionnel. Le mardi 22 mai 1979, eut lieu une rencontre organisée entre le roi Baudouin et José Happart sur une bretelle de l'autoroute Verviers-Liège. Happart avait demandé à Georges Gramme, ministre de l'Intérieur, et à Jean-Marie Piret, chef de cabinet du Roi, de pouvoir remettre au Souverain une pétition de l'Action fouronnaise. En échange, il promettait qu'il n'y aurait pas de manifestation lors de l'inauguration de l'opéra de Verviers, rénové. La rencontre devait rester secrète.

C'était compter sans José Happart qui était alors un parfait inconnu. Le lendemain, il était une figure nationale ! En effet, il annonça immédiatement – et à tort – à l'issue de la rencontre que le Roi avait promis d'intervenir en faveur des cinq manifestants francophones arrêtés deux jours plus tôt lors de rixes à Fourons. Or ces manifestants furent en effet libérés le 23 mai ; la responsabilité en incombait aux tribunaux de Liège et de Verviers. Une tempête de protestations s'éleva en Flandre.

Ce court arrêt sur l'autoroute de Verviers – que je n'ai appris que par la presse – aura coûté cher à la monarchie, même s'il est compréhensible que le Roi, qui ne soupçonnait rien, ait reçu la pétition, ce qui est une démarche traditionnelle. Baudouin ne connaissait pas José Happart, qui n'était pas encore devenu en Flandre un symbole démoniaque de la haine que des Wallons pouvaient porter aux Flamands.

Je pris sur moi de défendre la couronne: «Le Roi, fidèle à une ligne de conduite irréprochable, a agi comme la Constitution le lui dicte, c'est-à-dire, sous la responsabilité du ministre compétent», ai-je répondu lorsque j'ai été interpellé au Parlement. Et j'ai formellement démenti que le Roi ait promis d'intervenir pour la libération des cinq manifestants en détention provisoire.

La réputation du Roi

Mais chacun était persuadé que Georges Gramme et Jean-Marie Piret avaient pris des risques inutiles avec la réputation du Roi.

Jean-Marie Piret était avocat général près de la Cour d'appel, lorsqu'il fut nommé chef de cabinet du Roi en 1977. Une lourde tâche lui incombait, celle de préparer et de régler les principales activités du Roi. Je me suis toujours demandé si une carrière dans la magistrature était la meilleure préparation pour entrer par la grande porte dans l'arène politique et exercer un mandat crucial. Le chef de cabinet du Roi doit posséder de manière innée une intuition politique indispensable pour ne pas tomber dans les pièges de notre système. Je me demande si M. Piret répondait à cette exigence. Il devint en 1981 procureur général auprès de la Cour de cassation et s'y est senti incontestablement mieux. Son successeur, Jacques van Ypersele, est devenu avec le temps un monument; il a suivi la voie d'André Molitor, l'exemple type d'un serviteur incontesté de l'État.

Je m'entendais bien avec Georges Gramme, cet homme amical, et je lui faisais totalement confiance. Il était en outre un des seuls hommes politiques francophones à être parfaitement bilingue. J'attendais de lui une influence modératrice dans le traitement du dossier des Fourons. Il était, selon Jos Chabert, l'incarnation même du bon sens, et pourtant le scénario qu'il élabora le fameux 22 mai était tout le contraire. Il n'avait, semble-t-il, pas senti quel nationalisme inacceptable représentait José Happart.

Le fruiticulteur de Fourons était le type même de l'opportuniste qui se servait de la question fouronnaise comme tremplin de sa carrière politique. Il m'a compromis comme il avait compromis le Roi, lors des fêtes de Wallonie, en septembre 1980. Lors de la réception, je bavardais gentiment avec quelques notables wallons dont André Cools. Soudain, un individu vint me serrer la main, sous l'œil des photographes de presse. Le lendemain, ma poignée de mains à José Happart faisait la une des journaux avec les réactions que l'on peut imaginer, même si j'ai dit et répété que je l'avais reconnu trop tard…

Un hôpital en Arabie saoudite

L'incident Happart s'était à peine apaisé que la couronne fut à nouveau mise dans l'embarras par l'affaire ESH (le consortium Eurosystem Hospitalier). En 1975, le prince Albert s'était rendu en Arabie saoudite à la tête d'une mission économique; il était le président d'honneur de l'Office belge du commerce extérieur. Un contrat qui prévoyait la construction par le consortium de deux hôpitaux pour 36 milliards de francs avait été signé à la satisfaction générale et le rôle bénéfique du Prince avait été souligné tant par la presse que par la classe politique.

Mais le climat changea du tout au tout en 1979. Le 20 juillet, le tribunal de commerce de Bruxelles déclara ESH en faillite. Karel Van Miert, président des socialistes flamands parla de 9 milliards (225 millions d'euros) en dessous de table. Personne n'osait dire ouvertement que le prince Albert avait reçu un pot-de-vin dans l'affaire mais certains journaux le laissaient entendre; le ministre des Affaires étrangères Henri Simonet rejeta ces insinuations. Mais il y avait eu 4,5 milliards (112,5 millions d'euros) de commissions payées à Eurosystem, qui en avait transféré la plus grande partie sur des comptes secrets en Suisse. Et Henri Simonet estimait qu'il valait mieux ne pas trop fouiller dans les commissions payées à des ressortissants saoudiens.

Comme pour l'incident Happart, j'entrepris de couvrir la Cour dans cette pénible affaire. Sur la base des informations du ministre Simonet, j'ai démenti toutes les rumeurs selon lesquelles le Roi aurait servi d'intermédiaire dans ces tractations. Seul, le prince Albert, à la demande du gouvernement et dans le cadre de son rôle traditionnel, avait accepté de patronner nos chefs d'entreprise.

Mais les critiques, les soupçons et les racontars continuaient dans la presse. Je publiai alors un communiqué qui qualifiait de non fondée toute accusation concernant la participation d'un membre de la famille royale à cette affaire. Je fis aussi savoir qu'une enquête serait menée par les autorités judiciaires. Je voulais absolument que toute la lumière soit faite sur les événements. Il ne fallait pas traîner, dans l'intérêt de la maison royale principalement.

Les vacances parlementaires et ministérielles mirent l'affaire ESH en veilleuse. Mais ce n'était pas fini. L'ambassadeur de Grande-Bretagne, Robert Vaes, signala au ministre Simonet lors d'une visite à Londres que le prince Albert n'était pas du tout satisfait de la façon d'agir du ministre des Affaires étrangères dans le dossier ESH : la faillite aurait pu être évitée si celui-ci lui avait laissé carte blanche. Simonet était connu pour son caractère difficile. Il adressa immédiatement au Prince un mémoire justificatif de quatre pages dans lequel il soulignait que son attitude avait été dictée par le souci de protéger la réputation du Prince et de la famille royale. Il ne reculait cependant pas devant les attaques directes. Selon lui, le Prince était trop sous l'influence de Fabrimetal[1] dans ses missions économiques.

Le prince Albert répondit personnellement et confidentiellement à Henri Simonet, dès le 27 septembre 1979, soulignant que trois seulement des trente-six missions économiques qu'il avait présidées concernaient Fabrimetal; il rappelait que toutes ses actions avaient été entreprises à la demande du gouvernement et en étroite collaboration avec celui-ci.

Comme le montre un passé récent, ce domaine des activités princières est toujours particulièrement délicat. Une parole déplacée, un geste, une signature peuvent être lourdes de conséquence pour la monarchie !

1 L'organisation patronale du secteur des fabrications métalliques.

Chapitre VIII

MARTENS III : À TROIS POUR LA RÉFORME

Ni les gouvernements Tindemans I et II, ni les gouvernements Martens I et II n'avaient réussi à réaliser une réforme globale de l'État. J'avais l'impression de me trouver dans un embouteillage intense, à un carrefour encombré où chacun attendait que l'autre dégage la route. Ceux qui avaient provoqué la crise d'avril 1980 ne s'étaient jamais posé la question de savoir s'il existait une alternative valable. Personne ne savait ce qui allait se passer.

Sortir de l'impasse

Mon deuxième gouvernement tomba donc le 9 avril 1980. Le CVP déclara que « la plupart de ses membres ne souhaitaient pas de réforme de l'État en ce moment mais voulaient que le gouvernement s'occupe de la situation économique et sauve le franc belge ». Le président du PVV, Willy De Clercq, réclamait, lui aussi, la priorité absolue pour le dossier économique et financier. Le camp flamand semblait donc être lassé de la réforme de l'État. Mais un gel provisoire n'était pas possible parce que les francophones continuaient à réclamer la régionalisation à trois, qui exigeait une majorité des deux tiers. Je pensais intuitivement qu'on ne trouverait son salut que dans une tripartite regroupant les trois familles politiques traditionnelles.

Finalement André Cools renonça à son veto contre les libéraux et, le 17 avril, le Roi me confiait la formation d'un gouvernement tripartite ; les six présidents avaient clairement demandé que j'en sois le Premier ministre.

Comme Bruxelles restait la pierre d'achoppement communautaire, nous avons décidé de réaliser uniquement la régionalisation de la Flandre et de la Wallonie et de nous occuper de Bruxelles plus tard. C'était le prix à payer par les Wallons qui ne voulaient plus attendre plus longtemps leur autonomie régionale. Il n'était plus question de phases de réalisation : tout, à l'exception de Bruxelles, devait être adopté en une fois. J'avais retenu la leçon...

Le cabinet démarra le 18 mai 1980 et présenta trois jours plus tard le projet de réforme de l'État au Parlement qui travailla jour et nuit. Le 8 et le 9 août, les deux grandes lois étaient votées. Après exactement cent cinquante années d'existence, le pays était totalement remodelé[1].

Une crise trop profonde

L'euphorie suscitée par ce vote fut de courte durée. Plus personne, au gouvernement, ne pouvait ignorer les problèmes socio-économiques. Malgré une croissance économique de 2,6 %, le chômage et l'inflation (+ 6,4 %) s'envolaient, le déficit budgétaire atteignait 196 milliards (4,9 milliards d'euros), la balance commerciale présentait un solde négatif de plus de 200 milliards (5 milliards d'euros). La Belgique était au bord du gouffre économique. Les raisons de cette dérive ne se trouvent pas dans ces années néfastes 1980-1981 mais dans l'évolution fatale qui les précéda. Il était difficile de redresser une situation qui se dégradait depuis des années, depuis le premier choc pétrolier de 1973, en fait les partenaires libéraux exigeaient une réforme de la sécurité sociale et des économies drastiques dans tous les secteurs. Les 2,2 % d'économies prévus ne leur suffisaient pas. Les socialistes, eux, contestaient toutes les mesures d'austérité. En juin 1980, déjà, le PRL Robert Henrion, ministre des Finances, estimait que les mesures n'allaient pas assez vite, qu'on se contentait de « parler des coccinelles » et le 29 juin, exaspéré, il présenta sa démission « pour raisons de santé ». Il s'agissait, en fait, d'un aveu d'impuissance à propos de l'assainissement des finances publiques. Et, aujourd'hui, je ne lui donne pas tort.

On se demandait qui allait se retirer le premier, des socialistes, qui refusaient en fait beaucoup de mesures, ou des libéraux qui voulaient, pour le 7 octobre, date de la rentrée parlementaire, des mesures d'économies écrites noir sur blanc. Au conseil de cabinet du 3 octobre, j'ai présenté un « plan global ». Les libéraux l'ont jugé insuffisant et, le lendemain, je présentais ma démission au Roi. L'incident qui a tout fait basculer était une bagatelle : une économie de 10 ou 20 milliards (250 ou 500 millions d'euros) dans le secteur de la sécurité sociale. Pour donner un ordre de grandeur : le gouvernement Martens VI ferait des économies de 200 milliards (5 milliards d'euros) !

---

1 Voir le chapitre XXXII « Ma loyauté fédérale ».

Chapitre IX

MARTENS IV: LA BATAILLE DE L'INDEX

Le congrès du CVP vota, le 19 octobre 1980, la confiance à mon nouveau gouvernement social-chrétien – socialiste. Mais j'avais dû subir pendant le débat des critiques tranchantes comme un rasoir, réclamant un gouvernement qui gouverne et un profil CVP clairement affirmé. Il y avait longtemps qu'un chef de gouvernement avait eu aussi peu de crédit dans son propre parti.

Je voulais donc mener une politique volontariste et faire face à la crise socio-économique. Mais, dans ces circonstances dramatiques, André Cools, battu dans sa confrontation avec Georges Debunne, fut contraint de démissionner de la présidence du PS. Ce qui affaiblit son parti mais aussi ma coalition gouvernementale. Les défauts du PS, trop attaché à la mentalité syndicale de défendre les vieux piliers industriels wallons, pouvaient être compensés si son président était un homme raisonnable et déterminé défendant sa mutation en parti de gouvernement et de consensus. André Cools était ce type d'homme. Cela faisait des années que nous combattions la main dans la main. Au congrès de son parti, il avait pris ses responsabilités et il était resté fidèle à la décision gouvernementale de bloquer les salaires, ce qui entraîna sa chute. Une telle loyauté est rare dans le monde politique et son départ m'attrista donc profondément.

Les partenaires sociaux

Le gouvernement Martens IV était donc pieds et poings liés à la bonne volonté des partenaires sociaux. Il avait comme les précédents l'intention d'aboutir à un pacte social et surtout à un accord sur les salaires. Et il a pris le taureau par les cornes en faisant adopter une loi de modération salariale qui était une sorte de bâton derrière la porte en cas d'échec de la concertation. J'ai obtenu en février 1981 des partenaires sociaux un accord interprofessionnel qui était de la première importance pour les socialistes Spitaels, Mathot et Moureaux parce qu'il réduisait les tensions avec le PS. J'ai ainsi indirectement collaboré à l'élection de Guy Spitaels à la présidence du PS! André Cools l'avait sous-estimé; il avait pensé rester l'homme fort du parti par personne interposée. Mais Spitaels ne l'entendait pas de cette oreille. Ce fut l'incompétent Guy Mathot qu'il nomma sans me consulter pour le remplacer comme vice-Premier ministre, tout en lui gardant le poste de ministre du Budget…

En concluant l'accord interprofessionnel, nous espérions avoir fait un pas dans le bon sens. Mais il ne restaura pas la confiance. Au contraire. Les milieux financiers, qui faisaient un point de fixation de la liaison formelle des salaires à l'index et n'avaient pas vu que la loi de modération introduisait en fait cette mesure, avaient une vue très superficielle de l'actualité politique. C'était sans aucun doute le cas quand ils spéculèrent en mars 1981 contre le franc belge.

Le déficit budgétaire était plus grave que prévu: 200 milliards (5 milliards d'euros)! Tous les jours, Jacques van Ypersele entrait dans mon bureau, porteur de sinistres prévisions. J'ai fini par lui dire: «Ce n'est plus possible! Il faut prendre une initiative. Je suis un paysan et je suis incapable de voir les choses se détériorer sans rien faire. Je viens d'un milieu où une des lois de la survie est claire: les comptes doivent être exacts et il faut régler ses dépenses sur ses recettes.»

La bataille de l'index

À la mi-mars, j'avais élaboré un plan pour arrêter l'hémorragie et faire 100 milliards d'économie (2,5 milliards d'euros) en trois ans. Léo Tindemans, trouva le plan «méritoire mais insuffisant». C'est avec ce «plan carême» à la main que je me rendis au sommet européen de Maastricht. Les partenaires européens ne le prirent pas au sérieux et certains, dont Helmut Schmidt et Giscard d'Estaing, me conseillèrent d'assouplir le système de l'index belge. Ils me firent clairement comprendre que, sinon, les autres pays européens pourraient renoncer à soutenir le franc belge. Sa prochaine dévaluation était donc devenue inévitable à court terme.

Un accord secret fut conclu le 22 mars, lors d'une réunion confidentielle dans mon bureau, au 16, rue de la Loi. Les ministres Claes, Mathot, Desmarets et Chabert avaient marqué leur accord à l'assouplissement du système de l'index. Trois jours plus tard, pendant que la Banque nationale multipliait de coûteuses interventions pour soutenir le franc, j'exposai aux ministres, en présence de Jef Houthuys et de Georges Debunne, les modalités de cette révision qui protégeaient les revenus modestes. Hélas, Georges Debunne entra dans une violente colère: «Si vous touchez à l'index, je proclame une grève générale! Les travailleurs ne vont pas se mettre à plat ventre devant les patrons!» Ces menaces impressionnèrent les ministres socialistes présents et Guy Mathot fit marche arrière: on ne parlerait plus de l'index. La persévérance n'avait jamais été sa qualité majeure...

Debunne apparaissait comme une figure anachronique. Il n'avait pas encore perçu les conséquences de la crise économique. Il restait dans l'ambiance des *Golden Sixties* et ses revendications sociales s'en ressentaient. Heureusement, ce type de syndicaliste doctrinaire a disparu lentement dans les années nonante.

La bataille de l'index entra dans sa phase finale pendant le week-end du 28 et 29 mars. La Banque nationale avait encore dû intervenir pour 13,5 milliards de francs (337,5 millions d'euros) pour soutenir le franc. Son gouverneur, Cécil de Strycker me demanda, d'une voix paniquée, d'annoncer avant la réouverture des marchés du lundi, une série de mesures drastiques, sinon la dévaluation serait inéluctable. Un plan d'urgence fut élaboré par des experts. Au cours d'une nouvelle réunion avec les ministres sociaux-chrétiens Swaelen, Eyskens, Desmarets, Maystadt et Chabert, les socialistes Mathot et Claes refusèrent catégoriquement de toucher à l'index, comme on pouvait s'y attendre. J'ai clôturé la réunion en annonçant un Conseil des ministres pour le lendemain: «Les ministres n'ont plus grande autorité dans ce pays, mais le Premier ministre a toujours le pouvoir de réunir ses ministres!»

Le «plan d'urgence», dont je pris toute la responsabilité car je voulais envoyer un signal, prévoyait l'ajournement de l'indexation pour toute l'année en cours, le blocage des prix maximum et un plafonnement des salaires dans les entreprises subsidiées par l'État. Il fut rejeté au cours de nouveaux Conseils par les ministres socialistes ainsi que par leurs présidents.

Admonestation royale

J'ai donc finalement remis ma démission au Roi, le 31 mars. Quelques heures après la chute de mon gouvernement, le Souverain prit une initiative remarquée: il convoqua au Palais dix-neuf personnalités éminentes du monde politique, économique et social (les présidents de parti – à l'exception de Karel Dillen du Vlaams Blok et de Robert Hendrik, RAD –, les présidents de la Chambre et du Sénat et les dirigeants patronaux et syndicaux). Le Roi leur tint un discours très fort: « Une fois de plus, nous vivons une crise ministérielle. Avant de commencer mes consultations, je vous ai tous rassemblés, vous qui êtes, au plus haut niveau, les représentants du pouvoir de droit et du pouvoir de fait, afin de vous exprimer mon opinion sur la gravité de la situation (...) Il est grand temps d'oublier les différends et de donner la priorité à notre survie. C'est ce que nous ferions en temps de guerre. Eh bien, c'est la guerre: pour le maintien de notre économie, pour le bien-être de tous et principalement des économiquement faibles, et pour notre position dans le monde. »

Ce discours royal, qui insistait aussi beaucoup sur la restauration de la stabilité gouvernementale, a fait couler beaucoup d'encre. Beaucoup trop. Le Roi avait pris cette initiative de son propre chef mais cette allocution me parut juste en raison de la situation de crise et de l'attitude de certains groupes de pression. On m'en avait soumis le texte pour approbation et, comme j'étais d'accord avec son contenu, j'en ai assumé la responsabilité politique.

Je croyais des élections logiques, mais pas mon parti qui redoutait – à tort, comme on l'a vu huit mois plus tard – des élections. Le 2 avril, le Roi acceptait la démission du gouvernement et le soir même, Mark Eyskens était nommé formateur.

Mark Eyskens formateur

Cette nomination ne me surprit pas. En 1980 déjà, son père m'avait manifesté son scepticisme lorsque j'avais été à nouveau désigné comme formateur. Dans son esprit, cette tâche revenait à son fils. Lorsque Mark était devenu ministre des Finances, il n'avait jamais caché que son ambition était d'entrer au 16, rue de la Loi. Il avait multiplié les déclarations réclamant des réformes socio-économiques. Il recevait la possibilité de les accomplir. Il avait la ferme intention de former une coalition avec les libéraux. Léo Tindemans et Paul Vanden Boeynants le lui déconseillaient: une telle coalition ne serait pas suffisamment représentative en Wallonie. Les patrons et les représentants de la haute finance redoutaient en outre un gouvernement sans les socialistes: si ceux-ci se retrouvaient sur les bancs de l'opposition, ils pouvaient paralyser le pays en organisant grèves et émeutes.

Le formateur Eyskens a donc logiquement refait une coalition avec les socialistes. Son programme gouvernemental fut approuvé dès le 5 avril. Personne ne s'attendait à un accord aussi rapide car la situation semblait gelée: le CVP était favorable à mon «plan d'urgence» et à l'assouplissement de l'index. Les socialistes y étaient opposés. Il fallut donc qu'un des partis cède: ce fut le CVP. Pourquoi? À cause du plan Maribel destiné à rendre les entreprises plus concurrentielles par un allègement des charges sociales compensées, au plan des recettes, par une hausse de la TVA; certains experts estimaient que la formule permettait d'éviter la désindexation. Il était bien connu des milieux financiers, dès avant la chute de mon gouvernement. Lors du week-end du 28-29 mars, il aurait pu constituer un compromis acceptable mais jamais mon ministre des Finances ne m'en avait fait part. Mais bon, ce qui est fait est fait et la question de savoir s'il y a eu ou non «complot» est donc sans aucun intérêt…

L'opinion n'a jamais très bien compris pourquoi le CVP avait donné son feu vert au gouvernement Eyskens après avoir proclamé haut et fort que mon plan d'urgence était à prendre ou à laisser. Le parti effectuait un virage à 180 degrés puisque, si l'on excepte le plan Maribel, le nouveau programme gouvernemental n'ouvrait aucune perspective d'avenir. Le CVP perdra beaucoup de sa crédibilité dans cette affaire.

Le président Léo Tindemans me téléphona pour me proposer le poste de ministre de la Défense. Ma réponse fut nette: «Pas question que j'entre dans ce gouvernement, mais je m'engage à ne pas lui mettre de bâtons dans les roues.»

Il me fallut apaiser les tensions. Certains députés CVP voulaient refuser leur confiance au gouvernement. Je leur répondis: «Je suis un loyaliste, c'est ma nature. Je soutiens les institutions. Je soutiens le gouvernement. Vous avez un nouveau Premier ministre, donnez-lui une chance réelle. Moi, je soutiendrai Mark Eyskens à 100%.»

Le tandem Eyskens – Vandeputte était à forte connotation socio-économique. Les spéculations sur le franc belge s'arrêtèrent effectivement immédiatement. Mais on attendait du gouvernement une action d'envergure. Elle ne vint pas.

L'échec de Mark Eyskens prouve que le savoir ne suffit pas pour réussir en politique. Son gouvernement battit rapidement de l'aile: neutralisation de l'augmentation de la TVA dans l'index, Fourons, faillite virtuelle de Cockerill Sambre… Cela permit à Guy Mathot d'énoncer un oracle devenu légendaire: «Le déficit est apparu tout seul, il disparaîtra de la même façon!» Il n'est pas étonnant que la situation budgétaire du pays s'en aille alors à la dérive. Le déficit budgétaire qui était de 8,5% du PNB en 1980 passa à 12,6% en 1981.

Après les vacances d'été, Guy Mathot annonça que les socialistes francophones ne participeraient plus aux réunions gouvernementales aussi longtemps que le financement de Cockerill Sambre ne serait pas résolu. Le Premier ministre Eyskens stigmatisa publiquement l'attitude de ces « ministres en grève, indignes de leur fonction ». Le 21 septembre, il présenta au Roi la démission de son gouvernement et fit à la presse une déclaration laconique : « C'est la chute des feuilles et celle de mon gouvernement. »

Ma génération est-elle coupable ?

Cette année calamiteuse a laissé de profondes séquelles, aujourd'hui encore sans doute. L'effet « boule de neige » a imposé de mener une politique courageuse et ferme qui demandait d'énormes sacrifices à la population. Il est impossible de réécrire l'histoire de l'année 1981 mais on peut essayer de comprendre les racines du mal. D'où viennent les dérives ? Pourquoi a-t-il fallu tant de temps avant d'entreprendre les réformes indispensables ? Pourquoi tant de passivité ? Quelle est ma part de responsabilité, celle de mon parti, celle de ma génération politique ? C'est une question que je ne veux pas esquiver.

Il y a bien entendu l'attitude négative des partenaires sociaux. Pendant les années de prospérité, tout était évidemment plus facile : une concertation sociale revenait à trouver un accord et à partager un gâteau qui ne cessait de grossir. Une véritable camaraderie régnait entre les syndicats, les patrons et le gouvernement dans un climat bon enfant. Mais en 1981, cette période féconde a disparu de l'horizon. La monopolisation du secteur économique et social par les partenaires sociaux n'était plus tenable et le gouvernement ne pouvait rester enlisé dans des consultations sociales stériles. Je n'oublierai jamais cette expérience négative. Mais j'y ai puisé le mental nécessaire à la formation de mon cinquième gouvernement. Avec Jean Gol, j'ai pris la décision de ne plus réunir les partenaires sociaux pour des concertations ; désormais on les consulterait, sans engagement. La chose est claire dans l'accord gouvernemental : les « partenaires sociaux » sont devenus des « interlocuteurs sociaux ».

Il me faut évoquer aussi le rôle du parti socialiste. Je n'ai jamais perçu de ce côté le signe qu'on pouvait mener avec lui une politique sérieuse de redressement, d'autant qu'il y avait le *njet* des socialistes wallons. Que manquait-il à la plus importante force de Wallonie, pourquoi une telle obstruction en une période essentielle, pourquoi un tel immobilisme au gouvernement ? J'y vois une conséquence logique de son organisation. Le président y décidait de tout. Lui, et lui seul, dirigeait et les ministres socialistes du gouvernement ne disposaient d'aucune liberté d'action. J'ai été scandalisé de voir Guy Mathot littéralement pendu au téléphone pour consulter Guy Spitaels en permanence; il suffisait que ce dernier émette un veto pour que le gouvernement soit paralysé. Je considère que «le professeur» n'a pas fait son devoir, même s'il estime que sa manière de faire était la bonne. Si André Cools était resté président, les choses auraient pu être différentes; il était notamment le seul qui osait s'opposer à Georges Debunne[1].

Mon dernier gouvernement avait travaillé de façon thérapeutique puisqu'il avait prouvé que la coalition avec les socialistes était usée jusqu'à la corde.

Dans quelle mesure ne suis-je pas responsable de tout ceci? J'ai dépensé énormément d'énergie (trop peut-être?) pendant mes deux premières années à la tête du gouvernement parce que je voulais sortir de l'impasse communautaire et trouver un accord avec les partenaires sociaux. Je me sens coupable de n'avoir pas coupé court à ces «gouvernements qui ne gouvernaient pas». J'aurais dû présenter mon plan d'urgence plus tôt. Mais je mets à mon crédit que j'ai mis mon mandat dans la balance pour le réaliser.

Je me rappelle de ce que je proclamais lorsque j'étais président des Jeunes CVP: «Le régime fonctionne de façon désolante.» Jamais je ne me suis senti plus impuissant que lors de notre lutte contre la décadence économico-sociale. Mais cette expérience pénible de 1981 ne m'a pas vraiment déprimé: j'avais la ferme intention de former une équipe capable de pratiquer une vraie politique de redressement.

---

1 Jean-François Furnémont arrive aussi dans son livre *Guy Spitaels, au-delà du pouvoir* (Éditions Luc Pire, Bruxelles, 2005, p. 104) à la conclusion que Guy Spitaels voulait renforcer la collaboration avec les syndicats: «*Sur ce dernier point ("l'autonomie" entre le PS et la FGTB), un des premiers gestes de Guy Spitaels est (...) la relance de l'action commune avec les syndicats, les mutuelles et les coopératives. Dès les premières réunions du bureau présidées par Guy Spitaels, réapparaissent les représentants de la FGTB, des Mutualités socialistes et des coopératives. Et ce dégel n'est pas que de façade: la chute du gouvernement Martens IV sur le dossier de l'indexation puis, à peine six mois plus tard, celle du gouvernement Eyskens sur le dossier de la sidérurgie lui donnent l'occasion de renouer avec la FGTB bien plus vite et de manière bien plus solide qu'il n'osait sans doute l'espérer.*»

La traversée du désert

J'ai pu me retirer quelques mois de la foire d'empoigne politique pendant le gouvernement intérimaire de Mark Eyskens. Je n'étais pas tombé dans un « trou noir », comme c'est arrivé à d'autres occupants du « 16 ». J'étais content de pouvoir enfin souffler, mener une existence régulière et avoir une vie privée. Je pouvais m'intéresser à la musique, à la littérature, au cinéma, bref, à toutes les expressions artistiques. Pendant ma jeunesse, la lecture avait été ma principale activité et les autres muses me restèrent longtemps fort vagues. J'ai voulu éviter cette lacune à mes enfants.

C'est le cinéma qui a le premier éveillé ma curiosité : le chef-d'œuvre japonais *L'île nue* dans ma jeunesse. Ou, plus récemment, *The remains of the day*, l'histoire d'un majordome britannique dont la fidélité à son devoir est inattaquable... et dans lequel je me reconnais parfois : la rue de la Loi est toujours pour moi un endroit de devoir. Pour d'autres raisons, j'adore Jacques Brel qui décrit « l'impossible rêve » de Don Quichotte dans *L'Homme de la Mancha*. Je me suis ouvert fort tard à la musique mais cette découverte fut d'une grande intensité. Pour moi, Jean-Sébastien Bach est un sommet, mais aussi un homme de grandes passions qui a pourtant su tout exprimer avec délicatesse. J'ai avoué un jour à Margaret Thatcher combien j'appréciais les concerts de la BBC retransmis le week-end à la télévision. Elle s'est étonnée de voir un Premier ministre trouver le temps de pareilles détentes... alors que chaque travailleur a aussi le devoir de se détendre ! J'ai confié aussi à un reporter espagnol que je trouvais la sieste une excellente invention : j'en faisais une courte, pour recharger mes batteries, chaque fois que faire se peut à ma résidence du Lambermont !

L'art est pour moi une bulle d'air, un moment de calme privilégié que je trouve aussi dans la nature. J'adore les paysages maritimes et surtout ceux de la mer du Nord. Depuis toujours, la pêche en mer est pour moi un hobby passionnant, une activité qui me permet un retour sur moi-même mais aussi de penser à l'avenir. Malgré les fautes, les erreurs et les illusions des partis Écolos, j'ai aussi beaucoup de compréhension pour les conceptions écologiques, plus par exemple que pour le libéralisme sans cœur.

Le retour des libéraux

Pendant cette retraite politique, les idées avaient subi un bouleversement radical au sein du mouvement ouvrier chrétien. Ses responsables étaient persuadés qu'il fallait mettre sur pied un grand programme de redressement et qu'une coalition avec les libéraux s'imposerait peut-être pour ce faire, à condition qu'ils puissent compter sur un Premier ministre bien disposé à leur égard. J'estimais qu'il était trop tôt pour envisager un come-back, mais on ne me laissa pas le choix. Le 8 juillet 1981, ma carrière politique prit un virage définitif. Ce jour-là, j'ai eu un entretien avec P.-W. Segers. Il avait alors près de 80 ans. C'était un être profondément humain, nuancé dans ses commentaires et possédant l'art subtil d'éviter les crises, une véritable « éminence grise ». « Tu ne dois pas perdre courage, me dit-il, une nouvelle période s'annonce. Nous, à l'ACW, allons investir sur ta personne car le pays a besoin de toi pour sortir du marécage économique. Nous t'aiderons pour ce faire. Tu es jeune et tu peux donc jouer un premier rôle pendant des années si tu le veux. » Et il ajouta qu'une coalition avec les libéraux ne pouvait réussir qu'avec un Premier ministre qui avait la confiance de l'aile gauche du CVP, ce qui n'était le cas ni de Léo Tindemans ni de Mark Eyskens. Trois jours plus tard, je rencontrai le président du PVV Willy De Clercq. Il m'assura sans ambages que nous devions ensemble former un gouvernement pour sortir le pays de l'impasse.

Le 25 septembre, quatre jours après la démission de Mark Eyskens, j'ai fait une autre rencontre importante, celle de Vaast Leysen. J'ai toujours eu beaucoup d'estime pour lui. Il ne faut pas sous-estimer sa contribution à la réforme de l'État. Leysen était pour le patronat ce que P.-W. Segers représentait pour le syndicat chrétien. Il était le lien entre les leaders politiques et le monde des entreprises flamandes. Je me demande parfois si le monde politique possède encore des personnalités de ce calibre : des hommes qui arrivent à transcender leur mandat personnel pour se mettre au service de l'intérêt général. Je n'en vois pas dans les milieux syndicaux et patronaux d'aujourd'hui.

Vaast Leysen me présenta un projet concret : conclure avec les libéraux un accord de principe de former avec eux un gouvernement après les élections. Il me dit aussi de mettre la réforme de l'État en veilleuse et de m'occuper prioritairement de redresser le pays. Il me mit en contact avec Frans Grootjans une semaine plus tard et nous nous sommes promis de faire tout ce qui était possible pour piloter nos partis vers le gouvernement, après les élections du 8 novembre. Ce fut le début d'une grande confiance mutuelle et d'une collaboration très étroite entre Frans Grootjans et moi-même. Mais, s'il est toujours permis aux hommes politiques de faire des projets et de se jurer fidélité, il faut malgré tout attendre le verdict des urnes. Et les perspectives du CVP n'étaient pas brillantes.

Un cabinet restreint ?

Je fus convié au Palais pendant la campagne électorale. Pour le Roi, la solution de la crise politique résidait dans la formation d'un cabinet restreint, composé de quelques hommes forts indépendants des partis et qui prendraient les mesures de redressement nécessaires. « Préparez-vous à former un cabinet de ce type, me dit-il, et entretenez-vous dès à présent avec André Cools. » Le résultat du vote ne laisserait, selon le Souverain, sans doute pas la possibilité de gouverner sans les socialistes. La Cour vivait toujours dans l'obsession qu'une politique de redressement menée sans eux conduirait inévitablement à des troubles dangereux pour l'État. Avec un gouvernement « de droite », le PS craindrait qu'on coupe les vivres à l'acier wallon et qu'on abandonne Cockerill Sambre à son triste sort. Ce scénario catastrophe serait très préjudiciable aux leaders PS de Liège et de Charleroi.

J'ai découvert récemment dans mes archives que cet entretien avec le Roi avait été précédé d'une entrevue confidentielle du Souverain avec P.-W. Segers, le 16 octobre 1981. Il redoutait que Guy Spitaels préfère la cure d'opposition. Il envisagea donc avec P.-W. Segers la possibilité de créer un gouvernement de ministres « indépendants et capables ». C'est Segers qui m'a désigné au Souverain comme l'homme capable de former un gouvernement dont les membres ne soient pas imposés par leurs partis. Léo Tindemans s'était trop lié aux libéraux et était « trop sensible ». Les Affaires étrangères lui conviendraient mieux. Et Chabert ? Le Roi aussitôt répliqua : « Un gentil garçon. Mais un chef de gouvernement ? »... Une liste fut établie : Robert Henrion et Herman Vanderpoorten, pour les libéraux, Willy Claes, Frank Van Acker, Henri Simonet et André Cools, pour les socialistes, Étienne Davignon et Jean Hallet pour le PSC. De tous ces noms, il ne restera que Tindemans et moi-même dans le nouveau gouvernement. Même les rois et les sages hommes d'État ne possèdent pas de boule de cristal !

À la demande du Roi, j'ai donc rencontré André Cools pendant la campagne électorale. Il m'invita à Hoeilaart, chez sa compagne, Nicole Delruell-Vosswinkel, éminent professeur de sociologie à l'ULB. J'ai découvert pour la première fois le côté caché de Cools. Il me confia qu'il était toujours armé, son chauffeur aussi. Dans la perspective de ce qui allait suivre, cela n'apparaît plus comme une mesure inutile mais plutôt comme un néfaste présage.

Chapitre X

MARTENS V : L'INÉVITABLE DÉVALUATION

Les élections du 8 novembre 1981 ont été la plus grande défaite électorale du CVP dans l'après-guerre. Le parti perdit 7 % de son électorat et quatorze de ses cinquante-sept sièges. Les résultats du PSC furent également désastreux: il abandonnait 100000 voix et sept de ses vingt-cinq sièges. Les socialistes avaient désormais autant de sièges (soixante et un) que nous à la Chambre. Les grands vainqueurs des élections étaient les libéraux qui gagnaient quinze sièges. Cette défaite avait un goût amer pour mon parti habitué depuis 1974 au doux parfum de la victoire électorale. Il lui fallut du temps pour s'en remettre.

Nos militants étaient partagés entre l'affolement et l'exaspération. Lors d'une réunion avec Léo Tindemans et Frank Swaelen, j'ai dit que notre parti avait commis des erreurs mais que, même affaiblis, notre devoir était de sortir le pays de l'impasse. Mais il fallait mettre un point final aux rivalités qui nous avaient coûté très cher. L'heure n'était plus à la chasse aux sorcières ni aux critiques du cabinet Eyskens et du pacte d'Egmont. Je proposais d'ailleurs de réserver des postes de ministre à Eyskens et Tindemans. Nous avons donc resserré les rangs et nous avons élu Frank Swaelen à la tête du parti. Nous avons décidé de ne pas soutenir le formateur Charles-Ferdinand Nothomb dans sa tentative de constituer un cabinet tripartite. C'est avec les libéraux que nous voulions accéder au pouvoir. Cela n'irait pas tout seul.

Trop tôt ou trop tard

L'électeur n'avait pas facilité la résolution de la crise. Tous les premiers essais de constitution d'un gouvernement ont échoué parce que le PSC ne voulait pas y participer. Il y avait aussi au CVP une forte tendance à prôner l'opposition. L'informateur Herman Vanderpoorten me proposa au Roi comme formateur d'un gouvernement avec les libéraux, considérant qu'il n'y avait pas d'autre solution. J'avais la leçon de janvier 1979 en tête et, malgré mon désir de former une coalition avec les libéraux, j'estimais que c'était trop tôt et que nous courions droit à l'échec. Lorsque le Roi me demanda de devenir formateur, je refusai parce que le CVP avait encore besoin de temps pour digérer sa défaite; je proposai donc au Souverain de nommer d'abord un informateur, Willy De Clercq. À notre grand étonnement, le Roi nomma ce dernier formateur, ce qui pouvait laisser supposer que le prochain Premier ministre serait libéral. Cette éventualité ne plaisait guère à l'aile gauche du PSC qui au cours d'une réunion dramatique, retira sa confiance à VDB qui était, lui, prêt à négocier avec les libéraux. Il abandonna un peu plus tard la présidence du parti, extrêmement déçu.

Le 1er décembre, Charles-Ferdinand Nothomb devenait formateur. Sa proposition de former un cabinet ayant « une base aussi large que possible » ne plaisait pratiquement à personne. Son discours politique était beaucoup trop complexe et les solutions suggérées fort nébuleuses. De plus, la mayonnaise ne prenait absolument pas avec Jean Gol, qui trouvait le « baron Nothomb » totalement inacceptable comme Premier ministre.

Le 7 décembre, Nothomb fut déchargé de sa mission. Tout était bloqué depuis trois semaines. Le Roi, clairement réconcilié avec l'idée d'une coalition des sociaux-chrétiens et des libéraux, me convoqua très tard au Palais. Il me confia pour la deuxième fois la tâche de formateur. Cette fois, j'ai accepté. J'ai téléphoné très vite à Léo Tindemans pour le rencontrer le lendemain, à 8 heures. Il ne comprenait pas pourquoi la Cour m'avait préféré à lui. À ce moment, il était encore président du plus grand parti du pays et il avait déjà conçu des plans pour mener à bien une alliance avec les libéraux. Je crois que l'attitude du Palais remonte à la débâcle d'Egmont, lorsque Tindemans annonça la démission de son gouvernement avant d'en aviser le Roi, qui n'avait pas apprécié cette faute de procédure puisqu'il avait été mis devant le fait accompli. De plus, les partis francophones se méfiaient beaucoup de Léo Tindemans…

Pour mettre un terme au malaise, je lui ai proposé le portefeuille des Affaires étrangères. Il s'écria: « J'espère que ce n'est pas pour quelques mois! » J'ai répliqué: « Non, pour huit et peut-être dix ans. » Et j'ai tenu parole puisqu'il est resté à ce poste jusqu'en juin 1989!

Cette nomination provoqua un accrochage avec Willy De Clercq qui ambitionnait le même poste. Je lui avais attribué les Finances mais il voyait la perspective de la dévaluation d'un fort mauvais œil. Il proposa donc un échange à Tindemans qui, bien entendu, refusa.

Curieuse objectivité

Lors d'une conférence de presse, le vendredi 11 décembre, j'ai déclaré que le cabinet en formation ne prendrait pas en considération une éventuelle dévaluation. Un malentendu est né, à ce sujet, du livre de Jean-Luc Dehaene: *Il y a encore une vie après le «16»*. Il y affirme qu'un accord sur la dévaluation du franc belge avait été conclu dans le plus grand secret avec les présidents de parti à Val Duchesse. La vérité est que, pendant cette périlleuse période de la formation du gouvernement, j'ai évité au maximum de parler de dévaluation, sachant que Willy De Clercq se cabrerait à cette seule idée et que les négociations risquaient de capoter. La nuit du 12 au 13 décembre fut cruciale: j'ai enfin obtenu l'accord des présidents de parti sur les modifications à apporter à la liaison à l'index des salaires et des indemnités sociales. Pour comprimer les charges des entreprises, nous proposions un blocage temporaire de l'index, avec un rendement de 3%. Je m'étonne encore de voir avec quelle facilité ce dossier fut résolu alors qu'on s'y cassait les dents, rue de la Loi, depuis des années.

Comme nous nous étions limités aux points prioritaires, l'accord gouvernemental était étonnamment concis, seize pages, à peine. Grootjans s'était fortement opposé à un programme trop détaillé: «Plus de bible! C'est le gouvernement qui doit décider.»

L'atmosphère détendue qui régnait lors de la signature de l'accord gouvernemental bascula rapidement lors de la présentation de celui-ci à la presse, au Centre culturel d'Auderghem, près de Val Duchesse. Dès que je pénétrai dans la salle, je ressentis une certaine animosité vis-à-vis du nouveau cabinet et ce, surtout dans la presse de gauche. J'exposai brièvement notre accord, puis Daniel Buyle et Geert Van Istendael, de la VRT, et Christiane Lepère, de la RTBF, m'interviewèrent. Leurs questions pleines d'agressivité firent apparaître notre accord sous un jour des plus négatifs. En une nuit, ils ont porté un rude coup à l'objectivité journalistique que l'on est en droit d'attendre d'un service de radiodiffusion public. L'incident provoqua de vives réactions et influença beaucoup ma vision des médias belges.

Des ténors et des femmes

Lors de la formation de mon cinquième gouvernement, j'ai voulu absolument éviter ce qui s'était produit lors des quatre premiers. J'y ai donc rassemblé pratiquement tous les ténors politiques du moment. Les présidents libéraux, Jean Gol et Willy de Clercq, ainsi que l'ancien du PSC, Charles-Ferdinand Nothomb, étaient vice-Premiers ministres et Léo Tindemans, président du CVP, se voyait confier les Affaires étrangères. Le mouvement ouvrier chrétien était fort bien représenté avec Jean-Luc Dehaene, Daniel Coens et Paula D'Hondt au CVP, Philippe Maystadt et Michel Hansenne au PSC; de tels hommes de confiance rendraient la politique d'austérité acceptable.

Avant de me rendre au Palais avec la liste des candidats ministres, j'ai eu une dernière altercation avec Jean Gol au sujet de la présence de femmes dans mon gouvernement. Pour aider politiquement nos consœurs féminines, j'avais exigé de chaque président de parti qu'il me propose le nom d'une secrétaire d'État. Jean Gol n'était pas de cet avis: une femme ministre ne correspondait pas à ses conceptions classiques du pouvoir. Il finit par céder et me proposa Jacqueline Mayence-Goossens. Cette élue catholique devint secrétaire d'État à la Coopération au développement et se révéla une excellente collègue.

Le Roi soucieux

Lors de la prestation de serment du 17 décembre 1981, le Roi semblait soulagé par la formation relativement rapide de ce gouvernement. Toutefois, dans son discours, il ne cachait pas ses inquiétudes pour l'avenir:

«Comme vous l'avez vous-même souligné, monsieur le Premier ministre, le gouvernement entame son action à un moment difficile, le plus pénible que nous ayons connu depuis la guerre… Il est nécessaire que le gouvernement gouverne réellement en s'appuyant sur une indispensable solidarité mutuelle sans laquelle une équipe gouvernementale est vouée à l'échec… Il faut faire preuve de détermination, les contacts avec le Parlement doivent être améliorés et il faut créer pour ce gouvernement et les suivants les conditions indispensables à leur stabilité et à leur longévité… En plus des restrictions que vous imposez à la population, il est important, aussi, de mettre en évidence l'immense potentiel humain dont ce pays dispose. C'est notre richesse majeure. Des milliers d'hommes et de femmes dont beaucoup ont atteint un degré de formation élevé, attendent des gouvernants et de l'initiative privée l'épanouissement de leurs talents, en Belgique et ailleurs, grâce à de nouvelles activités et de nouvelles entreprises. C'est ainsi que nous rétablirons notre situation et que nous restaurerons notre réputation. La responsabilité que vous endossez aujourd'hui est très lourde. Vous rencontrerez beaucoup d'obstacles sur votre chemin. Mais vous connaissez l'enjeu. Puisque vous avez accepté de participer à ce gouvernement, c'est que vous avez foi dans l'avenir de nos communautés, de nos régions et, faut-il le préciser, de la Belgique. Je partage cette foi et je suis à vos côtés. »

Le facteur Verplaetse

Beaucoup se demandaient si, même avec des pouvoirs spéciaux, les mesures d'assainissement suffiraient à retourner la tendance et aideraient le pays à échapper à la dévaluation. C'est Léo Tindemans qui fut le premier à mettre sur le tapis la possibilité d'une dévaluation : lors d'un aparté avec Willy De Clercq, il lui demanda à brûle-pourpoint ce que nous allions faire du franc. Il avait reçu chez lui une délégation du FMI (Front monétaire international) composée du Français Patrick de Fontenay et du Belge Jacques De Groote. Ils s'étaient montrés fort inquiets des dérives budgétaires et économiques de notre pays. Le prix à payer pour des années de mauvaise gestion serait une forte dévaluation.

Personnellement, je doutais fort de l'opportunité de cette mesure : elle ne serait pas facile à réaliser et aucun gouvernement n'y survivrait. C'est alors qu'apparut dans ma vie un personnage d'une grande compétence qui me seconda dans beaucoup de choix difficiles : Fons Verplaetse. Je l'avais nommé sur les conseils de Jef Houthuys chef de cabinet adjoint dans mon cabinet économique. Cette fonction a fait de lui une des figures centrales de l'élaboration et de l'exécution de la politique de redressement initiée sous Martens V.

La venue de Verplaetse apporta un souffle nouveau au 16, rue de la Loi. Même lorsque j'étais submergé de travail, Verplaetse entrait dans mon bureau dix fois par jour *om te klappen* (« pour bavarder »), pour exposer ses idées qui étaient l'expression même de sa créativité. J'ai rarement eu dans mon entourage un collaborateur aussi ensorceleur et aussi dévoué. Comme collaborateur dans mon cabinet, puis comme gouverneur de la Banque nationale, il a réalisé un travail titanesque sur le plan monétaire. Avant même la naissance de l'euro, il aligna le franc belge sur le Deutsche Mark. Il fallait le faire ! Malgré sa compétence, il contrastait avec le milieu dans lequel il évoluait. Il n'était certes pas un homme de salon et conserva toujours une certaine distance vis-à-vis du maniérisme de la haute finance. C'est sans doute pourquoi le courant passait mal avec Roland Beauvois et le baron de Strycker. Fons me répétait souvent : « Je ne lis pas de beaux bouquins comme le gouverneur, mais je m'occupe en permanence des problèmes réels qui se posent au pays.»

À peine installé dans mon cabinet, Verplaetse entama avec Jacques van Ypersele une étude sur l'opportunité d'une dévaluation. En moins de temps qu'il ne faut pour le dire, ils présentèrent un rapport extraordinaire dont je partageai l'analyse. L'économie belge avait, par rapport à ses voisins, un handicap de coûts de l'ordre des 12 %. Une politique d'austérité ne suffirait pas, car son effet déflatoire serait trop fort. On pourrait récupérer 3 à 4 % et effacer le reste du handicap par un réajustement de la monnaie de minimum 8 %. Le revers de la médaille, l'inflation résultant des importations qui seraient plus coûteuses, pourrait être jugulée par la suspension du mécanisme de l'index et le blocage des prix.

Une rencontre intime

Le dimanche 14 février, lors d'une rencontre à Gand, Willy De Clercq et moi-même avons pris une des décisions les plus difficiles de notre carrière politique : le week-end suivant, le franc belge serait dévalué et nous donnerions ainsi une énorme impulsion à l'industrie belge de l'exportation. Mais nous devions prendre une série de contacts, et principalement avec le FMI à Washington. Nous devions faire une visite protocolaire à la Maison Blanche à Washington, puisque je présidais le Conseil européen. Autant en profiter pour rendre visite à M. De Larosière, le directeur général du FMI. Mon chef de cabinet, Jacques van Ypersele, devait organiser cette rencontre en grand secret. Il vint m'annoncer en pleine nuit que le directeur général nous recevrait chez lui, dans son flat. Le seul problème était celui de la discrétion ! Nous étions logés à *Blair House*, la résidence des chefs d'État et de gouvernement, et encadrés par un certain nombre de gardiens, on ne peut plus vigilants, dirigés par une sorte de dame patronnesse à laquelle rien n'échappait ! La veille, van Ypersele lui avait soufflé à l'oreille que le Premier ministre souhaitait faire du shopping en privé, sans gardes du corps, et vers huit heures du matin. Elle fit remarquer qu'à cette heure-là, les magasins n'étaient pas ouverts. Mais elle comprenait mon problème : si je désirais faire une rencontre intime discrète, elle pouvait m'aider. Finalement, mon chef de cabinet lui dit toute la vérité…

Nous avons donc quitté notre logement par la sortie du personnel, entre les poubelles. Nous eûmes une longue conversation avec De Larosière et son conseiller pour les affaires belges. Il préconisa une dévaluation de plus de 10 % (ce fut finalement 8,5 %). Le jour même, van Ypersele et moi avons pris le Concorde pour Paris, où une voiture nous attendait. Afin de brouiller les pistes, Léo Tindemans était resté à Washington. C'était mon premier vol supersonique, l'occasion de constater de visu que la terre est bien ronde. Nous étions tous les deux silencieux et tendus. Pour se calmer, Jacques van Ypersele sortit de sa serviette un exemplaire de *L'Imitation de Jésus-Christ,* de Thomas a Kempis.

Campagne de persuasion

Le secret devait encore être gardé. De retour en Belgique, je réunis le cabinet restreint à 9 heures et le Conseil des ministres à 11 heures. La dévaluation fut décidée et je me rappelle que certains de nos collègues tremblaient ! J'ai rencontré les partenaires sociaux à 17 heures et je leur ai encore répété des propositions qui pouvaient encore empêcher la dévaluation. Cette réunion était une comédie car je savais qu'ils refuseraient ces formules. Je reçus ensuite les deux syndicalistes pour les avertir que le gouvernement ne resterait pas les bras croisés. Georges Debunne venait d'organiser une grève de 24 heures contre la politique de restriction et le prit de haut. Par contre, Houthuys fut nettement plus positif : « S'il le faut vraiment, agissez de façon responsable. Mieux vaut une courte souffrance. » Verplaetse l'avait informé de ce qui se préparait et il semblait s'y résigner.

Il me fallait encore rencontrer les dirigeants de la Banque nationale, avec le ministre des Finances. Dans leur rapport annuel du 4 février, le gouverneur de Strycker et le directeur Roland Beauvois avaient encore affirmé que la dévaluation pouvait être évitée en ayant recours à un remède de cheval : baisse des salaires et des prix. Moins de trois semaines plus tard, nous venions leur annoncer notre ferme intention de dévaluer le franc belge. De Strycker et Jean Godeaux, qui devait lui succéder quelques semaines plus tard, y étaient farouchement opposés. Godeaux venait de proclamer haut et fort qu'une dévaluation serait une absurdité. De Strycker était l'homme dont on disait que, tant qu'il serait gouverneur, une dévaluation était impossible. Et voilà que nous le mettions devant le fait accompli ! Il fallut user d'arguments d'autorité pour que, blanc comme un linge, il accepte de participer à la réunion du Comité monétaire européen.

J'ai aussi averti mon collègue luxembourgeois, Pierre Werner, dont le franc serait fatalement entraîné dans cette opération ; il n'était pas très heureux de cette façon d'agir et du manque de concertation. Deux jours plus tôt, Mark Eyskens lui avait certifié qu'il n'y aurait pas de dévaluation et voilà que le Luxembourg dont les finances étaient saines, devait suivre le mouvement. Je lui exprimai mes regrets face à cette façon d'agir incorrecte mais que nous n'avions pas eu le choix: la discrétion était impérative si nous voulions éviter une fuite qui aurait été catastrophique. La confiance du gouvernement luxembourgeois et de Pierre Werner ne fut rétablie que lorsque nous avons résolu rapidement un problème que les Affaires étrangères avaient laissé dormir; il s'agissait des indemnités à payer pour une antenne de la télévision luxembourgeoise qu'un avion de chasse belge avait détruite.

Il fallut des heures de lutte, de persuasion et de compromis, pour que, le dimanche soir 21 février, le ministre des Finances Willy De Clercq obtienne de ses collègues une dévaluation de 8,5 %. Nous en avions demandé 12. Réuni en même temps à Val Duchesse, le gouvernement prit une série de mesures: blocage des prix pendant trois mois, suspension de l'indexation des salaires et des allocations sociales…

Les années ont passé et je puis aujourd'hui affirmer avec satisfaction que cette intervention monétaire a réellement provoqué la relance tant attendue. Cela faisait des années que mon parti et moi-même demandions une modification de la politique budgétaire. En France et en Allemagne, Giscard d'Estaing et Schmidt avaient pris en temps voulu les mesures qui s'imposaient. Mais nous planions dans un monde de rêve et nous avions raté toutes les occasions d'échapper à la dévaluation.

La dévaluation n'engendra pas seulement un effet positif sur l'économie, elle fut surtout une victoire psychologique. Il n'y eut pas de révolte sociale, contrairement à ce qu'on nous avait prédit. Georges Debunne lui-même s'inclinait devant l'inévitable…

Chapitre XI

LA CHUTE DU GÉANT WALLON

L'histoire de Cockerill Sambre est une autre aventure pleine de péripéties et de tensions. Jusqu'à l'été 1983, la faillite virtuelle de ce géant de l'acier occupera le gouvernement tous les jours ou presque. L'année 1979 avait été assez prospère dans ce secteur comme d'ailleurs dans presque toute l'économie belge. C'est à ce moment-là que l'industrie de l'acier fut de fait nationalisée dans les accords d'Hanzinelle: l'État fournissait l'appoint financier nécessaire pour apurer les dettes et des primes de départ aux ouvriers en surnombre dont il fallait se séparer.

Le problème s'était déjà manifesté lors de mon quatrième gouvernement. Malgré les milliards de subsides, les pertes des entreprises sidérurgiques s'amplifiaient et un nouveau plan global s'imposait. Après l'obscure fusion avec «le triangle de l'acier» carolingien initiée par le trio André Cools – Julien Charlier – Albert Frère avec l'appui d'Étienne Davignon, la crise éclata au printemps 1981. L'ensemble Cockerill Sambre fusionné possédait une telle force syndicale et politique qu'aucun gouvernement n'était en mesure de contrecarrer ses revendications et de prendre les mesures d'assainissement qui s'imposaient. À la mi-mai 1981, le gouvernement Eyskens lui alloua une vingtaine de milliards (500 millions d'euros). Ni la fusion, ni cette allocation ne renversèrent la vapeur, au contraire. Cockerill Sambre s'enfonçait de plus en plus. La production de chaque tonne d'acier coûtait 1 500 francs, malgré les 50 milliards de subsides débloqués de 1979 à 1981. La production d'une tonne d'acier demandait 3 500 ouvriers alors qu'il n'en fallait que 2 000 chez Sidmar, en Flandre. Le cabinet de Willy Claes qui gérait ce dossier se laissa manipuler par les socialistes wallons et par le leader syndicaliste Robert Gillon qui imposèrent leurs revendications politico-sociales. Malgré ses preuves de bonne volonté, le gouvernement Eyskens se cassa le nez sur ce problème sidérurgique.

En décembre 1981, le cabinet Martens V fut immédiatement confronté au dossier Cockerill Sambre: le gouvernement devait répondre à ses engagements financiers.

Un homme providentiel

Une solution était urgente, d'autant que le dossier prenait une allure communautaire. En Flandre, on était de plus en plus persuadé que la sidérurgie wallonne « coûtait beaucoup trop cher ». Mais on ne pouvait abandonner Cockerill Sambre, ne fût-ce que pour des raisons sociales : la faillite de l'entreprise serait une catastrophe pour des milliers de foyers wallons et coûterait des milliards en allocations de chômage.

Heureusement, au début de l'année 1982, apparut l'homme providentiel : Michel Vandenstrick, PDG de la FN et président de l'Union wallonne des entreprises. Il voulait bien s'occuper provisoirement de l'affaire mais nous devions chercher un nouvel administrateur délégué. Un Flamand serait bien évidemment suspect. Mais aucun industriel wallon ne désirait prendre les choses en main. Le « sauveur » viendrait donc de l'étranger.

Je pris comme toujours mes vacances au mois d'août, dans le Midi de la France. J'y découvris le nom de Jean Gandois dans *Le Monde*. Nous étions au moment des grandes nationalisations de François Mitterrand. Jean Gandois, PDG de Rhône-Poulenc, avait été mis à pied suite à un conflit avec le gouvernement et il ne ménageait pas ses critiques dans le journal.

Les bruits autour de la faillite de Cockerill Sambre devenaient de plus en plus pressants. J'annonçai à Michel Vandenstrick que je lui avais trouvé un successeur valable. Il semblait bien connaître Jean Gandois qui vint me voir à ma résidence. Il me fit, pendant trois heures, un tableau pertinent de la situation de Cockerill Sambre et je sentais qu'il partageait mes intuitions sur l'avenir de la sidérurgie. Il refusa de prendre la direction de l'entreprise mais accepta le titre de conseiller spécial du gouvernement. On n'avait jamais vécu une telle situation dans notre pays : il participait pratiquement aux réunions du gouvernement ou du moins à ce qu'on appelait le *steel committee* (sans bien sûr prendre part à des délibérations politiques proprement dites). C'est un des hommes les plus exceptionnels que j'aie rencontré. *Manager* hors pair, d'une grande honnêteté intellectuelle, il possédait, en outre, une immense culture générale. Il avait en très peu de temps compris comment le système politique belge fonctionnait et saisi combien il était difficile de prendre une grande décision dans notre pays. Il apprit en un minimum de temps à lire le néerlandais. Il le parlait même ici et là au cours des réunions ministérielles. L'aspect communautaire du dossier ne lui échappait pas.

Dans une chambre d'hôtel

Il vécut en 1983 du début de l'année à l'Ascension dans une chambre d'hôtel. Il recevait notamment secrètement les syndicalistes. Et si le leader socialiste des métallos Robert Gillon manifesta son négativisme, les leaders des syndicats chrétiens Louis Smal[1] et François Cammarata prirent leurs responsabilités et firent preuve de courage et de perspicacité. La solution de Gandois était la seule possible.

Le 13 mai 1983, Jean Gandois publia son fameux rapport: la viabilité du géant de l'acier wallon devait se manifester à l'horizon 1985. Un rapport inexorable qui «sanctionnait tous les anciens responsables de Cockerill Sambre», aux dires d'un quotidien. Les ministres wallons n'étaient pas épargnés. La première phrase de son rapport était la suivante: «Cockerill Sambre est un patchwork, une mosaïque.»

Son plan de redressement posait un gros problème: il coûterait 100 milliards (2,5 milliards d'euros) et la Flandre ne voulait plus entendre parler de nouveaux milliards pour l'acier wallon. Elle considérait que la Région wallonne n'avait qu'à assumer elle-même les frais engendrés par cette industrie déficitaire. Des voix s'élevaient même pour qu'on régionalise les autres secteurs économiques nationaux. J'y étais opposé, au nom de la solidarité, mais avec le recul du temps, j'admets m'être partiellement trompé. Tandis que se dessinait l'agonie de Cockerill Sambre, il me semblait cependant indécent alors d'exiger à l'avenir que les régions financent leurs propres dossiers à problème. Cela revenait à promouvoir la survie du plus fort et, à ce jeu-là, la Wallonie était certainement perdante!

Cette épineuse question a provoqué quelques discussions houleuses à Val Duchesse en juillet 1983. Nous étions à la recherche d'un énième compromis. Willy De Clercq exigeait haut et fort que les nouveaux financements des secteurs nationaux soient mis au compte des régions. Il s'agissait chez lui d'une tactique pour éviter une augmentation des subventions demandées par les francophones. Je n'oublierai cependant jamais le visage de Jean Gol: déchirement et désespoir. Il écrira plus tard: «Les réunions quotidiennes que les ministres ont consacrées à ce dossier, trois semaines durant, en juillet 1983, restent parmi les plus mauvais souvenirs de ma carrière politique. J'étais écœuré par le cynisme de

1 J'ai toujours conservé d'excellentes relations avec Louis Smal, devenu député CdH; j'ai eu le plaisir de prendre la parole avec Jean Gandois en juin 2004 à Liège à l'un de ses meetings des élections régionales.

certains qui refusaient de prendre en compte une véritable crise économique et sociale si nous n'acceptions pas leurs exigences. »

Après de longues journées de travail, nous avons fini par trouver un compromis au plan Gandois : Cockerill Sambre obtenait l'argent nécessaire mais cet argent « frais » devrait venir de la Région wallonne, grâce aux droits de succession, un des impôts ristournables prévus par la réforme de l'État de 1980. Le lendemain, le *Standaard* titrait : « Les morts vont payer l'acier wallon ». Les régions devenaient aussi financièrement responsables pour les autres secteurs nationaux.

Chez Arthur Gilson

Le plan Gandois fut exécuté intégralement : 8 000 ouvriers furent mis à la retraite et quatre usines fermées. Jean Gandois lui-même prit la direction de l'entreprise. Ce n'était pas un *happy end*, mais au moins Cockerill Sambre restait en vie, ce que je considère comme une des victoires de mon cinquième gouvernement. Je ne sais pas ce que serait devenu Cockerill Sambre si nous n'avions pas trouvé Jean Gandois, son sérieux et sa solidité. Il est la démonstration qu'une personnalité forte et dynamique peut redresser une situation.

Il ne faut pas oublier non plus le rôle discret joué par Arthur Gilson. La disparition des partis nationaux posait beaucoup de problèmes. Quel était encore le dialogue national entre les formations du nord et du sud qui appliquaient dans leurs structures une sorte de confédéralisme ? L'ancien ministre s'attacha pendant plus de dix ans à permettre aux dirigeants du CVP et du PSC de se rencontrer régulièrement et en toute confidentialité autour d'un lunch dans sa villa de Braine-l'Alleud puis à Sept Fontaines. L'atmosphère d'amitié et de convivialité qu'il créait permettait de parler à cœur ouvert et j'ai personnellement utilisé ces rencontres informelles pour déminer discrètement le terrain lorsque j'étais Premier ministre. Des problèmes aussi délicats que l'acier wallon, les Fourons, l'avortement, les armes, le Zaïre et la réforme de l'État ont pu être évoqués sans trop d'animosité et parfois pacifiés.

Chapitre XII
LA VÉRITÉ SUR POUPEHAN

Un jour, Fons Verplaetse entra dans mon bureau pour « bavarder », selon son habitude : Jef Houthuys avait du mal à convaincre ses troupes à propos des mesures prises dans le cadre de la dévaluation. Il était sous la pression de la FGTB et on pouvait craindre le pire. Il fallait lui donner un coup de main et des arguments pour faire accepter notre politique de redressement ; il fallait impérativement le rencontrer ainsi que Hubert Detremmerie afin de discuter des mesures d'accompagnement. Il me proposait sa résidence de vacances qu'il avait construite de ses propres mains, dans les collines boisées de Poupehan. J'ai proposé d'y associer Jean-Luc Dehaene mais il a refusé parce qu'il était ministre des Affaires sociales. Nous y avons passé plusieurs week-ends, Fons, Hubert, Jef et moi-même, entre 1982 et 1987 et c'est ainsi qu'est née la légende de Poupehan.

Nous arrivions le samedi après-midi dans ce petit village des bords de la Semois et, pendant nos longues promenades en compagnie de nos épouses, nous discutions ferme. Nous ne le faisions pas en secret : nous allions à la messe à la petite église et comme j'étais accompagné par les agents de la Sûreté, j'avais vite été reconnu. Mais nous ne vîmes jamais aucun journaliste ou photographe. Jef était toujours positif : « Vous dites ce qui doit se passer, je m'arrangerai pour que ça se passe. » Parfois il ajoutait : « Pourtant, ça m'effraie souvent que les chiffres soient si crus et que les modérations doivent durer si longtemps. » Il a bien tenu ses troupes en mains et toutes les actions syndicales ont échoué. Il a ainsi beaucoup plus obtenu pour les travailleurs que la FGTB et son opposition dogmatique. Car nous tenions à conserver un aspect social à toutes nos mesures, et Jef nous disait la limite à ne pas franchir.

Poupehan, je vous l'assure, n'était pas un lieu de réunion élitiste pour figures de proue du monde politique, syndical ou financier... Fons était fils d'un marchand d'aliments pour bétail, Hubert un étudiant pauvre mais doué, j'étais fils de paysan et Jef était tailleur. Aucun de nous n'appartenait à l'*establishment*. Nous étions des « forces vives » : ni des arrivistes, ni des opportunistes mais des hommes qui, par conviction et par éducation, par idéalisme aussi, voulaient obtenir quelque chose de bien pour la société. Ensemble, nous avons essayé de transformer l'économiquement nécessaire en socialement supportable. Grâce à la contribution de Jef, nous avons pu protéger les bas salaires. Ce qui est à la base de tout cela est très simple, c'est l'esprit insufflé par le cardinal Cardijn, celui qui a influencé toute ma génération : une aspiration au bien-être général mais aussi l'acceptation de sacrifices si le but final les demandait. Cette dimension n'est pas présente de la même manière dans le mouvement socialiste. Il y a une grande différence entre un socialisme rationnel et l'acceptation de l'élément humain, de l'effort et de la conscience que les affaires terrestres ne sont pas la fin de tout.

Une question d'amour

Par nature, je ne puis vraiment m'épanouir que dans des discussions de groupe comme celles de Poupehan. Malgré tous les systèmes logiques et l'importance qu'ils revêtent dans la gestion de l'État et dans les mécanismes de pensée, chaque fois qu'il s'agit de choses importantes, il me faut retrouver l'humain, les gens. Ma vie politique ne se base pas seulement sur des rapports de confiance mais plus encore sur des amitiés fondamentales. Je dirais même sur de l'amour, oui, de l'amour plus qu'une profonde admiration pour les autres. Ceux qui ne connaissent pas le mouvement des travailleurs chrétiens ne peuvent guère comprendre. Il n'est pas question de camarades mais bien d'amis. On peut se chamailler, voir les défauts de l'autre, ses carences, mais tout est pardonné et mis à l'arrière-plan à temps.

Ceux qui ne comprennent pas ce facteur affectif, saisiront difficilement ce qu'a été Poupehan : quatre amis qui osaient se « descendre en flammes » parce qu'ils savaient qu'ils se retrouveraient toujours. Cela n'empêche qu'à force de rebattre les oreilles de la population, de ne lui parler que d'économies et d'impôts, il n'était pas facile de continuer à aller de l'avant. Jef surtout avait du mal à vivre la situation : « Chacun porte sa croix, disait-il, mais la mienne pèse 120 kilos. » Robert d'Hondt, son adjoint wallon, était beaucoup plus sceptique ; et ne parlons pas de l'opposition de Georges Debunne !

Jef était un leader syndical dont on peut dire qu'il avait une réelle stature d'homme d'État. Il était capable d'adoucir sa combativité militante lorsque l'intérêt général l'exigeait. Voilà pourquoi, à l'ACV, on le surnommait: «Jef d'État». Son premier commandement était une absolue fidélité à ses amis. C'est grâce à son humour désarmant et à son charisme qu'il est arrivé à faire passer notre politique de relance si controversée. Il répétait volontiers: «Les ouvriers sont plus intelligents qu'on ne le pense. Ils apprécient que les hommes politiques leur disent la vérité.»

Mais, soyons clair: le politique de redressement n'est pas née à Poupehan, elle y a été adaptée. Le changement de cap décidé par le gouvernement en février 1982 est dû à l'intervention du FMI et au groupe de travail Detremmerie. La preuve: le dévaluation et les mesures qui l'accompagnaient datent d'avant Poupehan. Les modifications apportées par le gouvernement Martens V résultent des élections de novembre. Est-il tellement exceptionnel que quatre amis partageant les mêmes convictions s'efforcent, en coulisses, d'accélérer le redressement économique du pays? Je ne le crois pas. Il y a toujours eu en Belgique des contacts entre les hommes politiques et les partenaires sociaux. Il suffit de se rappeler à quel point la FGTB était assise sur les genoux du parti socialiste, et inversement!

En 1991, mon gouvernement est arrivé à stopper «l'effet boule de neige»: le déficit du budget de l'État était de 13 % dix années auparavant. Nous l'avons ramené à 6%. La pression fiscale (45,6% aujourd'hui) est encore trop forte, ce qui comporte un danger: celui de voir des gens disposés à faire des efforts se décourager face à une imposition aussi lourde. En 1989, sous Martens VIII, suite à la réforme fiscale Maystadt-Van Rompuy, nous avions ramené la pression fiscale à 44,2%, le niveau du début des années quatre-vingt.

Mais le citoyen doit aussi se rendre compte que les charges collectives sont si lourdes dans ce pays parce que la communauté est généreuse: elle finance largement les soins de santé, les infrastructures, la culture, l'éducation... La progression de l'antipolitisme ne vient-elle pas du fait que le contribuable individuel ne cache pas sa méfiance envers l'État, car il n'a pas l'impression de recevoir en retour plus qu'il n'a payé?

Chapitre XIII

À CŒUR OUVERT

L'année de l'acier a pour moi une tout autre signification : c'est aussi celle de l'opération à cœur ouvert que j'ai subie au mois d'août 1983. Je savais, depuis ma jeunesse, qu'il faudrait m'opérer un jour ou l'autre. L'infection par streptocoques dont j'avais été victime à 14 ans, s'était traduite par une insuffisance cardiaque (la valve de l'aorte ne se fermait plus bien). En évitant tout effort violent, cela ne m'empêcherait pas de vivre jusqu'à 90 ans. Mais la vie hyperactive que je menais rendait l'opération inévitable.

J'ai toujours vécu avec l'idée de la mort, comme une épée de Damoclès. Ma personnalité s'en est trouvée stimulée : je voulais arriver à quelque chose pendant ce bref laps de temps qui m'était imparti. J'avais accepté une tâche que je voulais absolument mener à bien et j'avais la certitude que d'autres en cueilleraient les fruits. Si ma vie signifiait quelque chose pour la communauté, alors mon étoile aurait brillé, un tout petit peu, dans le cosmos de Dieu.

Après mon opération, j'ai appris à davantage relativiser. Je me sentais plus serein. Je voyais autrement les événements et les gens. Je comprenais que la vie était menée par deux grandes passions : le service de la communauté et l'amour. Et que c'est ainsi que l'on réalise de grandes choses.

Le dépassement définitif de mes limites

Durant des années, je m'étais donné intensément à la politique, bien que mes problèmes cardiaques m'aient limité de plus en plus. Depuis ma présidence du parti, en 1977, j'avais dû arrêter de faire du vélo et de me promener comme auparavant. J'étais sous médicaments et mes médecins m'avaient averti qu'à la première alerte sérieuse, il faudrait m'opérer. En novembre 1982, au retour de l'enterrement de Breznjev à Moscou, j'ai souffert pendant 24 heures d'extrasystoles et d'arythmie cardiaque. Malgré une cure de repos sous le climat sec du désert tunisien, il était évident que j'avais dépassé les bornes. J'ai donc décidé de me faire opérer rapidement. Je ne parlai à personne de mes problèmes physiques, sauf au roi Baudouin. Il était très inquiet. Il avait lui-même subi des traitements et il savait à quel point ces accrocs de santé pèsent lorsqu'on a des responsabilités publiques. Et à quelques jours de l'opération, il m'a invité au palais de Laeken avec ma femme. Nous avons assisté à une messe durant laquelle j'ai reçu le sacrement des vivants (pas des malades!).

J'entrai donc à la clinique Saint-Raphaël de Louvain. Le professeur De Geest, cardiologue, m'inspirait la plus grande confiance. L'insuffisance cardiaque étant vraiment trop grande, on m'opérerait dès le lendemain. J'ai immédiatement informé mon porte-parole et tous les vice-Premiers ministres: Jean Gol remplirait mes fonctions ad intérim, pendant ma convalescence. Le professeur Georges Stalpaert allait m'implanter une valve suédo-américaine Björk-Shiley. Le plus beau moment de ma vie a été mon réveil, dans l'après-midi. J'étais donc enfin débarrassé de ce joug qui pesait depuis tant d'années, de cette peur latente, de ces restrictions à mon activité physique. Il y a eu évidemment des cyniques pour déclarer: «Cette opération a prouvé qu'il avait quand même un cœur.» Je suis en tous cas la preuve vivante que ce type d'intervention peut être une réussite totale.

Ma convalescence se passa d'abord dans le domaine royal d'Opgrimbie. Un jour, le Roi vint me rendre visite, en Volkswagen, sans gardes du corps ni protocole d'aucune sorte. Je ne pus m'empêcher de lui dire: «Sire, ce que vous faites est très dangereux.»

La mort au fond des yeux

D'août à octobre, je me suis donc complètement retiré de la vie politique, ce qui me convenait fort bien. Nous avons séjourné dans notre appartement d'Oostduinkerke; j'aimais me promener sur les plages abandonnées à cette saison. Je lisais, je m'exerçais sur l'ordinateur. Je ressentais régulièrement une intense sensation de bonheur. Il n'est un secret pour personne que ma famille a connu beaucoup d'épreuves. J'ai plus souffert que bon nombre de gens. Je suis donc bien placé pour affirmer que la souffrance n'est pas une fatalité insurmontable. J'ai perdu mes parents très tôt, ce qui m'a fait prendre conscience des caprices du destin. Les gens de cette génération ne pouvaient compter sur les miracles de la médecine. Mon opération du cœur m'a convaincu que les hommes et la science sont souvent plus forts que la fatalité. Mon fils aîné et moi avons vu la mort au fond des yeux. Mais nous avons pu compter sur des amis médecins et sur les moyens de guérison les plus efficaces.

Je me suis souvent dit, aussi, que la promotion de l'homme au niveau de la santé, du logement, de l'éducation et même – en ce qui concerne la Flandre – de l'émancipation politique était infiniment plus importante que la lutte contre la crise économique qui nous a été imposée. Et, au risque de paraître retourner ma veste, il me semble qu'en regard du redressement miraculeux de notre peuple après la dernière guerre, nos problèmes de restrictions sont vraiment accessoires !

Chapitre XIV

TERREUR SUR NOTRE PAYS

Nous sommes le 9 novembre 1985, un samedi soir: dans un supermarché Delhaize d'Alost se déroule un drame qui marquera à jamais la mémoire collective. Une demi-heure avant la fermeture, trois hommes portant des masques de carnaval font irruption dans le magasin. Ils tirent, au hasard, et c'est la panique parmi les nombreux clients venus s'approvisionner pour le week-end prolongé du 11 novembre. Il y a deux morts et plusieurs blessés quand, trois minutes plus tard, les gangsters s'enfuient avec 200 000 francs (5 000 euros), à peine. Sur le parking, c'est un nouveau bain de sang: les bandits lâchent une rafale de mitraillette sur une voiture occupée par un couple et ses enfants et s'enfuient à bord d'une Golf GTI quand une patrouille de police fait son apparition. Un membre de la bande continue à tirer sur tout ce qui bouge par le haillon arrière resté ouvert. Une voiture de police et une R4 de la gendarmerie tentent de les poursuivre mais doivent renoncer après quelques kilomètres: ils ne roulent pas assez vite.

Je me trouvais dans ma voiture entre Bruxelles et Ostende. Je rejoignais mon appartement d'Oostduinkerke pour le week-end. J'étais optimiste, les négociations de reconduction du gouvernement étaient entrées dans une phase décisive. Mon porte-parole, Pol Van Stallen, m'appelle et son message ne me dit rien qui vaille: «Dès votre arrivée à Oostduinkerke, allumez la TV et vous verrez que les tueurs du Brabant wallon ont à nouveau horriblement frappé: on parle de huit morts et la gendarmerie n'a pu s'emparer d'eux.» La commission parlementaire d'enquête découvrira, plus tard, qu'on avait perdu un temps fou: l'alerte générale policière n'avait été donnée que trois quarts d'heure après l'attaque! Bref, une incroyable accumulation d'erreurs.

Le bilan de cet acte de violence était terrifiant et une véritable psychose s'installa dans le public, d'autant que, la même semaine, les CCC (Cellules communistes combattantes) avaient commis quatre attentats à la bombe en plus de l'attaque d'un fourgon bancaire, avec deux morts à la clé.

Il fallait agir avec fermeté. Le lendemain, j'ai convoqué une réunion d'urgence du Comité de crise national, en présence du commandant de gendarmerie Bernaert et de six ministres démissionnaires (nous étions en période postélectorale) parmi lesquels MM. Nothomb, ministre de l'Intérieur et Gol, ministre de la Justice. Les conclusions étaient claires: cela ne pouvait durer! La situation de notre pays, sur le plan de la criminalité, était devenue intolérable. On parla même d'état d'urgence.

Les années criminelles

L'attentat d'Alost fut le point culminant de la vague de terreur qui s'était abattue sur notre pays dans la première partie des années quatre-vingt: vingt-cinq attentats à la bombe dus aux CCC, vingt-huit meurtres par les tueurs du Brabant wallon, des attentats à la bombe contre des synagogues dont les coupables ne furent jamais identifiés et enfin, le drame du Heysel qui avait fait trente-huit morts... Ces chiffres interdisaient de rester sans bouger! À chaque fois des civils innocents étaient victimes de ces incidents dramatiques et cela était particulièrement choquant: paisibles clients dans le cas des tueurs du Brabant wallon, pompiers fidèles à leur devoir et qui succombaient sous les bombes des CCC et supporters pacifiques de la Juventus, au Heysel. Pendant mon cinquième gouvernement, la criminalité s'était accrue de 150 %, ou presque, et les délits graves avaient triplé. Après avoir vécu une crise socio-économique, le pays était frappé par une crise morale profonde.

Il y avait aussi une évolution des normes dans les services de sécurité de l'État dont des agents étaient impliqués dans bon nombre de délits: les attentats dont furent l'objet le colonel de gendarmerie Herman Vernaillen et l'adjudant Guy Goffinon (ils ne furent jamais élucidés), le vol d'armes sophistiquées à l'escadron spécial d'intervention de la gendarmerie, l'affaire François, les infiltrations de l'extrême droite à l'intérieur de l'armée, de la gendarmerie et de la Sûreté de l'État. Les rumeurs les plus folles se propagèrent. Ainsi, l'existence d'un réseau d'extrême droite à l'intérieur de la police. Son but aurait été de désorganiser les institutions démocratiques et de préparer un coup d'État. Pas plus que mes concitoyens, je n'ai jamais su le fin mot de l'affaire... Mais j'ai toujours eu personnellement confiance dans le loyalisme des forces de l'ordre.

La confiance de la population en sa police diminua beaucoup à cette époque. En cause, l'impuissance manifeste qui s'était révélée face aux tueurs du Brabant wallon: depuis 1982, ce commando de la mort avait commis dix-sept hold-up sanglants. Malgré une surveillance renforcée, la bande, bien informée, bien entraînée, parvenait toujours à passer entre les mailles du filet. La commission parlementaire a démontré que les services de la police judiciaire et de la BSR avaient fait « une véritable soupe » : certaines pistes flagrantes furent ignorées, des enquêteurs étaient retirés brusquement de l'instruction, des témoins s'enfuyaient à l'étranger ou devenaient muets comme des carpes. Après trois ans de terreur et un bon nombre de morts, la Justice elle-même n'était pas parvenue à centraliser son enquête entre les mains d'un seul juge : les services préféraient se concurrencer plutôt que de lutter ensemble contre le crime. L'impunité dont jouissaient les malfaiteurs suscita une indignation profonde dans la population et, en 1996, le scandale de la pédophilie n'a rien fait pour atténuer ce sentiment d'insécurité.

Condamné à être spectateur

De par ma formation d'avocat, j'ai toujours été particulièrement sensible à ce qui ne tournait pas rond dans l'appareil policier et judiciaire. La sécurité et les protections légales sont, à mon avis, les services les plus importants qu'une démocratie puisse rendre à ses concitoyens. J'ai été profondément ébranlé par le fait que de telles dérives aient pu se produire alors que j'étais Premier ministre. Je me reconnaissais dans l'incompréhension et l'angoisse collectives qui s'étaient emparées du public.

Les critiques dont le gouvernement faisait l'objet grandissaient avec la hardiesse des tueurs du Brabant wallon. Pourquoi le gouvernement ne prenait-il pas des mesures draconiennes contre la criminalité ? À toutes les interpellations, il me fallait répondre que nos actions étaient limitées par le principe même de la séparation des pouvoirs. Nous n'avions aucun contrôle ni aucun moyen de pression sur les services de police si l'on excepte le budget. La gendarmerie était sous la tutelle des ministres de l'Intérieur, de la Justice et de la Défense et, du fait de cette triple dépendance, elle était en fait indépendante. La Sûreté ne nous tenait pas au courant. Les informations nous parvenaient avec parcimonie, et très occasionnellement.

Il me faut ajouter, par honnêteté, que lors du début de mon cinquième mandat, j'étais à ce point absorbé par des préoccupations économico-sociales que la vague d'attentats des tueurs du Brabant wallon m'a pratiquement échappé. Mais, fin 1984, quand les autorités politiques sont devenues la cible des CCC, nous nous sommes occupés de plus près du dossier criminel. Mais quelques mois plus tard, les tueurs du Brabant wallon commettaient une série d'attentats encore plus sanglants. J'ai essayé de rassembler les différents services de police dans une action commune : ce fut un échec parce que nous ne disposions d'aucune base légale. Le conseil de crise était à peine terminé que les instances concernées – gendarmerie, police judiciaire et Sûreté de l'État – retournaient sur leur île et continuaient leurs enquêtes, chacune de leur côté. Je n'ai donc jamais été étonné que cette politique n'ait donné aucun résultat.

Dans la ligne de mire des CCC

J'ai vécu la vague de terreur instaurée par les CCC d'extrême gauche autrement que celle des tueurs du Brabant wallon. Je me sentais personnellement visé puisque j'étais la figure de proue d'un État de droit démocratique, celui-là même dont les CCC voulaient le renversement. Soyons clairs ! Les CCC n'étaient pas une innocente réunion d'anarchistes dont le seul but était de faire quelques dégâts matériels. C'était un groupement terroriste qui savait fort bien que des victimes civiles pouvaient être frappées par son action. Son but était la réforme communiste de la société, en n'hésitant pas à employer des moyens extrêmes. D'octobre 1984 à décembre 1985, ils ont commis vingt-cinq attentats à la bombe contre des banques, des multinationales à capital américain, les sièges de partis politiques et les installations de l'Otan. Ils ont tué deux pompiers, ont blessé vingt-cinq personnes et ont causé pour plus d'un milliard de francs de dégâts matériels.

Je me suis toujours demandé ce qui a poussé les chefs des CCC, Pierre Carette et Bertrand Sassoye, à considérer notre État comme un ennemi et à rejeter les structures qui leur avaient donné tant de droits et de libertés. Ils étaient naïfs, mais dangereusement radicaux. Ils ont dédié leurs premiers attentats aux cheminots grévistes de Charleroi, eux qui n'avaient jamais vu une grille d'usine de près !

Je n'ai jamais voulu esquiver les provocations des CCC et j'ai répété que le gouvernement combattrait toute forme de violence mettant les citoyens et la démocratie en danger. Mais il me semblait que le ministre de la Justice, Jean Gol, monopolisait l'enquête et faisait écran vis-à-vis des autres membres du gouvernement. Plus il y avait d'attentats, moins il y avait de résultats, et plus Jean Gol devenait la cible des critiques. Et lorsque les attentats s'intensifièrent, à la fin de l'année 1985, le mécontentement s'amplifia, au Parlement, dans les médias et dans l'opinion publique.

Nos partenaires de l'Otan s'inquiétèrent aussi, après les attentats contre les pipelines.

J'ai interpellé régulièrement en Conseil des ministres Jean Gol au sujet des lenteurs de l'enquête et mon insistance a fini par l'irriter. J'ai pris, de plus en plus, le dossier en main tout en soutenant le ministre de la Justice. Les critiques de l'opposition vis-à-vis de Jean Gol n'étaient cependant pas toujours fair-play. La lutte contre le terrorisme lui a toujours tenu fort à cœur. Il alla pour cela jusqu'à outrepasser ses compétences. En 1983 déjà, il avait créé en secret un Collège antiterreur pour coordonner les actions des services de sécurité en matière de terrorisme; il rêvait d'une police structurée sur le modèle du FBI américain. Il avait compris que la population avait besoin de sentir que le gouvernement prenait au sérieux les problèmes de sécurité. Voilà pourquoi ses conférences de presse sur le sujet s'apparentaient à un *show*.

À la fin de l'année 1985, l'enquête s'emballa. On diffusa les photos de Carette à grande échelle. Lui et les siens furent arrêtés dans un Quick où ils mangeaient des hamburgers. Un Quick, l'équivalent du McDonald's américain, le symbole de l'impérialisme capitaliste!

Les réformes

Après le soulagement de l'arrestation vint le temps de la réflexion. Certes, les CCC étaient décapitées mais il restait trop de méfaits impunis pour pouvoir parler de victoire! Un renforcement de l'ordre public s'imposait. Le 29 novembre 1985, la déclaration gouvernementale de ma nouvelle équipe fut fort ambitieuse: «Dans un État de droit, la sécurité des citoyens est essentielle. Le gouvernement va donc prendre de nouvelles mesures. La collaboration et la coordination des services policiers s'imposent dans la lutte contre la violence de même qu'une action coordonnée au niveau européen et international.»

Dès le 14 février 1986, nous pouvions annoncer un certain nombre de décisions. Un crédit supplémentaire de près de huit milliards (200 millions d'euros) fut débloqué afin d'améliorer l'équipement de la gendarmerie: des Golf GTI, des gilets pare-balles, un armement plus puissant, un nouveau système de transmissions. La question était de savoir si cette injection financière suffirait à améliorer le fonctionnement du service d'ordre et s'il ne fallait pas revoir fondamentalement les structures. Une commission d'enquête parlementaire commença ses travaux le 14 mai 1989, durant ma huitième législature et le rapport final fut plutôt déprimant.

Il mettait en cause la guerre des polices. On a pu constater que la rivalité entre les services de police pouvait mener à de vrais drames lors de l'arrestation de Marc Dutroux, en 1996. Hugo Coveliers, membre de la commission, déclarait ainsi: «En 1989, les services de police en Belgique sont un manteau d'arlequin, une mosaïque disparate, sans aucune vision globale.»

La réputation de la gendarmerie était en lambeaux après ces diverses commissions d'enquête. Personnellement, j'avais toujours été tenté de considérer la gendarmerie comme un corps d'élite. Lors des Conseils des ministres, le budget alloué à la gendarmerie était toujours l'objet de vives discussions. Nous étions toujours d'avis de lui octroyer des crédits supplémentaires. Et nous nous heurtions aux socialistes qui, en raison d'images du passé, considéraient un peu les gendarmes comme les ennemis naturels du monde ouvrier.

L'image idéale que je me faisais a pris un fameux coup lors des conclusions des enquêtes parlementaires qui dépeignaient la gendarmerie comme un appareil militaire et fermé ne correspondant plus aux exigences d'un corps policier moderne. Tant qu'il n'y aurait pas une métamorphose complète de la gendarmerie, toute coordination des services de police relevait de l'utopie. Sous l'impulsion du ministre de l'Intérieur, Louis Tobback, le gouvernement annonça, le 5 juin 1990, son «plan de la Pentecôte». Une véritable réforme, historique, qui prévoyait la démilitarisation de la gendarmerie et une transformation radicale de sa mentalité vers une ouverture plus grande à la communauté. Certains de ces grands principes ont traîné en longueur sous les gouvernements Dehaene I et II.

Du gibier en liberté

Menaces de mort, violences verbales, comportements provocants... Ces phénomènes ne m'ont malheureusement pas été épargnés. Il y aura toujours des desperados qui pensent améliorer le monde en supprimant l'une ou l'autre figure politique. Notre pays, heureusement, a connu très peu de meurtres politiques: André Cools et Julien Lahaut, c'est tout. Pour éviter le pire, certains hommes politiques visés comme Melchior Wathelet, Jean Gol ou moi-même, avons été surveillés de près par les services de la Sûreté de l'État, lors des menaces des CCC et même plus tard. J'ai eu des gardes du corps jusqu'à six mois après la fin de mes fonctions. Mes successeurs, Jean-Luc Dehaene et Guy Verhofstadt, n'ont jamais accepté cette garde rapprochée.

J'ai vécu à partir de 1984 pendant sept ans avec les agents de la Sûreté de l'État, plus calmes et moins «commando» que ceux de la brigade Diane qui m'accompagnaient précédemment. Je me rappelle d'eux comme de gardes du corps fidèles, stylés et surtout discrets. Ils n'ont jamais mis ma vie privée en péril. Je n'ai eu besoin de cette protection rapprochée qu'une seule fois. C'était le mardi 31 janvier 1989, au carrefour de Grand-Bigard. Au moment du passage de mon convoi, une charge de TNT a fait sauter un transport de valeurs, à une vingtaine de mètres de moi. Une explosion terrible! C'était la bande de Patrick Haemers, qui s'enfuit avec le magot en moins de temps qu'il ne faut pour le dire. Notre chauffeur, craignant une manœuvre de diversion, a démarré en trombe au lieu de porter secours à l'équipe de sécurité du GMIC. Je raconte ceci pour montrer le professionnalisme des agents de la sécurité, dans des circonstances critiques auxquelles il est difficile de se préparer.

Chapitre XV

UN ÉTRANGE ACCORD SUR LES MISSILES

Lorsque je devins Premier ministre en 1979, le débat sur les missiles battait son plein. C'était un des points chauds de la guerre froide, marqué par une sorte d'équilibre de la terreur. Helmut Schmidt insistait pour que, en plus de l'Allemagne fédérale, d'autres pays membres, de l'Otan stationnent sur leur territoire des fusées de moyenne distance. Cinq partenaires de l'Otan étaient appelés à fournir cette preuve de solidarité: la Grande-Bretagne, l'Allemagne, l'Italie, les Pays-Bas et la Belgique, qui hébergeait le quartier général de l'Otan depuis 1966. La question restera le problème le plus épineux que j'aie dû résoudre, en tant que chef du gouvernement. Ce dossier suscita en effet pendant cinq ans des crises qui menacèrent plusieurs fois mes gouvernements.

Le maintien de l'équilibre mondial par l'intimidation ne pouvait être une fin en soi, mais bien une étape vers un désarmement bilatéral. Afin d'accélérer le processus, le gouvernement belge ne cessa d'inviter les Américains à de nouvelle négociations avec les Russes. Helmut Schmidt était dans ce domaine un allié puissant. Les tractations entreprises en 1981 échouèrent deux ans plus tard, mais cela ne peut être imputé à la mauvaise volonté des alliés.

Après l'échec des négociations de Genève, une grande partie de l'opinion estima qu'un accord sur le désarmement était définitivement illusoire. Les partenaires de l'Otan déploieraient leurs armes nucléaires et l'URSS reprendrait sa course aux armements. Les dirigeants soviétiques furent cependant à nouveau poussés vers la table de négociations, le désarmement apparaissant comme la seule solution à la crise économique grave soulevée par les dépenses excessives de la politique militaire. Grâce à la bonne volonté du jeune et dynamique Gorbatchev et en accord avec le président Reagan, la course aux armements nucléaires cessa en 1987. Le gros des fusées à courte et moyenne portée disparurent du paysage européen. Cette politique de la «double décision» avait donc été la bonne: en plaçant plus d'armes nucléaires en Europe, l'Otan avait réussi à les retirer toutes!

Option zéro

Je m'étonne encore aujourd'hui de l'acharnement avec lequel les organisations et les hommes politiques se sont élevés contre cette politique, alors que son exécution a bien mené vers l'option zéro. Au démarrage de mon premier gouvernement rouge-romain en 1979, rien ne portait à croire que la Belgique allait insensiblement se désolidariser de l'Otan ou du moins s'isoler de sa politique stratégique. Lors de la formation du cabinet nous avions à peine discuté de politique étrangère et de défense, puisque la réforme de l'État réclamait toute notre attention. Lors de ma déclaration gouvernementale, j'exprimai l'attachement de la Belgique à l'Alliance Atlantique et j'ajoutai que «le gouvernement prendrait des initiatives concrètes pour favoriser la paix et la collaboration dans le monde». Cependant, plus la date du 12 décembre approchait (celle où les partenaires de l'Otan devaient se prononcer définitivement sur le plan de modernisation de l'Alliance, ce qui impliquait la mise en place des Euromissiles), plus la tension politique montait dans notre pays.

Nos partenaires socialistes flamands au gouvernement s'opposèrent le 19 novembre à 100% aux Euromissiles et leur délégation était bien présente lors d'une manifestation massive contre les plans de l'Otan. Fort du succès de cette manifestation, le bureau du parti socialiste revendiqua un moratoire d'au moins six mois avant que l'Alliance ne prenne de décision. J'ai suivi cette radicalisation de mes collègues socialistes sans trop y croire jusqu'à ce qu'il fût clair que le tandem Van Miert – Tobback était prêt à faire des fusées le prétexte d'une crise gouvernementale. Par contre, le ministre des Affaires étrangères, le socialiste francophone Henri Simonet, ne se privait pas de dire qu'il se moquait des réserves des socialistes flamands. Il signifia à nos partenaires que la Belgique, finalement, se rallierait aux plans de l'Otan. Il était allé un peu vite et cette manière impétueuse d'agir lui coûta son portefeuille quelques mois plus tard.

Mutation intellectuelle

Il fallait s'en sortir et ne pas isoler la Belgique tout en lâchant un peu de lest au SP. Le matin du 12 décembre, j'ai convoqué Van Miert, président du SP à mon cabinet et je lui ai confirmé que son moratoire était illusoire: l'Otan prendrait ses résolutions et le sort du gouvernement dépendrait de son attitude. Jamais je n'ai vu Karel Van Miert aussi déchiré que ce matin-là. Il était écartelé entre sa répulsion instinctive vis-à-vis de la politique nucléaire de l'Otan et ses responsabilités vis-à-vis du gouvernement. Je me suis souvent demandé pourquoi il s'était éloigné de François Mitterrand et d'Helmut Schmidt, socialistes comme lui, mais qui défendaient la stratégie de l'Otan.

J'avais fait sa connaissance lors du dernier gouvernement Tindemans, lorsqu'il avait rejoint le groupe des présidents de parti qui avaient porté le pacte d'Egmont sur les fonts baptismaux. Lors de son accession à la présidence en 1977, il avait voulu donner un profil plus flamand au parti socialiste, ce qui a finalement mené à la scission communautaire du parti. En 1989, il a abandonné la politique nationale pour un mandat de commissaire européen et la métamorphose de cet idéologue, qui avait été attaché à des vues très socialistes, fut immédiate en matière de politique de la concurrence et de libéralisation des grands secteurs monopolistiques: la chenille était devenue papillon et oubliait totalement qu'elle avait été chenille. Il s'est donc éloigné de ses principes originaux. Je ne veux pas faire de commentaire négatif. Je sais moi-même à quel point la vie, rue de la Loi, érode presque tout et qu'il est difficile de rester fidèle à ses idéaux de jeunesse. Il m'a fallu vingt ans pour transformer ma conception d'un État fédéral en une réalité constitutionnelle et, pendant toutes ces années, j'ai été considéré par l'*establishment* unitariste comme un irritant perturbateur qui venait troubler le modèle familier des relations et des positions de force.

Willy Claes, cet homme d'État

Lors de la fameuse réunion du parti socialiste flamand, ce 12 décembre 1979, l'intérêt de l'État a heureusement pris le pas sur les stratégies électorales. Le grand mérite en revient au ministre des Affaires économiques, Willy Claes, qui se profilait déjà comme un des hommes politiques les plus dévoués à l'État. Il fut décidé que le parti ne quitterait pas le gouvernement même si la «double décision» (installation-négociation) de l'Otan était approuvée. Pendant ce pénible accouchement, tous les autres ministres attendaient, rue de la Loi, dans une ambiance tendue. Vers 14 h 30, Willy Claes nous fit part de l'adhésion de son parti et, immédiatement, Simonet et Desmarets sont partis à l'Otan annoncer l'approbation de la Belgique tandis que je faisais de même au Parlement. La Belgique promettait fidélité à la décision collégiale de l'Alliance et acceptait l'implantation de 572 fusées américaines de moyenne portée dans cinq pays d'Europe de l'Ouest. Je précisais que la mise en place de 48 fusées sur notre territoire devrait tenir compte du résultat des négociations avec l'URSS et que l'application de la décision était suspendue pendant un délai de six mois, ce qui était nécessaire pour prendre les mesures d'exécution en Europe.

Après tant d'années, je pense toujours que cette décision fut un coup gagnant. Un petit pays qui dit « non » aurait perdu toute crédibilité à l'Otan et dans la politique internationale occidentale. Nous avons donné un signal fort à l'Union soviétique : notre fermeté n'était pas feinte. L'Alliance ne s'est pas désunie et les Soviets n'ont pu durcir leurs positions. L'abstention belge aurait grandement nui à notre prestige international et à nos intérêts. Ce fut le cas en 1990, pendant la guerre du Golfe, lorsque la Belgique, sous la pression du ministre Coëme et de son chef de cabinet Coolsaet, s'est abstenue de toute action offensive contre l'Irak et a refusé de fournir des obus au partenaire britannique. C'était absurde !

Le CVP aussi

Un court moment, j'ai encore espéré pouvoir empêcher le déploiement de fusées sur notre territoire, lors du début des entretiens sur le désarmement, à Genève. Une évaluation au sein du gouvernement était prévue tous les six mois à la demande de Karel Van Miert, redevenu radical. Mais, lorsque les Russes ont rompu les pourparlers, en novembre 1983, la mise en application du plan de modernisation de l'Otan fut inévitable. La même année, les services de la Défense nationale et les Affaires étrangères s'étaient mis d'accord avec les autorités militaires américaines pour créer l'infrastructure nécessaire à l'installation de fusées nucléaires sur le territoire belge. Le gouvernement recevait les informations au compte-gouttes. Le problème des infrastructures ne fut mis à l'ordre du jour du conseil de cabinet que le 16 juillet 1983, juste avant mon opération du cœur. Tindemans pensait à Florennes comme lieu d'implantation. Dehaene s'y opposait parce qu'aucun dossier n'avait été introduit. Finalement, en septembre, pendant ma convalescence, le site de Florennes fut définitivement adopté.

Le 14 février 1984, j'appris à ma grande stupeur que la Défense et les Affaires étrangères s'étaient engagées à fond dans deux domaines : les dates d'installation des fusées et le début des travaux d'infrastructure et ce, sans qu'il y ait eu l'ombre d'une concertation au sein du gouvernement. On parlait de l'installation des seize premières fusées en mars 1985 ; tout serait terminé à la fin de l'année 1987.

La réunion de la direction du CVP à Saint-Nicolas, le samedi 24 novembre 1984, restera une date mémorable. Le problème des fusées n'était pas à l'agenda. Il fit pourtant l'objet de longues discussions. La plupart des membres du parti étaient très mécontents des récentes déclarations de Jean Gol. Celui-ci avait déclaré qu'il n'était pas question de différer encore l'installation des fusées sous prétexte que « les Russes étaient peut-être prêts à revenir à la table des négociations ». Le bureau du parti fit savoir qu'il n'y avait aucune raison pour le gouvernement de donner son feu vert à l'implantation des premières fusées dès le 15 mars. Ce point de vue du CVP fit beaucoup de bruit puisqu'il était diamétralement opposé à celui des autres partis au gouvernement.

La question était de savoir comment trouver un accord : je devais rencontrer avec Léo Tindemans le président Reagan, le 15 janvier 1985. Il était évident que le CVP devait mettre un peu d'eau dans son vin et que nos réticences devaient être présentées avec un peu plus de diplomatie. Quatre dirigeants du CVP se réunirent dans mon appartement d'Oostduinkerke : Jean-Luc Dehaene, Léo Tindemans, Frank Swaelen et moi-même. Et quatre points ressortirent de nos discussions : primo, si les pourparlers de Genève échouaient, la Belgique installerait quarante-huit fusées ; secundo, l'installation serait terminée en 1987, au plus tard ; tertio, le début de l'installation se situerait en 1986, ou au début de 1987 ; quarto, les travaux préparatoires à Florennes pouvaient, eux, être totalement réalisés. Ces notes ont été peaufinées le 12 janvier par les membres du gouvernement et traduites en anglais.

C'est avec un plan de négociations bien précis que je m'envolai le lendemain pour Washington avec Léo Tindemans. Je ne m'étais douté à aucun moment de la surprise désagréable qui m'attendait.

Visite à Washington

La délégation belge fut reçue à la Maison Blanche avec beaucoup d'égards. Nous eûmes un tête-à-tête avec le président Reagan dans le célèbre bureau ovale. Le style de la rencontre était typiquement américain, cordial et naturel. Malgré tout, je percevais une certaine réserve : notre position était une grande inconnue. Je me suis étonné du mutisme de Tindemans : il n'est pas intervenu une seule fois. C'est qu'en fait, il n'était pas d'accord du tout avec un ajournement. Et quand Tindemans n'est pas d'accord avec une proposition ou n'en voit pas l'intérêt, il ne la défend pas. J'étais donc seul à défendre le point de vue belge : nous voulions encore consulter les alliés et remettre quelque peu le début du déploiement des fusées. Reagan se contentait de dire : *In any case, the United States will vote "no"*!

Le président et ses collaborateurs étaient stupéfaits quand je leur dis que le gouvernement belge n'avait pas encore pris de position définitive. Et moi, je trouvais incroyable que les Américains ne soient pas au courant de nos réserves…

Un document inconnu

Reagan m'affirma qu'il avait des documents en sa possession ; un ministre belge y donnait son accord politique pour l'installation de seize fusées au moins en mars 1985. Et le président me demanda pourquoi je voulais maintenant revenir sur un engagement déjà pris. Je tombais des nues car je ne savais ni de quel document ni de quel ministre il s'agissait. Quel argument pouvais-je encore utiliser face à son objection logique ? Et là, j'ai perdu pied. Je me souviens très bien du mélange de consternation et de colère que je ressentais en quittant le bureau ovale. Je n'ai rien laissé paraître lors de ma communication à la presse sur les escaliers de la Maison Blanche, mais je me sentais dupé, non seulement parce que les Affaires étrangères n'avaient clairement pas exprimé les réserves belges, mais surtout parce qu'un ministre de mon gouvernement s'était engagé bien plus loin qu'il ne le pouvait.

Une véritable douche froide, car il ne m'était plus possible de revenir sur un engagement qui paraissait formel. Plus tard dans la journée, j'ai déclaré au cours d'un entretien confidentiel à George Schulz, le secrétaire d'État américain : *I am now definitely engaged.* C'était la seule sortie honorable, parce que la crédibilité de notre pays dans l'Alliance était en jeu. Je me rappelais aussi du langage prémonitoire de Léo Tindemans : il m'avait énuméré la liste des mesures de rétorsion économiques auxquelles la Belgique s'exposait de la part des USA, si elle ne s'acquittait pas de ses engagements.

La presse belge et internationale a bien eu de la peine à comprendre ma déclaration sur la position belge. Des tas d'informations erronées ou confuses ont circulé dans la presse. Guy Daloze, présent à Washington, fut le seul à rendre compte correctement dans *La Libre Belgique* des nuances, il est vrai subtiles, de la position belge[1].

---

1 « En fait, il se confirme que MM. Martens et Tindemans ont testé sans succès, auprès du "Big Brother" américain, un éventuel report du déploiement. D'autres consultations auront lieu auprès des alliés mais on n'échappera pas à l'installation d'une première batterie à

À notre retour à Bruxelles, le 17 janvier, nous avons tenu une conférence de presse, Léo Tindemans et moi. J'ai démenti les fausses informations devant une énorme assemblée médiatique. « En fait, il y a deux données entièrement neuves dans le point de vue du gouvernement. Pour aller à l'essentiel : au mois de mars, il ne s'agira plus d'une évaluation, comme annoncé précédemment, mais d'une décision de mise en place des fusées, avec établissement d'un calendrier. Avant cela, le gouvernement consultera encore ses alliés. La décision finale du gouvernement sera présentée au Parlement avant la fin du mois de mars. »

Étranges Affaires étrangères

Mais qui était le fameux ministre ?
1° Comme ministre de la Défense en 1981, Frank Swaelen a donné son accord au schéma de déploiement des missiles et il a ainsi lié notre pays, techniquement, à une date bien précise.
2° Cet accord n'aurait pas constitué un problème si le ministre des Affaires étrangères, Charles-Ferdinand Nothomb, avait informé nos alliés de façon claire et exhaustive du point de vue belge de novembre 1981 sur l'installation des fusées et s'il avait précisé qu'il fallait de toute façon que le gouvernement donne d'abord son feu vert. Je n'ai rien trouvé à ce sujet dans mes archives et je dois donc en conclure que Nothomb n'a jamais insisté sur les réticences belges.
3° La constatation la plus ahurissante concernait les accords que notre département des Affaires étrangères avait conclus avec les États-Unis. J'ai dans mes archives un mémorandum « top secret » transmis en mars 1983 par les Américains à notre département des Affaires étrangères : le mois de mars 1985 y est clairement désigné comme délai pour la mise en place des fusées à Florennes. Personne ne m'a jamais informé de ce mémorandum. Il confirme que notre département des Affaires étrangères n'avait pas envoyé aux Américains une simple note technique mais bien un véritable accord politique. D'ailleurs, les Affaires étrangères qui voulaient pleinement satisfaire au mémorandum, ont formé un groupe de travail avec le département de la Défense nationale et des délégués américains. Ces contacts ont été pris entre mars et juin 1983 et il en ressort clairement qu'un

Florennes. Selon un calendrier légèrement décalé. Puisque la décision gouvernementale interviendra au mois de mars, la première phase du déploiement sera reportée de quelques semaines, pour "des raisons technico-militaires" ». Guy Daloze dans *La Libre Belgique* du 15 janvier 1985.

premier contingent de seize fusées arriverait en mars 1985 et que les trente-deux suivantes seraient installées à la fin du troisième trimestre 1987[1].

« Ne faites pas de moi une menteuse »

Léo Tindemans fit ensuite le tour de nos partenaires et alliés pour les tester sur l'éventuelle possibilité de reporter ou d'étaler l'installation des missiles sur notre territoire. Ces «pèlerinages», comme on les appela, ne donnèrent aucun résultat. Je rendis avec lui visite à Margaret Thatcher le 2 mars 1985. Ce fut un entretien remarquable avec la Dame de Fer et ce ne serait pas le seul que j'aurais avec elle. Comme on pouvait s'y attendre, elle n'y alla pas par quatre chemins. Elle attaqua la question sans mâcher ses mots: «J'ai assuré le président Reagan que Martens et Tindemans étaient des hommes fiables et honnêtes et qu'ils tiendraient leurs promesses. Ne faites pas de moi aujourd'hui une menteuse!»

Comme Margaret Thatcher, Lord Carrington, le secrétaire général anglais de l'Otan, nous fit bien comprendre qu'il ne saurait être question de voir la Belgique se soustraire à ses accords. Ce que nous avions pressenti à Washington se confirmait: nous n'avions plus d'autre choix que d'entamer l'installation des fusées. Je remarquai qu'à l'intérieur du CVP certains acceptaient tout doucement de se plier à l'inévitable. Pour apaiser l'ACW – Jean-Luc Dehaene nous avait dit qu'il lui fallait un signal clair – Herman Van Rompuy fit encore une proposition: et si le gouver-

1 Voici le texte intégral:
INF: Deployment in Belgium
– As we have tried to make clear to Chairman Andropov, under both the proposed interim agreement, as well as the zero-zero option, it is vital that the Soviets really understand that Long-Range INF deployment will proceed in Western Europe on schedule in the absence of concrete results at Geneva.
– Therefore, it is absolutely necessary to maintain the original schedule for deployment, including the date of March, 1985, for initial operational capability (IOC) for the Cruise Missiles facility at Florennes.
– We appreciate the efforts the Government of Belgium has devoted so far to this project. But, despite splendid US-Belgian cooperation, it now appears possible that not all of the planned facilities at Florennes will be ready by the time of the IOC date.
– Therefore, it may be necessary to devise arrangements to ensure that we meet the mutually agreed IOC date. We realize that efforts to speed up construction and institute temporary arrangements will increase the personnel and material costs involved.
– Our technical experts, in cooperation with your own, are now examining a number of options which we will discuss with you soon. In the meantime, we want to make clear that the aim of these discussions will be to preserve the March, 1985, date for the initial operational capacity for Cruise Missiles at Florennes.
Document Wilfried Martens, Archives générales du Royaume.

nement belge prenait l'initiative diplomatique de demander aux Russes dans quelle mesure ils seraient disposés à faire un geste si la Belgique différait le déploiement des fusées? Les Soviets n'avaient qu'à prouver qu'ils désiraient vraiment une diminution des armements…

Léo Tindemans partit pour Moscou avec une dernière proposition lors des funérailles du leader communiste Tjernenko : la Belgique serait prête à remettre de deux mois l'installation des missiles si les Soviétiques donnaient une chance aux entretiens de Genève et dissociaient deux problèmes : celui de « Star Wars » et celui des fusées à moyenne portée. Le dimanche que Léo Tindemans passa à Moscou fut un coup dans l'eau. Il n'avait même pas obtenu au départ de rendez-vous avec Andrej Gromyko, le ministre des Affaires étrangères.

Mais la délégation belge trouva une solution au problème : elle se servit du KGB. Comment? Léo Tindemans me téléphona à la fin de son séjour en me demandant quand le gouvernement belge prendrait sa décision au sujet des fusées. Je lui répondis : « Nous déciderons deux ou trois jours après votre retour. » À peine avait-il raccroché que Tindemans était subitement invité par Gromyko : comme prévu, le KGB l'avait mis sur écoute! Notre proposition fut repoussée allègrement alors que leur conseiller au Benelux ne semblait même pas savoir si nous avions ou non installé des missiles…

« Laisse-les voler »

Il fallait encore avoir l'accord des CVP. La raison d'État l'emporta finalement dans son parti. Mais je recevais sans arrêt des appels téléphonique du 16, rue de la Loi où le vice – Premier ministre Gol attendait la décision de mon parti en se rongeant les ongles. Il craignait l'opposition à tous crins de l'ACW qui pouvait tout faire capoter et entraîner la chute du gouvernement. Quand je l'ai finalement rejoint dans la salle du conseil de cabinet, j'ai remarqué qu'il avait du sang sur les dents, ce qui témoignait de son extrême nervosité. Lorsque je repense à tout cela, je revis le climat de tension et d'« extase » dans lequel vivaient les acteurs politiques à cette période.

Le gouvernement s'est rapidement mis d'accord sur la déclaration qu'il fallait faire le lendemain, vendredi 15 mars, à la Chambre et au Sénat : un texte long de cinq pages. Au problème des missiles étaient en effet joints une « actualisation du programme gouvernemental » et le contrôle budgétaire… J'ai avoué que la décision de déployer des fusées avait été la décision la plus difficile à prendre par un gouvernement, depuis la Seconde Guerre mondiale. J'ai insisté sur le fait que la position négative de l'URSS avait rendu ce déploiement inévitable et qu'il aurait uniquement un caractère défensif et non un caractère offensif. J'ai aussi précisé : « Cette décision reste totalement réversible et les fusées européennes peuvent être démantelées dès que les négociations de Genève donneront les résultats voulus. »

Peu après 23 heures, j'ai appelé l'ambassadeur américain et je lui ai annoncé que le gouvernement unanime avait décidé l'implantation de seize fusées. Léo Tindemans fit rédiger une note où le gouvernement validait formellement cette décision et c'est moi qui, à sa demande, l'ai signée, en tant que Premier ministre, afin de lui donner plus d'autorité. J'ai déposé personnellement cette lettre à l'ambassade des États-Unis et j'ai pu me coucher à deux heures du matin. J'avoue avoir très bien dormi.

À 7 heures, je fus réveillé par Freddy Vreven, le ministre de la Défense, totalement paniqué : « Les Américains ont déjà fait décoller leurs avions avec les fusées ! Ils sont en route ! » J'ai répondu : « Freddy, laisse-les voler et laisse-moi dormir. » L'ambassadeur avait immédiatement signalé notre accord au Pentagone. Les deux avions – un sur la côte ouest avec les seize têtes nucléaires, un sur la côte est avec les fusées proprement dites – qui étaient en *stand-by* aux États-Unis depuis des semaines – étaient donc en vol, à 15 heures, au moment même où je lisais la déclaration du gouvernement à la Chambre. Le fait que ces avions aient décollé avant la fin des débats à la Chambre a été fort critiqué. Mais, c'est moi, en ma qualité de Premier ministre, qui avais exigé de Washington un envoi immédiat des têtes nucléaires pour éviter que des milliers de manifestants ne rendent l'atterrissage à Florennes difficile. J'avais un autre argument pour agir ainsi : il fallait que l'exécution de la décision ait lieu pour que la majorité conserve sa confiance dans le gouvernement. Donc, ce n'étaient pas les Américains qui étaient pressés, mais bien moi !... Il n'y a eu aucune atteinte à la souveraineté nationale, même d'un point de vue moral.

À première vue, cette décision très impopulaire aurait dû coûter cher au parti lors des élections suivantes : nous savions par les sondages que la plupart des électeurs CVP étaient opposés à l'installation des missiles. Mais, contre toute attente, nous avons obtenu une éclatante victoire électorale sept mois plus tard. Le courage politique avait été payant. Je n'ai aucune peine à assumer la responsabilité que j'ai prise le 14 mars. Une autre attitude ou une autre décision auraient eu des conséquences graves. Les Belges auraient vécu dans un autre pays, où Bruxelles n'abriterait plus le quartier général de l'Otan et ne serait peut-être pas devenue la capitale de l'Europe qu'elle est aujourd'hui. Ma conscience se retrouva totalement purifiée le jour où les fusées furent retirées, fin 1988, de notre pays grâce aux accords INF conclus entre Reagan et Gorbatchev. J'y ai vu la preuve que ma stratégie à long terme avait été la bonne.

Chapitre XVI

CARROUSEL DANS LES FOURONS

L'histoire que je raconte ici doit attrister chaque Belge, qu'il soit flamand ou wallon! Gaston Eyskens s'étonnait déjà du caractère folklorique de la question des Fourons. Il n'empêche qu'elle a dominé pendant des décennies la vie politique de notre pays et qu'elle a causé de véritables cauchemars à mes gouvernements. Les Fourons sont le Clochemerle qui a failli étouffer dans l'œuf notre jeune État fédéral.

Les Fourons, c'est un petit morceau territorialement isolé de Flandre qui appartenait à la province de Liège avant la fixation de la frontière linguistique de 1962. Ce territoire minuscule a exacerbé de chaque côté de cette frontière les sentiments nationalistes; il a envenimé, des années durant, les relations entre Flamands et Wallons et le problème a atteint son paroxysme lorsque mon sixième gouvernement a jeté l'éponge en 1987. Certes, ce problème a créé des carrières politiques mais il aussi endommagé de précieuses relations de confiance. La rupture fut particulièrement sensible entre sociaux-chrétiens flamands et francophones qui en vinrent à se demander, amers et désillusionnés, si notre volonté de vivre ensemble, au sein d'un pays fédéral, n'était pas un objectif hors de portée. Ce dossier symbolique a provoqué des crises gouvernementales qui poussèrent le citoyen à se sentir complètement étranger à la direction du pays. Je crois d'ailleurs que là réside l'origine de la vague d'antipolitisme qui s'est manifestée de façon très inattendue aux élections de novembre 1991.

Le combat juridique inextricable qui s'est développé autour de la nomination de José Happart comme bourgmestre des Fourons est apparu comme absurde et même par moment risible. Il avait pourtant, selon moi, un enjeu considérable: la garantie de l'équilibre flamand-wallon et le respect de la frontière linguistique. Il s'agissait, autrement dit, de l'homogénéité linguistique de notre communauté flamande qui lui permettait d'épanouir en Belgique son identité politique, sociale et culturelle. Derrière ce manège fouronnais, se cachait un bras de fer entre des francophones qui n'acceptaient pas ce principe d'homogénéité et une Flandre devenue sûre d'elle-même et qui n'admettait plus qu'on attente à son intégrité.

Euphorie

Les six communes fouronnaises appartenaient à la province de Liège. Elles étaient habitées par des Wallons et des Flamands mais ils parlaient, pour la plupart, un dialecte germanique, si l'on excepte quelques châtelains et quelques Wallons importés. En 1962, le législateur voulut fixer une fois pour toutes la frontière linguistique entre les régions culturelles néerlandophone et francophone. Deux faits se sont alors produits et, ici, je cite Théo Lefèvre. Il rapporte que, d'une part, les socialistes liégeois ont demandé au CVP de retirer les Fourons à la province de Liège car les électeurs, en majorité catholiques, de ces communes les empêchaient d'avoir la majorité absolue au conseil provincial liégeois. D'autre part, le dictionnaire flamand de Jan Verroken démontrait que les Fourons étaient plus flamands que Mouscron-Comines.

Une solution apparut à tous comme logique: rattacher les Fourons au Limbourg et Mouscron-Comines au Hainaut. Personne ne voyait d'objection à cette proposition! Sauf nos amis de l'arrondissement de Courtrai, certains leaders CVP de la Flandre occidentale comme Berten De Clerck et Dries Dequae, et Robert Devos, bourgmestre de Mouscron, qui étaient extrêmement mécontents. Rationnellement, leur argumentation me paraissait juste: il y avait déséquilibre entre les 45 000 habitants du sud-ouest de la Flandre transférés en région wallonne et les maigres 4 000 Fouronnais concédés à la Flandre. Mais, pour nous, l'obtention d'une frontière linguistique stable et d'une Flandre linguistiquement homogène était un enjeu qui méritait qu'on paie le prix! L'euphorie fut grande lorsque cette frontière linguistique fut fixée à la Chambre, le 31 octobre 1962. Les Fourons étaient, certes, rattachés au Limbourg contre le gré de leurs habitants. Mais personne ne pouvait pressentir quels conflits allaient voir le jour!...

Une question de loyauté fédérale

La plupart des objectifs pour lesquels nous nous battions au *Vlaams Actiecomité* apparaissent aujourd'hui aux jeunes générations comme complètement dépassés. La jeunesse flamande a le privilège d'être instruite depuis des décennies dans sa langue maternelle. Un néerlandophone peut, sans problème, gravir l'échelle sociale et obtenir une promotion dans le secteur public. L'action flamande menée par ma génération a donc porté ses fruits.

Il va de soi que les Flamands se servent aujourd'hui de leur langue. L'homogénéité linguistique de la communauté reste néanmoins menacée. Les déboires autour des Fourons et des communes bruxelloises à facilités l'ont prouvé. Il s'agit d'une question essentielle, au cœur même de notre régime fédéral. Et c'est la raison pour laquelle il me semble nécessaire d'approfondir le sujet.

En février 1962, lors de mon discours au congrès du VVB sur le fédéralisme d'union, j'ai insisté sur un point : il fallait, d'urgence, arrêter de saper l'homogénéité culturelle de la Flandre. Je ne disais pas cela parce que je considérais le territoire flamand comme une chose sacrée mais parce qu'il y allait de la raison de vivre du fédéralisme belge. Un amalgame comme la Belgique où différentes cultures vivent côte à côte ne peut en effet fonctionner que si les différentes communautés respectent profondément leur identité culturelle et linguistique. C'est ma profonde conviction. Un État fédéral qui ne respecte pas ce principe et où une communauté linguistique viole l'homogénéité de l'autre, sombrera inévitablement dans des conflits linguistiques.

Pour éviter cela, chaque entité fédérée doit être compétente sur un territoire nettement délimité et disposer d'une langue officielle. Des facilités peuvent éventuellement être envisagées afin de permettre aux personnes qui parlent une autre langue de s'adapter pendant une période de transition. Ce message n'a pas été entendu lors des négociations de Val Duchesse et il est apparu clairement que le système des facilités linguistiques définitives accordées aux communes de la périphérie bruxelloise était une source de conflits futurs. On a fait croire à l'opinion publique francophone que le principe de territorialité reposait sur un nationalisme des plus contestables. Cette présentation des choses est malhonnête : il est clair qu'un pouvoir politique sans territoire définitivement établi ne peut pas fonctionner. C'est tellement évident qu'il ne viendrait jamais à l'idée de demander à des Bretons, des Frisons ou des Wallons de céder une partie de leur espace socioculturel à des concitoyens parlant une autre langue ! Telle est pourtant la pression qui a été exercée sur les Flamands, notamment dans la question des Fourons. Une pression qu'ils n'avaient, eux, jamais pratiquée.

Je suis convaincu que si une communauté linguistique tente de violer l'homogénéité linguistique d'une entité fédérée limitrophe, c'est tout l'édifice fédéral belge, encore si fragile, qui tremblera sur ses bases... Ceux qui pensent pouvoir, malgré tout, agir dans ce sens, ne pourront nier leur responsabilité dans un régime de crise inévitable.

Carrousel et vaudeville

On comprend mieux en tenant compte de ces prémisses pourquoi j'ai milité pour la fixation de la frontière linguistique. On comprendra mieux aussi mon indignation vis-à-vis de José Happart qui tentait de grignoter le territoire flamand et entretenait une sorte de fédéralisme de consommation où la loyauté fédérale était à charge du nord du pays. Happart avait entamé sa guerre pour le retour des Fourons à la province de Liège avant que je n'entre au 16, rue de la Loi, en avril 1979. Ce fut une année agitée où de violents affrontements se produisirent entre des «promeneurs» flamands et des contre-manifestants wallons. Le président de «l'Action fouronnaise» mit tout en œuvre pour exciter les esprits et faire des Fourons un problème national. J'ai raconté dans un précédent chapitre comment ce politicien roublard avait piégé le Roi. Les réactions flamandes furent à ce moment si violentes que j'ai dû voler rapidement au secours de la couronne!

Et le vaudeville continua! Lors des élections communales de 1982, «Retour à Liège» obtint une fois de plus la majorité (62%) et José Happart recueillit la majorité des voix de préférence (869 sur 2803). Il fut présenté comme bourgmestre par ses corréligionnaires mais comme il ne connaissait pas le néerlandais, le gouvernement hésitait à le nommer. Pour éviter un court-circuit fatal, le compromis suivant fut adopté: la nomination de Happart comme bourgmestre serait décidée le 4 février 1983, mais elle ne deviendrait effective que le 31 décembre afin de lui donner le temps de «rafraîchir» sa connaissance du néerlandais. Bien que ce «rafraîchissement» ne soit pas très apparent, le ministre de l'Intérieur, Charles-Ferdinand Nothomb l'autorisa à prêter serment, le 30 décembre. Une vague d'indignation souleva la Flandre où l'opinion publique estimait qu'un homme qui méprisait le monde néerlandophone jusqu'à la phobie culturelle, ne pouvait devenir bourgmestre d'une commune flamande. Les Fouronnais flamands interjetèrent appel auprès du Conseil d'État, une instance plus apte que le gouvernement à juger d'un conflit concernant l'application de la loi linguistique. Comme le pays se trouvait au bord d'une catastrophe socio-économique, le gouvernement estima d'ailleurs qu'il avait d'autres chats à fouetter et une sorte de « trêve de Dieu » fut instaurée dans l'attente de l'arrêt du Conseil d'État.

Je ne me suis jamais laissé entraîner dans l'atmosphère émotionnelle que le « bourgmestre » Happart entretenait astucieusement dans l'opinion publique. Il multipliait les initiatives qui ne pouvaient qu'exaspérer l'opinion flamande : des bambins flamands étaient exclus d'une école communale pour des raisons insignifiantes, une auberge de jeunesse flamande était contrainte à la fermeture et, au conseil communal, José Happart refusait de prononcer le moindre mot en néerlandais.

Face au happartisme

Le carrousel fouronnais continuait à tourner et la question dégénéra sans surprise en conflit Flamands-Wallons. Happart et les Fourons devinrent un symbole : l'opinion publique wallonne voulut prouver que la Flandre, même si elle était économiquement plus forte, ne pourrait jamais imposer sa loi dans le système belge. Beaucoup de nos compatriotes wallons, traumatisés par la décadence de leurs industries, avaient un besoin pressant de ce genre d'images fortes. Voilà l'origine du phénomène Happart ; lors des élections européennes de 1984, il fut élu « Monsieur Wallonie » avec 230 000 voix de préférence.

Si le parti socialiste de Guy Spitaels n'avait pas soutenu Happart sans réserve, s'il ne l'avait pas récupéré au PS à des fins purement électorales, jamais José Happart n'aurait pu avoir une telle importance sur la scène politique nationale. Mais aucun autre parti francophone, pas même le PSC, ne mit de bâtons dans les roues du bourgmestre fouronnais : il fallait faire ainsi la preuve d'une conduite wallonne irréprochable ! Je me suis plaint un jour, scandalisé, à Philippe Maystadt de son attitude. Il me répondit qu'il n'avait pas le choix : les gens venaient le supplier, à la sortie de la messe dominicale, de soutenir Happart de toutes les manières possibles. On peut se poser la question de savoir si un homme politique a le droit de renoncer à ses principes politiques pour des arguments de cet ordre. Cela ne mène-t-il pas à la dévaluation de la fonction ? Un comportement équivalent n'aurait-il pas par exemple conduit à en finir avec le financement de Cockerill Sambre, comme bien des Flamands le souhaitaient ? Je comprends très bien qu'un homme politique puisse être prisonnier de son environnement immédiat, en l'occurrence de son parti politique. Je comprends aussi qu'il soit attentif à une opinion publique sensibilisée par les médias et les groupes de pression. Mais il y a des limites à ne pas franchir si on ne veut pas détériorer irrémédiablement le système politique.

Il est tout à l'honneur de Jean Gol et d'André Cools d'avoir vu clair : ils ont publiquement pris des distances par rapport au happartisme. Ils ont probablement perçu que, tôt ou tard, les Fourons se retourneraient contre la Wallonie parce que la Flandre, attaquée dans son intégrité, serait de moins en moins disposée à répondre aux besoins financiers wallons.

L'inéluctable se produisit le 30 septembre 1986. Le Conseil d'État annulait la nomination du 4 février 1983. Il considérait qu'un bourgmestre d'une commune située sur le territoire flamand devait pouvoir utiliser le néerlandais dans l'exercice de sa fonction sans avoir besoin de traducteurs ou d'interprètes. On pouvait penser que le rideau était définitivement tombé sur l'affaire Happart, mais c'était une erreur. J'ai participé à l'émission dominicale de la RTBF *Faire le point*, face à une assemblée choisie de journalistes francophones, dont Christiane Lepère. Je fus abasourdi : personne ne voulait admettre l'arrêt du Conseil d'État, même si son argumentation était considérée comme solide !

Le lendemain, Charles-Ferdinand Nothomb interjeta appel auprès de la Cour de cassation, où il espérait bien obtenir raison. Cette démarche me reste en travers de la gorge. J'avais laissé persister le désordre fouronnais pendant trois ans, dans l'espoir de voir les parties opposées s'accommoder de la décision du Conseil d'État. Mais voilà que Nothomb ne l'acceptait pas et entamait une nouvelle bataille de procédure ! La question restait donc sans solution sur le plan national. L'impuissance de mon gouvernement à résoudre ce problème envenima inévitablement la question. Le 5 octobre, j'ai déclaré à la BRT que l'arrêt du Conseil d'État devait être appliqué selon la lettre et selon l'esprit : Happart n'était plus bourgmestre, il ne pouvait même pas briguer un poste d'échevin et moins encore celui de bourgmestre faisant fonction.

Mais nous n'avions pas tout prévu. Happart agit comme si le Conseil d'État n'avait pas rendu d'arrêt. Démis de sa fonction de bourgmestre, il se fit réélire par le conseil communal comme échevin et devint même premier échevin, ce qui lui assurait la présidence du conseil communal. Le gouverneur du Limbourg réagit en annulant ou suspendant chaque fois les décisions prises dans ces conditions par le conseil.

Mon Waterloo !

Le « carrousel fouronnais » tournait jour après jour, et mit souvent le gouvernement dans l'embarras. Jean-Luc Dehaene a plus ou moins résolu plus tard ce conflit linguistique, grâce à sa technologie de pointe en matière communautaire. Il n'empêche que cette période me laisse un goût amer.

J'ai toujours essayé de faire coopérer et cohabiter les communautés culturelles dans un esprit d'harmonie et de loyauté fédérale. Le grand défi de mon projet fédéral était de minimiser les conflits linguistiques pour faire face aux grandes priorités économiques et sociales. Mais le refus de régler cette querelle de frontière selon les règles démocratiques risquait d'être mon Waterloo. Aucun régime ne peut résister à un manque de respect flagrant de l'État de droit si celui-ci n'est pas soutenu par des personnes ayant des responsabilités importantes au sein de la vie politique.

Le 14 juillet 1789, Louis XVI notait dans son journal qu'il ne s'était rien passé de particulier. La prise de la Bastille lui avait complètement échappé. J'aimerais lire les journaux de Spitaels, Moureaux, Dehousse, Maystadt, Deprez et beaucoup d'autres. Peu d'entre eux ont été conscients d'avoir lourdement hypothéqué en 1986-1987 la toute jeune organisation fédérale du pays. J'ai été très étonné d'entendre certains de mes « anciens combattants » comme Philippe Moureaux critiquer, récemment, dans le débat sur l'arrondissement électoral Bruxelles-Hal-Vilvorde l'attitude de leurs collègues flamands. À les entendre, ceux-ci mettaient la survie du pays en jeu. Ils ont même déclaré que : « Les Flamands se dirigent tout droit vers la fin de la Belgique », en se posant en gardiens du fédéralisme belge. Ce n'était pas très crédible !

Vers la pacification

Le « carrousel fouronnais » nous a enseigné qu'une querelle linguistique peut très vite dégénérer. Il a aussi mis au grand jour certaines carences dans la réforme de l'État de 1980.

La Cour d'arbitrage, mise en place en 1983, avait au départ des compétences assez limitées. Elle pouvait prononcer des arrêts déterminant si une institution politique, nationale ou régionale, était restée dans le cadre de ses compétences en adoptant une loi ou un décret. Cette limitation du pouvoir de la Cour d'arbitrage obligea souvent le gouvernement fédéral – pouvoir exécutif et non judiciaire, pourtant – à résoudre des problèmes d'ordre juridique. L'affaire Happart en a été le meilleur exemple. Il était anormal que la survie du gouvernement central soit mise à l'épreuve par des problèmes aussi périphériques. L'application et l'interprétation de la législation auraient dû être traitées par le pouvoir judiciaire et non par le gouvernement.

Après la débâcle des Fourons, des voix de plus en plus nombreuses s'élevèrent pour faire de la Cour d'arbitrage une véritable cour constitutionnelle. Ce fut chose faite à ma grande joie, dans la loi spéciale du 4 janvier 1989. Notre pays dispose depuis d'une instance judiciaire qui peut neutraliser les conflits communautaires et les maintenir loin de la scène politique. À la condition cependant que tous les partis acceptent ses arrêts. La divergence traditionnelle entre Flamands et Wallons réapparut ainsi en 2003, lorsque la Cour d'arbitrage décida que l'arrondissement de Bruxelles-Hal-Vilvorde était contraire au principe d'égalité et devait être redéfini.

Alors que le problème Bruxelles-Hal-Vilvorde attend toujours une solution, celui des Fourons est aujourd'hui résolu. La loi de pacification du 9 août 1988 a édicté des règlements concernant la connaissance linguistique des conseillers, échevins et bourgmestres dans les communes à facilités et un règlement de tutelle propre aux Fourons et à Comines-Warneton. Mais il y a eu aussi, depuis lors, la reconnaissance de ce droit d'inscription (qui n'a pu être réalisé lors du pacte d'Egmont) et qui permet aujourd'hui aux électeurs des Fourons d'exprimer leur vote à Aubel, dans l'arrondissement de Verviers, et aux électeurs de Comines-Warneton d'agir de même à Heuvelland, dans l'arrondissement d'Ypres.

Ces solutions pacificatrices ne m'ont que partiellement satisfait parce que le régime des facilités était ainsi « bétonné ». Dans la foulée, les francophones ont abandonné leur revendication d'élargir le territoire de la région de Bruxelles.

Ces mécanismes de conciliation, introduits dans les réformes de 1988, ont eu une action positive dans la pétaudière fouronnaise. La lutte s'est apaisée dans les années nonante et José Happart a quitté le devant de la scène. Lors des élections du 8 octobre 2000, les citoyens néerlandais immigrés ont eu pour la première fois le droit de vote. Grâce à leurs voix, le parti flamand *Voerbelangen* a pris le dessus et « Retour à Liège » a perdu sa majorité. Huub Broers fut nommé bourgmestre ; il a déclaré que sa tâche consiste à conduire les Fourons « vers l'anonymat d'une commune paisible ». J'espère qu'une paix définitive a fait son entrée avec lui.

Chapitre XVII

LE PSYCHODRAME DU HEYSEL

Si je passe en revue les douze années durant lesquelles j'ai été Premier ministre, c'est la période allant de 1981 à 1985, celle de mon premier gouvernement avec les libéraux, qui me tient le plus à cœur. Nous avons pu agir grâce à l'atmosphère agréable des Conseils des ministres et à un contexte politique stable.

J'ai peut-être donné une impression contraire dans les chapitres précédents en évoquant la crise de l'acier, la dévaluation, les querelles autour de Happart et tout le tintamarre fait autour du déploiement des fusées. Mais, pendant toutes ces années et malgré tous ces orages, nous n'avons jamais dévié de notre course. Nous avons travaillé avec sérieux à une politique de redressement qui a, petit à petit, amélioré notre économie. Le monde de l'entreprise redevint concurrentiel, la confiance dans notre monnaie fut rétablie et la balance des paiements se retrouva en équilibre. Seul, le chômage restait trop important, tout en donnant des premiers signes d'amélioration.

En décembre 1981, nous nous étions promis d'aller au bout de notre terme de quatre ans, ce qui n'était plus arrivé depuis vingt ans. Le drame du Heysel provoqua cependant des élections anticipées, le 13 octobre 1985. La valeur symbolique d'une législature complète en a légèrement souffert. Mais, malgré cela, mon cinquième cabinet a tenu plus longtemps que tous les gouvernements des deux décades précédentes. Depuis le gouvernement Lefèvre-Spaak (1961-1965), aucun cabinet n'avait réussi à gouverner plus de trois ans.

L'enfer du Heysel

Mon cinquième cabinet chuta sur un problème qui pouvait difficilement être considéré comme futile : trente-huit supporters de football perdirent la vie au Heysel, le mercredi 29 mai 1985. Ce jour restera à jamais dans l'histoire de Belgique comme celui où le monde du football s'effondra. Une bagarre entre supporters, juste avant le coup d'envoi, transforma en enfer la finale de la Coupe d'Europe des clubs champions entre Liverpool et la Juventus. Des hooligans britanniques chargèrent des supporters italiens. Une tribune céda sous la pression de milliers de fans qui s'enfuyaient. Beaucoup d'Italiens furent piétinés ou écrasés par un mur qui s'était effondré. Le retentissement international fut immense et l'image de la Belgique fut souillée, une fois de plus.

Normalement, le sport doit être une fête, mais il se transforma en cauchemar en cette tiède soirée de mai. En voyant les images à la télé, je trouvais immoral de faire jouer ce match. Mais les organisateurs, dont le bourgmestre de Bruxelles, Hervé Brouhon, et le commandant de la gendarmerie, le lieutenant-général Bernaert, durent en décider autrement. Le match eut lieu dans la crainte que la situation ne devienne encore plus dramatique. S'il avait été ajourné, il aurait fallu évacuer les tribunes…

Le lendemain matin, j'ai été rendre un dernier hommage aux victimes à l'hôpital militaire de Neder-over-Hembeek, en compagnie de Charles-Ferdinand Nothomb et de Freddy Vreven. J'étais terriblement choqué par cette violence stupide.

Un psychodrame politique

Un psychodrame politique a ébranlé mon gouvernement pendant les semaines qui ont suivi la tragédie. Le président de la Chambre, Jean Defraigne, avait mis le doigt sur ces manquements : « Les autorités chargées du maintien de l'ordre ont manqué de prévoyance et d'esprit de décision. Ce ne fut certes pas la cause du drame, mais cela a contribué à l'aggraver. »

Une commission d'enquête parlementaire fut mise sur pied. Elle interrogea tous les responsables : l'Union belge du football qui avait jugé ce stade hors d'âge approprié à une finale, les services d'ordre et même des collaborateurs du département de l'Intérieur qui devait veiller au plus haut niveau au maintien de l'ordre et à la coordination des services de sécurité. L'homme le plus exposé aux critiques était Charles-Ferdinand Nothomb, ministre de l'Intérieur. Les libéraux francophones, en particulier, ne voyaient d'autre solution pour lui que la démission. On lui reprochait d'avoir négligé la préparation de l'organisation et de ne pas s'être déplacé sur les lieux du drame le soir même. Jean Gol fut particulièrement agressif. La vive animosité qui existait depuis longtemps entre les deux hommes prit de l'ampleur avec l'exploitation politique du drame.

À la fin d'une réunion de travail au « 16 », Jean Gol m'avait apostrophé en me disant que Nothomb ne se rendait pas compte des risques engendrés par un tel match. Le ministre, lui, avait pleine confiance en la réunion préparatoire qu'il avait eue avec le bourgmestre de Bruxelles, le gouverneur de la province du Brabant, les organisateurs et la gendarmerie.

Pour moi, Charles-Ferdinand pouvait adopter deux attitudes moralement admissibles. Il y avait autant d'arguments pour son maintien que pour sa démission.

Déontologie ministérielle

La controverse politique a atteint son paroxysme lors de la publication à la Chambre des conclusions de la commission d'enquête. La responsabilité politique du ministre y était subtilement engagée : la responsabilité administrative du ministre de l'Intérieur pouvait impliquer une responsabilité politique. Cette conclusion avait été ajoutée in extremis par les libéraux francophones qui s'étaient joints à l'opposition.

Le 13 juillet, j'ai confirmé à la Chambre ma loyauté à l'endroit du ministre Nothomb et j'ai déclaré formellement que je ne pouvais lui reprocher aucune faute professionnelle. Mon argumentation portait sur deux points. Je fis d'abord remarquer le nombre de mesures qui avaient été prises depuis quatre ans par la Défense, la Justice et surtout l'Intérieur pour endiguer une violence grandissante. Je fis observer, ensuite, que ceux qui imputaient toute la responsabilité des manquements à Nothomb surestimaient les pouvoirs réels de la fonction. En tant que ministre de l'Intérieur, il devait gérer une foule de services qui avaient une grande autonomie et acceptaient fort mal l'intervention d'autorités supérieures. Je ne me voyais vraiment pas dans la peau d'un chef de gouvernement chargé de désigner un bouc émissaire et de le forcer à démissionner. J'ai mis adroitement la balle dans le camp de Nothomb : il devait mesurer lui-même son éventuelle responsabilité. Même s'il n'a commis aucune faute, un homme politique peut, placé face à sa conscience, être amené à démissionner. Mais cela, c'est sa propre décision.

Ma conviction a fortement évolué au cours des années. Aujourd'hui, je considère le fait d'avoir soutenu Nothomb (comme d'ailleurs Mark Eyskens dans l'affaire Khaled) comme une des grandes erreurs de ma carrière politique. J'aurais dû le pousser à la démission. Certes, je ne l'estimais pas personnellement responsable du drame, mais un ministre doit assumer ses responsabilités politiques lorsque de graves lacunes apparaissent dans ses services. C'est une sorte de déontologie ministérielle : un ministre, en démissionnant, permet aux services discrédités de se refaire une virginité. Durant les années nonante, cette déontologie ministérielle a été appliquée à plusieurs reprises, notamment lors de l'évasion de Marc Dutroux, en avril 1998. Les ministres Johann vande Lanotte et Stefaan De Clerck[1] ont été contraints à la démission alors qu'ils n'étaient pour rien dans ces faits incroyables.

Le départ de Jean Gol

Mais revenons à ce débat de la Chambre du 13 juillet 1985. Un autre souvenir s'impose à moi : pendant que Charles-Ferdinand Nothomb justifiait son attitude par un très long plaidoyer, j'étais assis à côté du vice-Premier ministre Jean Gol qui ne pouvait cacher son aversion quasi physique envers l'orateur. Il n'admettait pas que Nothomb ne démissionne pas après un tel rapport parlementaire accablant. À un moment, il me chuchota dans l'oreille : « Je vais vomir. » Je ne sais pas s'il était sincère ou s'il me préparait à la surprise qu'il allait sortir de son chapeau.

Car, deux jours plus tard, j'ai reçu une lettre dramatique dans laquelle il présentait sa démission. Son argumentation était que, si Nothomb n'avait pas de conscience, lui, au moins, devait prouver qu'il en avait une en quittant le gouvernement. Comme j'avais mon rendez-vous hebdomadaire avec le Roi à 11 h 30, je croyais être le premier à lui faire part de cette lettre et j'accordais beaucoup d'importance à cette procédure. Je fus fort déçu : l'agence Belga annonça le départ de Jean Gol alors que j'étais en route vers le Palais royal. Le Roi tint sa réponse en suspens mais quand tous les ministres libéraux francophones suivirent leur chef de file, le 16 juillet, je fus dans l'obligation de présenter la démission de toute mon équipe. Après consultation d'un ministre de chaque parti politique, le Roi la refusa.

Dans le camp gouvernemental, nous redoutions fort une crise car un climat défavorable était né du drame du Heysel. Mais pas pour les libéraux francophones, selon Jean Gol qui avait tenté de séduire l'opinion

1 Je trouve cependant que Stefaan De Clerck s'est comporté de manière admirable dans le dossier de la pédophilie. Il rendit dès l'été de 1996 une visite aux familles concernées ; il put ainsi manifester la compassion du gouvernement Dehaene, bien que, à mon estime, le Premier ministre aurait dû faire lui-même cette démarche.

publique par son attitude. Sa position de principe était, je crois, une stratégie électorale bien établie. Il avait tout intérêt à voir mise à mal l'aile droite du parti social-chrétien francophone, incarnée par Charles-Ferdinand Nothomb. Mais à sa grande surprise, la presse a réagi de façon très négative à sa démission. Gol est donc resté vice-Premier ministre. J'ai pu le convaincre au cours d'une conversation téléphonique qui dura plus d'une heure et qui ressemblait beaucoup à une scène de tragédie. Mais il a fini par admettre que le maintien du gouvernement était primordial afin d'éviter qu'une période d'instabilité, si courte soit-elle, anéantisse les nombreux efforts consentis durant les années précédentes.

Un « putsch » ?

Il était évident qu'après toutes ces péripéties, je devais avancer la date des élections au 13 octobre, avec l'espoir de remettre la même coalition en selle. Mais je devais encore vaincre un écueil.

Le 19 juillet, lors du débat sur le vote de confiance au gouvernement, de nombreuses questions avaient surgi à propos de la révision de l'article 59 bis de la Constitution qui rendait possible le transfert aux communautés des compétences en matière d'enseignement. Une grande partie du Parlement était favorable à cette révision mais les sociaux-chrétiens francophones exigeaient que la Constitution prévoie des garanties pour l'enseignement libre dans le sud du pays. Ils craignaient que les élèves catholiques subissent une discrimination dans une Wallonie essentiellement socialiste.

J'espérais obtenir, pour la fin des vacances, un accord à l'intérieur de la majorité gouvernementale. J'avais déjà en poche un texte qui acceptait l'exigence de garanties constitutionnelles. Mais à mon retour de vacances, les sociaux-chrétiens francophones ont refusé de mettre ne fût-ce que le petit doigt dans la communautarisation de l'enseignement. Cela ne m'a pas étonné, mais déçu. Ce n'était pas la première fois que notre « parti frère » faisait montre d'une vision à court terme. J'étais donc confronté à un veto. On me conseilla de plusieurs côtés de m'orienter alors vers un changement de majorité afin de pouvoir réaliser la réforme de l'article 59 bis et d'isoler ainsi le PSC dans son point de vue inébranlable sur l'école. J'ai refusé obstinément cette politique qui aurait provoqué une rupture définitive de la coalition sociale-chrétienne – libérale et rendu impossible sa reconduction. Puisqu'aucun accord n'était possible dans la majorité, je me suis rendu, à la consternation de beaucoup, chez le Roi pour lui présenter une décision de dissolution des Chambres. Cette formule signifiait que le gouvernement était maintenu en place jusqu'aux élections mais que les parlementaires étaient renvoyés chez eux. L'opposition n'a pas digéré cette initiative. *De Morgen* n'hésita pas à la qualifier de « putsch constitutionnel » et annonça la naissance d'une « monarchie présidentielle » dont Baudouin Ier et Martens tenaient les rênes.

Je persiste à croire que cette décision était la bonne : c'était la dernière manifestation de l'efficacité avec laquelle mon gouvernement avait mené le pays quatre années durant. Si j'avais laissé traîner les choses jusqu'au 13 octobre, l'image du gouvernement se serait affaiblie et le corps électoral se serait focalisé sur l'échec de la communautarisation de l'enseignement. Toutes les réalisations antérieures en auraient été oubliées.

Pas de revirement

Nous avons entamé la campagne électorale avec un slogan : « Pas de revirement » *(geen ommekeer)*. J'avais lancé une autre idée (« Pas de virage à gauche ») mais Jean-Luc Dehaene ne trouvait pas cela une bonne idée : trop provocant à l'égard des socialistes, d'autant que nous cherchions à gagner des électeurs à gauche. Il fallait dire clairement à l'électeur que la politique d'assainissement devrait se poursuivre pendant deux ans au moins, avec la même coalition. « Il ne faut pas ralentir le tempo, nous sommes sur la bonne voie mais le but n'est pas encore atteint », avons-nous dit durant toute la campagne.

Le soir du 13 octobre, j'ai vécu un moment politique des plus heureux. La coalition gouvernementale ne sortait pas seulement saine et sauve des élections, mais mieux encore, elle était renforcée ! Le CVP et le PSC récupéraient la moitié des voix qu'ils avaient perdues en 1981. Personnellement, j'avais 60 000 voix de préférence. La presse constata que ce résultat confirmait le succès d'une politique de redressement menée par le gouvernement et son Premier ministre, Wilfried Martens. Un journaliste du *Monde* écrivit qu'il ne comprenait pas pourquoi les Belges avaient voté en masse pour moi, alors que j'avais l'air d'un simple petit fonctionnaire !... En France, on a l'habitude d'une classe politique qui a plus de panache et un comportement plus élitiste, la majorité des hommes politiques venant de la prestigieuse ENA (École nationale d'administration). Il est bien connu que j'ai suivi un parcours beaucoup plus populaire !

Je me suis d'ailleurs toujours considéré comme une sorte de personnification de notre population, ni plus, ni moins. Jadis, je m'étais comparé à une Volkswagen : efficace mais pas vraiment esthétique. Je n'aime pas les grandes conférences de presse ni les déclarations tonitruantes, je ne veux pas parler pour ne rien dire. Je n'ai jamais essayé d'avoir un « profil », ni de jouer aux vedettes. Par contre, je suis soucieux de convaincre. Je suis un ancien professeur de néerlandais et j'ai toujours accordé beaucoup d'importance à la langue et à la formulation exacte. Hugo De Ridder a fait remarquer un jour que ma force de persuasion était équivalente des deux côtés de la frontière linguistique[1].

Ce style a clairement convaincu une population qui vivait une période de crise. On peut conclure des résultats positifs de ces élections que la majorité de la population était prête à participer à l'effort de redressement, s'il y avait un plan cohérent et si on lui parlait un langage clair. Beaucoup de personnes ont accepté à ce moment une réduction provisoire de leur niveau de vie et grâce à elles, le pays a pu sortir du marasme économique.

1 Hugo De Ridder, *Le cas Martens*, Duculot, Louvain-la-Neuve, 1991, p. 193.

Chapitre XVIII

MARTENS VI : ON PREND LES MÊMES, OU PRESQUE

Le lundi suivant les élections, l'audience royale se déroula dans un climat particulièrement bon enfant. Le Roi était visiblement soulagé par un résultat que, seul, un optimiste-né aurait osé prévoir. La reconduction du gouvernement démissionnaire apparaissait la solution la plus naturelle. L'après-midi, je reçus un coup de téléphone du Palais : le Roi lui-même me faisait remarquer avec un certain sens de l'humour que je n'avais pas présenté la démission du gouvernement, alors que c'était la coutume constitutionnelle après les élections. Il allait tellement de soi que ce gouvernement se succéderait à lui-même que cela nous avait échappé pendant l'audience. Jacques van Ypersele, le chef de cabinet du Roi, qui devait rédiger un communiqué de presse l'avait heureusement remarqué. J'ai donc donné ma démission et celle du gouvernement par téléphone !

La démission du gouvernement fut acceptée mais pas la mienne. Lorsqu'un Premier ministre sortant réussit à former un nouveau gouvernement, il peut rester à son poste et signer la nomination des nouveaux ministres. Ce fut déjà le cas en 1977 alors que Tindemans était Premier ministre.

Quinze jours de principes

Le signal de l'électeur était clair et je fus nommé formateur deux jours après les élections, avec le but de reconduire la coalition. Il nous fallut quand même presque quarante jours, au Stuyvenberg, pour mettre sur papier le texte de l'accord gouvernemental. Pour l'une ou l'autre raison, Jean Gol n'était pas présent, alors qu'il voulait pourtant marquer la vie politique de sa griffe. Il ne cessait d'appeler Louis Michel au téléphone, ce qui obligeait celui-ci à quitter très souvent la table des négociations pour prendre les ordres du « patron ».

La réalité de la situation budgétaire apparut après deux jours de négociations, et l'euphorie postélectorale s'évapora aussitôt. Le deuxième volet du plan d'assainissement (1984) était compromis à la suite des remous provoqués par le drame du Heysel et des élections anticipées. Il fallait, classiquement, réduire les dépenses et augmenter les recettes. Mais Guy Verhofstadt créa la surprise en exigeant un « stop fiscal », qu'il obtint finalement à la fin des discussions.

Pendant toute cette négociation, j'ai observé le fougueux mais pas antipathique Guy Verhofstadt et j'ai essayé de comprendre son combat contre « l'État arrangeur », car c'est ainsi qu'il stigmatisait la Belgique. Il a pesté quarante jours durant: il fallait arrêter les gaspillages de la Sécurité sociale et ceux d'une administration désorganisée et mettre fin à la pression fiscale quasi marxiste que nous exercions sur le travail. Au Stuyvenberg, nous ne nous doutions pas encore qu'il reprendrait ce leitmotiv pendant toute la législature, d'une façon presque thatchérienne. Je l'ai laissé faire au Stuyvenberg. Les hommes politiques qui ont le courage de réclamer des réformes ont toujours eu mon soutien. N'ai-je pas moi-même, jadis, poignardé l'*establishment* politique par mon appel au fédéralisme?

Il fallait laisser s'épanouir un néophyte comme Verhofstadt, a écrit le journaliste Frans Verleyen. Ses rêveries et ses idées ne devaient pas être jugées à l'aune d'un cynisme débilitant.

Il en est toujours ainsi. Une classe politique qui n'est pas inspirée par un grand projet ou un courant d'idées devient une machine à gouverner d'une grande banalité, juste bonne à faire des lois et à les appliquer. Combien d'hommes politiques sont-ils encore poussés par un projet de grande envergure, un courant d'idées bien précis, une indignation ou une vocation? « Tout est focalisé sur les médias, la politique se rétrécit, elle devient le royaume de l'ego! », a dit le professeur Thevissen de la VUB (*Vrije Universiteit Brussel*).

Une déception personnelle

J'ai prêté serment devant le Roi le 28 novembre 1985, avec quatorze autres ministres et treize secrétaires d'État. La formation du gouvernement avait connu les problèmes habituels et les allergies personnelles. Beaucoup de milieux s'étaient montrés extrêmement réticents à un retour des ministres Nothomb et Vreven. On disait qu'ils n'avaient pas été à la hauteur dans un certain nombre de dossiers épineux. Finalement, Nothomb redevint ministre, Vreven pas.

Au CVP, Frank Swaelen voulait échanger son poste de président pour un portefeuille ministériel. L'occasion me sembla belle de confier la présidence du parti à Wivina Demeester : elle était habile, charismatique et pourrait insuffler une nouvelle flamme au parti et à sa rénovation. Mais j'avais sous-estimé la résistance que susciterait une candidature féminine... Herman Van Rompuy présenta sa candidature qui provoqua derechef celle de Jean-Luc Dehaene. Pour éviter un combat entre l'aile gauche et l'aile droite du parti, Frank Swaelen resta donc président ; son sens du devoir l'obligeait à ce sacrifice. Wivina était une forte femme mais elle réagit de façon très émotive. Elle était si déçue que j'ai promis de l'intégrer à mon gouvernement. Elle devint secrétaire d'État à la Santé et à la Politique en faveur des handicapés.

Guy Verhofstadt avait marqué de son empreinte l'accord gouvernemental et il serait difficile de laisser ce président de parti sur la touche. Il ambitionnait le portefeuille des Finances. Comme j'étais dans le doute, j'ai contacté Frans Grootjans et Louis Michel qui réagirent par la négative : on ne confie pas un tel portefeuille à un néophyte imprévisible, dirent-ils. Finalement, il devint vice-Premier ministre, ministre du Budget, de la Politique scientifique et du Plan. Et voilà comment le fougueux poulain gantois entra dans mon gouvernement. Sa charge de cavalerie ne durera qu'un an, dix mois et vingt-trois jours. Mais il a si bien imprimé de son esprit la politique qu'il devint la figure la plus emblématique de mon dernier gouvernement de centre-droit.

L'art de la contre-réforme

Le parti libéral était en phase de transition. Herman De Croo, le subtil renard de Brakel, faisait le pont entre les générations. Il a fait partie de mes gouvernements à trois reprises. Notre collaboration a duré plusieurs années et a donné naissance à une véritable amitié. Il restera mon « ministre écrivain ». Il ne cessait de prendre des notes au cours des réunions des conseils de cabinet. Ce n'était pas strictement conforme à la déontologie mais cela lui permettait, des années plus tard, de dire ce que le ministre X avait dit au Conseil des ministres Y.

Herman (qui a tout fait, ministre, président de parti, président de la Chambre mais ne néglige pas pour autant les fonctions locales), appartient à la classe politique du XIXe siècle, un patriarche local, libre et populaire qui porte avec fierté sa médaille parlementaire et se consacre à ses permanences. On dénigre souvent cette pratique, mais elle me semble proche des gens. Il appartient à une race d'hommes politiques qui s'éteint et il est heureusement assez lucide pour le savoir. Il n'a jamais été un néo-libéral à la Verhofstadt et il évoque volontiers son éducation chez les Jésuites. Il déclara ainsi dans *Knack* le 20 août 2003 : « J'ai appris une chose chez les Jésuites : réformer, tout le monde peut le faire. Il ne faut pas être particulièrement intelligent pour cela. Mais la contre-réforme n'est pas à la portée de tous. Je suis un contre-réformateur, ce qui signifie qu'il faut élaguer ce qui est mauvais, comme une branche morte. Et laisser pousser ce qui est fertile. Le système survit grâce aux contre-réformateurs. Il meurt à cause des réformateurs de tous poils. »

Le plan Sainte-Anne

Mon sixième gouvernement démarra avec un programme extrêmement volontariste : l'assainissement du budget serait réalisé dans un court délai de six mois et nous avons relevé le défi. Il fallait aller à la vitesse du TGV alors que nos partenaires sociaux n'adoptaient pas le même rythme. La réussite n'a été possible que grâce aux pouvoirs spéciaux dont nous disposions. Et j'avoue qu'économiser 200 milliards de francs (5 milliards d'euros), sans nouvelles recettes, n'était pas une tâche évidente. Il y a eu pourtant des moments très détendus. Au prieuré Sainte-Anne du château de Val Duchesse, dans un environnement agréable qui avait une action bénéfique sur les participants, nous pouvions, quand nous le voulions, faire des promenades dans le parc où le printemps éclatait. Charles-Ferdinand Nothomb qui était allergique aux tapis et aux atmosphères confinées souhaitait rester en plein air. Les longues promenades convenaient très bien à la résolution de problèmes politiques pointus. Jean–Luc Dehaene qui était un photographe émérite, ce que peu de gens savaient, immortalisa sur la pellicule nos promenades, nos discussions à la table des négociations et nos repas en commun, le soir. Il se rendait peut-être compte qu'il enregistrait des moments historiques dont les chercheurs aimeraient un jour connaître le vrai visage.

Dans la nuit du 19 au 20 mars, nous avons réussi à donner une forme définitive au plan d'assainissement : le déficit du budget serait diminué de 194,5 milliards de francs (4,9 milliards d'euros) à la fin de l'année 1987. En marge des négociations de Sainte-Anne, les syndicats allaient exiger que les banques apportent également leur contribution à l'assainissement des finances publiques. Fons Verplaetse émit plus tard l'idée d'une restructuration de la dette sur laquelle nous n'avons pas obtenu l'accord des banquiers.

Trop et trop vite

Un des objectifs que nous poursuivions dans le plan Sainte-Anne était de promouvoir une responsabilité individuelle concernant le budget : chaque ministre devrait garder les comptes de son département en équilibre. Jean-Luc Dehaene, le « bulldozer » social qui devait prendre à son compte les restrictions les plus graves, sut trancher, avec sagesse et pragmatisme, en évitant que l'arbre de la Sécurité sociale ne dépérisse. Il y avait un contraste flagrant avec la nonchalance et la négligence grotesque d'André Damseaux, le ministre francophone de l'Éducation. Il fit traîner les assainissements proposés ou les ignora, purement et simplement : au lieu des restrictions de 4,56 % convenues, l'éducation francophone n'avait réalisé que 0,96 %, selon l'inspection des finances.

Au lieu de reconnaître ses carences, le monde francophone de l'enseignement se mobilisa pour revoir la clé de répartition entre les communautés. Il y eut des grèves. Lors d'une manifestation de l'enseignement catholique à Bruxelles, Mgr Daelemans, le patron de la rue Guimard, marchait même en tête du cortège. Et le président du PSC, Gérard Deprez, jetait de l'huile sur le feu en affirmant que « les restrictions dans l'enseignement n'étaient pas réalisables ». Il estimait que le plan Sainte-Anne forçait à économiser « trop et trop vite ». À Poupehan, Jef Houthuys tira la sonnette d'alarme : on demandait trop aux travailleurs.

Le Mozart de la politique

Il y avait donc des tensions de plus en plus grandes entre le monde ouvrier chrétien et le gouvernement. Mais il y avait de plus, à l'intérieur du gouvernement même, des heurts permanents auxquels Guy Verhofstadt n'était pas étranger. Philippe Maystadt et Michel Hansenne avaient fini par déclarer : « Cet homme est fou, il refuse même des crédits que le conseil de cabinet a adoptés[1] ! » J'ai retrouvé un paragraphe éloquent dans les mémoires de Paula D'Hondt : « Tous les ministres, même ceux de son propre parti, se lassaient de son entêtement. Il n'écoutait jamais et le Premier ministre Martens avait, vis-à-vis de lui, une patience sans bornes et lui laissait un maximum de liberté. Il avait raison seul contre tous. »

1 Baudouin Van Peteghem et Olivier Mouton, *Numero Uno*, Lannoo-Racine, Tielt-Bruxelles, 2003.

Si j'ai soutenu Guy Verhofstadt, c'est pour plusieurs raisons. Premièrement, j'avais à son égard beaucoup de sympathie personnelle. Il n'avait jamais été à mes yeux le « gamin » qu'il était pour Jef Houthuys, mais un néophyte plein de fraîcheur dont les suggestions, qui paraissaient expéditives au milieu gouvernemental, me ravissaient. On l'a surnommé un temps mon fils politique ; il était plutôt pour moi le Mozart de la politique belge. La rupture de notre amitié fut donc beaucoup plus fondamentale et pénible qu'on a pu se l'imaginer.

Il y avait entre nous plus que de la sympathie. Nous étions souvent sur la même longueur d'ondes. Paula D'Hondt, par contre, n'adhérait pas du tout au modèle néo-libéral qu'il voulait appliquer, notamment aux « sanctuaires » du monde chrétien. La vérité à propos de Guy Verhofstadt se trouve comme souvent au milieu. Je n'ai jamais aimé le mythe qui entoure un personnage. Depuis la chute du gouvernement, en 1987, ses partisans l'ont mis sur un piédestal : il était l'homme miracle, celui qui, en deux ans à peine, avait réussi. En réalité, il récoltait les fruits d'un long travail d'assainissement du budget. Son image était donc nettement exagérée car nous avons travaillé à long terme. Pendant le premier cabinet de centre-droit où l'apport des libéraux était assez faible, les dépenses gouvernementales ont diminué sous l'impulsion du ministre du Budget Philippe Maystadt de 6,1 %. Entre 1986 et 1988, (Martens-Verhofstadt), elles ont régressé de 2,6 % et de 2,6 % encore entre 1988 et 1991 (Martens-Schiltz). En d'autres mots, il n'est pas question d'un effet Verhofstadt parce que les efforts les plus importants ont été réalisés avant sa présence au gouvernement. Tout aurait pu se passer autrement si mon sixième gouvernement avait pu parvenir à son terme.

Le retour de Happart

Des discussions homériques ont eu lieu sur les raisons exactes de la chute de ce cabinet. Certains considèrent que la question des Fourons n'était qu'un prétexte : en réalité, le mouvement ouvrier chrétien ne pouvait ou ne voulait plus supporter Verhofstadt.

Je me pose moi aussi des questions et me demande si nous n'avons pas enterré trop vite ce gouvernement en octobre 1987. Le fait est cependant que le PSC de Gérard Deprez ne voulait plus aller plus loin, cherchait un point de chute et utilisa les Fourons pour tuer prématurément la coalition.

En octobre 1986, j'avais déjà échappé à la chute. Mais Charles-Ferdinand Nothomb, ministre de l'Intérieur, dut démissionner le 18 octobre ; il prit la responsabilité de l'échec de l'opération Wynants. Il avait en effet fait signer au Roi l'arrêté de nomination d'un nouveau bourgmestre de Fourons, Roger Wynants. Francophone et professeur de néerlandais, Wynants était acceptable par tous, mais il ne se présenta pas au rendez-vous pour prêter serment, plus que vraisemblablement sous la pression et la menace des frères Happart.

Nothomb fut remplacé par l'aimable Joseph Michel, qui instaura une sorte de trêve et, au contraire de ses corréligionnaires, ne se laissa plus entraîner par le contagieux happartisme.

Le carrousel continua en 1987 (Happart se faisait régulièrement élire par le conseil communal premier échevin et bourgmestre faisant fonction, vote que le gouverneur du Limbourg annulait tout aussi régulièrement), mais la Belgique exerçait la présidence de l'Union européenne durant les six premiers mois de l'année et je me voyais mal expliquer à mes collègues Kohl, Thatcher et Mitterrand que la stabilité du pays était menacée par Happart.

À la veille des vacances, deux avis du Conseil d'État, siégeant en chambres réunies, devaient mettre fin au carrousel ; ils soulignaient que l'arrêt du 30 septembre 1986, qui interdisait explicitement qu'Happart exerce la fonction de bourgmestre faisant fonction, devait être exécuté. Une véritable gifle pour le PSC... mais j'avais l'impression que celui-ci commençait cependant à se résoudre à l'inévitable. Nous aboutîmes enfin le 3 juillet en Conseil des ministres au compromis tant attendu. Il n'était pas question qu'Happart soit bourgmestre faisant fonction, ce qui impliquait concrètement que les autres échevins devraient accomplir les actes de gestion de la commune.

Les ambitions du cap Bénat

Nous pouvions enfin nous concentrer sur les vrais problèmes. Et entrer dans un nouveau conclave budgétaire dont nous sortîmes le 10 août avec une série de nouvelles économies, une réforme fiscale (dont le décumul) et la privatisation de la Caisse d'épargne (CGER), de Distrigaz et de la Caisse de crédit professionnel. Mais le ton entre le turbulent Gantois et le cheval de trait brabançon avait encore monté.

Je rejoignis une nouvelle fois le domaine du cap Bénat pour mes vacances en famille. Je louais depuis 1982 à Bormes-les-Mimosas une villa fort simple mais idéalement située au milieu des pins, avec vue sur la Méditerranée.

Je me souviens fort bien de l'été 1987. Je me sentais épuisé après toute une année consacrée à éteindre les brûlots politiques, à canaliser les tensions et à écouter douloureusement les protestations des groupes de pression flamands et wallons qui vivaient des bouffonneries fouronnaises. Mais je parvins à libérer mon esprit et à profiter intensément des plaisirs de la Provence. Je sentais bien que les tensions autour de Verhofstadt et des Fourons allaient renaître, mais je me révoltais instinctivement contre l'idée qu'elles provoqueraient la chute de mon gouvernement.

Je rencontrais toujours à la fin de mes vacances annuelles les journalistes de deux grands quotidiens. Depuis que j'étais devenu Premier ministre en 1979, je voyais chaque année la rédaction de *La Libre Belgique* pour une interview approfondie de rentrée politique, une formule qui fit progressivement fureur dans notre politique nationale.

Le «grand tournant»

J'avais pu en 1985 évoquer beaucoup de succès gouvernementaux et de réformes et annoncer que j'affronterais les élections avec confiance. La situation était beaucoup plus critique en 1987. Je reçus cependant, très détendu, l'équipe de *La Libre* dans la villa d'un juge du tribunal de police de Gand, Arnold Haeck et sa femme Diane, qui étaient devenus des amis. Je crois que j'ai réalisé une de mes meilleures interviews, en compagnie de Guy Daloze, André Méan et Francis Van de Woestyne. L'ambiance était conviviale, mais pas familière. Nous nous baladions ensemble dans ce splendide domaine et nous plongions dans l'eau transparente des criques pour admirer les poissons féeriques et les plantes luxuriantes.

Une équipe de RTL-TVI nous rejoignit, avec Anne Quevrin. Nous avons enregistré avec Eddy De Wilde et Guy Daloze un agréable débat, avec en arrière-plan la Méditerranée ensoleillée. Cet environnement a certainement renforcé l'optimisme de nos compatriotes qui regardaient la TV le dimanche midi! J'entretenais aussi avec RTL les meilleures relations professionnelles. J'ai travaillé en grande confiance avec Jean-Charles Dekeyser. La rupture du monopole des chaînes publiques et l'ouverture d'esprit de RTL m'ont bien aidé à délivrer aussi mon message à l'opinion publique francophone.

Je reçus aussi deux journalistes flamands du *Standaard*, Hugo De Ridder et Guy Tegenbos. Je leur fis aussi part de mon ambition d'insuffler une âme à la coalition en lui donnant le goût de vaincre et en ajoutant de nouveaux accents, ceux de grandes réformes de notre société. *La Libre*, elle, titrait : « Martens : priorité aux réformes de société ». Et elle commentait : « l'interview de rentrée du Premier ministre est celle du "grand tournant" »…

Happart était un prétexte

« Le chemin est long du projet à la chose », a écrit Molière. J'étais à peine rentré que le MOC-ACV rejetait les décisions du conclave budgétaire. Et quand Guy Verhofstadt fit à la fin septembre la proposition de concurrencer les mutuelles par des assurances privées, ce fut le commencement de la fin. Le vice-Premier ministre libéral réagissait ainsi à la publication d'un dossier judiciaire consacré aux placements et aux caisses des mutuelles. Le mouvement ouvrier chrétien s'employa rapidement à le faire disparaître de la scène politique…

Pris dans le maelström politique, je n'ai pas perçu les manœuvres visant à jeter Verhofstadt par-dessus bord. Je ne les ai apprises que plus tard, dans une interview que Jef Houthuys a donnée en 1991 à Hugo De Ridder quelques jours avant de mourir. L'ancien leader y dévoile les vraies raisons qui ont provoqué la chute du gouvernement : « Happart n'était qu'un prétexte. Le vrai coupable était Verhofstadt. Nous ne pouvions plus avaler la prétention de ce "gamin". La politique avait pris une coloration néolibérale, ce que nos amis wallons ne pouvaient admettre. Les Flamands ont suivi. La situation devenait intenable. Gérard Deprez et Philippe Maystadt ont alors adopté une attitude très dure dans le dossier Happart. Le gouvernement a dû démissionner… »

J'ai déploré cette évolution des choses mais je n'ai jamais eu de ressentiment à l'égard du mouvement ouvrier chrétien. Je comprenais le malaise qui régnait dans ses rangs. Ce n'est pas la politique de redressement mais bien la manière provocante dont il l'a présentée qui a été à la base des allergies à Guy Verhofstadt. Il fut donc responsable de sa propre chute.

Coup de semonce

Le compromis du 3 juillet prit vite l'eau. Durant les vacances, éclata « la guerre des juges » : le juge liégeois Bartels avait obligé José Happart à signer deux attestations en qualité de bourgmestre faisant fonction. C'était évidemment du pain bénit pour les sociaux-chrétiens francophones dont les ministres vinrent me proposer de revoir le dossier des Fourons dans un cadre plus large, par exemple via une loi interprétative sur la connaissance des langues dans les Fourons et dans les autres communes à statut linguistique spécial. En même temps, Happart annonçait qu'il ne signerait plus que les actes destinés aux Fouronnais flamands dans l'espoir qu'ils seraient annulés systématiquement par l'autorité de tutelle.

C'en était trop! Je suis un homme patient mais je suis par-dessus tout un légaliste. Je ne pouvais accepter que des hommes politiques qui devaient respecter l'État de droit mangent leur parole. Je refusais d'être naïf et de croire encore dans le *gentlemen's agreement* du 3 juillet alors que la situation se détériorait sur le terrain. J'envoyai donc le 20 septembre un premier coup de semonce. J'annonçai lors de débats télévisés que le gouvernement allait prendre une initiative de dépannage pour rendre définitivement impossible le carrousel fouronnais. Ce qui provoqua la colère de Gérard Deprez qui ouvrit le feu: «Martens est devenu l'otage des extrémistes de son parti», déclara-t-il.

Le président du PSC était allé trop loin. J'étais furieux, et mon parti aussi. Les groupes parlementaires exigèrent le 23 septembre que la question soit réglée clairement par le gouvernement avant la reprise des travaux parlementaires; il fallait exécuter l'arrêt du Conseil d'État selon lequel Happart ne pouvait être bourgmestre faisant fonction et rétablir la légalité. Sinon, il était évident qu'il n'y aurait plus de gouvernement.

Gérard Deprez incorrect

Le communiqué des groupes CVP n'était en fait que le rappel du compromis de juillet auquel les partenaires francophones du gouvernement s'étaient ralliés. Gérard Deprez le jugea cependant inacceptable. Et le 3 octobre, il vint me voir chez moi, à Gand. Ce ne fut pas une conversation amicale. Je lui dis sans détour que je n'avais pas apprécié ses déclarations incorrectes des dernières semaines. «Mais c'est toi, Wilfried, qui as mangé ta parole», répondit aussitôt le président du PSC. «Avant les vacances, il n'était pas question de sanctions contre Happart, et maintenant il doit brusquement partir. En soutenant le point de vue du CVP, tu as perdu ton rôle d'arbitre.» Sûr de lui, il alla plus loin encore: «Une crise est inévitable si nous continuons ainsi. Je n'accepterai plus de compromis. La formule de "déshabiller" Happart en mai a fait rire de nous. C'était un monstre, même si Joseph Michel assurait que c'était du béton. La seule chose que je puisse encore accepter, c'est un travail législatif sérieux, une loi qui règle une bonne fois la connaissance linguistique des mandataires des communes à statut spécial.»

Ces propos me stupéfièrent : le président du PSC voulait une nouvelle législation, mais il ne parvenait pas à respecter l'actuelle ! Comment pouvais-je prendre sa proposition au sérieux ? Je lui fis part de mes objections : « Gérard, comprends-tu bien à quel point le législateur est ligoté ? L'avis du Conseil d'État dit clairement que le législateur doit rester dans le contexte constitutionnel de l'article 3 bis. On n'arrivera pas à un consensus politique en dehors de ce cadre. »

Mais il n'y avait rien à faire. Deprez tenait beaucoup à la loi interprétative. Je lui conseillai de prendre contact avec Jean-Luc Dehaene pour étudier avec lui la possibilité d'un projet de loi. Jean-Luc avait à l'époque la réputation d'être un négociateur extraordinaire qui pouvait résoudre les tensions les plus irrationnelles.

La dérive d'un intellectuel

Mais comment en était-on arrivé là ? Qu'est-ce qui avait conduit Gérard Deprez à joindre son sort depuis tout un an à celui de José Happart ? Lui, l'intellectuel brillant doté d'un tel savoir-vivre, ne devait quand même pas se faire d'illusions ! Craignait-il que le PS devienne incontournable après les prochaines élections si le joker Happart se liait totalement à Spitaels ? Ou bien y avait-il des motifs plus profonds ? Une certaine sympathie pour Happart n'était évidemment pas surprenante ; tous deux siégeaient au Parlement européen et y entretenaient un contact régulier.

Deprez voyait peut-être en Happart le brise-glaces grâce auquel il pourrait remplacer Verhofstadt par Spitaels. Le président du PS avait entamé après les vacances une offensive de charme dans laquelle il se disait prêt à prendre des responsabilités gouvernementales avec les sociaux-chrétiens. Je n'excluais pas que Deprez veuille faire une fleur à Spitaels. Il a confirmé[1] qu'il avait vu Spitaels à deux reprises, chez un ami commun, avant les élections de décembre « parce qu'il était acquis à l'idée qu'il fallait ramener les socialistes dans un gouvernement, d'autant que l'opposition du PS, mis à part le volet institutionnel, était moins dure et qu'il était notamment convaincu par l'idée d'une réforme fiscale ».

Je ne veux cependant pas donner de Gérard une image négative. Il a peut-être joué un rôle peu brillant dans l'affaire Happart, mais sa vie est beaucoup plus significative et riche que cela.

---

1 Jean-François Furnémont, *Guy Spitaels, au-delà du pouvoir*, Luc Pire, Bruxelles, 2005.

Nous nous entendons toujours bien, et c'est merveilleux car nos affrontements auraient pu dans bien des cas engendrer une réelle antipathie. C'était un Wallon au sang chaud qui avait dû quitter la cité de la Dyle à cause du « *Leuven vlaams* » et qui en avait gardé un traumatisme. Mais je crois qu'il n'a jamais pris mal ma lutte pour l'homogénéité linguistique flamande. Même si, sur le plan communautaire, il n'hésitait jamais à bousculer sans ménagements les Flamands.

Car il avait un caractère emporté. Je me souviens ainsi d'une réunion au Lambermont durant laquelle il m'adressa de manière inattendue une sèche remarque : j'avais, selon lui, trop peur des socialistes ! Je reçus une lettre d'excuses le lendemain, alors que j'avais déjà oublié l'incident. Gérard Deprez était un homme amical, plein de tact, large d'idées, généreux et d'une fréquentation agréable. Nous avons pu résoudre ensemble bien des difficultés.

Je ne lui ai pas tourné le dos lorsqu'il a quitté le PSC en 1998 pour créer le MCC (Mouvement des citoyens pour le changement) avec lequel il se rapprocha des libéraux francophones de Louis Michel. Il est demeuré, à mes yeux, fidèle au projet chrétien-démocrate. C'est pourquoi j'ai voulu le garder au sein du groupe PPE du Parlement européen après les élections de 1999 même s'il figurait sur une liste commune PRL-FDF-MCC.

Dissolution royale

Dehaene s'attela sur le champ à un projet de loi que je pus présenter le 14 octobre en Conseil des ministres restreint. Mais si Joseph Michel et Jean Gol étaient prêts à en discuter, Philippe Maystadt, qui était sur la même longueur d'ondes que Deprez, mit son veto. Il n'acceptait pas que le projet sanctionne préalablement Happart.

Je suspendis donc la réunion au petit matin. Je réunis tout le Conseil cinq heures plus tard, mais le climat était tendu. Guy Verhofstadt avait déclaré à un journaliste de la BRT que le gouvernement était dans une impasse totale. Ce n'était pas loyal de sa part, car il donnait aux événements un ton négatif qui ne pouvait déboucher que sur un échec des négociations. Très désabusé, je dus présenter au Roi la démission du gouvernement, que le Souverain tint en suspens.

Nous avons tenté les jours suivants de trouver une solution. Joseph Michel se montra particulièrement coopératif mais dut affronter la fermeté de Deprez, Maystadt et, dans une moindre mesure, Wathelet. Ils restaient opposés à la proposition Dehaene ; paradoxalement, celle-ci a pu servir six mois plus tard de base pour un compromis définitif.

Je fis rapport au Roi le 19 ; aucun de nous deux ne voyait le moyen de sortir de l'imbroglio. Le Souverain me dit alors qu'il n'y avait qu'une seule solution, dissoudre le Parlement. Je me suis demandé plus tard si le roi Baudouin m'avait donné un bon conseil, car il était écrit que le PS entrerait au gouvernement après les élections.

Martens VII fut bref

Quoi qu'il en soit, j'ai suivi ce conseil. Le Roi avait vécu bien des crises et entendu les choses les plus extravagantes chez les hommes politiques. « Je suis à bout », me dirait-il quelques années plus tard. Mais en octobre 1997, certains hommes politiques avaient été selon lui trop loin. Il était écœuré. Philippe Maystadt, ai-je appris de source directe, est rentré blême dans son cabinet après une audience. Baudouin savait interroger sèchement ses interlocuteurs et il avait incontestablement agi de la sorte. Je l'entends encore manifester sa colère contre les ministres qui refusaient que l'on applique les arrêts du Conseil d'État et – c'est ma responsabilité – je partageais son dégoût impulsif. Mais je dis au Roi qu'il fallait tirer un trait car je savais qu'un consensus était impossible dans ces circonstances.

Le Roi accepta la démission et me demanda de former un nouveau gouvernement chargé de proposer au Parlement une déclaration de révision de la Constitution. Le gouvernement de transition – Martens, septième du nom – la fit voter par le Parlement en un minimum de temps et les élections eurent lieu le 13 décembre. J'avais demandé à l'électeur de manifester sa confiance dans la politique de redressement, qui serait poursuivie avec la même équipe. Sans succès : la coalition sortante avait perdu six sièges et ne disposait plus, avec 109 élus sur les 107 nécessaires, que d'une courte majorité. J'étais très amer et allais traverser une période cruciale de ma vie politique.

Chapitre XIX

MARTENS VIII : À BOIRE ET À MANGER

Ce ne sont pas seulement les résultats des élections législatives du 13 décembre 1987 qui ont rendu difficile une reconduction de la coalition sociale-chrétienne-libérale. Les sociaux-chrétiens francophones s'ingénièrent en effet surtout à brouiller les cartes. Gérard Deprez, président du PSC, refusait de continuer à gouverner avec le PVV de Guy Verhofstadt et, dès le soir des élections, il tendit la main à Guy Spitaels, président du PS. Un changement d'alliance était la dernière chose à laquelle je pensais personnellement, après avoir fait une campagne axée sur la poursuite de la politique de redressement, avec la même coalition. La famille socialiste avait cependant obtenu septante-deux sièges à la Chambre. Les sociaux-chrétiens n'en avaient plus que soixante-deux. L'initiative revenait donc aux socialistes.

Le Palais royal le vit bien ainsi et Guy Spitaels fut donc envoyé sur le terrain, dans le but de constituer un gouvernement de sociaux-chrétiens et de socialistes. Après le refus du CVP, Willy Claes, nommé à son tour, privilégia la tripartite classique. C'était la seule formule permettant de garder le PVV au gouvernement. Mais cette fois, c'est Guy Verhofstadt qui refusa cette solution car, selon lui, « les socialistes au gouvernement instaureraient une nouvelle période de chèques en bois ».

Renversement d'alliance

Jean-Luc Dehaene fut alors choisi comme informateur, le 22 janvier 1988. Était-ce une bonne tactique de la part du Souverain ? Dehaene avait été manifestement nommé à la demande des socialistes. Il avait certes le même programme que moi. Mais ce changement de personne permettait aux socialistes d'élaborer des plans qui n'auraient eu, avec moi, aucune chance de succès. J'étais, à leurs yeux, « l'homme de la rigueur », le responsable des restrictions injustes frappant les régions industrielles wallonnes durant les années précédentes.

J'ai eu une conversation très franche avec Jean-Luc Dehaene et je lui ai donné carte blanche: «Jean-Luc, fais ce que tu as à faire. Je ne te susciterai pas la moindre difficulté. Mais n'attends pas de moi que je participe aux négociations.» Je ne pouvais en effet me permettre le moindre faux pas ni mettre ma crédibilité en doute dans l'opinion. En outre, il est vrai que j'éprouvais une certaine aversion vis-à-vis des socialistes francophones: l'expérience de 1981 avait été peu concluante et ils venaient d'organiser une campagne d'affichage dans laquelle ils me discréditaient personnellement en tant que Premier ministre.

Les «cent jours»

Jean-Luc entreprit de dénouer le «nœud gordien» avec énormément de patience et de discrétion. Je doutais beaucoup de son succès et j'attendais – j'espérais même – un retour à la coalition avec les libéraux. L'alternative socialiste était en effet pleine d'embûches. Une grande partie du CVP ne désirait pas une collaboration avec ces socialistes «incapables de gouverner».

Jean-Luc est pourtant arrivé à débloquer cette situation désespérée en intégrant la Volksunie aux pourparlers. Leurs seize députés et treize sénateurs garantissaient une majorité des deux tiers au Parlement.

Après cent jours de négociations, un projet d'accord fut mis sur la table à la fin avril. Une grande réforme de l'État était annoncée, une façon de faire avaler la couleuvre à l'arrière-ban le plus méfiant du CVP. Le SP rejoindrait en outre l'exécutif flamand, qui avait été constitué sans eux mais avec le PVV.

L'idée de faire cette réforme de l'État au pas de course était née un an plus tôt, au congrès du CVP à Ostende, le 15 novembre 1986. La résolution disait: «Toutes les compétences importantes concernant l'épanouissement de notre identité flamande doivent être transférées à la souveraine et intégrale responsabilité de la communauté flamande afin que des décisions et actes autonomes puissent être réalisés dans ce domaine. Ces compétences doivent permettre à la communauté flamande de se développer selon sa propre nature et ses propres nécessités. C'est la condition sine qua non d'une cohabitation à long terme à l'intérieur de l'État belge et plus tard, au sein de l'Union européenne.» Il n'était plus question d'une capitale «sous tutelle nationale» mais «d'un statut spécifique et fondamentalement différent de celui attribué à la Flandre et à la Wallonie».

Dans son programme électoral de décembre 1987, le CVP se montrait partisan d'un fédéralisme radical. La réforme de 1980 serait « approfondie et complétée », mais il n'était notamment plus question de mettre Bruxelles sous tutelle nationale. Cette attitude plus souple pourrait permettre au formateur Dehaene de conclure des accords sur le statut de Bruxelles avec les sociaux-chrétiens, les socialistes et la VU. D'autres éléments cruciaux qui manquaient encore au système fédéral furent réglés comme l'élargissement des compétences régionales et un système de financement qui renforcerait la responsabilité des communautés et des régions. L'éducation relèverait désormais de la compétence des communautés et une « pacification » des communes à facilités serait mise en place. Ces réformes se réaliseraient en trois phases.

Entre intentions et devoir

Avant même que le formateur ait fini ses consultations, les spéculations allaient bon train : qui dirigerait la nouvelle coalition ? Objectivement, c'est Jean-Luc Dehaene qui possédait les meilleurs atouts mais je compris, lors d'une conversation avec Frank Swaelen, qu'il ne verrait pas l'intronisation de Dehaene d'un bon œil. Le CVP avait perdu 60 000 voix en faveur du PVV et il craignait que placer une figure aussi marquée à gauche que Jean-Luc, homme de l'ACW, à la tête d'un gouvernement avec les socialistes, ne soit mal perçue par l'aile droite du CVP. Si je restais en place, ce scénario catastrophe serait évité parce que j'incarnais la politique de rigueur.

J'ai très longtemps refusé cette offre. Après les élections, j'avais pris la décision de quitter la scène politique nationale et de préparer un *comeback* politique à partir d'autres fonctions. J'en avais convenu ainsi avec ma famille. Mon fils était gravement malade et le resterait. Je voulais être plus présent à ses côtés. Mais, sous la pression des circonstances, le sort en a décidé autrement. Je suis reparti pour la rue de la Loi. Accepter à nouveau ce poste de Premier ministre fut pour moi un déchirement et une décision très pénible.

Une pilule amère

Tout le bruit orchestré autour de mon éventuel retour au poste de Premier ministre s'est intensifié brusquement le 17 avril 1988. Je déjeunais à Anvers avec Frank Swaelen et Jean-Luc Dehaene. Ce dernier paraissait optimiste. Il avait obtenu des accords sur le financement des régions et le problème des Fourons avait bien progressé. Frank Swaelen estima que le moment était venu de parler du poste de Premier ministre : « Wilfried, beaucoup de gens insistent pour que tu redeviennes Premier ministre et ce, même dans les plus hautes sphères du pays. Spitaels est même mis sous pression afin qu'il abandonne ses préventions à ton égard. » J'ai refusé spontanément cette proposition. Jean-Luc Dehaene est intervenu à son tour : « Wilfried, pense à notre parti. Pense aux électeurs. Si tu acceptes le poste, ce sera la garantie de la poursuite du redressement. On n'aura pas l'impression qu'à la rue de la Loi, un membre du CVP attendait la chute d'un autre. » Mais j'évoquai à nouveau le problème de crédibilité que me posait l'exercice d'une telle responsabilité avec les socialistes. Le repas se termina donc sur un mode mineur !

D'Anvers, je partis cependant pour Laeken où le Roi insista beaucoup pour que j'accepte la responsabilité de chef du gouvernement. Je lui ai demandé de consulter quelques amis. Les avis de Houthuys, Detremmerie, Verplaetse furent positifs. Vaast Leysen, l'ancien président du VEV, fut plus sceptique, estimant que le monde de l'entreprise ne comprendrait pas mon revirement.

Une promenade dans le parc

Lors de ma visite suivante à Laeken, le Souverain m'invita à une longue promenade dans le parc. Il insista à nouveau. Comme une averse s'était brusquement déclenchée, nous nous retrouvâmes côte à côte sous un abri. J'étais là, à côté de celui qui m'avait toujours soutenu. Je ne pouvais plus refuser. Cette conscience du devoir doit provenir de mon éducation. Je reste convaincu que le devoir suprême d'un homme politique est de gouverner son pays quand on l'y invite.

Je me suis souvent demandé pourquoi le Roi tenait tant à me revoir au 16, rue de la Loi. Je crois que je représentais pour lui une garantie : la réforme de l'État projetée l'inquiétait beaucoup et il redoutait même qu'elle prenne une allure confédérale dans sa troisième phase, évoquée sommairement dans l'accord. Le 11 juillet 1988, il m'adressera même une lettre qui est restée jusqu'à présent largement ignorée [1].

J'ai accepté le poste de Premier ministre le lendemain, 19 avril, au cours d'un petit déjeuner avec Jean-Luc Dehaene et Frank Swaelen. J'ai

1 Voir le chapitre XXXIII, « Baudouin, tel que je l'ai connu ».

posé trois conditions. Jean-Luc me rassura sur les deux premières : il n'y aurait pas de rupture avec la politique économique, sociale et budgétaire du précédent gouvernement et l'accord sur la réforme de l'État serait exécuté selon le calendrier prévu. La troisième (je réclamais une solution définitive pour les Fourons), fut plus difficile. Je n'ai finalement pris place à la table des négociations que le 2 mai, après qu'un accord a été péniblement atteint sur les Fourons. J'étais peu enthousiaste, mais j'étais convaincu que la pilule amère pourrait finalement être digérée et que tout pourrait finalement s'arranger. Des partenaires européens comme Ruud Lubbers, Helmut Kohl, François Mitterrand m'avaient, eux aussi, poussé à accepter.

Gagnants et perdants

Le grand perdant était Guy Verhofstadt. Il se sentait trahi par moi. Il me reprochait d'avoir manqué à ma parole. Il ne me l'a jamais pardonné et, des années durant, il a refusé tout contact. Dès qu'il l'a pu, il a rejeté les sociaux-chrétiens dans l'opposition. Aujourd'hui encore, toutes les fois où il peut diminuer mon parti, il le fait, avec une grande jouissance. C'est un phénomène psychologique intéressant et tout à fait comparable à la haine viscérale qu'André Cools nourrissait à l'égard de Léo Tindemans.

Indépendamment d'une rancune aisément compréhensible, je m'imagine également la désillusion qui l'a envahi en 1988. J'avais toujours laissé entendre que je ne prendrais plus la direction d'une coalition avec les socialistes. J'avais eu beaucoup de contacts avec Guy Verhofstadt de décembre 1987 à mars 1988 : il m'incitait à saboter les efforts du formateur Dehaene et à devenir un opposant au sein de mon propre parti. Je ne l'ai pas fait par loyauté envers le CVP et pour ce qu'on appelle la raison d'État : il fallait éviter une impasse qui conduirait à l'instabilité politique et à la destruction de tout ce que nous avions péniblement bâti durant six ans. Guy était trop jeune et trop entêté pour l'admettre, tout comme il refusait d'accepter qu'il avait empêché une tripartite. Quatre années durant, il allait attaquer la politique du gouvernement et créer un climat qui aboutirait au « dimanche noir » du résultat des élections de novembre 1991.

Devenu formateur après ce scrutin, il a tenté une coalition avec les socialistes. La chose était donc soudain tolérable ! Mais cette tentative n'a pas abouti à cause du retrait prématuré des socialistes flamands, rendus méfiants par les promesses faites par Guy Verhofstadt à Guy Spitaels sur le plan communautaire.

Le moment tant attendu par Guy Verhofstadt n'est arrivé qu'en 1999, après la crise de la dioxine et des élections catastrophiques. Ce fut le premier gouvernement « arc-en-ciel ». La « démocratie du citoyen » qu'il avait si ardemment défendue n'avait été qu'un tremplin qui devait le mener au pouvoir. Une fois parvenu au 16, rue de la Loi, il s'empressa de l'oublier. Ce revirement a fait mal à tous ceux qui ont cru en lui. Mais c'est peut-être pour lui que cette volte-face est la plus lourde à porter. Elle entrera en ligne de compte le jour où il faudra porter un jugement sur son action de Premier ministre.

Embrassades au CVP

Jean-Luc Dehaene fut-il, lui aussi, un perdant dans cette aventure ? Pour certains, oui : il avait mené à bien sa mission de formateur et le Roi ne l'avait pas nommé Premier ministre. En réalité, il avait remporté une superbe victoire en réussissant une mission impossible. À cela s'ajoutait la manière : il m'avait cédé le poste de chef du gouvernement avec élégance, sans rancune ni jalousie. La déception était, par contre, grande dans son entourage. Plusieurs de ses collaborateurs avaient espéré faire partie du cabinet d'un Premier ministre et ils ne me pardonnèrent jamais que les choses se passent autrement. Leur frustration se manifesta clairement, lorsque j'ai été mis sur une voie de garage en mars 1992.

Mais, pour Jean-Luc, il n'y avait aucun problème. Notre entente s'en était même trouvée renforcée. Une fois encore, le tandem Martens-Dehaene avait bien fonctionné. Dans le *Standaard* du 5 mai 1988, Guy Tegenbos écrivit même : « Wilfried Martens et Jean-Luc Dehaene qui n'ont pas l'habitude de manier l'encensoir, se sont traités "d'amis" avec émotion et se sont embrassés à la fin du congrès du CVP. Ce geste n'est pas très courant dans les mœurs du parti. »

Étais-je finalement gagnant ou perdant ? Frans Grootjans a écrit un jour : « Celui qui perd sa crédibilité perd ce qu'il y a de plus précieux en politique. » La décision que j'ai prise le 19 avril fut psychologiquement très éprouvante. Je n'avais une fois de plus pas pu exercer vis-à-vis de mon fils le rôle que je souhaitais et j'en ai beaucoup souffert. Seule ma loyauté envers le Roi m'a, finalement, fait entrer dans ce gouvernement. Je ne le ferais plus aujourd'hui. Non que ma loyauté se soit affaiblie, mais parce qu'il est très difficile de diriger une coalition lorsqu'on n'a pas participé aux négociations préliminaires. Je n'allais pas tarder à en faire l'expérience !

Une bombe atomique institutionnelle

Les pourparlers avaient duré cent six jours avant que Jean-Luc Dehaene arrive à mettre d'accord les sociaux-chrétiens, les socialistes et la Volksunie sur quelques éléments cruciaux qui faisaient défaut au régime fédéral : le statut de Bruxelles, le transfert de l'éducation aux communautés, l'extension des pouvoirs régionaux, un système de financement qui mettait l'accent sur la responsabilité des communautés et des régions et une « pacification » des communes à facilités. Ces réformes seraient développées en trois phases. Dès la première phase, durant l'été 1988, les communautés et les régions obtiendraient de nouvelles compétences. Pendant la deuxième phase, durant l'hiver 1988-1989, le système de financement serait adopté, le statut de Bruxelles réglé et les compétences de la Cour d'arbitrage élargies. Pendant la troisième phase, on réglerait, entre autres, l'élection directe des parlements de région et de communauté et la réforme du système bicaméral.

On donne souvent de mon dernier gouvernement une image très négative. Il aurait souffert d'un manque d'énergie et de vision et aurait sombré dans une incroyable série de pannes et de disputes. Et pourtant il connut des débuts incroyables : en quelques mois, il a réussi à faire passer au Parlement une quantité énorme de projets de lois et de réformes. Ainsi, dès le 8 août 1988, la première phase de la réforme de l'État était un fait accompli. Dès l'hiver 1988-1989, la deuxième phase suivait : 650 milliards de francs furent prélevés sur le budget national pour être alloués aux régions et communautés.

Durant l'automne 1989, mon gouvernement voulut s'atteler à la troisième phase. Comme la première et la deuxième avaient été réalisées très rapidement, la pression était moins forte. Beaucoup d'hommes politiques redoutaient en fait ces parlements de région et de communauté, élus directement et indépendants, pourvus de pouvoirs résiduaires et internationaux. Ils étaient nombreux à penser que de telles assemblées allaient développer une dynamique difficile à contrôler.

La commission parlementaire mixte pour la réforme des institutions fut constituée à la fin du mois de décembre 1989. Elle déposa quatre rapports dès avril 1990 ; les dissensions entre les partis, ceux de la majorité compris, y apparaissaient clairement. Un deuxième tour d'horizon, en juin-juillet 1990, n'apporta rien de nouveau. Au printemps 1991, je proposai donc une « mini » troisième phase. Pour des raisons qui leur étaient propres, mes ministres des Réformes institutionnelles, Jean-Luc Dehaene et Philippe Moureaux, étaient fort peu enthousiastes. En fait, ils avaient décidé entre eux de ne pas exécuter la troisième phase et de la transmettre à la prochaine législature. Les ultimatums de la Volksunie relatifs à l'exécution de la troisième phase restèrent sans effet. Toute solution fut longtemps impossible parce que le CVP avait refusé aux francophones le transfert de la taxe audiovisuelle aux communautés.

Mon gouvernement obtint un début d'accord sur l'élection directe des parlements le 13 septembre 1991 mais une nouvelle crise éclata, à ce moment, au sujet des exportations d'armes. Elle provoqua un affrontement communautaire sans précédent. Pour protéger l'industrie wallonne de l'armement, Philippe Moureaux nous menaça d'une «bombe atomique institutionnelle». Il déclara que les Wallons allaient délivrer eux-mêmes des licences d'armement, étant bien conscient qu'ils sortiraient de leurs compétences. J'ai réussi à éviter cette explosion en régionalisant l'exportation d'armes grâce à la mise en place de comités ministériels régionaux. Cette décision n'a pas été appréciée et n'a pas jugulé la crise ministérielle. Il n'empêche que cet arrangement n'a jamais été abrogé. Au contraire, il a été repris en 2003 dans la loi du 8 août 1980 comme une des compétences des régions.

Feu de paille

Sur le plan économique et financier, les choses avaient apparemment bien démarré. L'économie mondiale reprenait vite et l'économie belge en profitait au maximum. La croissance était en moyenne de 2,8 %. Il régnait une légère euphorie. Les *Golden Nineties* se profilaient et le partenaire socialiste voulait absolument défendre le «retour du cœur».

Mais cette renaissance ne fut qu'un feu de paille. La guerre du Golfe fut le point de départ d'une nouvelle crise économique. Pour éviter une trop grande croissance du déficit, il fallut à nouveau faire des économies sévères. Fallait-il que la Sécurité sociale respecte les règles de la politique budgétaire puisque c'est là que se produisaient les dérapages? J'ai posé la question lors du «conclave» de juillet 1990 mais je me suis heurté à un refus catégorique de Philippe Moureaux: «On ne touchera pas à la Sécurité sociale. C'est impossible pour nous et ce n'était pas convenu en avril 1988». J'ai observé Jean-Luc Dehaene, qui manifesta son accord. J'ai donc interrompu les entretiens. J'étais dans l'embarras: à quoi fallait-il donner la priorité? À ma loyauté vis-à-vis de l'accord gouvernemental ou à mon désir profond d'assainissements véritables?

Insatisfaisant

Beaucoup de gens pensaient que j'allais présenter ma démission, comme Léo Tindemans l'avait fait durant l'été 1978 après un différend d'ordre budgétaire. J'ai préféré examiner l'accord gouvernemental à la loupe. Il y était textuellement mentionné que le niveau des remboursements sociaux devait être maintenu et que les retraites les plus modestes devaient être augmentées même si cela empiétait sur le budget de l'État.

J'étais dans une impasse quasi dramatique : cet accord gouvernemental, réalisé sans moi, présentait de nombreux manques. J'avais accepté d'en être le protecteur, surtout par loyauté envers le travail fourni par le formateur, Jean-Luc Dehaene. Je ne pouvais donc pas renier la parole donnée et provoquer une crise gouvernementale. J'ai donc pris la décision de rester à mon poste car notre pays avait un besoin impératif de stabilité gouvernementale, surtout dans le contexte international. Nous devions affronter la guerre du Golfe, les bouleversements en Europe centrale et de l'Est et, en ce qui concerne la Belgique, les troubles graves que connaissaient le Zaïre, le Rwanda et le Burundi. Le Conseil européen se réunissait plus souvent qu'à l'habitude afin de prendre des décisions importantes sur l'avenir de l'Europe, de l'Atlantique à l'Oural et peut-être au-delà !

Mais cette attitude courageuse ne fut pas partagée par tout le monde. Les élections européennes de 1989 avaient été défavorables au PS, au SP et à la VU, et depuis, Spitaels et Vandenbroucke se comportaient comme s'ils avaient perdu tout sens des responsabilités ; ils ne cessaient de provoquer des polémiques. Particulièrement en politique extérieure où ils adoptèrent une attitude pacifiste, prônant une sorte d'isolationnisme belge, en pleine guerre du Golfe. Guy Coëme refusant de livrer des obus à la Grande-Bretagne en est le meilleur exemple. Et lorsque les putschistes communistes prirent le pouvoir à Moscou, en août 1991, Guy Spitaels, président du PS, leur manifesta au début son soutien.

De tels incidents risquaient de rendre notre pays ridicule et peu crédible au sein de l'Otan. Il y avait aussi des tensions vives entre Frank Vandenbroucke, président du SP, et Mark Eyskens, ministre des Affaires étrangères. Celui-ci n'arrivait pas à composer avec l'alternative socialiste et n'hésitait pas à lui marcher sur les pieds lorsqu'il développait les grandes lignes de sa politique. Mais il reçut la monnaie de sa pièce lorsqu'éclata l'affaire Khaled, à la mi-janvier 1991 : ses collègues socialistes ne l'y ont guère épargné…

Le visa de Walid Khaled

L'affaire Walid Khaled connut une genèse à long et à court terme. À long terme, retenons que la famille belge Houtekins était retenue en otage en Libye par le groupe Abou Nidal depuis 1985 et que tous les pourparlers avaient été infructueux jusqu'en 1990. En avril, l'affaire prit une autre tournure. Alex Reyn, chef de cabinet aux Affaires étrangères, me téléphona, dans une tentative désespérée : le groupe terroriste était prêt à relâcher les otages si nous libérions un de ses membres. Il s'agissait de Saïd Nasser, condamné à perpétuité pour un attentat contre des enfants juifs, à Anvers, en juillet 1980. Fallait-il donner suite à cette proposition ? S'il y avait une contrepartie, je n'y voyais aucune objection. Après de plus amples négociations, Saïd Nasser fut libéré le 12 janvier 1991. Il fut échangé au Caire contre les quatre membres de la famille Houtekins. L'affaire semblait terminée. Mais le *Standaard* révéla, le 19 janvier, que Walid Khaled, porte-parole mandaté du groupe Abou Nadal, avait été arrêté par la police de Bruxelles, le 16 janvier. Il était en possession d'un visa touristique délivré par le ministère des Affaires étrangères, le 11 janvier. Il fallut donc le relâcher, à la demande du directeur général du département des Affaires étrangères, Jan Hollants van Loocke.

La présence de Khaled le 16 janvier à Bruxelles me fut révélée, à 20 heures par un coup de téléphone de Louis Tobback, ministre de l'Intérieur... À minuit moins vingt, alors que les premiers bombardiers américains décollaient pour Bagdad, j'ai réussi à contacter Melchior Wathelet, ministre de la Justice. Nous avons décidé de faire sortir Khaled aussi vite que possible du pays. Jan Hollants van Loocke le fit embarquer sur le premier vol à destination de Zurich. La publication de cette nouvelle indigna la majorité comme l'opposition. Selon le ministre Tobback, « la folie avait atteint son paroxysme dans notre pays ». « Alors que toutes les polices traquent les terroristes, un des membres les plus influents de l'organisation la plus réputée se promène tranquillement dans le centre de Bruxelles. Et un ministre était au courant ; je trouve cela énorme », disait Tobback en laissant supposer que le ministre Eyskens connaissait la présence de Khaled à Bruxelles.

Mark Eyskens affirma qu'il n'était pas au courant du visa accordé à Khaled. Sa défense était toutefois si molle que le doute concernant sa responsabilité ne fit que s'intensifier. L'opposition flaira le sang et le cloua au pilori avec l'aide d'un groupe de journalistes qui ne portaient pas le ministre dans leur cœur. Le dimanche 20 janvier, j'ai déclaré à la VRT qu'une enquête serait ordonnée et que l'octroi de ce visa était une erreur de jugement. Herman Van Rompuy, Jean-Luc Dehaene et moi estimions que Mark Eyskens devait démissionner, car sa responsabilité ministérielle était engagée. Mais ce dernier ne l'entendait pas de cette oreille. Il estimait que c'était le Parlement qui devait juger de sa responsabilité ministérielle. Il produisit un document émanant d'un de ses proches collaborateurs qui assurait avoir fait le choix de ne pas informer le ministre de l'étape de Khaled à Bruxelles. Un entretien crucial et pénible réunit dans mon bureau Alex Reyn, Jan Hollants van Loocke et leur ministre. Les deux diplomates remirent leur démission, ce que Eyskens utilisa pour sa défense.

J'ai protégé Mark

Une fois convaincu moi-même, j'ai pris Mark sous ma protection et j'ai organisé sa défense. Ce n'était pas évident! Lors du cabinet restreint du 22 janvier 1991, Mark Eyskens fit une déclaration si embrouillée que Philippe Moureaux l'interrompit brusquement: «Mark, ce que tu nous racontes ne tient pas debout! Tu es en train de nous vendre des fariboles!» Moureaux avait découvert, avant la réunion du cabinet restreint, qu'il avait été fait mention du visa de Khaled lors de la conférence de presse tenue au retour de la famille Houtekins. Mais Mark Eyskens n'avait pas lu la note jusqu'au bout, absorbé qu'il était par la guerre du Golfe imminente. Lors de la réunion plénière de la Chambre, le 31 janvier, j'ai demandé de la compréhension pour cette négligence car ce visa n'était évoqué que discrètement, tout à la fin du document. Mark ne s'en serait jamais sorti sans l'aide de Jean-Luc Dehaene et sans la mienne.

J'ai dû défendre à cinq reprises la cause de Mark Eyskens devant la Chambre et je n'ai pas nié, dans mes déclarations, que des erreurs de jugement avaient été commises.

Après avoir quelque peu insisté, les socialistes ont retiré leurs critiques afin d'éviter une crise gouvernementale qui ne s'imposait vraiment pas pendant la crise du Golfe! La raison a donc triomphé des sentiments. Mark fut sauvé mais l'opposition n'a cessé de le harceler jusqu'à ce qu'il obtienne la confiance de la Chambre après un débat marathon, en juin 1991. Ce ne fut qu'une victoire à la Pyrrhus: aux élections du 25 novembre 1991, il perdit 45 % de ses électeurs, ce qui prouve qu'il aurait beaucoup mieux fait de démissionner. La situation se serait moins envenimée et il aurait pu continuer à jouer un rôle de premier plan pendant des années. Mais, désormais, son image était trop détériorée.

Le silence est d'or

On a souvent laissé entendre que rivalités et incompréhensions présidaient à mes rapports avec Mark Eyskens. En vérité, j'ai toujours beaucoup aimé travailler avec lui. Il était *the right man in the right place* dans les turbulences internationales que nous vivions. Avec une aisance peu commune, il a pris de nombreuses initiatives dans l'Union européenne et il a fait à nos partenaires des propositions qui furent fort bien accueillies. Son action diplomatique est aujourd'hui universellement reconnue mais elle fut à l'époque totalement occultée par l'affaire Khaled.

Après quinze ans de carrière ministérielle fructueuse, Mark Eyskens a quitté la vie politique en 1992. L'écrivain-homme d'État s'est retiré dans un splendide isolement. Mais il n'a rien perdu de son éloquence et le conférencier séduit par une manière bien à lui d'énoncer ses vérités. Il a son propre langage, volontiers sarcastique.

Il a irrité beaucoup de monde le jour où il a déclaré qu'il « aurait démissionné dans n'importe quel pays, mais pas dans un pays de singes comme la Belgique ». C'est peut-être sa réputation de bavard qui a poussé ses collaborateurs à ne l'informer que partiellement sur l'affaire Khaled : ils avaient si souvent vu leurs tentatives de négociation mises à mal par des hommes politiques soucieux de faire leur petit numéro… Mark fut donc dans un certain sens victime de sa réputation et de sa soif de communication. Dans le monde de la rue de la Loi, il n'est pas toujours paradoxal de voir les plus doués des politiciens manifester sporadiquement des tendances à l'autodestruction.

Pays de singes

La Belgique était donc « un pays de singes ». Cette sortie avait provoqué une fameuse indignation en 1991. Aujourd'hui, c'est devenu un sport, pour les commentateurs et chroniqueurs de la rue de la Loi, de décrire notre pays dans des termes aussi caricaturaux que possible. Certaines de ces critiques sont justifiées et entretiennent un sain relativisme mais d'autres vont trop loin et nourrissent un véritable antipolitisme.

Je n'ai jamais voulu admettre que la Belgique soit « un pays de singes ». Certes, il y a eu dans notre vie politique des moments absurdes, mais un homme politique ne peut se résigner à une situation pervertie. Il doit continuer à se battre pour un avenir meilleur et le moins qu'il puisse faire est d'y croire. Il doit donc se persuader qu'il peut retourner une situation par son influence personnelle. Je rends dans cet esprit hommage à quatre personnalités qui ont vécu pleinement cette conviction durant toute leur vie publique : Paula D'Hondt, Wivina De Meester, Rika De Backer et Gaston Geens. Je considère comme un rare privilège le fait d'avoir pu collaborer avec eux. Jamais ils n'ont recherché la popularité ; ce qui leur importait, c'étaient les résultats et une politique à long terme. Ils ont ainsi rendu à la vie politique une crédibilité que d'autres avaient sapée.

Le meurtre d'André Cools

Incrédulité et trouble. Tels furent les sentiments qui m'envahirent lorsque j'appris, au matin du 18 juillet 1991, l'assassinat d'André Cools. C'est mon porte-parole, Marie-Paule Meert qui nous fit part de la nouvelle. Les ministres étaient réunis au « 16 » pour décider d'investissements à la SNCB. Philippe Moureaux, ami intime de Cools, devint blême. Willy Claes avait les larmes aux yeux. J'ai immédiatement interrompu la réunion afin de prendre les contacts nécessaires. Mon indignation s'exprima lors d'une conférence de presse improvisée : « Si cet attentat a un arrière-plan politique, l'affaire est très grave pour le pays tout entier. J'espère que la Justice va rapidement découvrir ce qui se cache derrière ce meurtre. »

Ce ne fut pas aussi évident. La juge d'instruction Véronique Ancia n'avançait pas rapidement et l'enquête s'enlisait dans des affaires de pots-de-vin auxquelles les socialistes wallons étaient toujours mêlés. L'une d'elles était en rapport avec la livraison de quarante-six hélicoptères militaires. L'affaire – lancée en fait dans la presse en duo par Lou De Clerck, de la *Gazet van Antwerpen,* et Guy Daloze, de *La Libre Belgique,* qui avaient appris ensemble que les premiers Agusta livrés n'étaient pas conformes à la commande, parce que trop lourds – est racontée par Rik Van Cauwelaert dans son livre : *De Augusta crash*[1]. La décision de remplacer les Alouette désuets de l'armée de terre fut prise sous mon gouvernement Martens V. François-Xavier de Donnéa, ministre de la Défense sous Martens VI, entama la procédure d'appel d'offres. Le Service des achats de l'armée fit deux propositions vers le mois de juin 1988 : l'Écureuil français de l'Aéropostale était la solution la moins chère tandis que le BK 117 allemand était la machine qui offrirait le plus de possibilités à

1 Rik van Cauwelaert, *De Agusta-crash. Het jaar nul in de Wetstraat,* Globe Groot-Bijgaarden, 1995.

longue échéance. L'Agusta italien n'était compétitif ni au niveau des prix ni à celui des performances. Comme les Allemands étaient sûrs de la qualité de leur engin, ils n'exerçaient aucune pression. Par contre, les Français et les Italiens assiégeaient les départements de la Défense et des Affaires économiques...

Le gouvernement a décidé en Comité ministériel de coordination économique et sociale (CMCES) le 8 décembre 1988 de commander des hélicoptères Agusta, présenté comme un appareil aux possibilités multiples. Nous avons essentiellement discuté de la répartition régionale des compensations et avons fait confiance à la capacité de jugement du ministre de la Défense, Guy Coëme, qui nous avait régulièrement asséné que cette commande d'hélicoptères était «son dossier». Je me rappelle qu'il insistait beaucoup sur la nécessité d'une décision rapide et qu'il prenait bien à la légère les avis des Finances et du Budget.

Les chefs de cabinet et les conseillers de la Défense, du Premier ministre et les membres du CMCES ont longuement discuté de cette commande. Ce que Louis Tobback racontera plus tard à un journaliste («Quand on y pense, il est effarant de penser qu'un Conseil de ministres puisse décider en quelques secondes d'un achat s'élevant à des milliards») est donc faux.

«Ce sera Agusta ou rien»

J'avais pleinement confiance dans la décision prise et ne me doutais nullement que quelque chose d'irrégulier avait pu se produire. Ce n'est qu'après certaines révélations dans la presse et l'enquête de Véronique Ancia que j'ai compris pourquoi Guy Coëme voulait aller si vite. Il paraît que, dès la fin du mois de novembre 1988, il déclarait déjà à qui voulait l'entendre et bien avant que le comité ministériel n'ait pris une décision: «Ce sera Agusta ou rien». Le ministre des Affaires économiques, Willy Claes, avait manifesté une légère préférence pour Agusta, suite à un rapport de son administration sensible aux compensations et investissements.

La rue de la Loi trembla sur ses bases lorsqu'il apparut que les socialistes flamands avaient, eux aussi, reçu des pots-de-vin dans les dossiers d'armement. Une affaire que l'on croyait wallonne et spécifiquement liégeoise, avait des ramifications en Flandre. En septembre 1994, Étienne Mangé, trésorier du SP, reconnut dans deux déclarations qu'il avait non seulement reçu 51 millions de francs belges (1,3 millions d'euros) d'Agusta mais aussi 10 millions de francs français (150000 euros) du constructeur Dassault.

J'ai appris à mon grand étonnement que certains soupçonnaient le Premier ministre d'être parfaitement au courant de ces malversations. Rik Van Cauwelaert écrit que certains ministres avaient l'impression, à cette époque, qu'entre le CVP et le PS, et plus exactement entre les vice-Premiers ministres Jean-Luc Dehaene et Philippe Moureaux, avait lieu une concertation spécifique à propos des questions sensibles. Il n'y a pas eu d'opposition des ministres CVP lorsque, quelques mois plus tard, Guy Coëme présenta deux nouveaux contrats : un pour la rénovation des Mirage vieillissants et l'autre pour la protection électronique des bombardiers F16. Ces deux contrats représentaient des milliards qui tombaient comme des fruits mûrs dans l'escarcelle de Dassault et de sa filiale belge SABCA.

Le 23 décembre 1998, la Cour de cassation condamna Guy Coëme, Willy Claes [1], Guy Spitaels et les autres accusés à des peines de prison avec sursis, à de lourdes amendes et à la suppression de leurs droits civils et politiques. La Cour a motivé ses arrêts : dans une démocratie, les citoyens attendent des représentants qu'ils ont portés aux plus hautes fonctions une défense de l'intérêt général et non celle de profits personnels ou partisans.

---

1 L'affaire coûta à Willy Claes – et à la Belgique – un des plus hauts postes dans les institutions internationales. Il dut en effet démissionner de sa fonction de secrétaire général de l'Otan le 21 octobre 1995. À grand bruit dans les médias internationaux. Ainsi et par exemple, voici le texte du reportage de Patricia Kelly sur *CNN*, le 20 octobre : « NATO Secretary-General Willy Claes is expected to announce his resignation Friday, following a vote by the Belgian House of Representatives to force the former economic affairs minister to defend himself against charges of corruption and fraud.

Belgian lawmakers voted 97-52 Thursday to send Claes before the country's highest court, where he will answer allegations that he took bribes from an Italian aircraft manufacturer in the late 1980's. Claes spoke to the deputies behind closed doors Thursday, and the lawmakers voted by secret ballot against him. Claes contends he's done nothing wrong. He claims the charges are politically motivated. « I've given my word of honor as a Belgian minister of state that I'm innocent », he said. At the heart of the scandal are government military contracts, one with the Italian manufacturer Agusta to buy helicopters and another with the French firm Dassault to modernize Belgium's fleet of F16 fighter planes. Claes hasn't been charged with anything, but the public prosecutor says there's enough suspicion surrounding him to have the former minister indicted by the country's supreme court of appeal.

The Belgian press already has made up its mind. Many journalists are of the opinion that Claes should resign, and they predict that, on Friday, he will. « He's got to have his mind free to be able to lead NATO, » said Guy Daloze, political editor of *La Libre Belgique*. « And he's no longer got that. » The leading French language daily *Le Soir* quotes an anonymous « friend » of the NATO secretary-general as saying Claes has a 1-in-100 chance of surviving Thursday's vote. Of course, says Pierre Lefevre, foreign editor of *Le Soir*, « it's possible that there isn't any real proof to back up the accusations against him. »

Le problème du financement des partis était à nouveau posé, parallèlement à la sanction de ceux qui s'étaient rendus coupables de corruption. Il était intolérable que la corruption alimente une caisse noire destinée à répondre aux besoins des partis, alors qu'une stricte réglementation existait pourtant en la matière. En 1994, j'ai été par exemple obligé de contracter un emprunt de trois millions de francs destinés à financer la campagne de mon élection au Parlement européen. J'ai réussi à rembourser cette somme et les intérêts grâce à l'indemnité que j'ai perçue pour mes cinq années de présence à ce parlement.

Vraisemblablement – et heureusement pour moi! – mes partenaires m'ont sans doute jugé trop naïf et trop scrupuleux pour m'associer à des affaires de nominations et de gros sous. J'ai pourtant, pendant mes sept ans de présidence du CVP, porté à bout de bras la lourde tâche du financement de nombreuses campagnes électorales. Je suis arrivé à remplir cette mission avec l'aide d'August Cool.

Lorsque j'étais Premier ministre, les problèmes de nomination et de financement ne m'incombaient plus, si l'on excepte les dîners réunissant de nombreux convives et destinés à faire rentrer de l'argent. Il me fallait y jouer mon rôle de vedette. Léo Delcroix répétait à qui voulait l'entendre qu'en dehors de cela, il ne fallait pas faire appel au Premier ministre. Certains en ont donc conclu que mon influence au sein du parti était fort réduite!...

NATO itself has not pressured Claes to resign. The Western alliance says the secretary-general will have to make that decision for himself.

Claes has served as NATO secretary-general for exactly one year. There's been nothing but praise from the alliance for his leadership. But if Thursday's vote in Parliament goes against him, NATO could soon be looking for a new leader.

Chapitre XX

LE ROI REFUSE DE SIGNER LA LOI SUR L'AVORTEMENT

Mon dernier gouvernement (1988-1991) s'est trouvé confronté à une crise constitutionnelle sans précédent. Le roi Baudouin a en effet refusé de sanctionner la loi sur l'avortement qui avait été approuvée au Parlement. Mon parti était, comme le Roi, opposé à cette loi et se trouvait donc dans une situation extrêmement délicate.

Jusqu'en 1988, le problème de l'avortement était resté à l'état latent. Lorsque j'étais jeune président du CVP, j'avais collaboré, avec le PSC, à la définition de notre position. Je me suis aperçu, dans toutes les négociations que j'ai eues à ce sujet, qu'aucun compromis n'était possible entre ceux qui voulaient une libéralisation totale de l'avortement et ceux qui, comme la plupart des membres de mon parti, estimaient que l'avortement ne pouvait être légalisé que dans des circonstances exceptionnelles et clairement définies.

Le gouvernement Tindemans I avait créé en 1974 une commission nationale chargée des problèmes éthiques. Deux points de vue opposés s'étaient manifestés dans son rapport final du 15 juin 1976. Une petite majorité de treize membres, surtout libres penseurs, souhaitaient que l'avortement échappe partiellement à la législation pénale et que les circonstances psychologiques vécues par des femmes en état de détresse soient prises en compte. Une minorité de douze membres, pour la plupart chrétiens, ne voulaient soustraire à la loi pénale que l'avortement thérapeutique, en établissant clairement que le seul objectif poursuivi était la santé.

Au Sénat, la commission de la Justice et celle de la Santé publique furent chargées de trouver un consensus. Pendant les années qui suivirent, des dizaines de propositions de loi furent déposés, sans jamais obtenir de majorité. La position des libéraux était généralement prépondérante : ils refusèrent ainsi les propositions radicales de Willy Calewaert ou de Leona Detiège. Une première évolution eut lieu en 1978, lorsque Lucienne Herman-Michielsens, présidente des femmes libérales et ancienne collaboratrice du ministre Vanderpoorten, présenta un projet relativement modéré ; son intention était de rapprocher les points de vue de tous les partis.

Afin d'éclairer la suite des événements, il me faut reconnaître qu'à cette époque le CVP n'a pas beaucoup réagi à cette conciliation libérale. Au contraire : notre position sur l'avortement s'était durcie, surtout au Sénat, alors que l'opinion publique devenait plus tolérante. Les accords pris par les procureurs généraux de ne plus poursuivre les délits d'avortement pouvaient compter sur l'approbation quasi unanime de la population.

Jusqu'à la fin des années quatre-vingt, le CVP fut persuadé que la loyauté entre les partenaires d'une coalition gouvernementale était si forte qu'une majorité en faveur de l'avortement ne pourrait se dégager, ni même une majorité parlementaire alternative.

Lucienne Michielsens se lasse

Un nombre de libéraux sans cesse croissant, dont Lucienne Herman-Michielsens, étaient fatigués de l'obstruction pratiquée par le CVP et de sa stratégie qui empêchait toute évolution. Un deuxième changement de cap se produisit en 1985. Herman-Michielsens et un socialiste francophone, Roger Lallemand, présentèrent un compromis de plus : l'avortement pourrait être pratiqué, à la demande de la mère, dans les quinze premières semaines de la grossesse. Ces quinze semaines devinrent douze dans un texte ultérieur ; dans les semaines suivantes, l'interruption de grossesse ne pourrait se pratiquer que dans des circonstances déterminées et sous contrôle.

La proposition fut présentée le 6 avril 1986. Elle obtint l'appui des socialistes, de la plupart des libéraux, des Écolos et du FDF. Certains membres du PSC et de la VU n'y étaient pas franchement opposés. Les tractations gouvernementales entre les socialistes et le formateur Jean-Luc Dehaene au début de l'année 1988 furent cruciales dans ce dossier. Frank Swaelen, président du CVP, avait signalé à l'informateur Spitaels que le projet Lallemand-Michielsens était inadmissible pour son parti. Bien plus, le CVP ne pouvait plus accepter la formule qui était devenue classique du renvoi à un débat parlementaire libre. Les négociateurs socialistes rejetèrent ce point de vue. Finalement, tous se mirent d'accord : on observerait un moratoire jusqu'en janvier 1989, afin de permettre aux partenaires de la coalition de se concerter. Si cela n'aboutissait à rien, on en reviendrait à la longue tradition parlementaire qui avait fait de l'avortement une question à traiter par le seul Parlement.

Les débats sur la proposition Lallemand-Michielsens reprirent le 22 février 1989 et les commissions sénatoriales l'approuvèrent le 20 juin 1989, par 26 voix contre 15 et 2 abstentions; 10 CVP, 2 PSC et 1 VU avaient voté contre. La proposition fut approuvée en séance publique par le Sénat, pratiquement sans modification et par 102 voix contre 73 et 7 abstentions (6 libéraux et 1 PSC).

En tant que chef du gouvernement, je n'avais pas pris part au débat, mais tous connaissaient mon point de vue. J'avais bien dit lors d'une interview à VTM que j'étais tout à fait d'accord avec la position des évêques belges: cette proposition de loi compromettait radicalement le droit à la vie au stade initial. «Mais, ai-je ajouté, je reste entièrement loyal vis-à-vis de l'accord gouvernemental qui en fait une question de liberté de conscience et d'interprétation. Chaque parlementaire devra donc voter en son âme et conscience. Pour moi, cela signifie voter contre. Je ne mettrai pas, pour cela, la survie du gouvernement en danger.»

Après l'adoption par le Sénat, j'ai poussé mon parti à faire une contre-proposition. Je tentais encore d'arriver à un consensus. C'est pourquoi j'ai organisé au début du mois de février 1990, au château du Stuyvenberg, deux entretiens entre les socialistes francophones Spitaels et Lallemand et les sociaux-chrétiens flamands Jean-Luc Dehaene et Herman van Rompuy. On examina un monceau de formules qui auraient pu permettre un arrangement mais les socialistes francophones n'avaient plus l'ombre d'une confiance dans le CVP après les violents reproches qu'ils avaient dû encaisser de la part de nos sénateurs. Ils nous soupçonnaient de manœuvre[1].

---

1 Plus d'un an plus tard, le 1er octobre 1991, le président du parti socialiste, Guy Spitaels, en plein milieu de la crise au sujet des livraisons d'armes, s'écriera, triomphant, dans une allocution à Grivegnée: «Nous comptons à nouveau, et comment! Nous en avons fait la preuve dès février 1990 lorsque nous avons fait voter la loi sur l'avortement contre la volonté du CVP. J'avais été invité au château du Stuyvenberg. Le Premier ministre Martens et le président du CVP Van Rompuy étaient presque à genoux. Ils suppliaient de faire quelques petits amendements à la loi pour qu'ils ne perdent pas complètement la face. J'ai tiré l'échelle et j'ai dit non. Fini. Le repas qui a suivi au château fut sibérien.» Pour Dehaene, cette allocution fut le signal d'une rupture définitive avec Spitaels. J'ai personnellement été très choqué. J'ai d'ailleurs déclaré que ce discours m'avait définitivement vacciné contre Spitaels. (*De Morgen*, 2 octobre 1991).

Questions

Le Roi ne m'avait jamais parlé de ce problème mais, dans les milieux politiques, des doutes subsistaient au sujet de sa signature au bas d'un texte de loi concernant l'avortement. La question avait été évoquée lors d'un entretien chez Mgr Daelemans, à Meise, en présence du cardinal Danneels, un an à peu près avant l'adoption de la loi. J'avais fait remarquer qu'un refus royal pouvait mener à une crise monarchique. Le Cardinal avait répondu que dans ce cas, on pourrait compter sur lui.

Cette crainte se fit encore plus vive quand le Roi ne laissa subsister aucun doute sur ses convictions lors de son message de Nouvel An dans lequel il affirmait que la protection de la vie, avant la naissance, était pour lui une chose très importante. L'allusion à la *Déclaration internationale des droits de l'enfant* de 1960 était claire. On pouvait y lire: «L'enfant, en raison de son immaturité physique et mentale, a besoin d'une protection spéciale et de soins, et, parmi ceux-ci, de la protection adéquate des lois, avant et après sa naissance.» Nous évoquions régulièrement dans le groupe des ministres CVP un refus possible du Roi mais c'était à titre de pure hypothèse. Et, voilà qu'à la mi-février, le ministre flamand Jan Lenssens vint nous annoncer que le problème de la signature royale était résolu: il l'avait entendu de la bouche même du Souverain, disait-il. Comment Jan Lenssens a-t-il pu se tromper à ce point?

Encouragés par le président du parti Herman Van Rompuy, les ministres CVP de l'exécutif flamand avaient rédigé un programme de travail destiné à réagir préventivement aux méfaits de l'avortement. Hugo Weckx de la Santé publique, Jan Lenssens, du Bien-Être, et Daniel Coens, de l'Enseignement, élaborèrent des textes concernant l'aide aux femmes dont la grossesse n'était pas désirée. Ils mettaient aussi en place une politique de contraception mieux adaptée. Ils voulaient aussi augmenter les possibilités d'accueil des enfants, pratiquer la discrimination positive en faveur des mères célibataires, éduquer les jeunes à une conception des relations dans lesquelles la sexualité était considérée comme une activité humaine de grande valeur. Le Roi manifestait beaucoup d'intérêt pour ces travaux et reçut leurs auteurs en audience successivement. C'est suite à son entretien avec le Souverain que Jan Lenssens avait cru comprendre que le Roi signerait la loi sur l'avortement. Selon lui, le chef de l'État était «converti». Cette nouvelle fut pour moi un grand soulagement.

Un projet de lettre

Mon étonnement fut donc grand et sincère lorsque je fus convié au château de Laeken le 30 mars 1990, le lendemain de l'approbation de la loi sur l'avortement à la Chambre. Le Roi me présenta un projet de lettre dans lequel il déclarait que sa conscience ne l'autorisait pas à signer et donc à sanctionner la loi sur l'avortement adoptée par le Parlement.

En sa présence, j'ai lu et relu ce projet de lettre, rédigé en néerlandais. J'avais immédiatement perçu les conséquences possibles d'un tel refus. Est-ce une muse ou le Saint-Esprit qui m'inspira, mais je dis au Roi: « Sire, votre lettre soulève un problème fondamental. Si elle reste formulée de cette manière, je ne puis que vous présenter la démission de mon gouvernement, ce qui peut mener à une véritable crise constitutionnelle et monarchique. Si vous voulez éviter cela, il faudrait me demander de trouver une solution qui concilierait deux éléments: votre problème de conscience et le bon fonctionnement de nos institutions démocratiques. »

Le Roi reprit son projet et me fit parvenir quelques heures plus tard la lettre suivante:

« Château de Laeken

30 mars 1990

Monsieur le Premier ministre,

Ces derniers mois, j'ai pu dire à de nombreux responsables politiques ma grande préoccupation concernant le projet de loi relatif à l'interruption de grossesse.

Ce texte vient maintenant d'être voté à la Chambre après l'avoir été au Sénat. Je regrette qu'un consensus n'ait pu être dégagé entre les principales formations politiques sur un sujet aussi fondamental.

Ce projet de loi soulève en moi un grave problème de conscience. Je crains en effet qu'il ne soit compris, par une grande partie de la population, comme une autorisation d'avorter durant les douze premières semaines après la conception.

J'ai de sérieuses appréhensions aussi concernant la disposition qui prévoit que l'avortement pourra être pratiqué au-delà des douze semaines si l'enfant à naître est atteint « d'une affection d'une particulière gravité et reconnue comme incurable au moment du diagnostic ». A-t-on songé comment un tel message serait perçu par les handicapés et leur famille?

En résumé, je crains que ce projet n'entraîne une diminution sensible du respect de la vie de ceux qui sont les plus faibles.

Vous comprendrez donc pourquoi je ne veux pas être associé à cette loi.

En signant ce projet de loi et en marquant en ma qualité de troisième branche du pouvoir législatif, mon accord avec ce projet, j'estime que j'assumerais inévitablement une certaine coresponsabilité. Cela, je ne puis le faire pour les motifs exprimés ci-dessus.

Je sais qu'en agissant de la sorte, je ne choisis pas une voie facile et que je risque de ne pas être compris par bon nombre de concitoyens. Mais c'est la seule voie qu'en conscience je puis suivre. À ceux qui s'étonneraient de ma décision, je demande: «Serait-il normal que je sois le seul citoyen belge à être forcé d'agir contre sa conscience dans un domaine essentiel? La liberté de conscience vaut-elle pour tous sauf pour le Roi?»

Par contre, je comprends très bien qu'il ne serait pas acceptable que par ma décision, je bloque le fonctionnement de nos institutions démocratiques. C'est pourquoi j'invite le gouvernement et le Parlement à trouver une solution juridique qui concilie le droit du Roi de ne pas être forcé d'agir contre sa conscience et la nécessité d'un bon fonctionnement de la démocratie parlementaire.

Je voudrais terminer cette lettre en soulignant deux points importants sur le plan humain. Mon objection de conscience n'implique de ma part aucun jugement des personnes qui sont en faveur du projet de loi. D'autre part, mon attitude ne signifie pas que je sois insensible à la situation très difficile et parfois dramatique, à laquelle certaines femmes sont confrontées.

Monsieur le Premier ministre, puis-je vous demander de faire part de cette lettre, à votre meilleure convenance, au gouvernement et au Parlement.

Votre dévoué,

(s) Baudouin»

J'ai donc constaté, avec un soupir de soulagement, que le Roi demandait de rechercher une solution juridique au problème.

L'abdication fut envisagée

On pouvait donc entamer la recherche de cette solution juridique. Les conversations devaient se dérouler dans le plus grand secret. La moindre fuite vers la presse pouvait engendrer une crise politique d'une ampleur que nous n'avions jamais vécue. Le vice-Premier ministre PS

Philippe Moureaux fut le premier que j'avisai de cette missive. Il me dit spontanément: «Voilà ce que j'ai toujours redouté.» Plus tard, j'en parlai à Jean-Luc Dehaene. Il fut formel: «Le gouvernement ne peut tomber sur un tel problème, sinon, nous nous dirigeons vers des élections dont le Roi sera l'enjeu. Nous devons trouver une solution. Mais rien ne doit s'ébruiter et certainement pas du côté de nos sénateurs qui se serviraient de cette lettre pour prouver qu'ils avaient raison.» Willy Claes se contenta de déclarer sombrement: «Le Roi doit revenir sur sa décision sinon le pays sera sens dessus dessous.» Le vice-Premier ministre socialiste flamand était sur le point de partir en Union soviétique pour une mission économique et il dut invoquer, au pied levé, «des raisons familiales urgentes» pour pouvoir rester au pays. Quant au vice-Premier ministre Schiltz, je n'ai pu l'avertir ce même vendredi, car il venait de partir au Portugal avec sa famille. Je l'ai fait revenir par un avion gouvernemental pour lui soumettre la lettre royale, le samedi.

J'ai invité ce même samedi soir les vice-Premiers ministres au Stuyvenberg pour un premier échange d'idées. Ce fut une espèce de *brainstorming* au cours duquel toutes les possibilités furent discutées, même les plus radicales. La possibilité d'une abdication fut envisagée, suivie de la nomination d'un régent puis de la prestation de serment d'un nouveau souverain. Une autre proposition était d'envoyer au Roi une délégation officielle composée de personnalités d'une haute moralité et d'experts constitutionnels afin de tenter de le faire revenir sur ses intentions. Nous avons aussi pensé à permettre au Roi de joindre une annotation au texte de loi dans laquelle il exprimerait ses réserves. Une autre possibilité était de proclamer une assemblée constituante suivie de nouvelles élections ou encore de suivre l'exemple norvégien dans lequel le Roi n'est plus obligé de ratifier toutes les lois.

«Vous pouvez même m'envoyer le pape!»

La plupart de ces solutions furent immédiatement abandonnées: ou bien elles n'étaient pas réalisables, ou bien elles rencontreraient de fortes objections au Palais. La solution norvégienne était la meilleure aux yeux du secrétaire du Conseil des ministres, le professeur de droit constitutionnel André Alen, et il fit comprendre que cette solution aurait l'appui du chef de cabinet du Roi, Jacques van Ypersele. Elle impliquait toutefois la modification de l'article 26 de la Constitution (aujourd'hui 36): «Le pouvoir législatif fédéral s'exerce collectivement par le Roi, la Chambre des representants et le Sénat.» Elle demanderait aussi la révision de l'article 69 (aujourd'hui 109) qui stipule que «le Roi sanctionne et promulgue les lois». Or, cet article ne figurait pas dans la liste de ceux qui pouvaient actuellement être révisés! De plus, une telle modification de la Constitution durerait de longues semaines, et ce, dans un climat qui serait certainement très agité. En dehors des griefs juridiques, la solution norvégienne placerait mon parti dans une situation impossible: il devrait assurer la majorité des deux tiers nécessaires pour limiter les pouvoirs du Roi, ce qu'il ne voulait en rien! Et pour faire quoi? Sanctionner une loi sur l'avortement contre laquelle le CVP avait voté! La crise gouvernementale était certaine ainsi que des élections organisées autour de l'avortement et la porte ouverte à une nouvelle question royale.

Je continuais à demander fermement le secret absolu. Le monde extérieur, les autres ministres et le Parlement ne pouvaient être informés que lorsqu'une solution praticable aurait été trouvée. Entre-temps, j'avais été reçu en privé par le Roi, comme tous les vice-Premiers ministres. L'intransigeance du Souverain apparaissait clairement dans tous leurs récits. Il avait dit à certains d'entre nous: «Vous pouvez m'envoyer le cardinal et même le pape, je ne changerai pas d'avis.»

L'inspiration de Jean Stengers

Le samedi soir puis le dimanche, nous nous séparâmes sans avoir ne fût-ce qu'une ébauche de solution. Je me rendais parfaitement compte que seul, l'article 82 (aujourd'hui 93) de la Constitution pourrait nous fournir une solution rapide et discrète. Cet article dit: «Si le Roi se trouve dans l'incapacité de régner, les ministres, après avoir fait constater cette impossibilité, convoquent immédiatement les Chambres. Il est pourvu à la tutelle et à la régence par les Chambres réunies.»

À première vue, cet article me semblait viser uniquement un handicap physique ou mental grave atteignant le souverain. Mais je me suis rappelé un livre de Jean Stengers, *Léopold III et le gouvernement*[1]. J'avais dévoré cet

1 Jean Stengers, *Léopold III et le gouvernement,* Éditions Duculot, Louvain-la-Neuve, 1980, p. 52: «Première audace: l'article 82 de la Constitution, relatif à l'impossibilité de régner du Roi, visait dans l'esprit des Constituants, le cas de la démence, ou de l'incapacité mentale du souverain à remplir ses fonctions. Le Roi prisonnier de l'ennemi, dira-t-on, était également incapable de les remplir. Mais précisément, le 28 mai, on ne sait pas du tout à Paris si Léopold III sera considéré ou non par les Allemands comme prisonnier. On fait application de l'article 82 parce que, étant resté en Belgique occupée, il s'est "placé sous le pouvoir de l'envahisseur"».

ouvrage, à trois reprises, une dizaine d'années auparavant. Un passage m'était resté en mémoire: il concernait les «trois audaces» du Premier ministre Hubert Pierlot qui, lors de sa communication du 28 mai 1940, déclara que le Roi était dans l'impossibilité de régner. L'historien Stengers estimait qu'Hubert Pierlot avait certes fait une interprétation risquée de l'article 82 mais qu'il s'était laissé guider par une règle non écrite: celle de la continuité du pouvoir. Selon Pierlot, cette règle autorisait une compensation entre les organes essentiels de l'État, lorsque l'un d'eux venait à faire défaut. Stengers notait d'ailleurs que la Cour de cassation avait ratifié l'interprétation audacieuse de Pierlot après la libération, en décembre 1944.

Le lundi 2 avril, le comité ministériel restreint des vice-Premiers ministres n'était toujours pas arrivé à trouver une solution réalisable et nous risquions de nous retrouver dans une impasse. J'ai donc exposé mon idée à André Alen. Il n'a pas réagi négativement. J'ai donc décidé d'exposer ma proposition aux vice-Premiers ministres, le lendemain. Philippe Moureaux fut plutôt positif: «C'est une bonne approche. J'ai également réfléchi dans ce sens», dit-il. Mais dès le lendemain, il se montra angoissé et envahi de doutes. Il me fallut pratiquement bétonner sa colonne vertébrale car l'absence de soutien des socialistes francophones sonnerait le glas de ma proposition. Schiltz, Claes et Wathelet furent plus faciles à convaincre. Dans la plus grande discrétion, les vice-Premiers ministres avertirent leurs ministres et présidents de parti. Dans l'intervalle, j'eus un entretien personnel avec le Roi qui m'assura du consentement du chef de l'État à l'application des articles 82 (aujourd'hui 93) et 79 (aujourd'hui 90) du texte coordonné de la Constitution.

Deuxième audace, l'article 82 prescrit: «Si le roi se trouve dans l'impossibilité de régner, les ministres, après avoir constaté cette impossibilité, convoquent immédiatement les Chambres. Il est pourvu à la tutelle et à la régence par les Chambres réunies.» Le rôle du gouvernement, on le voit, se limite strictement à deux actes: faire dresser le constat de l'impossibilité (pour lequel c'est à des médecins, évidemment, que le Constituant songe), et convoquer les Chambres. Dans la formule de mai 1940, il ne fait ni l'un ni l'autre, il constate lui-même.

Troisième audace enfin: puisqu'il est impossible de convoquer les Chambres et de désigner un régent, le gouvernement décide d'exercer lui-même les prérogatives du Roi. Il le fait, expliquera par la suite Pierlot, en s'inspirant d'une "règle non écrite" qui est celle de "la continuité du pouvoir"; cette règle "fait opérer une certaine compensation entre les organes essentiels de l'État lorsque l'un de ceux-ci est défaillant" (Discours de Pierlot à Limoges le 31 mai, dans *Recueil*, p. 135) Il le fait en s'appuyant aussi, par analogie, sur ce qui est prévu par l'article 79 de la Constitution en cas de vacance du trône (Article 79: «À dater de la mort du roi et jusqu'à la prestation du serment de son successeur au trône ou du régent, les pouvoirs constitutionnels du roi sont exercés, au nom du peuple belge, par les ministres réunis en conseil, et sous leur responsabilité»). Mais il le fait en tout cas sans qu'aucune disposition constitutionnelle formelle ne lui en donne le pouvoir.»

Lettres manuscrites

Cette reconnaissance de terrain positive me permettait donc d'agir en plein accord avec le Palais. J'écrivis alors au Roi une lettre manuscrite. Toute la correspondance entre le Roi et moi à cette occasion sera d'ailleurs manuscrite. Certains vice-Premiers ministres l'avaient suggéré afin de donner à ces documents un caractère d'authenticité. Le Roi a même recopié, de sa main, la première lettre, celle du 30 mars.

«Bruxelles, 3 avril 1990

Sire,

J'ai l'honneur d'accuser réception de la lettre que le Roi m'a adressée le 30 mars 1990 concernant le projet de loi relatif à l'interruption de grossesse.

J'en ai fait part aux vice-Premiers ministres. Nous avons pris acte, d'une part, que la conscience du Roi ne lui permet pas de signer ce projet de loi et, d'autre part, que le Roi souligne «qu'il ne serait pas acceptable que par ma décision je bloque le fonctionnement de nos institutions démocratiques».

Partant de ces deux affirmations, le Roi invite le gouvernement et le Parlement à «trouver une solution juridique qui concilie le droit du Roi de ne pas être forcé d'agir contre sa conscience et la nécessité du bon fonctionnement de la démocratie parlementaire».

Après avoir constaté que le Roi maintenait sa conviction, j'ai cherché conjointement avec les vice-Premiers ministres une solution qui n'empêche pas le bon fonctionnement des institutions, ce qui signifie qu'un projet de loi adopté par les deux Chambres doit être sanctionné, promulgué, publié et entrer en vigueur.

C'est pourquoi je propose la solution suivante: qu'avec l'accord du Roi, l'on utilise l'article 82 de la Constitution relatif à l'impossibilité de régner. Conformément à l'article 82 de la Constitution, les ministres, après avoir fait constater cette impossibilité, convoquent immédiatement les Chambres.

Cette impossibilité de régner reposerait sur le fait que le Roi estime qu'il lui est impossible de signer ce projet de loi et donc d'agir en sa qualité de troisième branche du pouvoir législatif.

Pendant la période d'impossibilité de régner, conformément à l'article 79 de la Constitution, les pouvoirs constitutionnels du Roi seront exercés par les ministres réunis en Conseil, et sous leur responsabilité.

Je leur proposerai de sanctionner et de promulguer le projet de loi sur l'interruption de grossesse.

Après cette décision, en vertu de la loi du 19 juillet 1945 tendant à pourvoir à l'exécution de l'article 82 de la Constitution, le Conseil des ministres proposera au Parlement que le Roi reprenne l'exercice de ses pouvoirs constitutionnels après une délibération des Chambres réunies constatant que l'impossibilité de régner a pris fin.

Par ailleurs, afin d'éviter que de tels problèmes ne puissent se poser à l'avenir, le gouvernement a l'intention de proposer une solution structurelle.

Voilà, Sire, les réponses que je porte à la connaissance du Roi suite à Sa lettre du 30 mars 1990.

Si le Roi peut marquer son accord sur le recours à l'article 82 de la Constitution, je convoquerai le Conseil des ministres en vue d'appliquer la procédure décrite ci-dessus.

Je communiquerai également au Parlement, suivant les vœux du Roi, le texte de Sa lettre du 30 mars 1990, et j'y joindrai la réponse du gouvernement.

Je prie le Roi de bien vouloir agréer l'expression de mon profond respect,

(s) Wilfried Martens»

La réponse du Roi me parvint une heure plus tard, à peine.

«Château de Laeken

Monsieur le Premier ministre,

En réponse à votre lettre du 3 avril 1990, je vous fais part de mon accord sur l'application de l'article 82 de la Constitution pour répondre à la situation créée par mon objection de conscience à signer le projet de loi sur l'interruption de grossesse.

Votre dévoué,

(s) Baudouin
3 IV 1990»

Le cœur battant la chamade

Très tard, le même soir, j'attendis l'arrivée des ministres au Stuyvenberg. Mon cœur battait la chamade. Ils devaient en effet tous être en accord sur la mise à l'écart temporaire du Roi et ils devaient tous accepter de signer à sa place la loi sur l'avortement. J'étais conscient de vivre un moment historique et je me rendais compte du choc qui se produirait dans le pays.

Juste avant le Conseil, j'informai les présidents de la Chambre et du Sénat, Charles-Ferdinand Nothomb et Frank Swaelen. Ils manifestèrent une immense surprise et même de l'incrédulité.

Le Conseil des ministres commença à 23 h 20. Il régnait une atmosphère pesante. Seuls manquaient André Geens et Robert Urbain, en mission à l'étranger. Je rappelai les événements, les échanges de lettres avec le Roi et la procédure envisagée.

En raison du caractère historique des événements, je m'appuie désormais sur les minutes du Conseil.

> « Jean-Luc Dehaene demande quelle a été la réaction des présidents des Chambres. Je réponds que malgré leur surprise devant la procédure envisagée, ils ne voient aucune alternative ; ils sont aussi d'avis qu'il est mieux qu'aucun vote par appel nominal ne soit demandé lors de la réunion des Chambres réunies du 5 avril.
>
> Le vice-Premier ministre Melchior Wathelet donne ensuite des précisions sur la procédure qui sera suivie dans les actes officiels : la première décision du 3 avril (impossibilité de régner) paraîtra le 4 avril à 10 heures dans une deuxième édition du *Moniteur* daté du 3 avril ; la deuxième (adoption par le Conseil des ministres) sera datée du 4 et paraîtra dans le *Moniteur* du 5 avril à 7 heures ; la troisième (convocation des Chambres réunies) paraîtra dans une deuxième édition du *Moniteur*, le 5 avril à 10 heures.
>
> Plusieurs membres émettent des remarques sur la procédure et sur la situation.
>
> Le vice-Premier ministre Philippe Moureaux déplore que les institutions n'aient pas pu fonctionner normalement. La publication de la première lettre du Roi peut être interprétée comme une ingérence du chef de l'État dans la politique ce qui est très regrettable et est mauvais pour la fonction royale. Il confirme pour le reste que la solution choisie était nécessaire pour éviter le pire.
>
> Le vice-Premier ministre Dehaene approuve et ajoute que, après la conclusion de la procédure actuelle, le problème pourrait vraisemblablement être à nouveau posé.
>
> Le vice-Premier Claes s'associe aux propos précédents et espère qu'il n'y a plus rien à redouter. Il a craint que l'on n'ait porté atteinte au délicat équilibre de la Constitution de 1831 mais ajoute qu'il n'y avait pas de meilleure solution.
>
> Le ministre des Affaires étrangères Eyskens considère que le Premier ministre, les vice-Premiers ministres puis tous les ministres réunis en conseil ont rendu un extraordinaire service au pays. Il considère aussi que la monarchie sort affaiblie de cette affaire. En outre, la procédure suivie ne peut créer un précédent.

Une solution structurelle est nécessaire, ce qui peut entraîner un autre rôle de la monarchie dans l'avenir.

Le vice-Premier ministre Schiltz confirme et assure que ce rôle revu de la monarchie doit être demain dans tous les esprits.

Le vice-Premier ministre Wathelet s'associe aux propos de ses collègues et confirme que la voie choisie était nécessaire pour éviter le pire. »

Chaque membre du Conseil a ensuite, sur ma proposition, signé la décision relative à la constatation de l'impossibilité de régner puis le Conseil a sanctionné la loi sur l'avortement. Chaque ministre a aussi signé ce projet sur place. Le Conseil a été suspendu à minuit.

Je me suis rendu chez le Roi. Une deuxième réunion se tint vers une heure du matin, le 4 avril. J'ai donné lecture de la nouvelle lettre manuscrite du Roi suivante :

« Monsieur le Premier ministre,

J'ai pris note de votre communication selon laquelle les ministres réunis en conseil et sous leur responsabilité, ont sanctionné et promulgué le projet de loi sur l'interruption de grossesse.

En conséquence, la raison de mon impossibilité de régner a cessé d'exister. Je vous demande d'en informer le gouvernement et les Chambres législatives.

Votre dévoué,
(s) Baudouin »

J'ai signalé au Conseil que j'avais informé des événements les chefs de l'opposition, Guy Verhofstadt et Antoine Duquesne pour les libéraux et que je les recevrais, avec Mme Aelvoet et M. Vaes pour les Écolos, ensemble le matin même. Je n'ai volontairement pas mis le président du Vlaams Blok au courant.

Nous nous sommes séparés à 1 h 30, après avoir décidé qu'il n'y aurait pas d'autre déclaration ministérielle que le communiqué gouvernemental ; ce dernier insistait, à la demande des vice-Premiers ministres Moureaux et Dehaene, sur le fait que le bon fonctionnement des institutions, que le Roi ne souhaitait pas entraver, impliquait qu'un projet de loi adopté par les deux Chambres devait être sanctionné et promulgué et entrer en vigueur.

Les dés étaient jetés et le Rubicon franchi dans le plus grand secret. À 5 h 30, les auditeurs de la radio entendirent, pour la première fois, que le Roi avait refusé de signer la loi sur l'avortement approuvée par le Parlement et que mon gouvernement avait constaté l'impossibilité de régner. Cette nouvelle fit l'effet d'une bombe. Au départ, personne ne semblait se rendre compte de l'exacte portée des événements. Les juristes, les experts en droit constitutionnel, convoqués précipitamment, improvisèrent comme ils pouvaient. Une grande excitation politique se manifesta bientôt. Deux parlementaires européennes socialistes, Raymonde Dury du PS et Marijke Van Hemeldonck du SP, réclamèrent, depuis Strasbourg, l'abdication du Roi. Mais au fil de la journée, lorsque les porte-paroles eurent donné les explications nécessaires, le bon sens reprit ses droits.

Séance historique

Les Chambres réunies devaient se réunir le jeudi. La veille, j'ai dû affronter, à Nossegem, une réunion fort critique des groupes du CVP. Les juristes du Sénat, en particulier, trouvaient ma solution boiteuse, mais ils n'avaient rien de mieux à proposer. Je percevais dans leurs déclarations un reproche à peine déguisé : « Le Roi a fait ce que nous aurions dû faire : provoquer une crise ouverte à propos de cette très mauvaise loi. »

Après cette période de turbulence, j'ai eu enfin le temps de lire les centaines de pages que les journaux avaient consacrées à l'événement. J'ai aussi suivi les émissions des différentes radios et télévisions et j'ai pu constater que l'impossibilité de régner faisait également la une des médias étrangers. *Het Laatste Nieuws* avait fait une enquête dont il ressortait que 31 % des personnes interrogées estimaient que le Roi avait failli à sa tâche ; 52 % comprenaient qu'il ait suivi sa conscience ; 77 % répondaient « non » à la question de savoir si le Roi devait abdiquer. Les commentaires de presse avaient de la compréhension pour le chef de l'État et on rendait hommage à la manière dont mon gouvernement avait évité une crise de régime.

C'est donc tranquille et plein de confiance que j'ai abordé un hémicycle bondé et des tribunes combles. J'ai lu la première lettre du Roi, ma réponse et les autres répliques du Roi aux propositions du gouvernement. La séance était menée par les présidents des Chambres Nothomb et Swaelen et elle se déroula sans heurts. Les Chambres réunies ont constaté que l'impossibilité de régner avait cessé. Le Vlaams Blok quitta la salle avant le vote ; 243 membres des deux Chambres votèrent pour et 93 se sont abstenus, dont deux membres VU seulement de la majorité. L'impossibilité de régner n'avait duré que trente-six heures mais tous s'accordaient à dire que c'était un événement unique et qu'il devait le rester.

Sortir de l'impasse

C'est avec des sentiments divers que j'analyse aujourd'hui cette période politique mouvementée. Lieven van Gerven, président du Davidsfonds à cette époque, m'a demandé publiquement comment la conscience de Martens pouvait être tellement plus élastique que celle du Roi. La réponse est très simple mais elle est peut-être difficile à comprendre pour le grand public. En tant que législateur, j'avais laissé parler ma conscience et j'avais voté contre la loi. Mais en tant que membre du pouvoir exécutif, je n'étais plus une personne douée de conscience, mais une fonction. C'est une question assez simple mais fondamentale pour un homme politique : ne pas confondre la personne et la fonction. Ma personne a voté contre la loi, mais dans le cadre de ma fonction, je l'ai sanctionnée.

Quelques jours plus tard, j'ai eu la preuve de l'incompréhension d'une grande partie du public. Le Roi et la Reine visitaient les Floralies gantoises et les visiteurs étaient fort surpris de nos rapports qui étaient manifestement des plus amicaux. Beaucoup de personnes présentes pensaient qu'il y avait eu un conflit aigu entre le Roi et le Premier ministre et ne comprenaient donc rien à notre bonne entente. L'opinion publique n'avait pas saisi à quel niveau les événements s'étaient réellement passés. Par la suite, le Roi m'a longuement et chaudement remercié d'avoir sorti la monarchie d'une impasse. Mais j'ai senti malgré tout que cette loi sur l'avortement le décevait et plus encore qu'il regrettait que nous n'ayons jamais trouvé un consensus permettant d'envisager une alternative humainement valable.

Je comprenais son attitude et, tout au fond de moi, j'y adhérais. Si nous n'avions pas évité la crise, Baudouin se serait certainement retiré. Et le facteur décisif n'avait pas été Fabiola, comme on l'a dit trop souvent. Il s'agissait de la conviction la plus personnelle et la plus intime du Roi. Pour ma part, j'aurais souhaité une modification limitée de la loi pénale, lorsque la chose était encore possible ; si nous avions travaillé à un projet de loi avec les libéraux comme l'ont fait nos amis chrétiens-démocrates allemands, nous aurions aujourd'hui une législation beaucoup plus contraignante. J'étais et je reste un adversaire absolu de l'avortement à la demande. Il me semble que mener une vie libertine, ne pas utiliser de préservatifs et recourir ensuite à l'avortement est une attitude indigne d'un être humain. Je ne puis mettre en accord cette façon de se comporter et ma conscience, exactement comme le roi Baudouin.

Albert II fait la différence

Le successeur de Baudouin, le roi Albert II, fait, lui, très bien la différence entre sa conscience personnelle et sa fonction. Je suis à 100 % persuadé que feu le roi Baudouin n'aurait jamais sanctionné la loi sur l'euthanasie. Il aurait même tout fait pour qu'il n'y ait pas de loi à ce sujet. Il me confia un jour que la reine Beatrix partageait son inquiétude. « Mais elle peut compter sur la résolution du Premier ministre Lubbers », ajouta-t-il.

Pour terminer, il me semble étonnant que le monde politique tire si peu de leçons des événements importants. Le problème de conscience du chef de l'État peut se reproduire à l'avenir et dans toute son ampleur. De toutes les propositions qui ont été formulées en 1990 pour modifier la fonction royale, pas une seule n'a abouti à la Chambre ni au Sénat.

Chapitre XXI

MES EXPÉRIENCES AFRICAINES

Dans les années 1970-1980, un Premier ministre se levait et se couchait avec un souci majeur: le sort de dizaines de milliers de compatriotes vivant dans notre ex-colonie, au cœur de l'Afrique. Le moindre incident pouvait tourner au cauchemar. Mes prédécesseurs avaient dû régulièrement envoyer des troupes pour protéger nos compatriotes.

Je n'avais pas encore ce genre de responsabilités lors de mon premier voyage au Zaïre, en 1972. Les partis politiques belges s'étaient déplacés en masse au congrès du Mouvement populaire de la révolution (MPR), dans la capitale zaïroise. Je n'étais président du CVP que depuis trois mois, et je représentais le parti lors de la fête grandiose donnée par le parti unique de Mobutu. Le président zaïrois régnait en souverain absolu et sa position semblait très forte, dans son pays comme à l'étranger. Le congrès était placé sous le signe du retour à « l'authenticité ».

Parmi les autres invités belges, se trouvaient le secrétaire du PSC, Henri-François Van Aal, le président du parti libéral Pierre Descamps et, du côté socialiste, Jos Van Eynde et Edmond Leburton. Mobutu traitait les socialistes avec beaucoup d'égards. Edmond Leburton faisait bonne chère, les Zaïrois au pouvoir l'avaient surnommé « le grand chef blanc » en raison de sa belle chevelure blanche. La présence à ses côtés d'une grande dame belge blonde n'était pas étrangère à son succès.

Un des souvenirs qui me reste de ce premier voyage au Congo concerne la visite que nous avons faite au... *Vatican*. Sur les conseils d'un respectable père scheutiste, la délégation CVP s'était rendue dans le dancing de ce nom. L'ecclésiastique nous avait prévenus que les dames y étaient particulièrement entreprenantes. En effet! Nous avons été sur le champ invités sur la piste de danse. Je croyais m'en sortir en me présentant comme un danseur inexpérimenté. Las! Ma partenaire m'a répondu : « Je vais te conduire », ce qu'elle a fait immédiatement. Quand nous avons décidé de partir, le père nous a encouragés à emmener ces dames dans notre chambre. Comme je m'écriais qu'il n'en était pas question, le père a soupiré : « Elles seront très déçues ! »

J'aime ce pays

Mon deuxième voyage a eu lieu en mars 1981. J'étais Premier ministre et c'était mon premier voyage officiel à l'étranger comme chef de gouvernement. J'estimais qu'il fallait absolument normaliser nos relations avec le Zaïre. Je ne savais pas que trois semaines plus tard je serais obligé de démissionner en raison du refus socialiste du plan de redressement !

Les contacts avec Mobutu et mon collègue Nguza Karl I Bond se déroulèrent dans une atmosphère détendue. Mais les dirigeants zaïrois n'arrivaient pas à comprendre que nous soyons impuissants à museler l'opposition zaïroise à Bruxelles et assuraient que les offenses à un chef d'État ami étaient contraires à la loi. J'avais cependant l'impression que nos entretiens portant sur la coopération, les investissements et les conseillers militaires pouvaient provoquer un nouveau départ dans nos relations. J'ai donc improvisé, lors de la visite de la centrale d'Inga, un discours des plus chaleureux. J'ai prononcé la célèbre phrase : « J'aime ce pays, son peuple et ses dirigeants » et je l'ai écrite sur le livre d'or. Et j'ai ajouté qu'une collaboration sincère et loyale était indispensable entre nos deux nations, « peut-être encore plus pour nous, Belges, que pour vous, Zaïrois ». J'avais laissé parler mon cœur mais le mot « dirigeants » devait être interprété comme un geste à l'égard de Nguza Karl I Bond et des chefs locaux et non de Mobutu.

On a tenté d'attribuer plus tard, ma « déclaration d'amour d'Inga » à la chaleur congolaise et au climat émotionnel qui s'empare de tous ceux qui n'ont pas l'habitude de l'Équateur. J'ai été critiqué par les socialistes flamands mais lors d'un débat télévisé, j'ai précisé que je n'avais pas fait cette déclaration en mon nom propre mais bien en tant que chef du gouvernement : « Le Zaïre a un autre régime politique que le nôtre. Ses dirigeants me sont tous apparus comme des amis de notre pays, considérant la Belgique comme leur seconde patrie. Je considère le président Mobutu comme un ami de notre pays. »

Le dossier des dettes

Huit ans plus tard, le soir du 30 octobre 1988, j'ai atterri à Gbadolite en compagnie de Léo Tindemans, ministre des Affaires étrangères. En subissant une fois de plus les critiques de mes partenaires socialistes flamands : autant de 1982 à 1987, les relations avec le Zaïre n'avaient posé aucun problème avec les libéraux (De Croo était même un intime de Mobutu), autant la nouvelle génération de dirigeants socialistes flamands était inspirée par l'« expert » gauchiste Ronald Vanden Bogaert. Mais on se posait aussi dans notre pays de plus en plus de questions sur le non-respect des droits de l'homme et la corruption, et je sentais que le Roi se distanciait de plus en plus de Mobutu. Lors de la visite qu'il effectua en juin 1985, à l'occasion du 25e anniversaire de l'indépendance, Baudouin insista d'ailleurs, sous l'influence de Jacques van Ypersele, sur le respect de la *Déclaration universelle des droits de l'homme*, ce qui ne plut guère au pouvoir zaïrois.

J'ai été époustouflé par cette ville somptueuse que Mobutu s'était fait construire en pleine jungle. Une fois encore, l'accueil fut chaleureux. Mobutu m'appela « mon ami » à plusieurs reprises. Mais il faisait grise mine dès que la conversation s'orientait vers la régularisation de la dette de son pays. À grand-peine, j'avais obtenu de nos partenaires socialistes une réduction de la dette d'État à État d'un milliard (25 millions d'euros), le cinquième du montant total. Les 17 milliards (425 millions d'euros) de dettes commerciales pourraient être remboursées en vingt-cinq ans. Et la Belgique était prête à négocier les 17 autres milliards (425 millions d'euros) de dettes diverses avec une extrême bonne volonté.

Mobutu ne parut pas apprécier à sa juste valeur un geste aussi conséquent. Il me dit, non sans cynisme : « Monsieur le Premier ministre, nous avons 40 milliards de dettes et vous me faites une remise d'un milliard ! Le Canada nous a libérés totalement de notre dette de 1,5 milliard et l'Allemagne fédérale nous a fait cadeau de 25 milliards. Or, ces deux pays-là ne nous ont jamais colonisés. » Il resta insensible à tous mes arguments, si justifiés soient-ils : « Pour moi, votre système est trop compliqué. J'aime les accords clairs et sans échappatoires. »

Puis, il a joué son rôle favori, celui de l'innocente victime du passé colonial : « Dans votre pays, on parle souvent de violation des droits de l'homme. En 1950, alors que j'étais jeune recrue dans la force publique congolaise, j'ai reçu huit coups de fouet parce que mon béret n'était pas correctement posé sur ma tête. Toutes les prisons que vous avez construites ici, moi, le violeur des droits de l'homme, je n'arrive pas à les remplir. » Et le problème des dettes fut renvoyé à divers groupes de travail techniques.

Mobutu offensé

Dans l'intervalle, Guy Verhofstadt, en Belgique, agissait, dans l'opposition. Il critiquait notre attitude au Zaïre et stigmatisait le manque de préparation et d'harmonie qui régnait au sein du gouvernement. Il agissait ainsi contre tous les usages : l'opposition ne critique pas un ministre tant qu'il est à l'étranger en visite officielle. Mobutu me fit d'ailleurs finement remarquer qu'il ne comprenait pas les critiques libérales après les « gestes » qui lui avaient été demandés par d'éminents libéraux…

Pendant ce temps-là, je visitais Kisangani, l'ancienne Stanleyville qui ressemblait à une ville en ruines, envahie par la jungle. J'y ai déclaré aux journalistes que je ressentais une très grande amitié, sinon de l'amour, pour ce pays et qu'il fallait continuer à l'aider. On prit cela pour une répétition de mes déclarations d'Inga. Les réactions, prévisibles, vinrent des socialistes. Louis Tobback, ministre de l'Intérieur, ironisa dans *Le Soir*: « Tout le monde a les amours qu'il peut. » Guy Spitaels, président du PS, proclama que pour chaque franc qui partirait au Zaïre, il devrait y avoir un franc de plus pour la police, un pour les facteurs et un pour les fonctionnaires. Les socialistes m'interpellèrent : l'abolition des dettes n'aiderait pas à modifier le sort des Africains de la rue mais irait remplir les poches des dirigeants.

Je savais que Mobutu prendrait cela comme une offense. Un mois après mon retour survint la réaction redoutée de Kinshasa. Le Zaïre renonçait à l'allégement de sa dette et le président Mobutu confisquait tous les biens belges. Les Zaïrois qui avaient des possessions en Belgique devaient les vendre avant la fin de l'année et tous les étudiants zaïrois devaient quitter la Belgique à la fin de l'année académique. Malgré des tentatives d'apaisement, une nouvelle dégradation se produisit dès le début de 1989, le Zaïre s'en prenant cette fois à la coopération au développement et à la Sabena. J'ai confié le 18 janvier à *La Libre Belgique* que je persistais à croire en la mission que nous avions remplie, que le Zaïre était notre fenêtre sur le monde et que la crise n'aurait jamais éclaté sans les déclarations insultantes de parlementaires libéraux et socialistes.

Cannes, Dakar, Paris, Rabat

Les choses ne s'arrangèrent pourtant pas, malgré une rencontre très discrète avec l'ambassadeur Kimbulu dans mon appartement d'Oostduinkerke : l'agence de presse zaïroise entièrement contrôlée par Mobutu annonça une campagne d'information sur la manière dont la Belgique avait exploité le Congo, elle serait baptisée « de Léopold II à Baudouin Ier »... Et Mobutu lui-même déclara qu'il porterait le contentieux belgo-zaïrois devant la Cour internationale de justice de La Haye. Il s'agissait en fait de réactions à la projection à la RTBF d'un documentaire belgo-américain consacré à la fortune du président.Cette escalade provoqua immédiatement un intérêt international. À la demande de Mobutu, le roi Hassan II du Maroc accepta de jouer le rôle de médiateur entre les deux pays. Le président me téléphona le 6 février 1989 pour me demander de passer le plus vite possible à son domicile de Cannes. Il me reçut cordialement. Il semblait content que la RTBF ait renoncé à diffuser une seconde fois un documentaire controversé sur sa fortune présumée. Nous avons convenu de calmer les esprits et de préparer discrètement une table ronde.

Notre rencontre suivante eut lieu à Dakar, au cours du sommet des pays francophones. J'étais accompagné du vice-Premier ministre socialiste Philippe Moureaux. L'entretien qui eut lieu à l'initiative du médiateur marocain fut positive : je fis comprendre que nous étions prêts à aller plus loin que les propositions faites six mois plus tôt à Gbadolite. On pourrait oublier définitivement la dette d'État et le gouvernement se déclarait disposé à faire de très grands efforts pour les dettes commerciales. Philippe Moureaux ne me contredit pas. Mobutu se référa souvent plus tard à « l'esprit de Dakar » qu'il interpréterait comme un engagement à effacer toutes les dettes.

En juin 1989, mon gouvernement fut remanié à la suite de l'élection de Léo Tindemans au Parlement européen. Comme convenu, Mark Eyskens lui succéda au ministère des Affaires étrangères. Il lui incomberait désormais de gérer les relations tumultueuses avec le Zaïre.

La médiation marocaine

Le 15 juillet 1989, en plein débat budgétaire, le ministre des Affaires étrangères zaïrois Nguza Karl I Bond me téléphona pour me dire qu'il avait négocié toute la journée avec Mark Eyskens et que Mobutu était à Paris. Il désirait me rencontrer car « monsieur Eyskens, qui n'était ministre des Affaires étrangères que depuis trois semaines, remet en question l'esprit de Dakar ». La dette d'État avait été abolie et, pour les dettes commerciales, la Belgique n'avait qu'à trouver une solution. En résumé, le Zaïre n'avait plus rien à payer ! J'ai tenté de faire valoir qu'il n'avait jamais été question d'annuler les dettes commerciales mais bien de faire « un effort significatif ». J'expliquai aussi que, en pratique, le Zaïre n'aurait rien à rembourser pendant quatorze ans, jusqu'en 2003. Le président Mobutu sembla comprendre mais se rembrunit: «Je n'ai jamais aimé qu'on me fasse la leçon. Les Américains ont déjà essayé. Mais, cela c'est du passé! J'ai pris bonne note de ce que vous avez dit. Si tel est l'état d'esprit de la Belgique, ce sera aussi celui du Zaïre. Nous devons nous rencontrer le plus vite possible à Rabat en présence du roi du Maroc.» Mobutu fit alors servir du champagne et un communiqué de presse annonça que les deux parties avaient jeté les bases d'un accord global et que celui-ci serait soumis au médiateur marocain.

Finalement, le 26 juillet, la signature du protocole d'accord entre la Belgique et le Zaïre eut lieu dans une salle du trône féerique, celle du palais de Rabat. Nous siégions, Mobutu et moi, aux côtés du roi Hassan qui commença par lire une lettre du roi Baudouin dans laquelle le Souverain remerciait son «ami et frère» de sa médiation. Mobutu assura que les problèmes entre nos pays avaient disparu tandis que j'exprimais pour ma part l'espoir que tout était désormais oublié et pardonné. Désormais, le tout était de trouver au sein du gouvernement les moyens de payer nos largesses envers le Zaïre. La plus grande partie des fonds viendrait du budget de la coopération au développement. Nos relations avec le Zaïre se normalisèrent progressivement, mais des informations alarmantes se multipliaient: la répression contre l'opposition s'intensifiait, dans tout le pays.

Mobutu n'était pas un ami

J'avais des raisons purement diplomatiques d'appeler, huit ans plus tôt, Mobutu «un ami de notre pays». Mais il n'a jamais été mon ami. Il me traitait avec arrogance à certains moments et lors de nos entretiens téléphoniques, il m'a toujours manifesté un certain dédain. Il me faisait clairement sentir qu'il était maréchal et chef d'État et, de ce fait, nettement plus haut placé qu'un Premier ministre. Il se prenait pour un stratège et se conduisait en militaire autoritaire. Des principes comme la liberté de la presse, la liberté d'expression et le droit à l'opposition n'étaient pas évidents à ses yeux.

Mobutu écoutait chaque matin la revue de presse de la RTBF. Il téléphonait souvent à De Croo, Gol, Vanden Boeynants, Simonet et Leburton. Il était très au courant des méandres de la rue de la Loi. Il adorait en exploiter les contradictions réelles ou supposées. Un rapport secret, le rapport Blumenthal de la banque mondiale, a laissé entrevoir que le président avait acheté, par des cadeaux et des avantages matériels, la bonne volonté de différentes organisations et personnalités belges.

Il régnait sur un pays qui, à l'échelle européenne, s'étendrait d'Ostende à Moscou. Cela ne l'empêchait pas de s'occuper personnellement de petits détails : parties de chasse ou permis de construire destinés à ses amis belges. Il a même organisé pour un ami journaliste une fête d'anniversaire réunissant cinq cents personnes.

Au départ, il avait tenu à entretenir de bonnes relations avec la Maison royale. Mais ces rapports devinrent sibériens lorsqu'il menaça de lancer une campagne d'information sur l'exploitation du Congo sous la royauté belge. La rupture fut totale lorsqu'un journal francophone traita Mobutu de « bâtard ». Par l'entremise de son agence de presse AZAP, il répliqua : « C'est à la Cour belge, chez les Saxe-Cobourg, qu'il y a des bâtards ! » C'était une énorme gaffe, impardonnable ! Je le lui ai d'ailleurs fait clairement savoir. Les portes du Palais furent définitivement fermées au président zaïrois lorsqu'il rendit publique une lettre manuscrite du Roi. En 1993, Mobutu fut rayé, au même titre que Saddam Hussein, de la liste des chefs d'État invités aux funérailles du roi Baudouin. Il a confié à son ami Francis Monheim que cela avait été la plus grande déception de sa vie : « La Belgique a ainsi gravement insulté le peuple zaïrois car Baudouin a été de 1950 à 1960 le chef d'État du Congo. Un vrai scandale [1] ! »

Lubumbashi

Pendant la nuit du 11 au 12 mai 1990, les troupes d'élite du président zaïrois envahirent le campus universitaire de Lubumbashi. Motif ? Les étudiants avaient, paraît-il, la veille, martyrisé « trois espions du président ». En guise de représailles, on leur avait tiré dessus. Un grand flou allait régner à propos du nombre de victimes. Pour le Zaïre, il y avait un mort, notre consulat estimait qu'il y en avait cinquante à soixante et les journaux parlaient d'un « bain de sang » et de plus de cent morts.

Désireux de marquer des points dans l'opinion, le président du SP Frank Vandenbroucke en profita pour réclamer notamment sur le champ la suspension des accords de Rabat, le retour de notre ambassadeur et le gel de diverses coopérations. Le 25 mai, le gouvernement suspendit la réunion de la commission bilatérale dans l'attente de plus de clarté et des résultats d'une enquête internationale. Mobutu ne réagit qu'un mois

1 *Humo*, 14 novembre 1995.

plus tard, en mettant fin à toute coopération. Après de nouvelles péripéties, le Zaïre demanda la reprise de la coopération non gouvernementale. Mais nous liâmes celle-ci à l'évolution des travaux de la conférence nationale réunie à Kinshasa sous la présidence de Mgr Monsengwo.

Au cours des semaines suivantes, un véritable combat des chefs opposa Mobutu et le Premier ministre déchu Étienne Tshisekedi. Les maisons des fidèles de ce dernier furent attaquées au bazooka et des émeutes eurent lieu à Kinshasa. Une guerre civile semblait inéluctable.

Le 25 octobre 1991, j'ai conseillé aux deux mille compatriotes résidant encore au Zaïre de quitter le pays au plus vite en profitant de la présence de huit cents paras belges qui opéraient depuis le Congo-Brazzaville. Nous avions élaboré un plan d'évacuation très précis qui fut exécuté sans encombre.

Ce fut ma dernière intervention, en tant que Premier ministre, au Zaïre. Le gouvernement était tombé à propos d'une licence d'exportation d'armes qui avait suscité une nouvelle discorde communautaire. Les Chambres étaient dissoutes depuis le 18 octobre et, pendant la campagne électorale, le sort de nos compatriotes en fuite n'avait suscité que peu d'intérêt.

Les paras au Rwanda

J'ai été aussi confronté régulièrement à une deuxième région d'Afrique : celle de nos anciens territoires sous mandat, le Rwanda et le Burundi. J'ai surtout eu affaire au Rwanda, après l'invasion de l'armée rebelle de Kagame.

Le processus de démocratisation semblait pleinement réussi au Rwanda, grâce au soutien de nombreux missionnaires. On réservait peu d'attention à l'exode massif des Tutsis vers les pays voisins, le Zaïre et la Tanzanie, et on se préoccupait encore moins de la concentration massive de Tutsis réfugiés en Ouganda. Du point de vue international, le Rwanda était considéré comme un pays exemplaire, ayant une forme de coopération originale qu'on aurait pu définir comme une cogérance. En Belgique, les libéraux francophones dénonçaient volontiers un « État catholique », édifié par le CVP, au bord des Grands Lacs. Mais aussi longtemps que le calme régnait, ces rancœurs anticléricales n'avaient que peu de retentissement. J'inaugurai en septembre 1989 à Butare le musée national du Rwanda et reçus un accueil enthousiaste. Rien ne laissait prévoir l'atroce génocide qui se produirait quatre ans plus tard.

Dormez-vous ?

Lorsque j'ai consulté comme d'habitude mon terminal Bistel, le 2 octobre 1990 vers midi, j'ai découvert que l'agence Belga annonçait qu'un grand nombre de rebelles avaient envahi le Rwanda à partir de l'Ouganda. J'ai aussitôt alerté mon cabinet en disant : « Dormez-vous ? » Même mon collaborateur diplomatique ne semblait pas être au courant !

J'ai appris plus tard que, dès le 12 septembre, la Sûreté de l'État avait envoyé une lettre aux ministres de la Justice (Wathelet), des Affaires étrangères (Eyskens) et de la Défense (Coëme). Cette lettre annonçait, d'après des sources dignes de foi, la formation d'un front patriotique des Tutsis du Rwanda dont le but était de former un nouveau gouvernement contrôlé par des Tutsis et destiné à remplacer celui à majorité hutue. Le front envahirait le Rwanda à partir de l'Ouganda, qui aurait fourni de l'argent et des armes. Le gouvernement tutsi du Burundi voisin ne s'opposerait pas à cette invasion.

Comme c'est souvent les cas d'une lettre envoyée à plusieurs destinataires, elle n'a interpellé personne. Mais je trouve déplorable que le Premier ministre n'ait pas figuré sur la liste d'envoi alors qu'il est le coordinateur des relations avec l'étranger.

Le 3 octobre, je me rendis au Palais, invité à un lunch en compagnie du Roi et du président du Rwanda, monsieur Habyarimana. Le président nous demanda instamment d'envoyer des paras afin de repousser le FPR (Front patriotique du Rwanda) qui regroupait les « rebelles tutsis ». J'ai répondu immédiatement que c'était impossible car il s'agissait d'une ingérence dans la politique intérieure d'un pays. Le président sembla très étonné de ma réponse négative. Après divers contacts, dans lesquels le roi Baudouin jouait le rôle de médiateur, je me suis finalement engagé à tenter de convaincre mes partenaires de la coalition gouvernementale : l'envoi de paras se justifiait par la protection de nos concitoyens.

Action humanitaire

Dès le lendemain, le *kern* décida d'envoyer à Kigali cinq cents paracommandos et du matériel militaire, « dans le cadre d'une action humanitaire ». Une vive discussion m'a opposé au ministre de la Défense Guy Coëme, à propos des modalités de l'action. C'est pourquoi le ministre me fit savoir qu'il m'incombait de signer l'ordre de mission ! Une mission qui consistait à sécuriser les voies d'accès à l'aéroport de Kigali, à rassembler les Belges du Rwanda et à les accompagner, en cas d'évacuation. Il fallait agir en collaboration étroite avec les forces armées françaises qui avaient également des paras à Kigali. Dans *Knack*, Frans Verleyen qui n'aimait guère mon gouvernement de coalition avec les socialistes, écrivit cependant: «Ce fut du travail professionnel et bien exécuté. Il y a des années que le gouvernement belge n'avait pas réagi par une intervention militaire sans failles, comme il vient de le faire[1]. »

Le dimanche 8 octobre, je reçus au Lambermont le président de l'Ouganda, M. Museveni. Je l'ai confronté aux informations selon lesquelles les rebelles venaient de son pays et qu'ils avaient, en plus, fait partie de son armée. Le président me répondit que cela faisait trente ans que des centaines de milliers de Rwandais émigraient vers son pays, mais aussi vers le Zaïre et la Tanzanie: deux millions de personnes dépourvues de toute espèce de droits. Les officiers ougandais qui encadraient les envahisseurs tutsis étaient des déserteurs, des soldats aguerris par vingt ans de guerre, des *Bush Warriors*. On en avait arrêté sept cents mais l'Ouganda était fatigué des problèmes qu'ils causaient. Le problème du Rwanda, à son avis, n'était pas d'ordre militaire mais d'ordre politique et il fallait en convaincre Habyarimana[2].

Cette entrevue avec le président Museveni m'a convaincu qu'il fallait utiliser la voie diplomatique et non la voie militaire pour garder le conflit rwandais sous contrôle. Les socialistes et l'opposition me pressaient en même temps de retirer les troupes au plus vite. C'est dans ce climat émotionnel et tendu qu'il faut situer la fameuse «intervention royale». En fait, il s'agit non pas d'une mais de trois lettres royales. Deux m'étaient adressées et la troisième était destinée au président Habyarimana[3].

Trois lettres royales

Lettre du 10 octobre 1990

«Mon cher Premier ministre,

Je voudrais vous dire à nouveau les raisons pour lesquelles un retour prématuré de nos troupes du Rwanda me paraîtrait très dangereux.

Si nous forçons nos compatriotes qui travaillent là-bas à partir – ce que la plupart ne souhaitent pas maintenant – nous risquons, dans les circons-

1 *Knack*, 10 octobre 1990.
2 Archives personnelles de Wilfried Martens, *Archives générales du Royaume.*
3 Archives personnelles de Wilfried Martens, *Archives générales du Royaume.*

tances actuelles, de contribuer à la panique de la population locale et de déstabiliser complètement ce pays ami.

Supposons que nos troupes quittent rapidement et que les autres Belges restent sur place. Si, après ce départ des troupes, l'insécurité reprend et des compatriotes perdent la vie, la responsabilité de ceux qui auront voulu ce départ prématuré sera très lourde.

Il ne faut pas non plus perdre de vue qu'un départ prématuré pourrait accroître fortement les risques de massacres interethniques au Rwanda et éventuellement au Burundi. Tâcher de réduire ces risques, cela ne fait-il pas aussi partie de la défense des droits de l'homme que nous devons assurer?

Il me paraît donc que les responsables dans notre pays doivent faire preuve de sang-froid et maintenir nos troupes encore un certain temps jusqu'à ce que le calme et la stabilité soient revenus complètement sur tout le territoire rwandais. C'est la meilleure manière de protéger la vie de nos compatriotes et de prévenir un bain de sang dans ce pays ami.

Voilà, mon cher Premier ministre, les arguments que je crois de mon devoir de vous rappeler.

Votre dévoué,
(s) Baudouin»

Dès réception de ce message, j'ai demandé au cabinet du Roi si je pouvais communiquer ce document à mes ministres. La réponse du chef de cabinet, Jacques van Ypersele, me parvint dès le lendemain (traduction):

«Monsieur le Premier ministre,

En réponse à votre question, le Roi me prie de bien vouloir communiquer à vos collègues que:
1) cette lettre vous est adressée;
2) vous avez demandé au Roi de pouvoir communiquer cette lettre à vos collègues et que le Roi n'y voit aucun inconvénient.

Le Roi suppose aussi que vous ferez mention dans le débat de l'attitude de la France telle qu'elle ressort de la note des Affaires étrangères du 9 octobre 1990.

Avec toute ma considération,
(s) J. van Ypersele»

Après ma première tournée de médiation dans la région des Grands Lacs, j'ai reçu une nouvelle lettre du roi Baudouin, datée du 18 octobre 1990:

«Mon cher Premier ministre,

Je voudrais d'abord vous remercier d'avoir été en Afrique centrale pour tâcher de trouver une solution pacifique à la crise rwandaise.

Si les nouvelles reçues se confirment, votre mission aura été très fructueuse car des pas importants ont été faits par les autorités rwandaises, tant sur le plan de l'ouverture politique que d'un cessez-le-feu ou que d'une conférence régionale sur le problème des réfugiés.

Des réponses intéressantes semblent également avoir été faites par le président Museveni comme président en exercice de l'OUA et président de l'Ouganda, pays d'où sont partis les rebelles qui ont attaqué le Rwanda.

Dans ce contexte et juste avant que la Belgique n'évoque la crise rwandaise au niveau des ministres des Affaires étrangères de la CEE, en ce compris l'envoi d'une force d'intervention européenne d'interposition, il me paraît essentiel que notre pays ne pose aucun acte qui puisse perturber ce processus de paix.

Il est donc indispensable pour l'instant de ne pas annoncer ni opérer le retrait des troupes belges:
Si nous retirons nos parachutistes et que nos coopérants restent, comme la situation est encore incertaine et dans l'attente d'un cessez-le-feu respecté sur le terrain, nos compatriotes seront en danger. Le gouvernement ne peut prendre ce risque.

Si nos retirons maintenant nos troupes et nos coopérants, nous déstabilisons le Rwanda et portons un coup mortel aux efforts de paix et de réconciliation qui sont en cours. Nous ne pouvons pas prendre cette responsabilité.

Je vous confirme donc les termes de la lettre que je vous ai adressée le 10 octobre et dans laquelle je vous ai exposé les raisons pour lesquelles un retour prématuré de nos troupes serait très dangereux.

Tout ce qui s'est passé depuis lors renforce ma conviction.

Votre dévoué,
(s) Baudouin»

Cette deuxième lettre a également été communiquée aux vice-Premiers ministres. Une semaine plus tard, le 26 octobre, j'ai reçu une nouvelle lettre manuscrite du chef de cabinet du Roi (traduction):

« Monsieur le Premier ministre,

Le Roi m'a chargé de vous faire parvenir la lettre ci-jointe avec prière de la transmettre d'urgence par téléfax à sa haute destination.
Avec ma haute considération, »
(s) J. van Ypersele »

La lettre jointe était rédigée en français et destinée à Son Excellence le général-major Juvénal Habyarimana, président de la République rwandaise :

« Monsieur le Président,

La Reine et moi-même pensons beaucoup à vous-même et à Mme Habyarimana ainsi qu'à l'ensemble de la population de votre pays en ces jours dramatiques et douloureux pour tous les Rwandais.

Dans ces moments sombres, une lueur d'espoir est apparue grâce aux accords de Mwanza prévoyant : un cessez-le-feu, des négociations avec l'opposition et une conférence sur les réfugiés.

Mon espoir, et celui du gouvernement belge, est que ces accords soient appliqués sans délai sur le terrain, pour qu'une dynamique de paix se substitue à celle de la violence.

C'est d'ailleurs dans un tel cadre de paix seulement que la coopération belge pourra poursuivre son travail après le départ de nos troupes qui est prévu dans de brefs délais.

En conclusion, monsieur le Président, je vous adjure de mettre tout en œuvre pour que les accords de Mwanza et le processus de paix auquel vous-même, d'autres chefs d'État africains et le gouvernement belge ont contribué, puissent avoir une chance de réussir.

Votre dévoué,
(s) Baudouin 26.X.1990 »

Celui qui lit ces lettres sans préjugés notera que le Roi se borne à un rôle de conseiller du Premier ministre et du gouvernement, ce qui est une de ses tâches constitutionnelles. Il met en évidence de façon sereine, quoique inquiète, les conséquences néfastes d'un retrait prématuré de nos paras stationnés dans un pays ami dans lequel nous avons une grande responsabilité, via notre coopération au développement et nos liens historiques. Le Roi a constaté en outre qu'il était impossible d'arriver à un consensus au sein du gouvernement sur le maintien des paras. Il prend donc sur lui d'annoncer personnellement à son ami Habyarimana la mauvaise nouvelle.

Mais, entre-temps, de nombreux faits nouveaux s'étaient produits.

Mission de paix dans les Grands Lacs

Le gouvernement était divisé. Deux vice-Premiers ministres voulaient rapatrier le plus vite possible les paras mais aussi les coopérants et soutenaient que nous devions dire adieu à notre passé africain. Nous décidâmes quand même, le 13 octobre, de prendre une initiative diplomatique. Sur proposition de Philippe Moureaux, nous avons décidé d'envoyer une délégation gouvernementale dans la région pour traiter avec toutes les parties et essayer d'aboutir à un cessez-le-feu, et établir un dialogue entre le gouvernement rwandais et les rebelles dans une conférence internationale. La composition de la délégation fut compliquée ; le ministre des Affaires étrangères et moi devions bien entendu en faire partie mais on y ajouta sous la pression socialiste le ministre PS de la Défense nationale Guy Coëme mais pas le ministre Volksunie de la Coopération au développement, André Geens.

La mission belge de paix s'envola d'abord pour Nairobi où nous eûmes un contact réconfortant avec le président Habyarimana et son ministre des Affaires étrangères Bizimungu. Nous annonçâmes à la presse que les paras resteraient sur place et que l'évacuation des Belges serait suspendue tant que les négociations dureraient.

Nous avons fait les jours suivants la navette avec les présidents du Kenya, de Tanzanie, de l'Ouganda et du Burundi. Tous paraissaient prêts à souscrire à nos préliminaires et à nos objectifs. Des accords furent donc signés par le Rwanda et l'Ouganda, le 17 octobre, à Mwanza, au bord du lac Victoria, en Tanzanie. Des accords prometteurs mais, il faut l'avouer, peu concrets. Le texte annonçait le démarrage d'un dialogue avec l'opposition interne et externe. On s'acheminait vers un armistice garanti par les troupes étrangères et, enfin, une conférence réunissant tous les pays de la région des Grands Lacs (Rwanda, Burundi, Zaïre, Kenya et Tanzanie), réglerait le problème aigu des réfugiés.

À Laeken, à l'aube

En gros, ma première mission de paix avait été couronnée de succès. À Nairobi m'attendait un message: le Roi m'attendait à Laeken, dès mon retour en Belgique. Notre avion s'est posé à 4h30 le 19 octobre et un quart d'heure plus tard, je faisais mon rapport au Souverain qui me félicita chaleureusement pour les résultats obtenus. La presse et le Parlement manifestèrent également leur satisfaction. Même les socialistes firent preuve de mesure. Par contre, Jean Gol, alors chef de l'opposition libérale francophone nous critiqua violemment, parlant d'un «safari politique».

Afin de hâter le cessez-le-feu, je repartis à Nairobi en compagnie de mes deux ministres, Eyskens (Affaires étrangères) et Coëme (Défense). Le climat était tendu. Mobutu se plaignait d'avoir été mis à l'écart des accords de Mwanza et avait convoqué à Gbadolite les présidents du Rwanda et du Burundi pour des entretiens parallèles. Mais, c'est lui qui avait rompu toute relation avec la Belgique suite à nos critiques du bain de sang de Lubumbashi…

J'appris de plus à Nairobi que Hugo Camps affirmait, dans le magazine néerlandais *Elsevier,* que le Roi avait écrit une lettre au gouvernement pour le pousser à «intervenir activement dans le conflit rwandais et à soutenir le régime de Kigali». Cette intervention survenait quelques semaines après que le Souverain avait refusé de signer la loi sur l'avortement. C'est dire si cette présentation totalement fausse des faits a provoqué de sérieux remous. J'ai très mal ressenti cette indiscrétion et, depuis Nairobi, j'ai fait savoir que le ministre qui s'en était rendu coupable serait exclu du gouvernement. J'avais des soupçons mais je n'ai jamais pu trouver de preuves. Sinon, les sanctions auraient suivi. Un chef de gouvernement ne peut laisser impuni un ministre, même important, qui porte atteinte à l'immunité du chef de l'État!

Nous décidâmes de faire rentrer nos paras le 1er novembre. Les accords de Mwanza ne furent hélas jamais appliqués, les négociateurs africains n'ayant pas tenu parole. Mobutu reprit les initiatives diplomatiques en mains et parvint à faire signer les accords d'Arusha en été 1993.

Je n'étais plus Premier ministre mais je me rendis à nouveau au Rwanda en février 1994, en ma qualité de président du PPE. J'ai même rencontré Kagame, le chef des rebelles; j'étais porteur d'un message du président Habyarimana dans lequel ce dernier s'engageait à appliquer loyalement les accords d'Arusha. Mais Kagame réagit avec beaucoup d'arrogance; la conversation fut très difficile et même agressive. Quand je lui fis rapport, le président rwandais estima que tout était perdu. Il m'a fait une impression tragique la dernière fois que je l'ai vu: il était manifestement isolé et n'avait plus toutes les cartes en mains. Il me semble insensé qu'on puisse dire que cet homme, dont je crois en l'honnêteté, était à ce moment en train de préparer le massacre de ses adversaires.

On connaît la suite: au début du mois d'avril 1991, l'avion dans lequel se trouvaient les présidents du Rwanda et du Burundi fut abattu. Quelques jours plus tard, Agathe Uwilingwama, Premier ministre, était assassinée avec ses enfants, de même que dix casques bleus belges chargés de sa protection. Les casques bleus belges furent retirés et nos compatriotes évacués. Et ce fut le chaos et la violence.

L'Afrique meurt

J'ai été trop impliqué dans cette affaire pour pouvoir formuler un jugement définitif. On ne peut m'ôter de l'idée que l'effusion de sang et la violence ethnique auraient pu être évitées par une intervention plus efficace de l'Occident. Dès le 10 octobre 1990, le langage du roi Baudouin était prophétique: le retrait de nos paras engendrerait un drame! Je suis convaincu que, s'ils sont honnêtes, beaucoup, et surtout des compatriotes éminents, doivent éprouver une détresse morale après cette tragédie.

Notre connaissance du terrain africain, notre expertise congolaise, tout ce qui constituait, depuis des décennies, une base solide pour la diplomatie mondiale, s'est dilué à une vitesse affolante dans les méandres des départements ministériels, des partis politiques et des cabinets. Le Zaïre était pour moi un défi qui nous élevait au-dessus de notre nombrilisme national. Mais, aujourd'hui, j'ai l'impression d'être un des derniers Premiers ministres à me sentir viscéralement lié à notre ancienne colonie. Guy Verhofstadt a été rapporteur au Sénat du groupe de travail qui a statué sur le meurtre des dix casques bleus belges. Il a reconnu plus tard: «Jadis, j'ai voté sans état d'âme l'envoi de casques bleus belges. Mais après l'assassinat de dix d'entre eux, ma première réaction a été: allons nous-en puisque nous sommes si peu appréciés dans ce pays. Mais quand j'ai eu plus d'éléments, c'est devenu une obsession pour moi. Le génocide est un des deux ou trois faits les plus cruels de notre siècle. Je veux savoir quel rôle nous y avons joué. Nous vivons une période folle où des centaines de milliers de gens sont massacrés sous les yeux des Nations unies, en Bosnie et au Rwanda. Chaque pays, chaque homme politique a le devoir d'examiner les faits et d'envisager ses propres responsabilités[1].»

1 «Een Belgisch Srebrenica», dans *De Groene Amsterdammer*, 15 janvier 1997.

Je suis maintenant avec attention le travail du commissaire européen Louis Michel et celui du ministre des Affaires étrangères Karel De Gucht. Ils ont relancé l'attention que l'on doit porter au cœur malade de l'Afrique. Et ma préoccupation pour l'Afrique n'a fait que croître. C'est sous l'impulsion de Reginald Moreels, président de Médecins sans frontières jusqu'en 1994, que je me suis rendu en Somalie, en août 1992. Je n'oublierai jamais ces enfants affamés qui mouraient dans les bras de leurs mères. Cela m'a bouleversé et je les porte toujours dans mon cœur. Ce fut le début d'un pèlerinage de deux ans en Angola, au Burundi, en Éthiopie, au Kenya, au Malawi, en Mozambique, en Namibie, au Rwanda, au Soudan et en Afrique du Sud où les équipes de Médecins sans frontières tentent de faire face aux besoins les plus pressants.

Au cours d'un symposium organisé à Bruxelles sur le thème « l'Afrique meurt, cela nous intéresse-t-il? », j'ai déclaré le 18 mars 1994 : « En clair, l'Europe ne peut pas contribuer elle-même à la dégradation des conditions de production dans les pays en voie de développement… Ce que l'Afrique est en droit d'attendre de l'Europe, ce sont bel et bien d'abord des actes de justice et de solidarité[1]. » J'espère que l'annulation des dettes des pays les plus pauvres n'est pas un acte isolé destiné à donner bonne conscience à notre riche Occident.

1 Wilfried Martens, *L'une & l'autre Europe*, Éditions Racine, Bruxelles, 1994, p. 257.

Chapitre XXII

LE MAURE A FAIT SON DEVOIR

Les élections du 24 novembre 1991 sont connues dans notre histoire sous le nom de « dimanche noir ». Elles occupent une place importante dans ma vie. J'avais décidé de me présenter dans l'arrondissement de Bruxelles-Hal-Vilvorde et d'y mener la liste CVP pour le Sénat. C'était courir un grand risque : aucun homme politique de l'après-guerre ne s'était hasardé à changer d'arrondissement. Il s'agissait en fait d'un plan électoral du secrétaire du parti, Léo Delcroix, qui voulait rénover et rajeunir les listes. Mon expérience de chef de parti me permettait d'évaluer les dangers de l'opération. Mais je savais aussi que si je ne bougeais pas, les autres têtes du parti ne bougeraient pas davantage. C'est ma confiance dans la lucidité de Léo qui a fait pencher la balance.

Préserver les atouts européens

L'enjeu dépassait la simple politique partisane. Après vingt ans de présence sur la scène nationale, je voulais alors viser plus haut. J'essayais à cette époque par tous les moyens de faire déménager complètement à Bruxelles le siège du Parlement européen. En posant ma candidature à Bruxelles, je voulais préserver les atouts européens de notre capitale. J'y voyais, de plus, une opportunité de relancer le processus de réforme de l'État qui était à nouveau dans l'impasse. En tant qu'élu bruxellois, je pensais être plus libre et plus indépendant pour mener à bien mon grand projet de faire de notre pays un modèle d'État fédéral. Mon transfert à Bruxelles cadrait donc parfaitement avec l'épanouissement du fédéralisme d'union.

J'ai annoncé ma décision à la presse le 10 mai 1991, le jour après l'Ascension. J'avais soigneusement préparé mon communiqué afin que mon déménagement apparaisse comme un projet bien pensé et argumenté et non comme une simple manœuvre électorale:

« Par mon choix, je veux en premier lieu intensifier la lutte que je mène en faveur de Bruxelles, capitale de l'Europe. J'aurai plus de poids auprès de mes collègues européens si je suis un élu bruxellois. Selon moi, le Parlement européen doit être transféré de toute urgence à Bruxelles. Dans le cadre de l'union politique, le rôle des institutions européennes va être totalement modifié. Nous pourrons ainsi renforcer le contrôle du Parlement sur la Commission. Les commissions et le Conseil des ministres devront donc impérativement s'installer dans la ville où siège le Parlement. Et cette ville, à mes yeux, doit être Bruxelles. Je pose ma candidature à Bruxelles comme le signe d'une "Belgique nouvelle" née de la réforme de l'État. Cette Belgique nouvelle est celle d'un "fédéralisme d'union" dans lequel les communautés et les régions disposent de leur autonomie, au sein d'une Belgique unie. Il est d'ailleurs urgent de mener à son terme cette réforme de l'État. Je m'adresserai à tous les électeurs dans l'arrondissement électoral de Bruxelles-Hal-Vilvorde. Je ferai donc également campagne en français dans la région de Bruxelles-Capitale. »

Je précisais aussi que je serais à nouveau candidat au poste de Premier ministre et que je ne briguais pas de fonction européenne. Je voulais en effet rester en Belgique durant les quatre années à venir, estimant que je pourrais nettement mieux protéger Bruxelles comme Premier ministre que comme membre de la Commission européenne.

Ma dernière marche sur Bruxelles

Mon transfert avait beaucoup plus secoué les esprits que je ne l'avais prévu. Mes adversaires politiques s'empressèrent de me traiter de « fuyard politique », de « parachutiste gantois » ou de « marcheur attardé sur Bruxelles ». La RTBF refusa de rendre compte de ma conférence de presse. C'était significatif! Je ne puis imaginer que les chaînes publiques allemandes ou néerlandaises agissent de la même manière pour une communication importante de Kohl ou de Lubbers!

J'avais choisi une voie politique pénible. Une coalition se forma spontanément du côté francophone; elle combattit le transfuge que j'étais devenu avec une âpreté que je n'avais jamais connue. Les sociaux-chrétiens francophones, en particulier, et l'échevin PSC Michel Demaret en tête, craignaient pour leur électorat. Le vice-Premier ministre Wathelet, qui envisageait aussi de se présenter dans la capitale, ne digérait pas mon arrivée à Bruxelles. « Que vient chercher Martens ici ? Il n'obtiendra même pas 30000 voix de préférence », se demanda même narquoisement Paul Vanden Boeynants. Philippe Maystadt était le seul à la considérer d'un œil favorable. D'autres étaient contents de mon arrivée, mais ils n'osaient pas le dire tout haut de peur d'être traités de traîtres à la cause francophone.

Cette histoire mit en lumière tout le conformisme de notre vie politique. Quitter son arrondissement électoral était un crime, ou au moins une « bêtise », comme certains membres de mon parti me l'ont dit après les élections. Mais il y eut aussi de beaux gestes. Jean-Luc Dehaene se montra extrêmement loyal en mettant son équipe de campagne à ma disposition. Sans son soutien, j'aurais affronté la mêlée électorale à mains nues.

Le court-circuit fatal

La lutte commença, malgré tout, sous le signe de l'espoir. Mes sondages faisaient état d'un accroissement des suffrages de quelques pourcent, ce qui est énorme dans un arrondissement de 800000 électeurs. Le fameux publiciste Eddy Garbarsky vint spontanément grossir nos rangs : « Quelque chose bouge enfin dans le Bruxelles politique », disait-il. C'est lui d'ailleurs qui eut l'idée d'une campagne quadrilingue.

Mais quelques erreurs furent commises, dans notre enthousiasme. Mes collaborateurs m'avaient conseillé de participer au « *Gordel* ». C'était la première fois que je participais à cette randonnée à vélo flamande autour de la capitale. Le lendemain, les critiques affluèrent de toutes parts. Les francophones se sentirent provoqués et, cette fois, la RTBF se jeta sur moi comme les poules sur le grain. C'était un court-circuit fatal. On ne croyait plus à ma vocation européenne. Mes seules motivations devenaient pour certains la politique partisane ou des objectifs communautaires. Je ne ressentais plus dans le gouvernement ni soutien ni solidarité, alors qu'il y avait encore tant à faire pour lancer la troisième phase de la réforme de l'État. Évoquant ces événements, le vice-Premier ministre Philippe Moureaux, déclara plus tard : « Mon attitude vis-à-vis de Martens n'a pas changé fondamentalement mais il était clair que je ne lui ferais plus de cadeaux. Dans mon entourage bruxellois, on me répétait sans cesse qu'il ne fallait pas lui donner le temps de travailler l'arrondissement de Bruxelles en profondeur. C'était présent en arrière-fond dans nos discussions. »

J'ai dû vivre tout cela sur le terrain. Un commentaire négatif suivait la moindre de mes initiatives personnelles, qu'il s'agisse d'une innocente soirée folklorique ou d'une conférence dans une librairie. Philippe Moureaux distillait des remarques ironiques au Conseil des ministres: «Maintenant que je ne suis plus seul à défendre les intérêts des Bruxellois...». Moureaux qui était, avec Picqué et de Donnéa, le seul poids lourd de la politique bruxelloise, faisait tout pour rendre ma campagne difficile. Je reste persuadé que c'est une des raisons pour lesquelles il a provoqué, en septembre 1991, la crise autour des licences d'armes.

Faute d'accord, j'avais proposé au printemps 1991 une «mini» troisième phase de réforme de l'État. Jean-Luc Dehaene et Philippe Moureaux, en tant que ministres des Affaires communautaires, étaient cependant peu enthousiastes. Ils avaient, en fait, convenu de ne pas exécuter cette troisième phase et de la reporter à la législature suivante, malgré les ultimatums de la Volksunie. En septembre 1991, mon gouvernement trouva pourtant enfin un accord à propos de l'élection directe des conseils, de leurs compétences internationales et du transfert des redevances audiovisuelles.

Des armes pour le Golfe

La crise de septembre 1991 fut provoquée par une livraison d'armes contestée aux pays du golfe Persique. Cette opération était capitale pour le maintien de l'emploi dans les usines d'armement wallonnes. Mais, du côté flamand, la VU et le SP étaient extrêmement critiques vis-à-vis de ces livraisons d'armes à l'étranger: «Plus une munition belge au Proche-Orient tant qu'il y aura un socialiste flamand au gouvernement», avait déclaré le 26 juin Freddy Willocx, président du groupe SP. Le président de la VU Jaak Gabriëls et son collègue SP Frank Vandenbroucke lui emboîtèrent le pas, soucieux de redorer leur blason pacifiste car les élections législatives étaient imminentes.

Philippe Moureaux se sentit agressé par cette protestation pacifiste flamande. Il s'opposa dès lors, au début du mois de septembre, à toute une série de contrats de la RTT qui devaient rapporter 35 milliards de francs (875 millions d'euros) à la Flandre. Pour donner son accord, il exigeait en échange une licence d'exportation pour des grenades fabriquées dans l'usine américano-saoudienne Mecar, établie près de Charleroi. Il y en avait pour 1,4 milliards (35 millions d'euros).

Le 16 septembre, Gabriëls et Vandenbroucke refusèrent de coupler les deux affaires. Irritation des socialistes francophones, menaces, ultimatums... Finalement, la bombe explosa le 29 septembre. La journée avait cependant bien commencé. La veille, nous avions mis au point une solution qui ralliait tous les partis, sauf la Volksunie. Trois comités ministériels régionaux seraient instaurés au sein du gouvernement national : un pour la Flandre, un pour la Wallonie et un pour Bruxelles. Ils auraient le pouvoir de prolonger ou d'accorder des licences d'exportation. Le comité wallon pourrait donc autoriser la livraison des armes contestées. Et leurs collègues flamands garderaient leur « virginité » !

Les ministres se réunirent à 11 heures pour adopter la proposition. Comme prévu, les ministres de la Volksunie Hugo Schiltz et André Geens votèrent contre, ce qui impliquait leur départ du gouvernement. J'ai mal vécu ce départ. Pendant quatre ans, ils avaient été de bons et loyaux collègues avec lesquels j'étais venu à bout d'un certain nombre de dossiers brûlants. Schiltz de son côté déclara partir « sans rancune » et « sans avoir de reproches à faire à quiconque ».

J'ai reporté la réunion à 15 heures. J'ai demandé au Roi d'accepter la démission des deux ministres et j'ai proposé deux remplaçants afin de respecter la parité au Conseil des ministres. Érik Derijcke, secrétaire d'État à la Politique scientifique devenait ministre de la Coopération au développement à la place d'André Geens et Wivina Demeester, secrétaire d'État aux Finances, remplaçait Hugo Schiltz au Budget et à la Politique scientifique.

Diplomate et adepte de la « *Realpolitik* »

Le départ d'Hugo Schiltz me pesa. Lors des tractations du pacte d'Egmont et des délibérations du Stuyvenberg, il m'était apparu comme un habile négociateur. C'était un adepte de la « *Realpolitik* », très diplomate face à ses adversaires mais souvent dur avec les siens. Il pouvait discuter très amicalement au plus haut niveau avec André Cools ou Lucien Outers et ce n'était pas une mince affaire que de convaincre des Wallons et des Bruxellois de la bonne foi flamande.

Il n'était vraiment pas heureux de quitter le gouvernement parce que son président s'était opposé aux livraisons d'armes. La troisième phase de la réforme de l'État était plus importante pour lui que le pacifisme de ses corréligionnaires. Il a heureusement joué encore un rôle important comme président du dialogue de communauté à communauté sous le gouvernement Dehaene. Au fil des années, Schiltz a cependant douté de plus en plus de la plus-value belge et il a évolué vers le confédéralisme. C'est là que nos chemins se sont séparés.

« La Belgique ne verra pas l'an 2000 »

Le remplacement des ministres Volksunie et la création des comités ministériels régionaux semblaient avoir conjuré temporairement la crise. Et cela aurait été le cas si la VRT n'avait jugé bon d'exciter l'opinion flamande contre le compromis gouvernemental dans son journal du soir. Avec un manque flagrant d'objectivité, une habile mise en scène y présentait les Wallons comme les grands gagnants et les Flamands comme les misérables vaincus de la querelle des armes.

Les informations commençaient par une déclaration de Philippe Moureaux qui fit l'effet d'une bombe. Ce matin-là, il avait déclaré à la presse, avant la réunion du Conseil des ministres : « S'il n'y a pas de solution dans les heures prochaines, je considérerai que cette affaire ne concerne plus le gouvernement fédéral belge mais bien le gouvernement wallon. » Le gouvernement wallon déciderait donc de la licence d'exportation bien qu'il ne soit pas compétent en la matière. Moureaux, à ce moment-là, n'était sans doute pas au courant du compromis élaboré la veille. Geert Van Istendael, le journaliste de la VRT, apprit peu après que nous avions donné notre accord sur la création de comités ministériels. Il ne lui en fallut pas plus pour décrire les ministres flamands comme des perdants, laissant même entendre qu'ils avaient cédé au chantage. Mais nous ignorions tout des déclarations de Moureaux et nous n'avions fait qu'honorer les accords pris la veille.

L'émission continua par un compte rendu du comité ministériel wallon. Robert Urbain, ministre du Commerce extérieur, y signait triomphalement les licences devant les caméras. Le président du PS, Guy Spitaels se montrait rayonnant devant ce « triomphe pour la Wallonie ».

Et pour porter l'estocade finale, le professeur Robert Senelle dénonça violemment cette forme de régionalisation qu'il jugeait anticonstitutionnelle. Selon lui, le gouvernement national ne pouvait pas nommer des comités ministériels ayant pouvoir de décision s'ils étaient composés uniquement de Flamands, de Wallons ou de Bruxellois. Et le professeur de conclure : « Ce gouvernement joue avec le feu. Si nous continuons ainsi, la Belgique n'atteindra jamais l'an 2000. Mon message à mes compatriotes flamands est le suivant : ils sont à nouveau les victimes d'un marché de dupes ! »

D'autres experts n'étaient pas d'accord avec lui ; c'était le cas d'André Alen, professeur à la KUL, de Marc Uyttendaele de l'ULB et de François Perin, de l'université de Liège. On peut ajouter que les gouvernements suivants n'ont jamais supprimé ces comités et que les licences pour l'exportation d'armes ont été inscrites depuis lors dans la compétence des régions réglée par la loi spéciale de 1980.

L'épreuve du feu

Le bateau coula définitivement une semaine plus tard. L'opinion publique flamande avait été provoquée à un tel point qu'on se mit à envisager la fin du fédéralisme d'union. Les socialistes francophones ne se rendaient absolument pas compte de la profondeur du malaise. Ils voulaient même faire de la surenchère et exiger le transfert des taxes audiovisuelles en échange de leur approbation des contrats RTT. Les ministres flamands s'y opposèrent formellement lors du Conseil des ministres du 4 octobre. Devant des positions aussi diamétralement opposées, je me vis dans l'obligation de présenter au Roi la démission de mon dernier gouvernement. Avant d'accepter cette démission, le Roi chargea encore le gouvernement de dresser une liste des articles de la Constitution à réviser afin que la nouvelle législature soit constituante.

Les élections eurent donc lieu dans une atmosphère de débâcle. Les interminables querelles entre les partis du gouvernement avaient anéanti mes objectifs européens et la campagne que je devais mener à Bruxelles s'en trouvait pénalisée. Sur les insistances du parti, j'ai même dû abandonner mon projet de campagne multilingue et j'ai dû aller au-devant de l'électeur avec un slogan bien fade: «Confiance». Mais la population n'avait plus confiance en la coalition gouvernementale. Celle-ci perdit énormément de plumes le 24 novembre. J'étais toutefois assez satisfait de mon résultat personnel: j'enregistrais, avec 46356 voix de préférence, le plus haut score à Bruxelles et ma liste pour le Sénat devançait même de 10000 voix celle de mes collègues du CVP à la Chambre.

Dimanche noir en Flandre

«Marée brune en Flandre», «Un camouflet pour le régime», «Tous les partis traditionnels en disgrâce», titrèrent les journaux le lundi suivant. La Flandre venait de connaître son premier «dimanche noir». Les partis gouvernementaux avaient cédé 287249 voix au Vlaams Blok de Karel Dillen, qui obtenait deux sièges de plus que son ennemi héréditaire, la Volksunie. Jean-Pierre Van Rossem, condamné pour faux en écritures, pouvait même se réjouir, au fond de sa cellule, de ses trois sièges. Les partis francophones ne furent pas davantage épargnés mais la progression des Écolos était plus forte que celle de l'extrême droite.

La défaite électorale suscitait d'énormes interrogations au sein de mon parti. Jean-Luc Dehaene était à ce point ébranlé qu'il envisageait de quitter la politique active. J'essayais de rester stoïque. Je n'étais en effet guère étonné de cette réaction d'antipolitisme liée aux chamailleries des derniers mois.

On peut évidemment épiloguer sur ce tremblement de terre électoral. Sans jouer au sociologue, je crois que la montée du Vlaams Blok et des Écolos était une condamnation de la crise gouvernementale toute fraîche et non du travail global du gouvernement. Le résultat aurait été différent si le gouvernement avait pu mener son action à son terme. La crise provoquée par la Volksunie se retournait contre elle parce qu'on ne peut être plus flamand que le Vlaams Blok, un phénomène que le CVP avait déjà vécu avec la... VU. Quant aux Écolos, ils récoltaient les voix des Wallons mécontents des livraisons d'armes. Je trouvais une deuxième explication du succès du Vlaams Blok et de Van Rossem dans l'attitude négative adoptée par les libéraux flamands envers la classe politique en général. En qualifiant le travail politique de «pourri», dans son *Manifeste citoyen*, Guy Verhofstadt ne rendait pas service à son parti mais bien à l'extrême droite.

On me demanda si j'étais encore candidat à un poste de Premier ministre. J'ai répondu: «On n'est jamais candidat à ce poste. Mais il arrive qu'on vous demande de mener un gouvernement. Si c'est le cas, je ferai mon devoir comme je l'ai fait en 1988.»

Poussé vers la sortie

Cette petite phrase suscita beaucoup de hargne. Certains crurent que je voulais à nouveau m'approprier le poste de Premier ministre, alors qu'il n'en était nullement question. Si une démocratie veut rester crédible, elle a besoin d'une catharsis de temps en temps et un des meilleurs moyens de la réaliser est de changer le personnel politique, surtout après une défaite électorale comme celle que nous venions de subir.

Je m'étais donc déjà promis de me mettre en retrait. Si j'ai laissé planer le doute, c'est pour ne pas rééditer mon erreur de 1987. J'avais alors publiquement renoncé au poste de Premier ministre... pour être obligé de l'assumer cinq mois plus tard. Cette volte-face m'avait coûté pas mal de crédibilité.

Mais en 1991, on avait oublié ce sacrifice. On me poussait vers la sortie avec la même obstination que celle qu'on avait mise à me rappeler en 1988. J'avais fait mon « devoir de Maure » (Macbeth), je pouvais disparaître, comme me le dit amèrement un de mes collègues du parti. J'avais, sans le savoir, joué dans une pièce à double sens : je pouvais encore être une figure de proue pendant la campagne électorale mais il n'était plus question que je sois Premier ministre. On ne pouvait même plus supporter que je m'implique encore dans la politique intérieure.

Tout devint extrêmement clair, le 20 décembre, chez Arthur Gilson, aux Sept Fontaines, où nous nous réunissions régulièrement, CVP et PSC confondus. La veille, le Roi avait nommé Melchior Wathelet formateur. Il succédait à Guy Verhofstadt qui avait échoué dans sa tentative de former une coalition rouge et bleue. Wathelet allait essayer de mettre en place un gouvernement avec les sociaux-chrétiens et les socialistes et se demandait s'il fallait l'élargir à une majorité des deux tiers. Cette exigence ne paraissait pas superflue s'il fallait poursuivre la réforme de l'État. Le CVP était en outre plus que réticent face à une nouvelle collaboration avec les socialistes. Une tripartite semblait donc plus opportune. Mais lorsque j'ai proposé cette formule, Jean-Luc Dehaene et Herman Van Rompuy s'y sont violemment opposés.

Une pilule à avaler

Je sais aujourd'hui pourquoi leur réaction fut aussi catégorique. Si tripartite il y avait, il n'était pas exclu qu'on me demanderait à nouveau d'être Premier ministre et il n'en était, pour beaucoup, absolument plus question. Deux semaines plus tard, pourtant, le 6 janvier 1992, Jean-Luc Dehaene proposa lui-même la solution tripartite au bureau du parti. Comprenne qui pourra ! À partir de ce moment-là, je ne suis plus venu au bureau du parti. Et je n'ai même plus été invité aux sommets de Sept Fontaines. J'y avais été présent pendant douze ans, en charge des dossiers les plus difficiles.

J'ai été coupé à partir de ce moment-là des sources d'information de première main. Seul Melchior Wathelet venait encore m'entretenir de la situation, jusqu'à ce que Jean-Luc Dehaene soit nommé informateur, le 1er février 1992. La nouvelle me parvint alors que j'étais à New York, en visite chez notre ambassadeur aux Nations unies, Paul Noterdaeme. Je fus très étonné : deux mois plus tôt, nous avions convenu, Jean-Luc et moi, de ne pas nous impliquer dans cette phase-ci des événements. Et voilà qu'il réapparaissait sur la scène politique. C'était son droit, mais j'aurais vraiment aimé l'apprendre de sa bouche. Une fois la pilule avalée, je n'ai eu aucune peine à lui souhaiter toute la réussite possible dans sa fonction de Premier ministre. Je n'oubliais pas qu'il avait rendu le précédent gouvernement possible lorsqu'il en était le formateur et m'avait concédé, sans la moindre rancune, le poste de Premier ministre.

Jean-Luc put mettre sur pied, après un mois de tractations, un gouvernement réunissant socialistes et sociaux-chrétiens. Ce cabinet dit « d'urgence » devait établir un budget qui cadrerait avec les exigences de l'union monétaire européenne. Il devait aussi trouver une majorité des deux tiers qui permettrait de régler deux problèmes : la responsabilité fiscale des communautés et l'élection directe des parlements de région et de communauté. Jean-Luc Dehaene a tenu un discours musclé devant le congrès de participation du CVP et il est parvenu à faire basculer le vote en sa faveur : 61 % de partisans. Dehaene I venait de naître. Dès le vote terminé, je suis rentré chez moi. Je laissais derrière moi un parti qui avait perdu tout respect de lui-même.

Le refus de Frank Swaelen

Le 6 mars 1992 était un vendredi qui s'annonçait gris et sombre. Je me suis rendu au « 16 » afin d'y attendre dans mon bureau l'annonce de la composition du gouvernement. Jean-Luc Dehaene serait Premier ministre, c'était la seule certitude. Mon avenir était des plus flous. Je n'avais rien programmé et je n'avais pas fait pression sur le formateur pour obtenir un nouveau mandat.

Les spéculations allaient bon train dans la presse. En général, on me réservait deux postes : les Affaires étrangères ou la présidence du Sénat, des charges qui avaient été offertes à mes prédécesseurs. Achille van Acker, Camille Huysmans et Edmond Leburton étaient devenus présidents de la Chambre, Pierre Harmel, ministre des Affaires étrangères puis président du Sénat. Quant à Tindemans et Eyskens, je les avais repris dans mon propre gouvernement. C'était le cours normal des choses et je ne pouvais imaginer qu'il en irait autrement.

Le 5 mars, quelques heures avant le congrès du CVP, Jean-Luc Dehaene m'avait fait une proposition assez inhabituelle : il m'avait demandé si une nomination à la Cour d'arbitrage m'intéressait. Je n'en croyais pas mes oreilles ! Jean-Luc savait tout de même que j'étais président du Parti populaire européen. Croyait-il vraiment que j'allais abandonner ma vocation politique pour la magistrature? J'avais donc formellement refusé cette proposition, convaincu qu'il était encore possible de faire de la politique en dehors de la Belgique. Jean-Luc avait bien compris mon refus et nous en étions arrivés à la conclusion que la présidence du Sénat était le poste le plus indiqué pour un ancien Premier ministre. Il me promit alors d'en parler à Frank Swaelen qui recevrait le portefeuille de la Défense en échange de sa présidence. Il serait en outre vice-Premier ministre et chef de file de l'équipe rajeunie des ministres CVP.

J'étais absolument sûr que les choses se passeraient ainsi. Mais dans le petit salon du président du Sénat, au premier étage du Palais des Nations, on discutait ferme! Herman Van Rompuy, le président du CVP, tentait de convaincre Swaelen de rejoindre le gouvernement; Jean-Luc Dehaene fut appelé à la rescousse. À 18 heures, j'appris par la radio que la présidence du Sénat m'était dévolue. Mais cette nouvelle n'était pas officiellement confirmée.

Les heures s'écoulaient avec une lenteur exaspérante. Dans un local voisin, j'entendais André Alen, secrétaire du Conseil des ministres, préparer l'annonce des nominations ministérielles. Une collaboratrice fidèle et compétente attachée aux services du Premier ministre introduisait les textes dans son ordinateur. Soudain, elle ne parvint plus à cacher ses larmes. J'ai su, alors, ce qui allait se produire.

À 20 heures, j'ai décidé de rentrer chez moi. Mais le téléphone sonna. On me demandait de patienter encore quelques instants: «Il y a eu des problèmes mais le formateur vient vous voir dans quelques minutes.» C'est un Jean-Luc Dehaene nerveux, ému et peu sûr de lui qui est entré dans mon bureau. Pour la première fois en vingt ans, les rôles étaient inversés. Il dirigeait la partie d'échecs et tenait mon sort entre ses mains. Il devait m'annoncer qu'il n'avait rien pu obtenir: «Wilfried, j'ai vécu aujourd'hui un des moments les plus pénibles de ma carrière politique. Quatre heures durant, j'ai tenté de convaincre Frank d'entrer au gouvernement mais il a refusé catégoriquement. Il pense que c'est en tant que président du Sénat qu'il peut rendre les meilleurs services à notre pays. Même une intervention du Roi n'a pas réussi à le convaincre. Je n'ai donc pas pu obtenir pour toi la présidence du Sénat. En outre, ton entrée dans mon gouvernement est impensable. Martens-Dehaene deviendrait Dehaene-Martens. Où serait donc le renouveau? Jamais le parti ne l'accepterait.» Et Jean-Luc de poursuivre: «Je vais proposer au Roi de te nommer immédiatement ministre d'État. Nous allons également nous occuper du statut des ministres sortants et leur allouer une prime de départ car la façon dont nous traitons nos anciens hommes d'État est franchement pitoyable. J'ai pensé à toi pour le Centre qui va remplacer le Commissariat royal de Paula Dhondt à l'Immigration. »

Ce flot de paroles m'excédait de plus en plus. Et l'offre de Jean-Luc me blessait profondément. La satisfaction matérielle n'avait jamais été mon objectif et ne le serait jamais. Je l'ai donc interrompu : « Jean-Luc, je sais que tu as fait de ton mieux. Mais je voudrais maintenant que tu arrêtes. Il faudra que les choses soient claires aux yeux du public. Je ne demande rien. Tu ne dois plus rien faire pour moi. Je m'occuperai de moi tout seul. Dès demain, je quitte le 16, rue de la Loi pour le 16, rue de la Victoire, le quartier général du Parti populaire européen. »

Et Jean-Luc Dehaene quitta mon bureau pour y revenir le lendemain en qualité de Premier ministre…

D'un « 16 » à l'autre

Je n'étais pas aigri du tout par mon départ, au contraire, et je ne suis pas tombé dans un « trou noir ». Ma tâche à la tête du PPE était très intéressante et me donnait pleine satisfaction, sur le plan intellectuel comme sur le plan humain. Je m'aperçus très vite que la scène européenne offrait une diversité qui me changeait du train-train quotidien de la rue de la Loi. Mes contacts avec Helmut Kohl, José Maria Aznar, Ruud Lubbers et bien d'autres étaient empreints d'une réelle amitié. Mon nom était intact au sein du forum européen, et, aux yeux de centaines de personnes que je rencontrais aux réunions européennes, j'avais sauvegardé mon intégrité. Il n'en allait pas de même en Flandre où mes anciens frères d'armes tentaient d'abattre mes conceptions politiques à coup d'arguments qui n'avaient rien à voir avec la politique et cela, même dans les journaux de qualité. Heureusement, le reste du monde n'en savait rien. Hors de Flandre, j'étais reçu avec amitié et respect.

On me trouvait aussi plus heureux, plus ouvert et même plus sympathique. Il faut savoir qu'au cours des dernières années pendant lesquelles j'avais exercé mon mandat de Premier ministre, j'étais devenu de plus en plus scrupuleux, peut-être trop. L'évolution s'était faite insensiblement et personne ne m'en avait fait la remarque. Les critiques ne sont venues qu'après coup. En Belgique, la pression qui s'exerce sur un Premier ministre est énorme. À la longue, j'avais appris à peser mes mots et à bien réfléchir avant de dire quelque chose. J'ai dû parfois me mordre la langue !

En outre, l'état de santé de mon fils était un souci permanent, ce qui a sans doute contribué à donner de moi l'image d'un homme fermé et impénétrable. Mais dès le moment où j'ai été libéré du poids de ma fonction, j'ai retrouvé une certaine jovialité. Le sphinx redevenait un homme. Je m'épanouissais. Pourtant, je me suis surpris à pratiquer, longtemps encore, une forme d'autocensure.

Van den Brande se trompe

Je n'avais pas dit adieu à la politique belge, je restais disponible, mais j'appliquais une sorte de règle de réserve. Je ne l'ai transgressée qu'une seule fois dans l'année qui suivit. Luc Van den Brande, le nouveau ministre-président flamand, avait livré le 11 janvier 1993, à Vincent Henderick, dans *La Libre Belgique*, son credo confédéraliste. Selon lui, les accords de la Saint-Michel n'étaient qu'un petit intermède, une étape vers un modèle confédéral. À ses yeux, le fédéralisme était déjà dépassé. Les trois régions devaient obtenir tous les pouvoirs et décider ensemble de ce qui resterait au niveau confédéral. Et il concluait: «La Flandre autonome devra être un fait en 2002, pour le 700e anniversaire de la bataille des Éperons d'Or.»

Cette interview avait provoqué pas mal de remous, surtout dans la partie francophone du pays. Van den Brande se fit taper sur les doigts par le Roi, ce qui souleva une vague de protestations dans des cercles flamands. Personnellement, j'ai estimé qu'il était en train de couler l'œuvre de ma vie, le fédéralisme d'union. J'ai exprimé clairement ma désapprobation aux journalistes venus m'interroger et j'ai dit que le nouveau ministre-président flamand se trompait.

On me reprocha beaucoup cette déclaration. On me critiqua durement parce que je restais fédéraliste, c'est-à-dire, pour beaucoup, unitariste. Il s'agissait là d'une véritable falsification de ma pensée. Comme j'avais repoussé le credo de Van den Brande, je devenais tout à coup un mauvais Flamand. Ce qui était profondément injuste à l'endroit de quelqu'un qui avait lutté pendant trente-cinq ans pour l'autonomie culturelle, sociale et économique de la Flandre. Mais je refusais le séparatisme car il était absurde de diviser, dans l'Europe fédérale, la Belgique en trois minuscules États concurrents.

Matériellement et financièrement

La période qui a suivi ma sortie de charge n'a pas été très rose sur le plan matériel et financier. Je percevais mes émoluments de sénateur. En tant que président du Parti populaire européen, je n'avais droit qu'à un dédommagement pour mes déplacements. Je n'avais plus de chauffeur ni même de voiture personnelle. Je me déplaçais généralement en tram ou en métro. Yvan Heylen me demanda lors d'une interview pour *Panorama-De Post* pourquoi je n'avais pas réglé ma propre situation lorsque je le pouvais encore. Je lui ai répondu que j'avais d'autres soucis quand j'étais Premier ministre. Ilse, qui est aujourd'hui mon épouse, s'est mêlée à la conversation : « C'est un problème qu'il ne comprend pas. Il est beaucoup trop naïf. » J'ai répliqué : « Comment, je ne comprends pas ? Je ne comprends que trop bien ! Mais il y a encore des hommes politiques honnêtes ! »

Il est vrai qu'au point de vue matériel et financier, je n'ai jamais eu de grandes exigences et qu'on peut me reprocher une certaine naïveté. Je me suis écarté une seule fois de mes principes et je m'en suis mordu les doigts. Quelques mois après ma démission, mon ami André Deleye m'a proposé de devenir membre du conseil des commissaires du groupe Begemann. Ce groupe employait des milliers de personnes en Flandre et cela pouvait m'aider à mieux comprendre la structure industrielle de la région. On m'alloua 1 500 euros par mois pour ma fonction de commissaire. Si je compare cette somme à celles qu'on mentionne pour divers anciens hommes politiques pourvus de sept à huit mandats (dont certains dans des multinationales), j'estime que les critiques que j'ai dû endurer à propos de mes indemnités chez Begemann sont très exagérées. Dès mon élection au Parlement européen, j'ai d'ailleurs donné ma démission. Certains ont encore essayé, sans résultat, de m'impliquer plus tard dans les démêlés qui opposèrent la société à la justice.

Du côté du CVP

Un vent glacial était venu du « 16 » et de la rue des Deux-Églises en septembre 1993, depuis les révélations du livre de Hugo De Ridder[1] sur la formation du gouvernement Dehaene et mon interview à *Dag Allemaal*. L'hebdomadaire avait titré qu'on n'avait jamais mis un Premier ministre à l'écart de cette façon. Dans l'interview, j'avais notamment déclaré que

1 Hugo De Ridder, *De strijd om de Zestien*, Lannoo, Tielt, 1993.

j'étais devenu une obsession pour certains dans mon parti et qu'on ne m'y avait pas ménagé.

Je suis le premier à reconnaître le caractère relatif et éphémère des sondages. Mais dans le milieu politique, ils ne restent pas sans effet. L'hebdomadaire *Panorama-De Post* publia le 29 septembre une enquête dont il ressortait que 71 % des Flamands me trouvaient un meilleur Premier ministre que Dehaene ; 81 % estimaient que j'avais été traité de façon peu élégante par mon propre parti et pas moins de 31 % étaient prêts à voter pour moi si je créais mon propre parti ; ce chiffre était supérieur de 8 % au résultat que les sondages accordaient alors encore au CVP… Quelques semaines après cette publication, le nouveau président du CVP, Johan Van Hecke me demanda de mettre ma crédibilité électorale au service du parti lors des élections européennes de juin 1994. J'ai accepté la deuxième place, derrière Léo Tindemans, auquel Herman Van Rompuy avait garanti la tête de liste. Un mandat européen me semblait un atout idéal pour valoriser mon poste de président du Parti populaire européen. De plus, je ne voulais pas décevoir Van Hecke qui était un rénovateur.

Le 19 avril 1994, lors de l'inauguration de mon buste à la Chambre, bien des membres de mon parti était absents de même que la plupart des vice-Premiers ministres avec lesquels j'avais collaboré pendant des années. Seuls, Hugo Schiltz et Frans Grootjans étaient là.

J'ai mené ma campagne européenne avec un slogan (« Les grands arbres ont de profondes racines ») qui intriguait. J'ai fait le deuxième score de Flandre : 182 410 concitoyens avaient voté pour moi.

Quatre semaines plus tard, je devenais le leader du groupe du Parti populaire européen au Parlement européen, à la demande expresse d'Helmut Kohl et de José Maria Aznar. Mon avenir politique m'apparaissait limpide : il se trouvait désormais en Europe.

Troisième partie

MON EUROPE

Chapitre XXIII

LA LABORIEUSE CRÉATION DU PPE

La dimension européenne a toujours été présente dans mes engagements publics et mes combats politiques. La présidence du CVP, au début des années septante, me donna la chance de concrétiser mon intérêt pour le processus d'intégration européenne. J'ai été impliqué dans le projet du Parti populaire européen dès sa création. Je ne pouvais pas me douter à ce moment qu'après ma charge de Premier ministre, le PPE dominerait ma vie politique ultérieure et lui donnerait son nouveau visage et son nouvel idéal.

Je devins, dès 1990, président du PPE, ce qui signifie que mon mandat à la tête de ce parti est d'ores et déjà plus long que celui de Premier ministre en Belgique. De 1994 à 1999, je fus aussi président du groupe PPE au Parlement européen, et en tant que Premier ministre, je fus membre du Conseil européen, notamment lors des sommets de Maastricht. À deux reprises, j'ai présidé durant six mois la Communauté européenne de l'époque.

En tant que chef du gouvernement belge et président du PPE, j'ai côtoyé nombre d'hommes et de femmes politiques étrangers, et collaboré étroitement avec certains d'entre eux, en particulier Helmut Kohl. Personne n'a jamais autant investi dans le PPE et les sommets du PPE que Kohl. J'étais déjà en contact avec lui, parmi d'autres chrétiens-démocrates, lors de la création du PPE en 1976[1].

1 Pour l'écriture des chapitres de cette troisième partie consacrée à l'Europe, je me suis principalement basé sur : Thomas Jansen, *The European People's Party. Origins and Development*, Macmillan, 1998 ; Steven Van Hecke, *Christendemocraten en conservatieven in de Europese Volkspartij. Ideologische verschillen, nationale tegenstellingen en transnationale conflicten*, KULeuven, 2005. Je remercie le professeur Laurent Van de Poele de la KULeuven pour ses corrections.

Avec le Parlement

La création du PPE ne s'est pas faite du jour au lendemain. Il existait déjà, au sein de la démocratie-chrétienne européenne, une longue tradition de coopération internationale remontant aux années vingt. Les Belges y ont toujours joué un rôle marquant. De 1950 à 1959, on trouve le président fondateur du CVP, August Edmond De Schryver, à la direction des «Nouvelles Équipes internationales», comme s'appelait alors l'organisation des partis chrétiens-démocrates d'Europe occidentale. Théo Lefèvre assura la présidence des Équipes de 1960 à 1965. Succédant aux Équipes en 1965, l'Union européenne des chrétiens-démocrates (UEDC) eut comme premier secrétaire général Léo Tindemans. Ce qu'il resta jusqu'à ce qu'il devienne Premier ministre en 1974.

Le centre de gravité de la coopération s'est toutefois progressivement déplacé vers le Parlement européen, né en même temps que la CECA, mais encore constitué d'élus choisis à l'intérieur des parlements nationaux des États membres. Dès 1953, un groupe chrétien-démocrate avait du reste été constitué au sein de ce Parlement.

C'est dans la perspective de l'élection directe du Parlement européen en 1979 que notre groupe chrétien-démocrate a pris l'initiative de créer un «parti européen». Les premiers pas dans cette direction furent formellement posés au sein du «Comité politique des partis chrétiens-démocrates des États membres de la Communauté européenne». Je fis partie de ce Comité comme tout jeune président du CVP, avec mon collègue PSC Charles-Ferdinand Nothomb. Je n'ai manqué aucune réunion. Alfred Bertrand, ancien ministre CVP devenu membre du Parlement européen, présidait ces réunions. Au total, onze partis de sept États membres de la Communauté étaient représentés: le PSC/CVP; les ARP, CHU et KVP néerlandais, qui ne fusionneraient définitivement au sein du CDA qu'en 1980; le CSV luxembourgeois, représenté par son tout nouveau président Jacques Santer; les CDU et CSU allemandes; la *Democrazia Cristiana* italienne; le Centre des démocrates sociaux français qui, à partir de 1978, intégra l'UDF; enfin, le *Fine Gael* irlandais. Faute de partis chrétiens-démocrates, le Royaume-Uni et le Danemark n'étaient pas de la partie.

De Paris à Luxembourg

Le Bavarois Hans-August Lücker, membre de la CSU, ancien chef de groupe et vice-président de l'UEDC, voulait absolument que l'on réfléchisse aussi à long terme au sein des chrétiens-démocrates européens. Il fallait pour cela une formation politique stable, un parti. Avec Lücker, mon aîné d'une bonne vingtaine d'années, disposant d'une grande expérience européenne, je fus en 1975 rapporteur du groupe « Parti européen ».

Entre novembre 1975 et janvier 1976, le groupe de travail se réunit plusieurs fois pour discuter du statut d'un futur parti européen. Au cours d'une de ces réunions à Paris, nos projets de statuts furent soumis au Comité qui les approuva lors de sa réunion du 29 avril 1976. Le « Parti populaire européen, fédération de partis chrétiens-démocrates de la Communauté européenne », comme le disait le nom complet de notre parti, était créé de facto.

Sa fondation formelle eut lieu le 8 juillet 1976 à Luxembourg, au cours d'une assemblée de l'UEDC. Léo Tindemans, devenu entre-temps Premier ministre de Belgique, fut choisi comme premier président.

Un processus ardu

La création du PPE fut un processus ardu et laborieux. D'une part, il fallait faire diligence parce que les socialistes, qui nous avaient repris la majorité relative au Parlement européen à la suite de l'entrée du Royaume-Uni, avaient déjà créé en 1974 leur « Fédération des partis socialistes de la Communauté européenne ». Mais les libéraux, eux non plus, n'étaient pas restés les bras croisés. Ils devaient également fonder en 1976 leur « Fédération libérale et démocratique européenne ».

D'autre part, il existait pas mal de dissensions dans nos propres rangs quant à la composition du parti européen à créer. Devrait-il également s'ouvrir à des partis sans étiquette chrétienne-démocrate ? Les Allemands surtout poussaient dans cette direction, parce qu'ils entretenaient traditionnellement de bons contacts avec les conservateurs britanniques et qu'ils ne pouvaient pas imaginer un futur grand parti sans représentation dans un des grands pays membres de la Communauté. D'après la CDU/CSU, seule une coalition permanente de chrétiens-démocrates, de conservateurs et de libéraux pouvait faire contrepoids à la domination socialiste en Europe occidentale. Dans la foulée de Mai 68, l'Europe occidentale avait, en effet, nettement viré au rouge, entre autres en

Allemagne fédérale, au Royaume-Uni et aux Pays-Bas. Le PSC-CVP était le seul parti chrétien-démocrate d'Europe à avoir remporté des élections nationales au cours de la décennie 1970.

Avec les chrétiens-démocrates français, néerlandais, luxembourgeois et italiens, nous étions cependant plus que réticents à une alliance avec les conservateurs britanniques. Comme je partageais plutôt cette tendance, et que mon collègue Lücker défendait plutôt le point de vue allemand, nous formions l'équipe idéale pour trouver un compromis. L'un comme l'autre, nous attachions une grande importance à la construction d'une Europe intégrée, la finalité ultime que nous devions toujours avoir comme horizon. En un certain sens, la création d'un parti européen n'était qu'un moyen ordonné à cette fin. Mais ce moyen devait s'ancrer dans de solides fondements idéologiques et une vision à long terme. Si les chrétiens-démocrates voulaient rester une force qui compte en Europe, la collaboration avec des partis d'autres tendances ne pouvait être exclue à priori.

De gauche à droite ? Non !

Cette vision, beaucoup, particulièrement dans mon propre parti, la critiquèrent durement, surtout lorsque, devenu président du PPE, j'ai moi-même dirigé l'opération d'élargissement du PPE à d'autres partis non chrétiens-démocrates. Il me fut, et il m'est encore, reproché d'avoir pris, sur le plan idéologique, un virage à 180 degrés. Alors qu'au début de ma carrière politique, comme président des *CVP-Jongeren*, j'étais partisan de la constitution d'un front progressiste, je me serais entièrement voué, au terme de ma carrière, à la cause d'une « Europe de droite » !

Je m'inscris entièrement en faux contre cette fable. Je n'ai pas viré de gauche à droite au sein du PPE ! Je me suis toujours tenu aux principes de base de la démocratie-chrétienne, à savoir le personnalisme, l'économie sociale de marché, la subsidiarité et le fédéralisme européen. Je me suis employé à les enraciner dans le parti, et c'est uniquement parce que des formations appartenant à d'autres mouvances ont souscrit à ces principes qu'ils ont pu intégrer le PPE. Le choix entre un petit club de chrétiens-démocrates purs et durs, mais impuissants, ou la fusion dans une vaste formation au sein de laquelle les chrétiens-démocrates ne seraient plus qu'une minorité et pourraient à peine défendre leurs idées, n'a jamais constitué une alternative valable à mes yeux. C'est à partir de cette conception qu'il faut comprendre mon engagement. Car un PPE fort et pluriel est nécessaire pour lutter sans trêve, aux côtés des socialistes et avec eux, en faveur d'une Europe unie. Nos vrais adversaires ne sont pas les socialistes, mais l'extrême gauche, l'extrême droite et le nombre croissant d'eurosceptiques.

La thèse qu'un mouvement chrétien-démocrate autonome ne pourra jamais faire le poids au niveau européen, mais que sa force réside dans une idéologie capable d'être la base d'un élargissement à d'autres courants politiques, a toujours été la source d'inspiration de mon action politique. Aujourd'hui, comme président du PPE, mais aussi hier, lors de sa gestation, j'ai toujours été pénétré de cette vision. À preuve, la note que j'écrivais en 1975 à propos de la création d'un parti européen: « La formation d'un front populaire entre socialistes et communistes d'une part, et la ségrégation trop tranchée entre socialistes et chrétiens-démocrates d'autre part, peuvent mener à une division des partis politiques européens qui risque de grever lourdement le processus d'intégration et pourrait même le rendre impossible. L'alliance de toutes les forces antisocialistes comporte de gros risques parce qu'elle n'est pas suffisamment fondée en termes d'idéologie et de programmes. Ceci pourrait particulièrement nuire au développement futur de la démocratie-chrétienne, qui repose sur des principes politiques et devra également avoir un contenu idéologique propre sous forme d'un parti européen, si elle veut garantir son avenir. Les partis chrétiens-démocrates de la Communauté doivent prendre une initiative politique permettant à une future union politique européenne de s'appuyer sur une base aussi large que possible, et aux chrétiens-démocrates de collaborer au sein d'un parti politique européen en maintenant leur identité, tout en laissant ouverte la possibilité de collaborer avec tout autre parti démocratique[1]. »

Parti populaire européen...

La réconciliation entre approfondissement et élargissement, et donc entre idéologie chrétienne-démocrate et partis non chrétiens-démocrates, était à la base du compromis que Lücker et moi tentions de trouver dans le cadre de la création du PPE. Les discussions se cristallisaient autour du nom et des critères d'appartenance du futur parti. Étant donné le

1 *Nota betreffende de initiatieven die de christendemocratische partijen van de Europese Gemeenschap moeten nemen met het oog op de rechtstreekse verkiezing van het Europees Parlement en de vorming van een Europese christendemocratische partij*, Bruxelles, 24 septembre 1975.

caractère très sensible de la question du nom, à savoir la référence explicite ou non à la « démocratie-chrétienne », on plaida au sein de l'UEDC pour le terme « Centre démocratique ».

À l'intérieur du groupe de travail « Parti européen », nous n'arrivions pourtant pas à un accord. Différentes propositions circulaient, comme Parti populaire européen, Démocratie chrétienne européenne, Parti démocrate-chrétien européen, ou Parti social européen pour le progrès.

La question du nom n'était pas anodine. Il était en effet révélateur du profil que le parti entendait se donner. Les partisans de l'intégration des conservateurs britanniques et danois essayaient d'éviter le terme « chrétien-démocrate ». Les adversaires, par contre, voyaient dans la référence à la « démocratie-chrétienne » la garantie du maintien du caractère chrétien-démocrate de leur collaboration dans le cadre européen. Ce n'est que de justesse qu'émergea finalement au sein du Comité un accord sur l'appellation « Parti populaire européen », avec en sous-titre une référence à la « démocratie-chrétienne ».

Le terme « Parti populaire » rencontrait l'exigence allemande d'ouverture en matière de confessions et de classes socio-économiques, tout en renvoyant aux divers partis populaires chrétiens-démocrates dans d'autres pays, entre autres en Belgique (CVP et PSC), aux Pays-Bas (KVP) et au grand-duché de Luxembourg (CSV), ou à leurs homologues comme en France et en Italie.

Je n'ai personnellement jamais vu d'antinomie entre démocratie-chrétienne et parti populaire. Pour moi, un parti chrétien-démocrate était et est toujours un parti populaire. C'est ce que je tentais déjà de réaliser en Flandre dans les années septante et ce pour quoi je me bats depuis 1990 au niveau européen. Le choix du nom « Parti populaire européen » était en ce sens visionnaire. Sans ce nom, nous n'aurions jamais pu mener à bien l'élargissement du parti.

… *versus* Union démocratique européenne

Contrairement à la décision sur le nom, la question de l'appartenance fut réglée contre l'avis des Allemands. Nous avons décidé que seuls les partis chrétiens-démocrates des États membres de la Communauté européenne d'alors pourraient devenir membres du PPE.

C'était là une fameuse pomme de discorde. En effet, c'étaient surtout les Allemands, et en particulier le président de l'UEDC, Kai-Uwe von Hassel, qui plaidaient pour l'ouverture. Mais leur point de vue ne fut pas suivi. Furent donc écartés les partis d'autres mouvances, comme les conservateurs britanniques et danois. Repoussés aussi, les partis chrétiens-démocrates de pays non membres de la Communauté, comme la Suisse et l'Autriche. Théoriquement, l'affiliation de ces partis n'était pas exclue, mais elle ne fut accordée en pratique à aucun d'entre eux. Comme la CDU et la CSU souhaitaient néanmoins entretenir des relations structurelles avec des partis non chrétiens-démocrates au sein et en dehors de la Communauté, elles créèrent quelques mois plus tard, en réaction contre le PPE, l'« Union démocratique européenne » (UDE), une association de partis chrétiens-démocrates, conservateurs et autres non collectivistes. Le président de la CDU de l'époque, Helmut Kohl, et la dirigeante des conservateurs britanniques, Margaret Thatcher, tous deux leaders de l'opposition, en furent les principaux acteurs.

Les Allemands prenaient un gros risque. Les négociations autour du PPE n'étaient pas encore terminées qu'ils concoctaient déjà la création de l'UDE. Certes, cette union ne constituait pas une fédération de partis et elle ne disposait d'aucun groupe spécifique au Parlement européen, mais sa création eut l'effet d'un éteignoir sur l'enthousiasme qui avait présidé à la naissance du PPE. Le *timing* de sa création, à peine un mois après le premier congrès du PPE, fut perçu comme une réelle provocation. Au bureau politique qui suivit le congrès et qui était chargé de mettre ses résolutions en œuvre, l'UDE monopolisa tous les débats. Elle ne pouvait que faire ombrage à la nouvelle image du jeune PPE et sema d'emblée la division en son sein. On n'imagine pas aujourd'hui la virulence des débats à l'époque…

Les premières années du PPE furent donc marquées par une impasse. Trois organisations de partis chrétiens-démocrates, l'UEDC, le PPE et l'UDE, opéraient parallèlement et souvent en concurrence directe l'une contre l'autre. Il n'était pas question de la moindre collaboration structurelle. La méfiance était de rigueur. L'héritage laissé par Lücker et moi-même était dilapidé. L'outil que nous avions mis sur pied pour atteindre notre but, la réalisation d'une fédération européenne, était miné à la base. Pour couronner le tout, les premières élections directes du Parlement européen furent remportées par les socialistes, tout au moins en sièges, car le PPE récolta davantage de voix, et ce, sans représentation britannique ni danoise. Par la suite, les socialistes allaient encore creuser l'écart, y compris en nombre de voix.

C'est sur ce sombre tableau que, nommé Premier ministre, je dus abandonner mon enfant spirituel. Il fallut attendre ma présidence pour qu'à l'intérieur du PPE, et sous mon impulsion, on se remette au travail pour créer une collaboration structurelle entre partis chrétiens-démocrates et partis apparentés, et voir finalement ce travail couronné par la fusion entre le PPE, l'UEDC et l'UDE.

Racines chrétiennes-démocrates

À côté des statuts qui, jusqu'à ce jour, constituent la base de l'organisation du PPE, un autre sujet essentiel est le programme politique communautaire qui fut rédigé lors de la création du PPE. Les programmes politiques ont toujours joué un rôle important au PPE. Ils représentent une sorte de dénominateur commun entre des partis frères qui, déjà même en 1976, lorsqu'il s'agissait uniquement de partis chrétiens-démocrates, divergeaient souvent notablement entre eux.

La question est d'allier ces différences avec la recherche de points de vue communautaires. Et cette dimension communautaire, c'est l'Europe. Ma thèse est bien connue: «Il est vrai qu'au niveau des principes doctrinaux, le PPE rassemble des partis se réclamant d'un degré minimal d'identité commune, celle du personnalisme chrétien. Mais en matière européenne, les partis membres partagent le même projet fédéraliste, conférant de ce fait au PPE une identité particulière propre d'une grande cohérence avec la démocratie-chrétienne en général[1].»

Comme, dès le début, l'accent avait été fortement mis sur le programme, on créa à cet effet un groupe de travail ad hoc à l'intérieur du groupe de travail «Parti européen». J'y étais rapporteur avec Lücker, exactement comme dans le groupe «Statuts». Pour la rédaction des textes, nous pouvions faire appel aux manifestes de l'UEDC et de l'Union mondiale des chrétiens-démocrates. Pour ma part, je fis appel aux services du CEPESS qui se chargea de la coordination des différents services d'étude des futurs partis membres. Dans le cadre de la campagne pour l'élection directe du Parlement européen, le programme politique fut doté du slogan «Ensemble vers une Europe d'hommes libres». En fait, nous étions déjà en train de fixer les grands axes du programme. Lorsqu'il s'agit d'adapter le programme de base ou de rédiger les programmes électoraux, on se réfère toujours, aujourd'hui comme hier, à notre texte de 1976. Dès le début, nos racines chrétiennes-démocrates et notre objectif d'une fédération européenne étaient clairement affirmés: «Nous, Parti

---

1 Discours au congrès du Centre des démocrates-sociaux à Angoulême le 12 octobre 1991, cité dans *L'une & l'autre Europe*, Éditions Racine, Bruxelles, 1994, p. 87.

populaire européen – fédération de partis chrétiens-démocrates de la Communauté européenne – voulons l'unité de l'Europe. Nous entendons ainsi poursuivre l'œuvre politique des hommes d'État chrétiens-démocrates Robert Schuman, Alcide de Gasperi et Konrad Adenauer, qui ont jeté les bases des résultats obtenus jusqu'ici. À leur suite, nous sommes résolus à continuer et à parachever cette œuvre historique par la création d'une Union européenne qui prendra la forme politique d'une Fédération européenne, telle qu'elle fut proposée par Robert Schuman le 9 mai 1950[1]. »

La conviction fédéraliste était centrale, et en totale concordance avec les idées que je plaidais en Belgique. Lors du premier congrès du PPE, elle m'inspira déjà cette profession de foi : « Pour nous, l'unification européenne doit déboucher sur une Fédération européenne, parce que la structure fédérale est la seule qui puisse réaliser et garantir l'unité dans la diversité et la diversité dans l'unité. La structure fédérale est à nos yeux la forme la plus appropriée pour donner corps au principe de subsidiarité : ne faire remonter au niveau de la plus grande entité que ce que nous ne pouvons pas réaliser à un niveau inférieur. La structure fédérale ainsi comprise correspond le mieux à notre vision pluraliste, ennemie des monopoles. Bref, le fédéralisme est la forme politique de notre personnalisme. »

Belgique ou Europe ?

C'est à ce premier congrès du PPE des 6 et 7 mars 1978 à Bruxelles que notre programme politique fut approuvé. Ce qui mettait provisoirement fin à ma charge. En tant que Premier ministre, je n'avais plus à m'occuper des affaires courantes et de l'évolution du PPE, si ce n'est dans le cadre du Conseil européen dont j'étais membre comme chef de gouvernement. C'est Tindemans qui, sur ma proposition, devint la tête d'affiche du PPE. Il fut choisi unanimement sur la base de son expérience de Premier ministre ainsi que de sa notoriété et de ses mérites au niveau européen. Ce n'est pas pour rien qu'il fut appelé *Mister Europe*. Le fait qu'il était originaire d'un petit pays et qu'il habitait près de Bruxelles joua sans doute aussi un certain rôle.

Avant que je sache que je deviendrais moi-même Premier ministre, les cartes se présentaient pourtant différemment. Lücker me demanda de

1 Programme politique adopté par le premier congrès les 6 et 7 mars 1978 à Bruxelles.

devenir président du PPE parce que tous les partis membres qu'il avait consultés m'avaient proposé. Seul Nothomb était contre. C'était encore le temps du grand CVP et de son petit frère PSC… Je me demande toutefois si la présidence du PPE aurait alors été une bonne opération pour moi. En tout cas, la politique belge aurait connu un tout autre visage ! Quoi qu'il en soit, je conseillai à Lücker de se tourner vers Tindemans. Celui-ci accepta et devint président.

En réalité, je ne cessai jamais de m'occuper intensément de l'Europe. Lorsque, quelques mois après le congrès du PPE, *Knack* me demanda si je ne préférais pas devenir Premier ministre de Belgique au lieu de consacrer ma carrière politique à l'Europe, je répondis : « Si personne ne veut prendre de risques pour l'Europe, celle-ci n'ira sûrement jamais loin. Je crois que la fibre européenne est la plus forte chez moi[1]. » Au secrétaire national du CVP Jan Gysen, ainsi qu'à Raf Chanterie, je confiai également : « Tindemans animera le parti en Belgique ; pour ma part, je vais me consacrer principalement à l'Europe. »

1 *Knack*, 7 juillet 1978.

Chapitre XXIV
DEUX FOIS PRÉSIDENT DU CONSEIL

C'est à Strasbourg, symbole de la réconciliation franco-allemande et le siège du Parlement européen, que devenu Premier ministre début avril 1979 que j'ai participé pour la première fois aux réunions du Conseil européen. J'entrai ainsi dans le groupe des chefs d'État et de gouvernement. J'ai été membre de ce club très sélect pendant plus de douze ans. Au début, en raison de mon âge et de mon expérience relativement restreinte, je faisais figure de petit frère, mais à la longue, j'y fus reconnu comme un acteur de premier plan, à cause entre autres du rôle central de la Belgique dans le processus d'intégration européenne et de ma propre longévité politique. À l'époque, le Conseil européen se réunissait deux fois par an: une fois dans la capitale de chaque présidence semestrielle, et une fois à Bruxelles ou à Luxembourg.

Le tandem Giscard-Schmidt

Au premier semestre 1979, la France présidait la Communauté, et Valéry Giscard d'Estaing le Conseil européen. Margaret Thatcher, récemment nommée Premier ministre du Royaume-Uni, et moi-même étions les deux nouveaux venus au Conseil, qui ne comptait alors que neuf membres. L'ordre alphabétique nous avait placés côte à côte. C'est à ce Conseil que je rencontrai Giscard pour la première fois.

Le sommet des 21 et 22 juin commença par une sorte de procession à travers les rues de Strasbourg d'un lieu de réunion à l'autre. En comparaison avec les Conseils européens ultérieurs, celui-ci se déroula de façon très informelle. Nous étions aussi beaucoup moins inondés de paperasses. Il y avait déjà des cabines de traduction simultanée, mais Schmidt par exemple s'exprimait régulièrement en anglais. Cela aussi a bien changé depuis. Les interventions étaient généralement courtes. Giscard insistait beaucoup sur ce point. Comme néophyte, je me montrais plutôt discret. Giscard et Schmidt dominaient l'assemblée, mais le nombre limité de participants rendait encore possible un vrai dialogue.

On échangeait chaque fois des considérations sur des questions de politique internationale, surtout au cours des dîners, mais, à ma grande frustration, je n'avais pas grand-chose à dire, car mon département des Affaires étrangères m'informait insuffisamment de la cuisine diplomatique intérieure. Seuls les points inscrits officiellement à l'agenda étaient préparés avec notre ambassadeur auprès de la Communauté, quelques attachés de cabinet et quelques diplomates des Affaires étrangères. Ils me fournissaient des *speaking notes* sur ces sujets, en particulier quand il s'agissait de questions importantes pour la Belgique. Ces entretiens au cours des sommets ne menaient cependant pas à beaucoup de résultats concrets, car on n'en tirait pas de conclusions, et encore moins de résolutions. En 1979, par exemple, la question de l'énergie et la lutte contre l'inflation avaient été inscrites en tête de l'agenda. Mais il n'était pas encore question à ce moment d'une approche vraiment communautaire de ces problèmes.

Si informel fût-il, le Conseil européen a toujours été une instance cruciale pour les hautes nominations, en particulier celle du président de la Commission. J'y fus déjà confronté au sommet de Venise des 12 et 13 juin 1980. Le président du Conseil, le Premier ministre et futur président italien Francesco Cossiga, y organisait déjà la procédure du «confessionnal» en vue de trouver un successeur au Britannique Roy Jenkins. Je suggérai personnellement la candidature de Léo Tindemans, à ce moment président du CVP, à Cossiga et à Giscard. Ce dernier ne voulut pas en entendre parler. Pas plus, d'ailleurs, que Tindemans lui-même! C'était pourtant le candidat le plus sérieux du Benelux et il pouvait compter sur le soutien de Schmidt. Il eut tort de ne pas accepter. Sans doute pensait-il encore pouvoir redevenir Premier ministre? Gaston Thorn, Premier ministre luxembourgeois, fut nommé par après.

Mon premier Maastricht

Strasbourg, mais aussi Maastricht, furent chacune le théâtre de deux réunions cruciales du Conseil européen. Le second sommet de Maastricht, qui donna naissance au traité du même nom, est suffisamment connu. En ce qui me concerne, le premier fut non moins mémorable.

Ce Conseil européen des 23 et 24 mars 1981 constitua pour moi un tournant psychologique. J'y acquis la conviction que notre économie était vraiment dans une impasse. La Belgique était l'homme malade de l'Europe. Notre réputation était au plus bas. La liaison automatique des salaires à l'index fut en particulier soumise à un tir de barrage au cours du sommet. Plusieurs intervenants plaidèrent pour des réformes économiques en profondeur dans un certain nombre de pays, notamment en Belgique. Je ne manquai pas d'en tenir compte dans le plan d'urgence que je déposai fin mars, même si le sommet ne m'y avait pas obligé. Le Conseil européen n'était d'ailleurs pas habilité à cela. Mais les médias et l'opinion publique y virent un lien direct.

À Maastricht – provisoirement mon dernier sommet en raison de ma prochaine démission comme Premier ministre à la fin du même mois – Mme Thatcher fit entendre une voix de plus en plus discordante. Elle y entonna pour la première fois son fameux refrain *I want my money back*, et parvint à bloquer un accord sur le financement de la Communauté européenne. Dans le même temps, Giscard et Schmidt paraissaient au zénith de leur pouvoir. Au moment de l'au revoir, Schmidt dit à Giscard qu'il était absolument convaincu que celui-ci remporterait les élections présidentielles. Ce qui fit dire à Giscard qu'il se demandait à quoi il passerait son temps pendant la campagne électorale. « Je m'occuperais bien d'améliorer ma culture chinoise », plaisanta-t-il. En mai, Giscard fut néanmoins battu par Mitterrand. Un an et demi plus tard, Schmidt se retira à la suite d'une motion de défiance constructive, et Helmut Kohl arriva au pouvoir en Allemagne fédérale.

La question du siège

Lors de mon premier sommet de Maastricht, la question des sièges vint également sur le tapis. La lutte pour le siège définitif du Parlement européen s'annonçait âpre et longue. Bruxelles et Strasbourg abritaient toutes deux le Parlement. Depuis des temps immémoriaux, les parlementaires européens faisaient la navette entre les deux villes. Heureusement, les sessions extraordinaires à Luxembourg avaient été supprimées depuis 1981. Seul le secrétariat du Parlement y est toujours établi aujourd'hui.

Dans le cadre de sa campagne présidentielle, Giscard faisait le *forcing* en faveur de Strasbourg. La capitale alsacienne ne manque certes pas de raisons historiques, politiques ou morales pour revendiquer le siège des institutions européennes, mais, pour des raisons d'efficacité, j'ai toujours été et reste partisan de Bruxelles comme siège exclusif du Parlement, à côté de la Commission et du Conseil. C'est tout à l'avantage du Parlement, et depuis toujours la volonté de la majorité des parlementaires. De surcroît, la présence des institutions communautaires constitue indiscutablement un atout exceptionnel pour Bruxelles et la Belgique, sur le plan aussi bien politique qu'économique. Strasbourg abrite d'ailleurs encore d'autres institutions, comme le Conseil de l'Europe, si bien que la perte du Parlement européen pourrait toujours être compensée.

Quoi qu'il en soit, et surtout pour des raisons de prestige, tous les présidents français successifs se sont profilés comme d'ardents défenseurs de Strasbourg, soutenus en cela par les Allemands. Mais, dès 1981, je marquai mon opposition à ce choix, ce dont Giscard me tint longtemps rigueur. Le compromis provisoire, qui durerait une décennie, consista à maintenir à Strasbourg les réunions plénières et à tenir à Bruxelles les réunions de groupes et de commissions. Cette formule s'est avérée très inefficace tant au point de vue logistique que financier.

Je n'étais en tout cas nullement disposé à sacrifier Bruxelles, par crainte notamment qu'après le Parlement, on fasse également déménager un jour la Commission et le Conseil à Strasbourg. Ce n'était qu'une question de temps, et cette hypothèse aurait pu être rondement menée, vu le nombre relativement limité de fonctionnaires européens à l'époque.

Ma première présidence (1982)

J'étais à peine redevenu Premier ministre que ce fut au tour de la Belgique de présider la Communauté européenne au premier semestre de 1982.

Le sommet de Bruxelles des 29 et 30 mars eut lieu dans la foulée du premier train de mesures économiques prises par notre gouvernement bleu-romain. Schmidt m'y appela pour la première fois par mon prénom et se montra enthousiaste face au nouveau virage de notre politique. Le sommet fut inauguré par une séance solennelle au palais des Académies à l'occasion du 25e anniversaire du traité de Rome. Le roi Baudouin y prononça un discours, de même que les présidents des institutions européennes.

Au cours des travaux du Conseil, il fut une fois de plus abondamment question du spectre de l'inflation et de la lutte contre le chômage. À tour de rôle, chacun expliqua ce qu'il ou elle faisait concrètement dans son propre pays. Visiblement, Mme Thatcher trouva cela fort intéressant, car elle tint à me féliciter pour le bon déroulement de la réunion. À mes yeux, celle-ci pécha cependant par l'absence d'une synthèse finale et d'un projet politique vraiment communautaire. Définir des objectifs communs, c'était bien, encore fallait-il s'entendre sur les moyens communs pour les mettre en œuvre. Mais, pour Mme Thatcher, ce n'était nullement nécessaire! Elle ne comprenait pas pourquoi je revenais tout le temps sur l'importance des «institutions communautaires», en particulier de la Commission européenne. «Votre gouvernement et le mien sont de bons gouvernements», me disait-elle. «Nous faisons tous deux une bonne politique. C'est cela qui compte. Pas les institutions communautaires.»

Comme président du Conseil européen, je fus reçu en février 1982 à la Maison Blanche. C'était ma première rencontre avec Ronald Reagan. Pendant mon séjour, je résidais à la *Blair House* et, comme on le sait, j'eus aussi des contacts avec Jacques De Larosière au FMI en vue de préparer la dévaluation du franc belge. Au terme de ma présidence, je reçus du reste une lettre élogieuse de Reagan se référant à ma visite, et se félicitant des *closest consultations between the United States and the EC in many years.*

Je participai aussi au sommet économique des pays occidentaux, le précurseur du G7 et du G8. Mitterrand en fut l'hôte à Versailles les 4, 5 et 6 juin 1982. Jacques van Ypersele avait insisté auprès des Français pour y inviter le président du Conseil européen, et pas seulement le président de la Commission, même s'il était convenu que les représentants de la Communauté européenne ne formeraient qu'une seule délégation. Sur la photo de famille traditionnelle, je me trouvais à une extrémité de la rangée. À l'autre, se trouvait le président de la Commission, Gaston Thorn. Nous fûmes d'ailleurs tous deux «sucrés» dans plusieurs journaux internationaux! Le sujet épineux de la réunion fut la politique économique de la France, avec son premier gouvernement socialo-communiste dirigé par Pierre Mauroy. Son ministre de l'Économie et des Finances, Jacques Delors, était aussi présent. Ce fut la première fois que je le rencontrai. La politique peu orthodoxe de la France était regardée avec incrédulité et critiquée en termes à peine voilés par Washington, Londres et Bonn. Paris ne tarderait d'ailleurs pas à rectifier le tir et à opter définitivement pour l'économie de marché, fût-elle socialement corrigée.

Le deuxième Conseil européen sous présidence belge eut lieu à Bruxelles les 28 et 29 juin 1982. L'agenda comprenait, à côté de la situation socio-économique des États membres, les relations commerciales avec les États-Unis, les tensions au Moyen-Orient et la question de l'élargissement à l'Espagne et au Portugal. Les négociations promettaient d'être difficiles et l'on avait déjà prévu des périodes de transition suffisamment longues. On ne peut pas dire qu'il y avait un enthousiasme unanime face à l'intégration de la péninsule Ibérique, en raison du mauvais fonctionnement de la Communauté et des questions qui se posaient sur sa capacité d'absorption après les élargissements de 1973 et de 1981. L'entrée du Royaume-Uni, de l'Irlande, du Danemark et de la Grèce avaient-elles réellement renforcé le processus d'intégration? Il était encore difficile de répondre positivement à cette question. Le dilemme approfondissement/élargissement divisait déjà les esprits.

En dépit de l'eurosclérose régnante, le Conseil européen de Stuttgart des 17, 18 et 19 juin 1983 déboucha sur une déclaration solennelle en faveur d'une future Union européenne. Mais elle fut plutôt perçue comme une tentative désespérée de donner une nouvelle impulsion au processus d'intégration européenne. Le milieu des années quatre-vingt vit néanmoins apparaître les lueurs d'un renouveau au sein du Conseil européen.

Un important obstacle fut levé au cours du fructueux sommet de Fontainebleau les 25 et 26 juin 1984. Après des années de blocage, Mitterrand, qui présidait ce Conseil, parvint, en concertation avec Kohl, à un accord avec Thatcher sur le fameux *rebate* (rabais): le remboursement partiel de la «cotisation» du Royaume-Uni à l'Europe en raison de la quote-part nette relativement élevée des Britanniques.

Delors préféré à Davignon

Ce sommet devait également désigner le successeur de Thorn à la tête de la Commission. Ce genre de question était traditionnellement traitée «au coin du feu», pendant et après le dîner réunissant tous les chefs d'État et de gouvernement. Les Français proposaient leur ministre des Affaires étrangères, le socialiste Claude Cheysson, mais, partisan d'une union de la gauche avec les communistes – en pleine guerre froide! –, celui-ci n'avait aucune chance. Cette nomination devait en effet recevoir l'approbation de tous les membres du Conseil. Après le sommet, je m'employai à promouvoir Étienne Davignon, alors vice-président de la Commission. Chacun reconnaissait qu'il en était un des membres les plus brillants. Schmidt ne l'appelait d'ailleurs que *the Viscount.* Mais comme il passait son temps à faire son propre *lobbying,* il n'avait pas non plus beaucoup de chances.

Début juillet, c'est Delors qui fut finalement désigné. J'appris plus tard par Kohl que cette nomination avait surtout été décidée par le couple franco-allemand. Comme partisan de l'économie de marché, le Français était pourtant aussi un candidat valable pour Mme Thatcher. Elle s'en repentirait par la suite.

Le 17 juin de cette même année avaient eu lieu les deuxièmes élections pour le Parlement européen. Le CVP y avait encaissé une sévère défaite.

Le lendemain, je reçus une invitation pressante de Mitterrand. L'après-midi même, j'étais déjà à l'Élysée. Alors que j'attendais devant l'escalier pour être conduit vers le bureau du président, je vis tout à coup descendre Delors. J'imagine que Mitterrand venait de lui demander de se porter candidat à la présidence de la Commission. Delors entra en fonction le 1er janvier 1985 pour promouvoir et personnifier de plus en plus la renaissance de l'idée européenne.

L'Acte unique

En moins d'une demi-année, Delors réussit à remettre le processus d'intégration européenne sur les rails. Il avait opté résolument pour le parachèvement du marché unique. Le 14 juin 1985, le commissaire Lord Arthur Cockfield, un conservateur britannique, proposa dans son *White Paper On Completing The Single Market* toutes les mesures nécessaires pour arriver à ce but. Avec l'appui de Mitterrand et de Kohl, Delors mit ce document sur la table du Conseil européen des 28 et 29 juin à Milan.

Au cours de la réunion, une discussion surgit au sujet d'une conférence intergouvernementale à convoquer en vue d'aboutir à un nouveau traité. « Vous ne pouvez pas prendre cette décision, lança Mme Thatcher, j'y mettrai mon veto. » Giulio Andreotti, qui codirigeait la réunion en tant que ministre italien des Affaires étrangères, s'empara aussitôt du traité de Rome et en cita l'article 236 d'où il ressortait que la convocation d'une conférence intergouvernementale n'exigeait qu'un vote à la majorité simple. Lors du vote, tout le monde fut pour, à l'exception des Britanniques, qui votèrent contre, et des Danois, qui s'abstinrent. Au cours de l'été, Thatcher changea cependant d'avis et accepta de collaborer à l'élaboration d'un nouveau traité. Elle entrevoyait maintenant qu'un marché unique européen était bien dans la ligne de ses propres conceptions économiques, et ne pourrait que profiter à l'économie britannique.

Après six mois déjà, au sommet de Luxembourg des 2, 3 et 4 décembre, on parvint à un accord sur l'Acte unique. Celui-ci entra en vigueur le 1er juillet 1987. Grâce à sa bonne préparation par la Commission, en particulier par Delors, et parce que le Conseil européen avait osé s'engager, un nouveau traité avait pu être élaboré très vite. Pour moi-même également, ce fut une période faste sur le plan politique, du fait de la victoire du CVP le 13 octobre 1985. Kohl, Mitterrand et Delors me félicitèrent à l'ouverture du sommet de Luxembourg et s'étonnèrent qu'un Premier ministre et son parti aient pu gagner des élections sur la base d'une politique d'assainissement drastique.

Plusieurs années après, l'Acte unique est revenu sur le tapis lors d'un entretien avec Mme Thatcher à Waregem. Elle y avait été invitée avec George Bush senior et Michael Gorbatchev pour la fête du 75e anniversaire de Roger De Clerck le 27 juillet 1999. En raison de l'état de santé de sa femme, Gorbatchev s'était désisté au dernier moment. Personnellement, je n'avais pas l'intention d'aller à cette fête, en raison de la controverse qu'elle avait suscitée. Mais, me trouvant à la mer, je reçus un coup de téléphone du président du CVP Stefaan De Clerck. Il me passa aussitôt Bush, qui me demanda si je voulais bien remplacer Gorbatchev au débat prévu avec le célèbre journaliste de la BBC, David Frost. À la dernière question de ce dernier, celle de savoir qui d'après nous était le plus grand homme politique du XXe siècle, Thatcher répondit naturellement Churchill, Bush Reagan, et moi-même Jean Monnet. Là-dessus s'éleva une discussion animée avec Thatcher, au cours de laquelle elle ressortit ses éternels arguments eurosceptiques. Je lui objectai qu'à l'été 1985, elle avait pourtant accepté le marché unique. «En effet, répondit-elle, et ce fut ma plus grande erreur politique!»

Ma seconde présidence (1987)

Au cours du premier semestre 1987, la présidence de la Communauté européenne échut à nouveau à la Belgique. Je participai une nouvelle fois au sommet économique des pays occidentaux qui se tint dans les murs de San Giorgio Maggiore à Venise les 8, 9 et 10 juin.

Le 28 mai, j'avais rendu visite au président Reagan dans son bureau ovale. Je lui avais fait présent d'un coffret avec une pièce d'or et une pièce en argent de respectivement 50 et 5 écus, geste qu'il sembla apprécier, même s'il ne réalisait sûrement pas encore notre ambition de mettre sur pied une véritable monnaie unique européenne. Je tins à rappeler que le sommet devait garder un caractère exclusivement économique, et non politique. De son côté, Reagan mit la responsabilité du déficit budgétaire américain sur le dos du Congrès, et aborda la problématique du désarmement. Il revint aussi sur l'impérieuse nécessité de diminuer l'impôt (*low tax rates generate high income*), et de réduire l'intervention de l'État dans l'économie (*deregulation*). Bref, les grands thèmes des *reaganomics*, qui avaient peu de chances d'obtenir la faveur des Européens continentaux. Dans la foulée, je rencontrai également le *Foreign Secretary* George Schultz et le *Secretary of the Treasury* James Baker, futur ministre des Affaires étrangères de George Bush Sr. Il ressortit de ces entretiens qu'un résultat positif était absolument requis, mais qu'il ne fallait pas placer la barre trop haut.

Ceci s'expliquait surtout par des raisons politiques : Reagan était empêtré dans l'*Irancontragate*; Mitterrand vivait sa première « cohabitation » avec le gouvernement de Jacques Chirac et n'avait aucune certitude de se voir réélu en 1988 ; le CDU de Kohl avait subi de lourdes pertes dans plusieurs *Länder*; le gouvernement italien pendait, comme toujours, à un fil, et Mme Thatcher se trouvait devant des élections cruciales. Je m'en tins pour ma part à mon rôle européen. Entre le Conseil et la Commission existait une sorte de répartition des tâches. Certains dossiers étaient traités par moi, d'autres par Delors. Pour celui-ci, la présence de la Communauté européenne était une question de prestige et le signe de l'importance mondiale du marché unique européen.

Et voici *Erasmus*

Les réunions du sommet de Venise se déroulèrent au sein de trois cercles parallèles avec leurs propres ordres du jour formels et informels : les chefs d'État et de gouvernement ; les ministres des Affaires étrangères, avec Tindemans ; et les ministres des Finances, avec Willy De Clercq en tant que commissaire européen responsable de la politique commerciale. L'essentiel des travaux avait été bien préparé à l'avance par les « sherpas », comme Fons Verplaetse, ou Pascal Lamy, le chef de cabinet de Delors, futur commissaire européen et actuel président de l'Organisation mondiale du commerce.

Ces rencontres au sommet ne sont toutefois que la partie visible de l'iceberg. Tout au long des six mois de la présidence, on prend des initiatives, on forge des accords et on engrange des avancées dans toutes sortes de domaines. Pour ma part, j'ai ainsi poussé à la charrette du dialogue social européen. Jusqu'alors, les partenaires sociaux étaient absents du niveau européen. Mais dans la perspective de l'achèvement du marché unique, le volet social ne pouvait plus rester à la traîne par rapport à l'économique. C'est pourquoi, avec Delors, j'invitai le 7 mai les représentants des employeurs et des travailleurs européens à un dialogue officiel. Ce fut une primeur dans l'histoire du processus d'intégration européenne.

Il se passait aussi beaucoup de choses au sein des conseils professionnels. Le Conseil de l'enseignement, par exemple, présidé par Daniel

Coens, parvint le 14 mai, dans le cadre de la citoyenneté européenne, à un accord sur un programme d'échanges entre étudiants pour la période 1987-1989: *Erasmus* était né.

En pèlerinage pour l'Europe

En prélude au Conseil européen des 29 et 30 juin, je fis, en quelques jours, la tournée de toutes les capitales de la Communauté d'alors. Dans *Die Welt* du 22 juin 1987, je décrivais mon périple comme un *Pilgerfahrt für Europa* [1].

Le Conseil débuta par une réception au Palais royal. Contrairement au sommet économique des pays occidentaux et aux Conseils européens précédents, les participants trouvèrent cette fois un projet politique et économique communautaire sur la table. Dans son document *Réussir l'Acte unique*, rédigé en vue d'assurer le suivi de l'Acte unique, Delors proposait de revoir drastiquement le système budgétaire et d'allouer beaucoup plus de crédits à la politique de cohésion, de manière à faire diminuer la part relative de dépenses consacrées à l'agriculture communautaire. Mais cette proposition se heurta à une vive opposition de la part de Thatcher. Ce fut un débat houleux et hargneux. Mitterrand et Kohl se démenèrent néanmoins pour obtenir un accord. Lors du vote, qui se déroulait normalement par ordre alphabétique et dans le sens des aiguilles d'une montre, commençant par *United Kingdom* et se terminant par *Belgium*, je fis voter en sens inverse. Thatcher fut ainsi la dernière à voter. Tout le monde vota pour, sauf elle. Thatcher était complètement isolée, mais, étant donné la règle de l'unanimité, il n'y eut pas d'accord. Du fait des Britanniques, il n'y eut pas non plus d'accord sur la proposition belge

1 Le dimanche soir 21 juin, je fus reçu à Lisbonne par le Premier ministre Anibal Cavaco Silva. Le lundi midi, j'étais chez Felipe Gonzalez à Madrid; le mardi matin, chez Amintore Fanfani à Rome, l'après-midi, chez Margaret Thatcher au 10, Downing Street. Vu l'importance cruciale des bons contacts avec Londres pour le déroulement du Conseil européen, j'avais été «*briefé*» préalablement par notre ambassadeur à Londres qui avait préparé mon entretien avec Mme Thatcher au cours d'un lunch avec le *Foreign Secretary* Geoffrey Howe. Après une escale à Bruxelles, j'atterris le mercredi midi 24 juin à Dublin pour un entretien avec le *Taoiseach* Charles Haughey. Le jeudi matin, j'étais à l'Élysée chez Mitterand, l'après-midi chez Kohl à Bonn. Le vendredi, je m'entretenais avec le Premier ministre danois Poul Schlüter à Copenhague, le midi avec Ruud Lubbers à La Haye et l'après-midi avec Jacques Santer à Luxembourg. Enfin, je rencontrai encore le dimanche au Lambermont, juste avant le début du Conseil, le Premier ministre grec Andreas Papandreou qui était déjà à Bruxelles.

d'élaborer un « socle » des droits sociaux fondamentaux, appelé plus tard la « Charte sociale ». Comme je voyais venir l'orage, et que je voulais éviter un rejet formel, je clouai le bec au *Foreign Secretary* Geoffrey Howe en m'écriant : « *Bring in the sandwiches!* » Le sommet se solda néanmoins par un échec[1].

La présidence danoise du second semestre 1987 n'arriva pas davantage à un consensus. Kohl prit la succession au premier semestre 1988 et réussit à l'arracher au sommet de Bruxelles des 11 et 12 février. L'accord sur le premier budget pluriannuel, dit « paquet Delors », donna une injection financière au processus d'intégration et contribua grandement à l'euphorie qui entoura l'objectif « Europe 1992 », ainsi qu'on nomma l'achèvement du marché unique.

Ambitions européennes

En raison du prestige croissant de l'Europe, y compris sur le plan intérieur, un siège à la Commission européenne était de plus en plus un objet de convoitise. Selon la tradition belge, la nomination du commissaire belge faisait partie des accords gouvernementaux. C'est ainsi que Willy De Clercq devint commissaire européen en 1984.

À la fin des négociations gouvernementales de 1988, auxquelles je ne fus pas mêlé, je fus invité au cabinet de Jean-Luc Dehaene à l'initiative du président du CVP, Frank Swaelen. En présence de quelques socialistes flamands, on me demanda si je souhaitais entrer à la Commission européenne. « Je ne veux pas prendre la place de Willy De Clercq, répondis-je, c'est une question de loyauté. Je ne joue pas ce jeu-là. » Ma vie politique eût été transformée si j'avais dit oui à ce moment ! Karel Van Miert, alors président du SP, se porta lui-même candidat après qu'il m'a eu demandé par deux fois si je ne nourrissais vraiment pas d'ambitions de ce côté-là. Finalement, c'est lui qui fut désigné. Alors que je n'avais en fait rien à voir avec cette décision, je me vis néanmoins interpeller par Delors : « Que signifie cette proposition belge ? Pourquoi De Clercq est-il remplacé

---

1 Delors s'exprima néanmoins en termes élogieux à propos de la présidence belge et de celle de ce Conseil en particulier. Dans une lettre du 3 juillet 1987, il m'écrivit : « Au-delà de l'excellent souvenir de ces deux jours, je voudrais vous dire combien nous (la Commission) avons apprécié la manière dont vous nous avez associés aux travaux de la présidence et la maîtrise dont vous avez fait preuve pour éviter la reproduction de fâcheux précédents aboutissant à des réunions sans conclusions véritables et sans impulsions. La Belgique a démontré une fois de plus qu'elle se situe à l'avant-garde de la construction européenne. »

par ce Van Miert?» Ce qui n'empêcha pas une excellente collaboration entre les deux hommes par la suite[1].

Les spéculations concernant mes ambitions européennes dataient déjà du milieu des années quatre-vingt, c'est-à-dire d'avant la nouvelle nomination de Delors à la présidence de la Commission en 1988. Je fréquentais alors régulièrement le Parlement européen, où le bruit me parvint que c'est moi qui succéderais à Delors. Celui-ci s'en montra contrarié, ce qui m'amena à lui certifier formellement que je ne briguais nullement sa fonction. L'incident fut, heureusement, bien vite oublié. Le 3 avril 1989, lors de la célébration de mes dix ans comme Premier ministre à Val Duchesse, Delors prononça une allocution dans laquelle il pronostiqua que je consacrerais un jour le plus clair de mon temps à l'Europe! De mon côté, au cours de mon dernier mandat de Premier ministre, je n'ai jamais dissimulé mes nouvelles ambitions européennes[2].

Delors prolongé

C'est au cours de la période 1990-1991 qu'on commença à spéculer publiquement sur la succession de Delors en 1993. Je proposai la candidature du ministre-président néerlandais Ruud Lubbers, et celui-ci proposa la mienne! On décida toutefois, en 1993, de prolonger le mandat de la Commission Delors de deux ans, de sorte que le terme de celui-ci coïnciderait avec la fin de la législature de cinq ans du Parlement européen. Alors qu'il existait pourtant un consensus informel selon lequel ce serait maintenant le tour d'un chrétien-démocrate d'un petit pays, aucun de nous deux n'est devenu président de la Commission.

Lorsqu'en 1994, il fallut décider de la succession de Delors, Lubbers ne reçut pas le soutien de Kohl, et moi-même je n'avais plus aucune chance dès lors que je n'étais plus membre du Conseil européen. Il en aurait sûrement été tout autrement si j'étais resté Premier ministre! Kohl m'avait en effet confié lors de ma démission en 1992: «Vous devez absolument devenir président de la Commission. Vous êtes mon candidat.» Début 1994, lors d'un congrès de la CDU à Hambourg, il me dit encore avoir appris à son grand regret «*dass du aus dem Rennen bist*». On n'a en effet de chance pour un tel poste que si l'on est soutenu par son propre gouvernement.

1 Karel Van Miert, *Le Marché et le Pouvoir*, Éditions Racine, Bruxelles, 2000.

2 Je déclarai ainsi sans ambages dans *De Zevende Dag* du 23 octobre 1988 que j'ambitionnais une fonction européenne après la législature en cours, qui devait normalement durer jusqu'au début 1992.

Officiellement, et pour respecter les accords de coalition, on s'en tenait à la candidature de Van Miert, mais en pratique, Jean-Luc Dehaene s'était déjà bien lancé dans la course [1].

Le long chemin vers l'euro

La fin de l'eurosclérose se fit également sentir à l'intérieur du PPE où l'unité de vues sur l'avenir de l'Europe était particulièrement grande. Au sommet du PPE qui se tint à la chancellerie de Bonn le 30 mai 1988, on avait déjà longuement débattu du lien entre le marché unique et l'intégration monétaire. Kohl était personnellement grand partisan de l'union monétaire et était d'avis que le processus d'intégration européenne devait emprunter un caractère irréversible.

Notre déclaration finale affirmait en termes quasi prophétiques: «Le pas suivant qui doit être franchi pour 1992 sur le chemin de l'Union européenne est l'achèvement du grand marché libre intérieur et son cadre social. La création de l'Union européenne reste la tâche et l'objectif de la politique communautaire. Pour cela, il faut prendre des décisions et des mesures qui dépassent les réformes prévues dans l'Acte unique, à savoir l'extension des compétences législatives et de contrôle du Parlement européen, de même que des compétences exécutives et du droit d'initiative de la Commission; la création des conditions de mise sur pied d'une banque centrale européenne appelée à veiller d'une manière autonome sur la valeur et la stabilité d'une monnaie européenne; le renforcement de la coopération politique européenne à travers une véritable politique étrangère communautaire; la refonte des réglementations et procédures actuellement prévues à l'intérieur ou en dehors des traités, dans une future constitution démocratique.» On notera que dès 1988, nous proposions une Constitution européenne!

Au cours de la même présidence allemande se tint le sommet européen de Hanovre les 27 et 28 juin 1988. Delors y fut reconduit comme président de la Commission, après une discussion très ouverte et sans soulever d'objection de la part de Thatcher! Sans doute avait-elle déjà donné son accord préalable à la proposition franco-allemande. Sans quoi Mitterrand

---

1 Le nom de Dehaene fut pour la première fois cité publiquement dans le fameux article de *The Guardian* du 4 mars 1994. Jusqu'alors, les observateurs européens croyaient que j'étais le candidat de Kohl. Que le nom de Dehaene ait été cité, je l'appris pour la première fois fin 1993 de Giscard, qui était arrivé à cette conclusion sur la base de ses nombreuses rencontres avec des personnalités européennes.

et Kohl n'auraient sûrement pas pris le risque de mettre la question sur le tapis le dernier soir au cours du dîner.

Il y fut en outre décidé de créer un groupe de travail sous la direction de Delors; il serait chargé d'étudier et de proposer, d'ici le Conseil européen de Madrid en juin 1989, les différentes étapes en vue de la création d'une monnaie unique européenne. Ce «comité Delors» était composé des douze gouverneurs des banques nationales, plus Frans Andriessen, le vice-président de la Commission européenne, et trois experts, parmi lesquels le Belge Alexandre Lamfalussy. L'idée que le marché unique ne pouvait fonctionner de manière optimale sans une monnaie unique, avait fait son chemin. Même Thatcher ne renâclait plus. La pensée qu'il pourrait lui arriver la même chose qu'à Milan en 1985, ainsi que la pression de Howe et de son chancelier de l'Échiquier Nigel Lawson, l'amenèrent à se soumettre à la majorité. Mais il n'était pas encore question d'un accord formel pour autant.

Le sommet fut aussi un succès sur un autre plan. Les dimensions sociale et écologique de l'achèvement du marché unique, qui avaient été chichement traitées dans l'Acte unique, furent considérées comme acquises. Kohl pesa de tout son poids dans ce sens.

Au Conseil européen de Madrid des 26 et 27 juin 1989, le rapport Delors, qui avait été rendu public en avril, fut accepté comme base pour la mise sur pied de la monnaie unique. Un long débat fut en outre consacré au marché intérieur et à la dimension sociale, en particulier à la Charte sociale qui datait de la présidence belge. Une fois de plus, l'accord sur le volet social du marché intérieur fut empêché à une voix près: ce fut à nouveau onze voix contre une. Le veto britannique renvoya la question au Conseil européen de Strasbourg, à la fin de l'année.

Dans le projet de conclusions, l'Union économique et monétaire apparut comme une pomme de discorde. Le compromis concocté par Felipe Gonzalez et Kohl était inacceptable pour Mitterrand, qui souhaitait un engagement plus affirmé de la part des chefs de gouvernement. Cette exigence fut reprise par le texte de compromis d'Andreotti, qui proposait la réunion d'une conférence intergouvernementale chargée de préparer tous les aspects de l'Union économique et monétaire. Cette initiative isola Thatcher, qui menaça de faire une déclaration unilatérale pour s'opposer aux trois phases de l'UEM. À son tour, Mitterrand menaça de répliquer par une contre-déclaration. Gonzalez parvint cependant à les dissuader l'une et l'autre. Le plan en trois phases put ainsi être sauvé. La première phase serait déclenchée le 1er juillet 1990. À défaut d'un *timing* strict, Madrid exprima la volonté politique de réaliser l'UEM. Le Conseil européen fut une fois de plus à la base d'une réelle avancée européenne.

Trio européen...

La relance du processus d'intégration européenne était due en grande partie à l'excellente entente au sein du trio Mitterrand-Kohl-Delors. Je faisais partie de ceux qui accordaient toujours leur appui à la troïka et au leadership de Delors, avec Santer, Andreotti et Gonzalez. L'atmosphère à l'intérieur du Conseil européen était unique, grâce au fait que tant de membres partageaient fondamentalement les mêmes vues sur l'avenir de l'Europe et entretenaient d'excellentes relations sur le plan personnel.

Je me sentis toujours sur la même longueur d'ondes que Mitterrand, par exemple, en dépit des accrochages sur la question du siège. Les premières années de sa présidence, il ne se mêlait pas si activement aux débats. Mais cela changea avec le temps. Avec Kohl, il pesait réellement sur les Conseils européens. Il m'invita à plusieurs reprises à l'Élysée et, en 1982, il me reçut au Fort de Brégançon. J'avais incontestablement un contact plus facile avec lui qu'avec Giscard, qui, à chacune de nos rencontres, m'interrogeait invariablement de la même manière: «Comment va la Belgique?» Il subsista néanmoins toujours une certaine distance entre Mitterrand et moi, en raison de sa personnalité et de son statut de chef d'État. Seuls Kohl et Thatcher se permettaient de l'appeler par son prénom.

Mes rapports avec Kohl ont toujours été au beau fixe. Nous partagions la même conviction européenne. Je le connaissais d'ailleurs depuis des années via le PPE. Président frais émoulu du CVP, j'étais présent au congrès de la CDU du 12 juin 1973 où il fut élu président du parti avec une très large majorité. Il était à ce moment encore ministre-président de la Rhénanie-Palatinat. Je le rencontrai pour la première fois officiellement à une réception à l'ambassade d'Allemagne fédérale à Bruxelles. En tant que président de parti, j'assistais chaque année aux congrès de la CDU. Comme président du PPE, j'ai poursuivi cette tradition jusqu'à ce jour. Pendant près de dix ans, nous avons vécu ensemble tous les Conseils européens. Au sein du Conseil comme du PPE, nous avons toujours été en parfaite intelligence entre nous. Une fois qu'on a gagné sa confiance, il vous accorde son soutien inconditionnel. Mais s'il estime que vous en avez abusé, il vous laissera tomber comme un vieux sou. Étant donné le poids politique de Kohl, autant dire que vous êtes alors politiquement mort!

Delors était en fait une sorte de chrétien-démocrate, même s'il appartenait à la famille socialiste. Chrétien pratiquant, il connaissait ses classiques (personnalisme, fédéralisme, subsidiarité) mieux que bien des hommes politiques qui se disent chrétiens-démocrates. De plus, c'était un Européen de pure race. On ne peut pas en dire autant de tous les socialistes français. L'entente entre nous a toujours été optimale. Il ne s'est du reste jamais exprimé, à ma connaissance, sur la question du siège. Sur le fond, nous étions toujours sur la même longueur d'ondes. Étant donné la proximité géographique de la Commission, les contacts entre nous étaient d'ailleurs des plus aisés. Lors des Conseils européens, il jouait son rôle avec brio. C'est lui qui définissait les grands thèmes autour desquels s'articulaient les discussions. En même temps, il n'était pas porté à remercier ou à congratuler ostensiblement les chefs de gouvernement qui volaient à son secours, comme j'ai pu plusieurs fois en faire l'expérience.

... *versus* Mrs Thatcher

Dans mon cas, la raison de telles interventions tenait souvent à l'attitude des Britanniques. Je n'esquivais jamais la confrontation avec Mme Thatcher. Je me souviens ainsi avoir passé une heure à discuter avec elle de l'avenir de l'Europe au cours du lunch du Conseil européen de Dublin en 1990. Ce fut un continuel chassé-croisé, sans qu'aucun autre participant ne tente de s'interposer. Ils trouvaient sans doute très commode de me voir croiser le fer à leur place...

À partir du milieu des années quatre-vingt, l'axe franco-allemand, ou plutôt la troïka Mitterrand-Kohl-Delors, fit du très bon travail, tant qu'Albion ne mettait pas de bâtons dans les roues. Lorsque les Français et les Allemands faisaient une proposition commune, il y avait de grandes chances qu'elle aboutisse. La préparation était cruciale et il fallait convaincre les Britanniques à l'avance. C'est là que gisait généralement la difficulté. Thatcher ne se gênait pas pour faire cavalier seul lorsque les choses n'évoluaient pas dans le sens qu'elle souhaitait, même si elle risquait de s'enfermer encore davantage dans son isolement. Ce n'était certes pas la meilleure manière de faire de la politique européenne, mais il faut reconnaître qu'avec elle, on savait au moins à quoi s'en tenir. Ses interventions à contre-courant lui valurent beaucoup de sympathie, surtout dans son propre pays, mais aussi beaucoup d'ennemis.

Il en est ainsi du discours mémorable qu'elle prononça pour l'ouverture de l'année académique au Collège d'Europe à Bruges le 20 septembre 1988; il fit des vagues dans l'opinion publique comme dans les milieux européens. Au moment même où le projet européen reprenait du poil de la bête, Thatcher tira à boulets rouges sur l'« autoritarisme » croissant de la Commission, qu'elle décrivait comme l'hydre d'un « super-État européen tatillon », et comparait en passant à l'Union soviétique ! Elle fustigea aussi le projet de banque centrale européenne et la suppression des frontières intérieures. En fait, il ne s'agissait que d'un combat d'arrière-garde, car l'essentiel de ses imprécations prenait le contre-pied de ce qu'elle avait approuvé auparavant. Elle désavouait même la logique et la dynamique du processus d'intégration européenne. Daniel Coens, le ministre de l'Enseignement qui présidait la séance académique, parla dans ses remerciements d'un « remarquable » speech. Un remarquable *understatement*... Ce discours était tout simplement une provocation ! Le soir, il y avait un dîner à l'ambassade de la Grande-Bretagne à Bruxelles. J'y lançai tout de suite le débat, en termes polis mais sans mâcher mes mots. Thatcher se permit en outre des remarques désobligeantes sur notre système politique : « Comment pouvez-vous tenir un pays ensemble de cette manière ? », lança-t-elle avec morgue. « C'est quoi, ces régions et ces communautés ? Sont-ce des provinces ? » C'était vraiment à désespérer...

Je relève le gant

Je ne voulus pas en rester là. Deux semaines après le coup d'éclat de Bruges, j'organisai à Bruxelles une conférence de presse internationale pour exposer, à rebours du nationalisme thatchérien, ma vision fédéraliste de l'avenir européen. Je ne voulais pas alimenter une polémique personnelle, mais aller au fond du débat. J'étais ainsi le premier de mes collègues du Conseil européen à relever publiquement le gant face à la Dame de Fer. C'était une initiative insolite, même au regard des normes belges. Je ne manquai pas de souligner que, tout comme Thatcher, je pouvais me prévaloir de dix ans d'ancienneté au Conseil européen, et que mon engagement et mon idéal européens ne dataient pas d'hier.

Margaret Thatcher a compris beaucoup trop tard que le marché unique contenait en germe une union économique à grande échelle, incluant une monnaie unique et, finalement, une union politique. Elle n'a jamais pu admettre cette évidence. Tout transfert, tout partage de souveraineté était et est resté pour elle non souhaitable, voire impensable. Elle était fondamentalement hostile à l'extension des « institutions communautaires » et trouvait le modèle social européen exécrable.

Au sommet européen de Londres fin 1986, dont elle était l'hôte, elle demanda sarcastiquement à Chirac, Premier ministre français : « C'est quoi cette concertation sociale ? *Social concertation ? Is that for the hour of the cocktail ?* » En d'autres mots, elle n'en avait pas la moindre idée et n'avait que mépris pour ce concept. Idem pour l'organisation du système politique. Elle ne jurait que par le système majoritaire anglo-saxon. Les autres systèmes étaient par définition non démocratiques et inefficaces. Comme je lui expliquais un jour que pour les décisions cruciales, je devais toujours tenir compte de partenaires de coalition, elle me répondit froidement : « *You've got the wrong system!* »

Malgré l'incident de Bruges, qui fut encore suivi de l'affaire Ryan au Conseil européen de Rhodes, nos relations au plan personnel restèrent toujours cordiales. J'avais même une certaine sympathie pour Mme Thatcher. J'admirais sa ténacité et son énorme capacité de travail. Quand, fin 1990, son départ de la scène européenne parut inéluctable, je lui souhaitai encore personnellement bon vent et bon courage alors que nous étions assis côte à côte au dîner de gala dans la salle des Glaces de Versailles pendant le sommet sur la Charte européenne. Mais il n'y eut jamais de rapprochement d'idées entre nous.

Chapitre XXV

LE CHEMIN DE MAASTRICHT… ET DE BRUXELLES

La relance du processus d'intégration européenne, avec l'achèvement du marché unique et la perspective d'une monnaie unique, apparut en 1989 sous un jour nouveau à la faveur des bouleversements survenus en Europe centrale et orientale.

Le 28 septembre 1989, j'eus un entretien au château du Stuyvenberg avec le président du Conseil, Mitterrand, et sa conseillère spéciale pour les affaires européennes, Élisabeth Guigou. La discussion porta d'abord sur les questions européennes pendantes : le calendrier de l'Union économique et monétaire (UEM) et la dimension sociale de la Communauté européenne. Mitterrand m'informa aussi des contacts bilatéraux qu'il entretenait avec Thatcher pour prévenir certains problèmes ou malentendus : Thatcher était notamment obsédée par l'idée de voir le socialisme s'infiltrer dans toute l'Europe via la Communauté européenne, *through the backdoor.* Il me demanda aussi de tenir Lubbers à l'œil, le suspectant de trop de complaisance à l'égard de Thatcher.

Mais d'un quelconque élargissement de la Communauté dans la perspective de la fin imminente de la guerre froide, il n'était alors nullement question. Comme il le préciserait plus tard, « nous avons assez de problèmes à résoudre et nous avons besoin d'au moins quinze ans pour les digérer. Je ne faciliterai pas les adhésions, car nous allons casser l'Europe. » De manière assez prophétique quant au calendrier, il traduisait notre conviction générale qu'il ne fallait pas se laisser ébranler par ce qui se passait en dehors de la Communauté, de peur de voir le processus d'intégration européenne se paralyser. Deux semaines plus tard, le 10 octobre 1989, alors que des milliers d'Allemands de l'Est fuyaient la RDA, le Premier ministre français Michel Rocard, en visite au Lambermont, défendait toujours cet avis.

La chute du Mur

Avec la chute du mur de Berlin, le 9 novembre, la situation changea complètement et irréversiblement aux yeux de tous. La présidence française ne tarda pas à réagir et convoqua, dès le 18 novembre, un sommet informel à l'Élysée. Mitterrand coupait, par cette initiative, l'herbe sous le pied à Thatcher, qui voulait voir le Conseil européen consacré à l'Europe de l'Est, au détriment des sujets communautaires du moment. Pour Mitterrand, la Communauté devait s'exprimer d'une seule voix au sujet de l'avenir de l'Europe. Il voulait ainsi devancer le sommet Est-Ouest entre Bush Sr et Gorbatchev prévu les 3 et 4 décembre à Malte.

Ce sommet informel, qui consista essentiellement en un dîner – et que Lubbers qualifia ironiquement de sommet gastronomique – ne prit aucune décision, mais déboucha sur d'importantes déclarations politiques. Le Conseil témoigna notamment son soutien explicite aux réformateurs en Europe centrale et de l'Est, assorti d'une promesse d'aide économique et financière à court et moyen terme, entre autres à travers la création d'une banque européenne de développement, proposée par Mitterrand. Thatcher s'opposa à cette proposition, jusqu'à ce que le siège de ladite banque fût établi à Londres !

Nous affirmions aussi clairement que les récents développements ne pouvaient en aucun cas signifier un frein pour le processus d'intégration en cours. La Belgique fit pression sur les Français pour faire accepter ce principe. Il était naturellement important que Kohl s'engage dans ce sens. La crainte existait en effet, côté français en tout cas, qu'une nouvelle « grande Allemagne » se détourne de l'Europe. L'intangibilité des frontières existantes fut formellement confirmée, de même que les alliances militaires existantes, l'Otan et le pacte de Varsovie. À ma connaissance, Kohl ne fit pas allusion dans son intervention à la *Wiedervereinigung* (réunification) allemande.

En réalité, personne ne savait vraiment où nous allions. Chacun, au cours de ces entretiens, marchait sur des œufs. La chute du Mur exigeait de tous une révolution mentale. Le 28 novembre, Kohl présenta son fameux plan en dix points sur l'unification allemande, prenant chacun de vitesse, en Allemagne comme à l'extérieur. Le fait crucial est que Kohl voulait couler l'unification allemande dans le processus d'unification européenne. Ce fut là, pour moi, un point toujours essentiel.

Strasbourg *revisited*

Les événements en Europe centrale et orientale, mais aussi en Union soviétique, se succédaient à un rythme accéléré. La période précédant le Conseil européen de Strasbourg des 8 et 9 décembre 1989 se caractérisa par un intense va-et-vient diplomatique. Le passage le plus important et le plus délicat des conclusions avait trait à la question allemande : « Nous entendons œuvrer à la stabilisation de la paix en Europe, seul cadre dans lequel le peuple allemand pourra retrouver son unité dans l'autodétermination. Ce processus doit se poursuivre d'une manière pacifique et démocratique, dans le respect des accords et des traités, ainsi que de tous les principes définis dans l'Acte final d'Helsinki, dans un contexte de dialogue et de coopération entre l'Est et l'Ouest. Ici encore, l'intégration européenne devra rester le critère essentiel[1]. » En d'autres mots, le principe « pas d'Europe allemande, mais une Allemagne européenne » était acquis. Mais cela n'avait pas été sans mal !

La discussion au cours du dîner fut cruciale. Mitterrand n'était pas sur la même longueur d'ondes que Kohl. Il était devenu beaucoup plus prudent et ne s'était pas encore prononcé formellement sur la réunification. Au grand dam de Kohl, Mitterrand allait encore accomplir une visite d'État officielle à la RDA du 20 au 22 décembre 1989[2] ! Pour Kohl, par contre, la réunification allemande n'était qu'une question de temps. Il n'y avait qu'à convaincre le plus grand nombre possible d'adversaires et d'hésitants parmi les collègues chefs de gouvernement. Chacun fut invité à prendre la parole. Thatcher se prononça contre la réunification. Mitterrand hésitait, de même qu'Andreotti. Gonzalez, Santer et moi-même en étions partisans. Lubbers intervint sous forme d'une question : « Est-il opportun, à la lumière du passé, de laisser l'Allemagne se réunifier ? », et d'évoquer entre autres les prisonniers de guerre allemands en Union soviétique.

Ce tour de table laissa de profondes traces. Kohl avait tenté d'ouvrir une brèche, ce dont tout le monde ne lui sut pas gré. Il était furieux de l'intervention de Lubbers. À l'issue du dîner, il interpella celui-ci : « Moi, je vais vous expliquer l'histoire de l'Allemagne ! » Historien de formation, Kohl porte l'histoire de l'Allemagne dans sa chair. Son frère aîné, Walter, fut tué en 1944. Sa hantise de la Seconde Guerre mondiale – il était trop jeune

1 *Conclusions du Conseil européen de Strasbourg*, Bulletin des Communautés européennes, décembre 1989.

2 En guise de justification, Mitterrand renvoya à ma visite d'État en Pologne en avril 1991, que j'effectuai après la « Table ronde », mais avant l'implosion finale du régime communiste.

pour y avoir participé, mais trop âgé pour ne pas en avoir été marqué – est au cœur de sa vision du monde et de son engagement politique. En hommage à son frère disparu, il avait d'ailleurs donné le nom de ce dernier à son fils aîné. Il estimait donc n'avoir pas de leçons à recevoir en matière d'histoire allemande. Alors que les deux hommes s'étaient toujours bien entendus, cet incident jeta un grand froid dans ses relations avec Lubbers. Au contraire, l'appui immédiat de l'Espagne à la réunification fut à la base de l'amitié personnelle qui se noua entre Kohl et Gonzalez, au plus grand bénéfice de ce dernier. Dans la mémoire de Kohl, ces choses-là comptent par-dessus tout.

La réunification allemande, l'Europe sociale – qui avait été misérablement traitée dans l'Acte unique et n'arrivait pas à progresser en raison de l'opposition persistante des Britanniques – et la nécessité d'une accélération du processus d'intégration européenne ont encore dominé les débats après le sommet de Strasbourg. Chacun mesurait la gravité de la situation, mais des scénarios contradictoires circulaient sur le quand, le pourquoi et le comment. La situation géopolitique n'arrangeait rien en matière de stabilité. C'était l'époque de toutes sortes de spéculations sur l'aménagement de la « maison commune européenne », comme Gorbatchev l'avait appelée six mois auparavant. Le 18 décembre 1989, je reçus Édouard Chevarnadze, le ministre des Affaires étrangères de l'Union soviétique, pour un entretien au Lambermont. Il venait solliciter le soutien de la Communauté européenne pour les réformes alors mises en œuvre par Moscou. Il ne pipa mot du rôle futur de l'Otan en Europe, plaida pour l'institutionnalisation de la conférence pour la Sécurité et la Coopération en Europe, qui avait retrouvé un second souffle depuis la chute du Mur, mais qualifia la question allemande de « problème des problèmes ». Les choses changeraient du tout au tout dès l'année suivante…

Une initiative belge

Sous la houlette de notre ministre des Affaires étrangères Mark Eyskens, nos diplomates conjuguèrent leurs efforts pour publier le mémorandum belge du 20 mars 1990. Cette note de discussion proposait l'amélioration du fonctionnement institutionnel de la Communauté, essentiellement par une généralisation des votes majoritaires et par un renforcement du rôle de la Commission ; la réduction du « déficit démocratique » par un élargissement des compétences du Parlement européen et une implication plus étroite du citoyen européen dans les activités de la Communauté ;

Ma mère, Virginia-Stella-Vanlaecken,
était une femme exceptionnelle et forte.
© Collection Cyriel Van de Bouchaute

Ma communion solennelle
© Collection Cyriel Van de Bouchaute

« Photo de famille » du bureau 1959-1960 du KVHV (Association des étudiants universitaires catholiques flamands). À droite de la photo (assis) Mik Babylon.
Au deuxième rang, de gauche à droite, Luc Delanghe, Wim Vandermeulen, Jan Valvekens et, deuxième à partir de la droite, Walter Luyten. Au troisième rang (deuxième à partir de la gauche), Bob Wezenbeek et, à ses côtés Helga et Mieken Coene. © Studio Morren

J'ai pris la parole au nom des jeunes au pèlerinage de l'Yser le 24 août 1958, avec la première mention d'une perspective européenne pour les jeunes Flamands. © ADVN

Fin des négociations du Stuyvenberg au début 1978. Dans la bousculade, les présidents de parti annoncent que «le cheval a sauté l'obstacle» communautaire. © Collection privée

Après l'échec du Pacte d'Egmont, le parti a mis avec succès deux figures de proue en avant aux élections de 1978.
© Collection Hugo De Ridder

Détente et danse au festival du film de Gand avec Jane Birkin. Photo Luk Monsaert © Sabam

Le vice-Premier ministre Guy Spitaels, énigmatique comme toujours. © Odette Moysard

Quand André Cools conduisait encore le PS. © Photonews

Du « 16 » au Lambermont, et sous la protection de la Sûreté de l'État, de gauche à droite Jacques van Ypersele de Strihou, Lou De Clerck et Aloïs Van de Voorde. © Odette Moysard

Au cœur de la crise de la sidérurgie wallonne (décembre 1982), visite de la cité ardente avec les Liégeois Jean Gol et Michel Hansenne. © Jean Guyaux

La satisfaction matérielle n'a jamais été mon objectif. © Odette Moysard

Jubilant, après un conclave réussi. © Odette Moysard

En août 1984, Martens V peut annoncer une réduction du déficit budgétaire. © Jean Guyaux

Mais « wîîî » je ris ! La preuve en images au congrès du PSC en 1985, à l'écoute de Stéphane Steeman en compagnie de Charles-Ferdinand Nothomb, Gérard Deprez et Philippe Maystadt. © Odette Moysard

Les bougies de mes 50 ans et un gâteau de circonstance présenté par Gaston, fidèle huissier du « 16 ». © Odette Moysard

Martens VI, avec Jean Gol, ce perpétuel inquiet, et Guy Verhofstadt, «le Mozart de la politique belge». © Isopix

Le prince Albert (aujourd'hui le roi Albert II), toujours intéressé par la politique. © Belga

Rencontre, il y a près de vingt-cinq ans, avec l'équipe politique de *La Libre Belgique* (de gauche à droite, Guy Daloze, Francis Van de Woestyne, Pierre Loppe et Éric de Bellefroid) dans le bunker du «16» et avec Fons Verplaetse: pour «bavarder» et pour expliquer. © Guyaux

En audience chez le pape Jean-Paul II (juillet 1979). © Collection Cyriel Van de Bouchaute

J'explique au prince héritier Philippe le fonctionnement du système informatique Bistel. © Photonews

Déchirante transmission de pouvoir au « 16 » entre deux amis (7 mars 1992). © Photonews

Le roi Baudouin, un don extraordinaire de sympathie. © Odette Moysard

Reçu avec beaucoup avec d'égards à la Maison blanche par le président Ronald Reagan : la Belgique accueillera deux mois après les missiles de croisière (janvier 1985). © Ispix

Mobutu n'était pas un ami, mais bien un partenaire nécessaire. © Odette Moysard

Avec Jean-Charles De Keyser et Guy Daloze sur RTL-TVI : «les meilleures relations professionnelles avec la chaîne privée». © Photonews

La traditionnelle interview approfondie de la rentrée politique à *La Libre Belgique*: André Méan et Guy Daloze au cap Bénat. De la convivialité, mais non de la familiarité, pour annoncer le «grand tournant» de 1987. © La Libre Belgique

Helmut Kohl, mon compagnon fidèle au PPE. © Lothar Schaack

Président du Conseil européen, avec Margaret Thatcher et François Mitterrand (Bruxelles, 1982) : combattre l'eurosclérose. © Belga

« J'aime ce pays, son peuple et ses dirigeants » : de gauche à droite, la princesse Wivina, épouse du ministre des Affaires étrangères Nguza Karl I Bond (avec des jumelles) et un chef local. © Odette Moysard

Jacques Delors a donné à l'Union européenne une impulsion comme on n'en avait jamais connu. © Collection privée

La remise du prix Calderon par le Premier ministre espagnol, José Maria Aznar, un ami. © Miguel Povedano

Septembre 2002, un « sommet » des chrétiens-démocrates européens : prendre l'Europe à cœur. De gauche à droite José Maria Aznar, Jean-Claude Juncker, Silvio Berlusconi, Jean-Pierre Raffarin, José Manuel Durao Barroso, Hans-Gert Pöttering et Jan-Peter Balkenende. © Collection privée

En compagnie du dalai lama, au Parlement européen : l'engagement, la solidarité.
© Collection privée

Avec Angela Merkel et Peter Hintze (Berlin, septembre 2004) : je suis prêt à passer encore quelque temps au service du PPE. © EVP-ED

Avec Kris et Anne
© Paul Coerten

Avec Sarah (au-dessus), Simon et Sophie
© Herman Selleslags

Ilse Schouteden, ma collaboratrice et puis mon épouse
© Zafar

l'inscription formelle du principe de subsidiarité dans les traités ; la mise en chantier, enfin, d'une véritable politique étrangère communautaire, incluant notamment les questions de sécurité. Ce texte fut très bien accueilli dans les milieux européens et dans différentes capitales de la Communauté[1]. Nous eûmes même droit aux félicitations de Kohl et de Mitterrand. Le président faisant fonction, le Premier ministre irlandais Charles Haughey, partagea lui aussi cette appréciation et qualifia le document de *part of the back up*. Sa visite de travail à Bruxelles le 10 avril 1990 prouva d'ailleurs combien nous étions sur la même ligne. Car moi aussi, je tenais à mes idées sur l'union politique, telle que je l'avais esquissée à la suite du discours de Bruges de Thatcher[2]. Il y eut de fructueux échanges et une excellente collaboration entre mes services diplomatiques, le cabinet d'Eyskens, le représentant permanent de la Belgique auprès de la Communauté européenne, Philippe de Schoutheete de Tervarent, et notre département des Affaires étrangères.

Le mémorandum belge constituait à mes yeux le sommet du mandat d'Eyskens aux Affaires étrangères. Il y fit preuve de tempérament, d'audace et d'un grand sens de l'opportunité, qui surclassaient nettement l'attitude traditionnellement assez timorée du Département. C'était un pas important en avant et son plan pour l'avenir de l'Europe eut visiblement un effet sur le processus décisionnel, jusque et y compris à Maastricht. Le mémorandum belge secoua incontestablement la léthargie pendant l'avant-Maastricht. Il mettait aussi en lumière l'attitude « progressiste » de la Belgique au niveau européen. Grâce à lui, nous compterions parmi les vrais pionniers du futur traité. Mais nous n'en étions pas encore là…

Vers une union politique

Au sommet de Dublin du 28 avril 1990, l'attention se fixa principalement sur la lettre franco-allemande du 18 avril sur l'Union économique et monétaire (UEM), alors qu'il avait d'abord été convenu de discuter de la réunification allemande. Tandis qu'à Strasbourg régnait encore beaucoup d'incertitude autour de cette question, la situation s'était clarifiée au cours de la présidence irlandaise.

La réunification allemande se produisit plus tôt que prévu. Kohl était au sommet de son pouvoir. Son *Allianz für Deutschland* remporta

1 *Europe*. Agence internationale d'information pour la presse, 29 mars 1990.
2 Voir par exemple mon interview dans *La Libre Belgique* du 27 avril 1990.

brillamment le 18 mars les premières élections libres en RDA. L'union économique et monétaire entre les deux Allemagnes était à portée de main, l'union politique en point de mire. L'entrée dans la Communauté européenne suivrait automatiquement, sans négociations ! Kohl avait manifestement gagné son pari, aussi bien à l'intérieur qu'à l'extérieur. À lui seul, il représentait la nouvelle Allemagne. Le tout nouveau Premier ministre de la RDA, Lothar de Mazière, fut bien invité à Dublin, mais seulement pour le lunch.

Le Conseil européen de Dublin des 25 et 26 juin 1990 marqua une étape cruciale. Il y fut décidé de réunir deux conférences intergouvernementales en décembre, parallèlement au Conseil européen de Rome : l'une sur l'UEM, l'autre sur l'union politique. Delors surtout craignait de voir surcharger la barque de l'UEM, dont les travaux préparatoires étaient déjà bien entamés, risquant ainsi de faire tomber à l'eau le projet de monnaie unique. Mais l'idée que seule une Communauté européenne renforcée pourrait jouer son rôle dans la nouvelle Europe avait entre-temps fait son chemin, d'où l'idée d'une conférence intergouvernementale (CIG) sur l'union politique européenne (UPE). À côté de cela, il y avait aussi le danger de laisser passer l'occasion. La France, par exemple, voulait accélérer la décision sur la monnaie unique par crainte de voir changer les Allemands d'avis.

Entre-temps, la France remit encore une fois la question du siège sur le tapis. L'unification de l'Allemagne n'enlevait rien à la signification de Strasbourg. Au contraire. Pour les Français, Strasbourg était plus que jamais le symbole de la réconciliation franco-allemande et le centre de l'axe Paris-Bonn, fer de lance du processus d'intégration européenne. Mais l'accroissement du rôle de la Communauté voyait aussi accroître celui de Bruxelles ! J'ai toujours été d'avis que la question du siège du Parlement européen ne pouvait être découplée de celle du siège de la Commission et du Conseil, et que toute décision des États membres devait tenir compte des souhaits du Parlement lui-même. En aucun cas, ce dossier ne pouvait être un prétexte pour bloquer les travaux de la Communauté. Comme on était encore loin d'une solution, l'Italie reçut la mission de préparer une proposition de règlement définitif pour le prochain Conseil.

Deux fois Rome

La crainte d'une occasion manquée n'était pas vaine. Le 2 août 1990, les troupes irakiennes envahirent le Koweit. Le boycott généralisé du régime de Saddam Hussein et la guerre du Golfe portèrent une rude atteinte à l'optimisme économique. La récession, qui frappait entre autres l'Europe occidentale, alors que l'Allemagne se saignait aux quatre veines pour payer sa réunification, eut un impact négatif sur l'appui de l'opinion publique à l'intégration européenne. L'attitude divisée et impuissante des Européens face à la guerre en Yougoslavie ne fit rien pour arranger les choses. Tout cela allait progressivement peser sur le travail communautaire, en particulier pendant la période de ratification du traité de Maastricht.

Vint le tour des Italiens de présider la Communauté, au cours du premier semestre 1990. Tout comme lors de la préparation de l'Acte unique, Andreotti joua brillamment son rôle de président. Lors d'une rencontre personnelle le 16 septembre à Cagliari, il me jura sa volonté de faire avancer l'UEM sans aucun délai, avec le soutien de l'Allemagne. Sans cela, prédisait-il, elle deviendrait sans doute impossible d'ici un an. Un transfert complet du Parlement européen à Bruxelles lui paraissait, en revanche, impossible. Tout au plus pouvait-il obtenir un statu quo ou un règlement temporaire. Sur ce point, je ne devais pas attendre grand-chose des Italiens, comme l'avenir me l'apprendrait. Mais, pour ce qui concerne l'UEM et l'UPE, Andreotti réussit un parcours sans faute. Via le PPE, nous apportions notre pierre au renforcement de la Communauté européenne dans le sens fédéral. Le fait qu'elle était présidée par un chrétien-démocrate italien augmentait les chances de voir nos idées se réaliser.

Le premier Conseil européen après la réunification allemande eut lieu à Rome les 27 et 28 octobre 1990[1]. Andreotti réussit à y isoler complètement Thatcher et à lui faire avaler l'UEM via un paragraphe dans lequel elle affichait au grand jour la position divergente des Britanniques. Ce fut aussi le chant du cygne de la Dame de Fer. Sa position eurosceptique devenait de jour en jour plus contreproductive, et lui valait de plus en plus d'ennuis dans son pays. Le 27 novembre, elle dut passer la main à John Major.

À Rome encore, Kohl donna son accord pour faire démarrer la deuxième phase de l'UEM au 1er janvier 1994. Cela n'était pas indifférent, étant donné l'importance symbolique et la force du mark. En dépit d'une opinion publique allemande très hésitante, Kohl mit son pays définitivement sur la voie de l'UEM.

---

1 Contrairement à l'année précédente, il était maintenant clair que la réunification allemande constituait un accélérateur de l'unification européenne. Voir, par exemple, mon discours au congrès de l'unification de la CDU à Hambourg le 1er octobre 1990 : « Être ici parmi vous en tant qu'Européen à ce congrès de l'unité, c'est témoigner de l'équation : Unité allemande – Union européenne. » *L'une & l'autre Europe*, Éditions Racine, Bruxelles, 1994, p. 7.

La seconde réunion à Rome, les 14 et 15 décembre 1990, retarda quelque peu la mise sur les rails de Maastricht. Le calendrier de l'élargissement fut par contre accéléré. Avant cela, les deux conférences intergouvernementales devaient aboutir à un nouveau traité au plus tard pour la fin 1991. La ratification devait être signée pour la fin 1992, de sorte que le nouveau traité puisse être opérationnel au 1er janvier 1993. On décida de créer les deux CIG sans recourir au vote. Elles furent solennellement inaugurées dès la fin du sommet. L'UEM devait aboutir à une monnaie unique européenne, tandis que l'UPE devait muer la Communauté européenne en une Union européenne sur le modèle fédéral. Ce n'était pas pour rien le premier Conseil européen sans Thatcher depuis 1979 ! J'y étais devenu le chef de gouvernement avec la plus grande ancienneté. Il y régnait un grand espoir touchant le Royaume-Uni. On en attendait une nouvelle ère sans attitude négative ou sceptique, et on n'excluait pas de voir Major accepter l'euro et le volet social. Ses premières interventions suscitèrent en effet un tel espoir. Mais Major retomba assez vite dans les ornières de Thatcher. À Rome, ce n'était pas encore évident, mais cela ne tarderait pas à le devenir.

L'aide à l'Europe centrale et de l'Est, ainsi qu'à l'Union soviétique, était inscrite en tête de l'agenda. Le plus clair des activités diplomatiques était cependant consacré à l'UEM et à l'UPE. Andreotti abattait une grosse besogne pour faire accepter l'UEM par la conférence intergouvernementale. Les modalités en avaient été en grande partie fixées par le comité Delors. Ce n'était pas le cas pour l'UPE. Le sommet se limita à un débat d'orientation sur la base d'une initiative franco-allemande où l'on retrouvait des éléments du mémorandum belge sur la politique étrangère et de sécurité. Mais on y trouvait aussi des accents intergouvernementaux, comme le renforcement du Conseil européen, et cela était inacceptable pour la Belgique. Au sein du Benelux, en effet, nous avons toujours cherché à défendre la Commission et le Parlement. On ne parvint donc pas à un mémorandum commun, pourtant annoncé dans une lettre au président du Conseil Andreotti du 12 décembre 1990. Ce texte fut écarté au dernier moment en raison des retournements continuels des négociations. Une concertation permanente avec le Luxembourg et les Pays-Bas restait néanmoins une nécessité stratégique pour la Belgique. Ces pays devaient en effet assurer la présidence des deux Conseils suivants.

Un rôle pour le PPE

Ce n'est qu'avec la présidence luxembourgeoise au premier semestre de 1991 que la double CIG prit vraiment son envol. Fini le temps d'agiter des idées dans tous les sens. Il fallait maintenant s'atteler à écrire un nouveau traité.

Le PPE ne manqua pas d'y apporter sa pierre. Au fil de nos propres sommets successifs, nous nous efforcions de préparer et de guider le Conseil européen du mieux que nous pouvions. Il s'agissait surtout d'infiltrer au maximum nos idées. Pour ce qui allait devenir le traité de Maastricht, notre apport, à côté de celui du trio Mitterand-Kohl-Delors, fut déterminant. Cela a, du reste, été reconnu depuis par plusieurs personnalités politiques et politologues[1]. Le Conseil européen se composait alors de douze membres : deux socialistes, Mitterand et Gonzalez ; six PPE, Kohl, Lubbers, Santer, le Premier ministre grec Mitsotakis, Andreotti et moi ; le Premier ministre irlandais Haughey ; John Major ; et les conservateur danois Poul Schlüter et conservateur-libéral portugais Anibal Cavaco Silva, dont les partis rejoindraient le PPE respectivement en 1995 et 1996.

C'était maintenant ou jamais ! En tant que militants PPE, nous en étions bien conscients, et Kohl en particulier. J'assurais la présidence des sommets du PPE, puisque j'étais devenu président du parti en mai 1990. Deux sommets furent ainsi organisés au cours du premier semestre de 1991 : le 13 avril à Bruxelles et le 21 juin au château de Senningen à Luxembourg, pour préparer le Conseil européen des 28 et 29 juin.

On y arrêtait des positions, concluait des alliances, délimitait des marges de négociation. C'est ainsi que Kohl fit abandonner l'idée d'un congrès des parlementaires européens et nationaux, de peur que cette nouvelle institution ne constitue un alibi pour ne pas étendre les compétences du Parlement européen. Le plan initial visant à une modification du traité encore sous la présidence luxembourgeoise, fut de même abandonné. Nous nous donnions un délai supplémentaire de six mois pour mettre tout le monde sur la même ligne et parce que les idées au sujet de l'UPE ne paraissaient pas suffisamment mûres. Pour Kohl, il ne pouvait être question d'une UEM si les résultats de l'UPE n'arrivaient pas au

1 Voir notamment : Margaret Thatcher, Harper & Collins, *The Downing Street Years*, Londres, 1993, p. 765-767 ; Karl Magnus Johansson, « Another Road to Maastricht. The Christian Democrat Coalition and the Quest for European Union », dans *Journal of Common Market Studies*, vol. 40, n° 5, 2002.

même niveau. Bien qu'un ajournement comporte toujours un risque, Kohl arguait du fait que la prochaine présidence néerlandaise porterait aussi le sceau chrétien-démocrate, avec Lubbers et Hans van den Broek comme ministre des Affaires étrangères. Ce qui faisait présager son bon déroulement pour l'Allemagne, pour l'Europe et pour le PPE.

Alors qu'auparavant, la politique européenne de la Belgique était définie dans le cadre de nos relations internationales, l'étendue croissante des matières européennes amena la création d'un nouvel organe : le Comité ministériel des affaires européennes. Mais une fois dans la fosse aux lions, j'étais toujours livré à moi-même. Lors des discussions cruciales du Conseil européen, pendant les dîners par exemple, les ministres des Affaires étrangères n'étaient pas bienvenus, et aucun collaborateur n'était admis. C'était chacun pour soi ! La représentation de la Belgique reposait donc uniquement sur mes épaules.

Intermède luxembourgeois

Dans le courant du premier semestre de 1991, les Luxembourgeois lancèrent ce qu'on appelle un *non paper* pour tenter d'encadrer la discussion à propos du nouveau traité. Ce document s'articulait principalement autour de la notion de « structure par piliers ». Il proposait une structure triple : le premier pilier comprenait les institutions et compétences communautaires (autrement dit l'« acquis communautaire ») ; les deuxième et troisième piliers, la politique extérieure et de défense, et la justice et les affaires intérieures. Sur ces matières, les autorités nationales réunies au sein du Conseil gardaient le dernier mot. À ce niveau, l'intégration européenne était de nature purement intergouvernementale, et consistait essentiellement en échange d'information, coordination, etc. Comme ces terrains n'étaient pas encore du ressort de l'Europe, ou quasiment pas, cela représentait certainement une avancée. Mais en même temps, il y avait le danger de voir naître une structure parallèle à côté de l'Europe communautaire. La coupole qui coiffait ces trois piliers avait beau s'appeler « Union européenne », elle ne signifiait pas grand-chose pour autant. C'est la raison pour laquelle j'exprimai de nettes réserves à l'égard de cette triple structure.

Pour la Belgique, nous voulions davantage de compétences pour le Parlement, par exemple la création d'un organe régional, soutenu par les Allemands également ; ou encore, sous l'impulsion du ministre des Finances Philippe Maystadt, une amorce d'harmonisation fiscale en contrepartie de l'orthodoxie budgétaire de l'UEM. Chacun pouvait ainsi émettre ses desiderata. Pour les Britanniques, la référence au fédéralisme, le *F-word,* était inacceptable: *a process leading to an Union with a federal goal* devenait *a process leading to an ever closer Union among the peoples of Europe.* L'Espagne allait fort loin et réclamait d'importantes compensations financières pour les États membres du Sud parce qu'ils seraient incapables de satisfaire aux critères de l'UEM et contribueraient ainsi à aggraver l'écart interne entre riches et pauvres au sein de la Communauté.

À Maastricht, on créa donc le «fonds de cohésion», et au sommet d'Édimbourg en 1992, on parvint à un accord sur le «paquet Delors II» concernant les perspectives financières pour 1994-1999, et prévoyant une augmentation sensible des fonds structurels qui bénéficiaient surtout aux pays les plus pauvres de la Communauté.

Le dernier sprint

La présidence néerlandaise du second semestre 1991 commença sous des auspices peu favorables. Le texte sur l'Union proposé par le ministre des Affaires étrangères Van den Broek en lieu et place de la «structure par piliers» imaginée par les Luxembourgeois fut immédiatement rejeté. Seule la Belgique soutenait cette initiative osée. Je craignais une balkanisation de la politique communautaire s'il n'y avait plus d'unicité de structure. Il faudrait plus de dix ans avant que la structure unitaire, dite «traité en vue de l'adoption d'une Constitution européenne», ne soit finalement acceptée! La structure par piliers fut de nouveau remise sur la table, et, sur la base du projet de traité luxembourgeois, on s'arrangea pour parvenir à un compromis final. Deux ans plus tôt, à Strasbourg, on avait placé la barre très haut, mais, pendant la course vers Maastricht, on l'avait rabaissée de plusieurs crans [1].

Toujours au cours de la présidence néerlandaise, le PPE essaya aussi de guider l'avancement des conférences intergouvernementales. Je pris personnellement la direction d'un groupe de travail avec les collaborateurs des différents Premiers ministres. Pas moins de trois sommets PPE

1 Voir, entre autres, mon évaluation critique de la CIG concernant l'union politique, le «déficit démocratique» et le «déficit social», dans un des nombreux discours que je prononçai à ce sujet comme Premier ministre belge et président du PPE: *L'une & l'autre Europe*, Éditions Racine, Bruxelles, 1994, p. 59.

furent en outre organisés : en marge du sommet de l'Otan à Rome le 8 novembre 1991, au château du Stuyvenberg le 26 novembre, et à La Haye le 6 décembre. C'est là que je fus désigné comme porte-parole du PPE pour présenter au Conseil l'article du traité concernant les partis politiques européens.

Le PPE proposait pas moins de treize points qui seraient repris dans le nouveau traité. Les modalités concernant l'UEM furent en grande partie considérées comme acquises. Le nœud de la discussion concernait la véritable portée de l'UPE. Le PPE voulait deux connexions institutionnelles entre les processus communautaires et intergouvernementaux en matière de sécurité intérieure ; la double investiture de la Commission, par le Conseil et par le Parlement ; la codécision du Parlement pour l'essentiel des compétences ; l'avis conforme du Parlement pour toute décision sur la base des articles 235 et 236 du traité de Rome (en d'autres mots, l'approbation du Parlement pour toutes nouvelles attributions et toutes modifications du traité) ; une banque centrale européenne indépendante ; un Comité consultatif des régions ; un renforcement du statut de la Cour des comptes européenne ; une extension substantielle du vote à la majorité ; la simultanéité des mandats du Parlement européen et de la Commission ; l'augmentation du nombre des parlementaires européens allemands ; et, *last but not least*, la reconnaissance de partis politiques européens.

La preuve que les sommets PPE faisaient réellement la différence peut être donnée par deux exemples. Lubbers n'avait jamais été très partisan de l'extension des compétences du Parlement. C'est ainsi qu'il s'opposait également à l'avis conforme. Au sommet du 26 novembre 1991, et puisqu'il était président de la Communauté, il dut faire machine arrière sur ce point s'il voulait conserver le soutien des autres Premiers ministres PPE. L'avis conforme ne fut néanmoins pas obtenu lors des dernières négociations. Et au sommet de La Haye, je fis savoir à Lubbers que je ne pouvais pas être d'accord avec sa proposition concernant la question du siège. Je me montrai intransigeant sur ce point. Résultat : à Maastricht, Lubbers n'essaya pas d'imposer un règlement sur cette question. Il n'en alla pas de même pour la reconnaissance de partis politiques européens. C'était le premier point de l'agenda. Même si ce ne fut qu'une victoire à la Pyrrhus, le principe était acquis.

Deux dossiers brûlants se trouvaient sur la table de Maastricht : la participation britannique à l'UEM et le chapitre social. C'est Major qui détenait la clé de l'une et de l'autre. Les négociations furent une véritable guerre d'usure. Le sommet fut prolongé d'un jour. Kohl voulait absolument un accord à Maastricht et fit tout pour garder les Britanniques à la table des négociations. Bien que le *opting-out* eût déjà été lancé par Delors auparavant, une longue interruption fut nécessaire pour permettre aux experts de la Commission de vérifier si cette formule tenait la route juridiquement et techniquement. Ce n'est qu'ainsi qu'on réussit à en sortir avec l'UEM. L'accouchement de l'UPE fut encore plus pénible. Un accord sur le volet social ne put être atteint en raison d'un veto britannique. Seul un protocole annexé au traité reçut l'aval de Major.

À l'issue du Conseil, j'étais satisfait en ce qui concerne l'UEM, mais nullement pour ce qui était de l'UPE, même si on avait obtenu de réelles avancées. Une fois de plus, les Britanniques avaient mis des bâtons dans les roues, et ceci à un moment crucial dans l'histoire de l'intégration européenne. Maastricht fut un pur compromis politique. La véritable union politique et monétaire dont je rêvais avec les autres chefs de gouvernement PPE, était encore pour d'autres une chimère.

Entre chrétiens-démocrates

En dépit de ses carences, Maastricht fut pour Lubbers son moment de gloire: on y avait finalement accouché d'un traité, ce qui lui était dû en partie. Je le connaissais depuis une décennie. Notre première rencontre date de la période où il était chef de groupe CDA au Parlement néerlandais. Indépendamment des Conseils européens, on se voyait régulièrement aux réunions du PPE. Dès le début, le courant passa entre nous. Je le considère d'ailleurs toujours comme un ami intime. Cela ne nous empêchait pas d'avoir chacun notre sensibilité. Il était beaucoup moins beneluxien et proeuropéen que moi. À l'instar de tant de Néerlandais, il était beaucoup plus tourné vers Londres. « C'est mon rôle, me disait-il, je ne peux m'en empêcher. » Il n'était pas rare de le voir prendre des initiatives téléguidées. Étant pratiquement le seul à entretenir de bons contacts avec Thatcher, c'est souvent lui qui était chargé de la convaincre.

Sa relation avec Kohl était ambiguë. Chrétien-démocrate et européen convaincu, il pouvait compter sur le soutien de Kohl, et réciproquement. Cela s'est manifesté à plusieurs reprises, notamment à Maastricht. Mais au cours du débat sur la réunification allemande, ils se heurtèrent frontalement. Ce que Kohl n'a jamais pu oublier. On l'a vu lorsque Lubbers voulut devenir président de la Commission en 1994, mais aussi lorsqu'il s'est porté candidat au poste de secrétaire général de l'Otan. Malgré le soutien des Britanniques, il échoua à chaque fois[1].

Après 1998, Lubbers était bien placé pour devenir haut représentant pour les réfugiés auprès des Nations unies. Il obtint enfin cette consécration internationale, mais fut alors victime de son caractère expansif. Il ne peut en effet s'empêcher d'embrasser tout le monde. Je ne l'ai jamais vu faire autrement depuis que j'appris à le connaître au début des années quatre-vingt. À Genève, cela lui fut fatal. Je reste néanmoins totalement convaincu de son intégrité.

Idem pour Andreotti, qui fut traîné dans la boue pour d'autres raisons. Des années durant, il fut poursuivi par la justice, mais il a toujours été acquitté. Sa contribution au succès des conférences intergouvernementales qui ont mené à l'Acte unique et au traité de Maastricht, est un fait indéniable. Il connaissait les ficelles du métier, car il était déjà plongé dans la vie politique italienne depuis les années septante, comme ministre et Premier ministre. Andreotti est un homme supérieurement intelligent, un Européen convaincu et un personnage inventif, mystérieux et intrigant. À ce qu'on dit, il se lève chaque jour à 4 heures, assiste à la messe et écrit sans arrêt. Je puis en témoigner sur ce dernier point. Pendant les réunions de notre groupe au Parlement européen, il était constamment en train d'écrire. Malgré son grand âge, il est encore toujours très présent dans la politique et les médias italiens. C'est un véritable phénomène.

Mon combat pour Bruxelles

La question du siège du Parlement est le seul point sur lequel Andreotti ne m'accorda pas son soutien. Pas plus d'ailleurs que Lubbers. J'ai écrit plus haut que je me suis opposé une première fois en 1981 à l'installation définitive du Parlement à Strasbourg. J'ai toujours défendu le voisinage de la Commission, du Parlement et du Conseil comme une nécessité absolue, abstraction faite des navettes systématiques avec Strasbourg, des problèmes pratiques, du coût de la construction d'un nouveau Parlement

1 Le fait que l'épisode de la réunification allemande lui soit resté sur l'estomac, ressort bien de ses déclarations et explications publiques sur ce qui s'est passé à l'époque. Voir, par exemple, son discours à l'Institut allemand de l'université catholique de Nimègue le 18 septembre 1999. Il y renvoie, à l'instar de Kohl, à son intérêt pour l'histoire allemande et à son histoire familiale: les grands-parents paternels de Lubbers étaient des Prussiens naturalisés néerlandais, et le père de Lubbers fut longtemps incarcéré par l'occupant pendant la Seconde Guerre mondiale.

à Strasbourg, etc. J'ai toujours plaidé en faveur d'un autre rôle important pour Strasbourg. Mais cela n'avait pas l'heur de plaire aux Français. Comme on le sait, Mitterrand remit à nouveau Strasbourg à l'agenda dans le courant de 1990[1].

Au Conseil européen de Dublin, il fut décidé que la présidence italienne étudierait une « proposition définitive » pour le prochain Conseil d'octobre. Dans l'intervalle, je reçus, le 17 septembre 1990, une délégation des membres belges du Parlement européen ; ils m'informèrent d'une vive campagne antibelge à Strasbourg. À cette occasion, je laissai entendre que j'utiliserais mon droit de veto si le statut de Bruxelles venait à être menacé. Mais les Italiens n'entreprirent pratiquement rien qui pût conduire à une solution. Le fait qu'Andreotti et son ministre des Affaires étrangères Gianni de Michelis aient ouvertement exprimé leur préférence pour Strasbourg n'arrangeait naturellement rien… Le passage sur le siège du Parlement fut biffé du projet de conclusions et la question ne fut même pas reprise à l'agenda !

À Bruxelles

Au second conseil de Rome, en décembre, une première proposition de règlement de la question du siège fut mise sur la table : la Commission et le Conseil siégeraient à Bruxelles, à l'exception des sessions d'avril, de juin et d'octobre qui auraient lieu à Luxembourg ; le Parlement, quant à lui, siégerait à Strasbourg, ceci valant pour toutes les sessions plénières, sauf les commissions, les groupes de travail et le secrétariat, qui pourraient être établis à un autre endroit.

Du fait de mon refus, il n'y eut pas d'accord. Je me sentais soutenu dans mon obstination par le Parlement européen qui, juste avant le sommet de Rome, avait approuvé une résolution plaidant pour un siège unique et commun au Parlement, au Conseil et à la Commission, sous-entendu : Bruxelles. Mitterrand était tout sauf ravi de mon opiniâtreté. Au cours de la conférence de presse qu'il donna à la clôture du sommet, il laissa entendre que si Strasbourg était attaquée comme siège du Parlement européen, Bruxelles pourrait aussi bien l'être comme siège de la Commission. Il ajouta, non sans arrogance, qu'il était lui aussi pour un

1 Pour comprendre combien Strasbourg était un sujet sensible pour les Français, voir la lettre écrite le 14 mai 1987, pendant la présidence belge, par le Premier ministre de l'époque, Jacques Chirac, où il s'inquiète de la construction par une société immobilière d'un centre de congrès international à Bruxelles, prévoyant un hémicycle de six cents places.

regroupement des institutions. Mais si ce n'était pas à Strasbourg, ce ne pouvait pas non plus être à Bruxelles! Il conclut en annonçant qu'il continuerait à défendre Strasbourg, sans toutefois prétendre que c'était la capitale de l'Europe. Dont acte.

Et l'offensive française continua en effet. C'est ainsi que je reçus une nouvelle fois Élisabeth Guigou, la ministre française des Affaires européennes, au Stuyvenberg, le 30 mai 1991. On colporta même qu'en échange d'une haute fonction européenne – la présidence de la Commission, par exemple – je serais prêt à abandonner la résistance. C'est ce que prétendit tout au moins le parlementaire socialiste européen Ernest Glinne. L'insinuation était parfaitement scandaleuse! Jamais une telle pensée n'aurait même pu m'effleurer. Quiconque veut se battre pour Bruxelles comme capitale de l'Europe doit être un homme libre, et surtout ne pas briguer la présidence de la Commission...

Marchandages

La question du siège resta sans solution et fut renvoyée à la présidence néerlandaise. Lubbers avait concocté un système prévoyant la dévolution définitive du siège à Strasbourg, moyennant quelques concessions à Bruxelles. Il avait fait part de cette proposition par lettre à Mitterrand. Lubbers imaginait une sorte de marchandage qui lui vaudrait l'appui de la France à la candidature d'Amsterdam comme siège de la future banque centrale européenne. Il est fort douteux que Mitterrand eût soutenu Amsterdam contre Francfort, mais dès l'instant où la lettre fut ébruitée, le compromis était mort-né. Pour la Belgique, il était en effet inacceptable que Lubbers, en tant que président de la Communauté, échafaude un accord sans consulter Bruxelles. La secrétaire d'État Anne-Marie Lizin sermonna vertement Lubbers et fit entendre que la Belgique n'aurait plus qu'à user de son veto. Quant à moi, je m'en tenais au statu quo de Maastricht, à la mesure de transition de 1981 (« il n'y a que le provisoire qui dure »), et en appelais avant tout au respect des desiderata du Parlement européen lui-même.

Au sommet de Maastricht, je refusai lors du dîner de discuter de la proposition de compromis de Lubbers, qui avait déjà l'approbation de Mitterrand. Kohl emboîta le pas aux Français. Les autres chefs de gouvernement étaient pour Bruxelles, s'en tenaient au statu quo ou ne prirent pas position. Dans la proposition de Lubbers, le Parlement gardait ses sessions mensuelles normales à Strasbourg. Les autres sessions plénières

res se tenaient à Bruxelles, à côté des commissions pour lesquelles c'était déjà chose acquise. Je jouais gros en exigeant la reconnaissance de Bruxelles comme siège définitif du Parlement. Cela eut pour conséquence de bloquer tout le débat concernant le siège et d'empêcher tout accord à Maastricht.

La proposition Lubbers fut tout de même finalement reprise dans la solution qui sortit du sommet d'Édimbourg des 11 et 12 décembre 1992. Depuis lors, les douze sessions plénières mensuelles, session budgétaire comprise, ont lieu à Strasbourg. Les sessions plénières extraordinaires, ainsi que les réunions des commissions parlementaires et des groupes politiques, se tiennent à Bruxelles. Le gros du secrétariat reste stationné à Luxembourg. En principe, les Français ont obtenu gain de cause mais, en pratique, tout se passe à Bruxelles. Le fait que Jean-Luc Dehaene ait collaboré activement à un large accord sur le siège, où Bruxelles a renoncé à son ambition de devenir le siège définitif du Parlement européen, a certainement contribué au succès de sa candidature à la présidence de la Commission un an et demi plus tard. J'ai la faiblesse de penser que j'avais semé ce que Dehaene a alors pu récolter. Sans mon attitude inflexible, nous aurions certainement été roulés dans la farine.

Un bilan intermédiaire

En dépit du chemin cahoteux vers Maastricht, on peut considérer les années 1989-1991 comme une période exceptionnellement positive pour le PPE. Grâce à la présence de nombreux chefs de gouvernement PPE autour de la table de négociations et à leur engagement inébranlable en faveur de la construction d'une Europe fédérale, le traité de Maastricht est tributaire à plusieurs égards des propositions et des idées du PPE. Nous avons ainsi atteint l'essentiel des objectifs que nous nous étions fixés au cours du sommet du PPE à La Haye le 6 décembre 1991 : la reconnaissance par voie de traité de partis politiques européens ; la concomitance des mandats de la Commission et du Parlement européens ; l'investiture de la Commission par le Parlement ; l'extension des compétences communautaires ; la procédure de codécision ; une banque centrale européenne indépendante ; un Comité consultatif des régions ; une extension significative du vote à la majorité, etc.

Certains objectifs ne furent pas atteints, comme la structure unitaire, l'avis conforme et l'abandon de l'unanimité en matière de politique extérieure. La nouvelle Union n'avait pas encore de structure fédérale, nonobstant son ancrage dans le principe de subsidiarité. La clause selon laquelle le nouveau traité devait être révisé au plus tard en 1996 ouvrait néanmoins la porte à un renforcement de l'union politique.

Le sommet de Maastricht marqua pour moi la fin d'une longue série de Conseils européens. La cérémonie au cours de laquelle le traité fut signé le 7 février 1992 par les ministres des Affaires étrangères et des Finances fut ma dernière prestation en tant que Premier ministre sur la scène internationale. Mais, malgré cette signature, les problèmes étaient loin d'être réglés. La ratification avait été un véritable parcours d'obstacles et, dès la fin de 1992, le traité lui-même apparut déjà comme un problème. Pire encore, les fondements de l'intégration européenne sont eux-mêmes contestés, depuis Maastricht. Les récents référendums négatifs, surtout, ont attisé et amplifié la discussion sur le déficit démocratique de l'Union.

Si je n'étais plus membre du Conseil européen, les dossiers européens ne m'avaient pas lâché pour autant. J'ai continué à les suivre en tant que président du PPE. Je reconduisis donc mon engagement européen et continuai de m'impliquer à fond dans l'évolution du processus d'intégration européenne.

Chapitre XXVI

HELMUT KOHL, JOSÉ MARIA AZNAR ET LES AUTRES

Mon engagement au sein du PPE reprit à nouveau la première place au début de 1990. Quelques semaines avant le sommet du PPE du 17 février 1990 à Pise, où, par parenthèse, Helmut Kohl réussit à convaincre Andreotti d'apporter son soutien à l'unification allemande, le secrétaire général allemand du PPE, Thomas Jansen, vint en effet me tâter pour voir si je ne serais pas intéressé par la présidence du PPE.

Il était en poste depuis 1983. Sa démarche s'appuyait sur plusieurs années d'excellentes relations entre nous, ainsi que sur le rôle que j'avais joué dans la création et le développement du parti. Mais elle s'expliquait aussi par un conflit entre Kohl et lui. Kohl l'avait nommé secrétaire général, mais au cours des années quatre-vingt, il se montra de moins en moins satisfait du cours des choses au sein du PPE. Kohl était président de la CDU et menaçait de suspendre la cotisation de son parti. C'eût été un coup mortel pour le PPE et pour sa crédibilité. Jansen espérait donc dénicher, en ma personne, un président bien vu à Bonn et ainsi normaliser les relations entre la CDU et le PPE.

Retour à mes anciennes amours

En 1990, le président du PPE était encore élu par son bureau politique qui était en fait une réunion restreinte de délégués des partis membres et du groupe parlementaire[1]. Je fus élu président par 65 voix contre 2, et aucune abstention, lors de la réunion du 10 mai à Bruxelles. Paul De Keersmaeker avait su mobiliser son réseau européen et fut un des principaux artisans de ma nomination.

---

1 Le PPE ne comptait alors que dix partis: les neuf d'origine, plus la *Nea Demokratia*, devenue membre à part entière en 1983, après l'entrée de la Grèce dans la Communauté en 1981.

Après mon élection, on alla déjeuner; Léo Tindemans était présent. On ne peut pas dire qu'il était très heureux de mon élection, car il avait dû, cinq ans auparavant, renoncer à cette présidence sous la douce pression de Kohl. Je succédais moi-même à Jacques Santer, qui présidait le PPE depuis 1987. Premier ministre du Grand-Duché et, de ce fait, régulièrement retenu à Luxembourg, il ne pouvait plus se libérer suffisamment pour la présidence. Ce qui donnait lieu à certaines récriminations. Il faut dire que, depuis le début, la présidence du PPE avait péché par son style protocolaire. C'était encore le temps où le président n'avait que peu d'influence politique réelle. C'est le secrétaire général qui dirigeait en fait le parti, parce qu'il était disponible en permanence et résidait à Bruxelles.

Un Premier ministre très européen

Les choses ne commencèrent vraiment à changer qu'à partir de 1992, quand j'ai cessé d'être Premier ministre. La présidence du PPE devint alors une fonction politique et j'en fis un *full time job*. En 1990, il n'était pas évident pour moi non plus de m'investir activement au PPE tout en étant Premier ministre. Mais puisque j'étais quasi en permanence à Bruxelles, je pouvais plus facilement combiner les deux fonctions. Il m'arrivait de modifier l'agenda du gouvernement en fonction des activités du PPE, comme les sommets du parti, ou de visites à l'étranger. C'est à cette époque que Jean-Luc Dehaene fit un jour remarquer: «Le Premier ministre s'occupe tout le temps de l'Europe!» Mais il n'y eut jamais de critiques proprement politiques, de la part ni de la majorité, ni de l'opposition[1].

Le congrès du PPE des 15 et 16 novembre à Dublin fut mon baptême du feu. Nous étions les hôtes d'Alan Dukes, le président du *Fine Gael*. C'était notre premier congrès après la chute du mur de Berlin, les bouleversements en Europe centrale et orientale, ainsi qu'en Union soviétique, et la réunification allemande. Il se déroulait entre les deux conseils européens de Rome et avant le démarrage de la double conférence intergouvernementale. Le PPE avait l'ambition d'influencer

1 En un certain sens, ce n'était pas étonnant. Willy De Clercq fut élu président des libéraux européens en juin 1990 (jusque juillet 1995); Guy Spitaels fut président des socialistes européens de février 1989 à mai 1992; et Willy Claes le fut à son tour de novembre 1992 à octobre 1994. On le voit, je n'étais pas le seul ni le premier homme politique belge à exercer une fonction dans un parti politique européen. Récemment encore, en septembre 2005, Annemie Neyts est devenue présidente des libéraux européens.

substantiellement le débat concernant l'Union économique et monétaire, et – plus encore – l'Union politique. Le document du congrès de Dublin s'intitulait *A Federal Constitution for Europe*. Titre et texte ambitieux! On peut se demander si un tel document pourrait encore être écrit aujourd'hui, sans même imaginer qu'il puisse être adopté par un congrès du PPE...

Outre le programme, on approuva aussi de nouveaux statuts qui devaient permettre un meilleur fonctionnement du parti. Le sous-titre du PPE, «Fédération de partis chrétiens-démocrates de la Communauté européenne», fut simplifié en «Chrétiens-démocrates». Ce qui permettait à des partis de pays candidats de devenir «membres associés», en attendant d'être membres à part entière. Pour des formations dont l'orientation politique concordait avec celle du PPE, mais dont le pays n'était pas candidat, on retint la formule d'«observateur permanent». L'affiliation individuelle fut introduite. Et le sommet du PPE fut officiellement reconnu comme «Conférence des chefs de partis et de gouvernements».

Approfondissement et élargissement

Le congrès de Dublin n'apporta pas encore au parti tout l'approfondissement désiré. Cela viendrait plus tard. Mais les idées maîtresses étaient bien là: «Si la Communauté doit être la clé de voûte d'une future grande Europe, elle ne peut ni se construire repliée sur elle-même, ni se diluer dans un ensemble plus vaste avant d'être parvenue au terme de son chemin. Seul l'approfondissement des liens qui unissent entre eux nos douze pays permettra de les élargir à tous les pays démocratiques prêts à adhérer à l'Union européenne.» La croissance et le développement d'un parti vraiment européen était bien l'objectif numéro un. Le «monde nouveau» qui s'ébauche doit, pour être vraiment nouveau, s'inspirer d'une «nouvelle pensée». C'est le rôle déterminant et irremplaçable d'un parti politique de proposer un projet de société, de le communiquer et de le rendre convaincant[1].

L'élargissement du parti ne figurait pas encore en tête des préoccupations, même si Dublin en connut un avant-goût. Pour la première fois, un congrès du PPE accueillait en effet une délégation d'Europe centrale et orientale. On trouvait notamment parmi ces observateurs Alojz Peterle,

---

1 Mon discours inaugural du 14 novembre 1990. *L'une & l'autre Europe*, Éditions Racine, Bruxelles, 1994, p. 19.

leader des chrétiens-démocrates et Premier ministre de Slovénie. Le fait mérite d'être souligné, quand on sait que ce pays allait prendre son indépendance quelque temps après, le 25 juin 1991[1].

On accueillit aussi, à titre d'observateurs, une délégation de conservateurs britanniques dirigée par le chef de groupe du *European Democratic Group (*EDG*)* au Parlement européen, Sir Christopher Prout. Celui-ci entretenait d'excellentes relations avec notre groupe PPE et son président, l'Allemand Egon Klepsch. Leur présence attira d'ailleurs une forte représentation de la presse britannique à Dublin. La lutte pour la succession de Thatcher battait en effet son plein.

Enfin, il y avait aussi une délégation espagnole dirigée par un certain José Maria Aznar, encore inconnu à l'époque. Ses tentatives de rapprochement avec le PPE furent toutefois battues en brèche par les chrétiens-démocrates régionalistes d'Espagne. En guise de protestation, le président du *Partido Nacionalista Vasco* basque (PNV), Xavier Arzalluz, tint son discours en allemand ! C'était une provocation directe à l'endroit d'Aznar. Ma réaction à cette attaque brutale ne se fit pas attendre, et le groupe d'Aznar fut aussitôt admis.

Le choix d'Aznar

Ma première rencontre avec Aznar remonte au milieu des années nonante. L'élargissement de la Communauté à l'Espagne et au Portugal en 1986 avait affaibli le PPE, faute de partis chrétiens-démocrates puissants électoralement. Au Portugal, le *Centro Democratico Social* était déjà sur le déclin, alors qu'en Espagne n'existait qu'un petit parti chrétien-démocrate national : le *Partido Democrata Popular* (PDP). Les chrétiens-démocrates régionalistes, le PNV au Pays basque et l'*Union Democratica de Catalunya* (UDC) en Catalogne, très présents au niveau régional, ne comptaient pratiquement pas au niveau national.

De leur côté, les conservateurs espagnols cherchaient à rejoindre le PPE, car ils voulaient se démarquer des conservateurs britanniques avec lesquels ils formaient jusqu'alors un groupe commun au Parlement euro-

1 À un certain moment, Peterle demanda à me rencontrer à Bruxelles. Notre ministère des Affaires étrangères y était formellement opposé parce que la Slovénie n'était pas encore reconnue au niveau international. La consigne fut donnée de ne pas le recevoir. Je le reçus néanmoins, le 15 février 1991, et cela créa un événement important en Slovénie. Peterle me le rappelle encore régulièrement. Le hall du 16, rue de la Loi, était rempli de journalistes. Après l'indépendance officielle, je le reçus à nouveau le 5 juillet 1991. Ensuite, nous avons toujours gardé le contact. C'est un de nos piliers les plus stables et les plus fidèles.

péen. Le déclencheur fut la création, début 1989, du *Partido Popular* sur la base de l'ex-*Alianza Popular* conservatrice entre le PDP chrétien-démocrate, rebaptisé *Democracia Cristiana* en 1988, et le petit parti libéral. Au début de 1989, la jonction fut établie entre le *Partido Popular* et le groupe PPE. Elle reposait sur la décision, capitale pour les adhésions ultérieures, selon laquelle des parlementaires élus sur une liste comprenant des chrétiens-démocrates (membres d'un parti affilié au PPE) pouvaient faire partie du groupe. Si des chrétiens-démocrates du PDP se trouvaient sur la liste du *Partido Popular*, tous les élus de cette liste pouvaient dès lors faire partie de notre groupe. C'est ce qui se passa effectivement au lendemain des élections européennes de 1989.

La droite renouvelée

En avril 1990, Aznar prit la tête du *Partido Popular*; il succédait à Manuel Fraga Iribarne, le leader de l'*Alianza Popular* qui avait encore été ministre sous Franco. Ce changement de présidence apparut comme un point de non-retour pour le renouvellement de la droite espagnole. Après son élection, Aznar prit immédiatement contact avec le PPE. Le renforcement des liens avec ce dernier devait effectivement lui permettre de sortir aussi vite que possible de son isolement national et international. J'étais entre-temps devenu président du PPE et c'est à ce titre que je le vis pour la première fois le 16 juin 1990 à Bruxelles, en présence de Javier Ruperez, le dernier président du PDP[1]. À la lumière des événements ultérieurs, ce fut un entretien déterminant. «Votre ambition doit être de devenir Premier ministre», dis-je à Aznar, «c'est à vous qu'il incombe de trouver une alternative, et nous allons collaborer dans ce but.»

Sa démarche en direction du PPE lui valut cependant de nombreuses critiques au sein de son propre parti, principalement de la part des conservateurs de l'ancienne *Alianza Popular*. Mais des réticences se manifestèrent aussi à l'intérieur du PPE.

Lorsque, le 4 octobre 1990, le statut d'observateur du *Partido Popular* fut soumis à l'approbation du bureau politique, non seulement les chrétiens-démocrates régionalistes du Pays basque et de Catalogne votèrent contre, mais aussi des membres du CDA et de *Democracia Cristiana* italienne. On reprochait à Aznar de ne pas être un «vrai»

1 Et en l'absence de Marcelino Oreja, le *go-between* entre l'*Alianza Popular* et les chrétiens-démocrates espagnols. C'était le Jean-Baptiste du *Partido Popular*. Oreja a vivement regretté de ne pas avoir été présent à cette occasion.

chrétien-démocrate, pas plus d'ailleurs que le *Partido Popular* lui-même. En un sens, ce n'est pas faux, mais là n'était pas le problème. Fondamentalement, la question se posait de savoir si le *Partido Popular* appartenait oui ou non à la famille PPE. Ma réponse à cette question a toujours été positive. Bien qu'ayant des origines et des traditions différentes, le PPE et le *Partido Popular* sont tous deux des partis populaires de nom et de vocation. Plus encore, ce sont des alliés naturels. L'adhésion devenait possible dès l'instant où Aznar souscrivait à nos valeurs et à nos principes, ce qui n'était pas évident compte tenu de la préhistoire du *Partido Popular*. C'est ainsi que l'engagement qu'il prit au congrès du PPE de Dublin, de promouvoir les valeurs chrétiennes-démocrates en Espagne, susciterait pas mal de remous dans la presse espagnole. Aznar a, lui aussi, su prendre des risques.

Comme l'entente entre le *Partido Popular* et le PPE était sans nuages et qu'Aznar voulait ancrer définitivement son parti dans le PPE, il annonça sa volonté d'en devenir membre à part entière lors de l'ouverture des journées d'étude du groupe PPE à Saint-Jacques de Compostelle, le 9 avril 1991. Deux jours avant, j'y avais moi-même fait allusion dans une allocution à des candidats aux élections locales dans un stade madrilène. Son annonce avait donc été faite en concertation – j'estimais, en effet, que les temps étaient mûrs – et fut officiellement concrétisée le 4 juin. Le bureau politique du 18 octobre approuva l'affiliation, sur la base de la bonne collaboration au Parlement européen, par 24 voix contre 1 (celle du PNV, qui romprait finalement avec nous en 1999).

Sans réserves

L'affiliation du *Partido Popular* au PPE fut un succès pour les deux parties et un bel exemple de *win-win*. Le PPE disposait maintenant d'une forte représentation en Espagne et la voix du *Partido Popular* pouvait désormais se faire entendre au plus haut niveau européen. Aznar a, pour sa part, toujours soutenu l'élargissement du PPE, notamment dans le cas de *Forza Italia*. En Espagne, il a eu l'intelligence de piloter son parti vers le centre du paysage politique. Il a en outre réussi à le rajeunir et à le féminiser considérablement, ce que l'on ne sait pas assez. Dès 1994, cela lui valut un résultat remarquable aux élections européennes : son parti doubla quasiment en nombre de sièges. Dans la foulée, il remporta les élections législatives en 1996 et obtint la majorité absolue en 2000. Il fallait le faire…

À titre personnel, je me suis toujours bien entendu avec Aznar. Notre confiance mutuelle ne s'est jamais altérée. Nos entretiens ont toujours été francs, nonobstant nos différences de caractère. Aznar, par exemple, développe toujours une pensée radicale et s'accroche à son point de vue jusque dans les détails, tandis que je recherche plutôt le consensus. Il y a rarement place chez lui pour le compromis. Il est donc très difficile de le faire évoluer. Cela demande beaucoup de patience et de force de persuasion. J'en sais quelque chose... Mais cette attitude tient aussi au régime très présidentiel qui règne à l'intérieur du *Partido Popular*. La loyauté à l'égard du président y est particulièrement intransigeante.

Pour ce qui me concerne, je n'ai jamais hésité quand j'estimais devoir le soutenir politiquement, au contraire d'autres chefs de gouvernement PPE. Personne d'autre n'osait en fait afficher la couleur. J'ai pris part à toutes ses campagnes électorales, prononçant chaque fois mon allocution en espagnol. Le 19 mai 1993, j'ai fait élire Aznar vice-président du PPE et le 2 juin, je l'ai invité pour la première fois à un sommet du PPE. Et à la fin de 1995, nous avons organisé notre congrès du PPE à Madrid. Dans mon discours inaugural du 5 novembre, je laissais peu de doutes quant à mes intentions: « *We have come to Madrid to show our support for the Spanish Popular Party and its President, José Maria Aznar, and we are confident of his forthcoming victory in the elections. José Maria Aznar, we stand shoulder to shoulder with you and your supporters in the Spanish Popular Party*[1]. »

Un incident survint au cours de ce congrès lorsque le président du PNV Arzalluz déclara – mais cette fois pas en allemand! – qu'il n'avait nullement l'intention de soutenir Aznar dans un éventuel gouvernement. Ce qui sema la consternation. Dans une déclaration improvisée, je donnai la réplique à Arzalluz, disant que c'était le devoir de tous les partis chrétiens-démocrates membres du PPE d'être derrière Aznar dans sa tentative de conquérir une majorité. Des heures durant, mon intervention fut diffusée par toutes les stations de télévision. On me reconnaissait même dans le métro de Madrid...

1 Deux chefs de gouvernement firent défaut à Madrid. Kohl, parce qu'il devait subir une intervention, Dehaene, parce qu'il était aux funérailles d'Yitzhak Rabin à Jérusalem. Johan van Hecke était chargé de lire le discours de Dehaene, mais les Espagnols n'en voulurent pas.

Un pilier

Le *Partido Popular* est devenu peu à peu un des piliers du PPE. Il est même devenu le parti le plus important avec la CDU/CSU et a rempli le vide créé par l'implosion de la démocratie-chrétienne italienne. Lorsque, début 1999, la fonction de secrétaire général du PPE est devenue vacante, c'est le bras droit d'Aznar, Alejandro Agag Longo, qui l'a lui-même occupée. Sans l'excellente collaboration entre Aznar et moi-même, sa nomination eût été impensable. En retour, Agag renforça lui aussi nos relations. En 1995, il avait déjà joué un rôle important dans la préparation et l'organisation du congrès de Madrid. Son départ inopiné de la politique en 2002, contre la volonté d'Aznar, fut une perte pour le PPE autant que pour le *Partido Popular*. Il aurait en effet encore pu jouer un rôle important dans la politique nationale ou européenne[1]. Agag fut remplacé par Antonio Lopez-Isturiz, lui aussi un collaborateur personnel d'Aznar ; il est toujours secrétaire général du PPE.

Mon soutien public au candidat Premier ministre Aznar ne resta pas sans conséquences au début des années nonante. Le Premier ministre socialiste espagnol Felipe Gonzalez m'avait confié *in tempore non suspecto*: « J'ai un gros problème en Espagne. Il n'y a pas d'alternative. » L'arrivée d'Aznar devait bien changer les choses ! Mes rapports avec Gonzalez s'en trouvèrent aussi changés. Je ne devais certainement plus compter sur lui au cas où ma candidature à la présidence de la Commission viendrait un jour sur le tapis. Il m'avait pourtant une fois déclaré qu'il me soutiendrait à fond, jusqu'au jour où j'intervins en Espagne au profit d'Aznar dans la campagne pour les élections locales de 1991. Il n'a cependant jamais été question d'inimitié entre Gonzalez et moi pour autant. Nos bonnes relations furent d'ailleurs rapidement restaurées.

Liberté de parole

Après les élections belges de novembre 1991, je devins membre du Sénat où on me confia la présidence de la Commission des affaires européennes. Mon rôle était d'y suivre les nouvelles évolutions en Europe du

1 En 2002, je fus invité avec ma femme au mariage d'Agag avec la fille d'Aznar dans le cadre magnifique de l'Escurial. De nombreux invités de marque, comme les Premiers ministres Tony Blair, Silvio Berlusconi et José Manuel Barroso, donnèrent un caractère très mondain à la cérémonie. J'étais assis à l'église dans la rangée des anciens Premiers ministres, aux côtés de l'Espagnol Adolfo Suarez et du Portugais Antonio Guteress.

point de vue belge. J'y étais notamment confronté au débat sur la ratification du traité de Maastricht[1]. Depuis Maastricht, la coopération supranationale traversait une crise. N'étant plus Premier ministre, je pouvais maintenant m'exprimer tout à fait librement à ce sujet. Face à la guerre en Yougoslavie surtout, la Communauté européenne faisait piètre figure. Notre crédibilité était réduite à néant. Partout où j'allais parler, la question fusait d'emblée: «Que fait l'Europe en Yougoslavie?» La Communauté européenne n'avait plus aucun message à délivrer. Le PPE opta pour la fuite en avant. En pleine crise européenne, il continua de soutenir la thèse d'une Union à forte dose fédéraliste, comme le prouva notre congrès de Dublin. Mais par après aussi, malgré l'élargissement aux conservateurs, le PPE, sous ma direction, ne s'est jamais départi de l'idéal d'une Europe fédérale.

La conversion des conservateurs britanniques

Les relations du PPE avec les *British Conservatives* ont été une des croix de ma présidence. Elles remontent aux contacts entre chrétiens-démocrates continentaux et conservateurs britanniques à l'époque d'Edward Heath, leur chef de file de 1965 à 1975 et le Premier ministre du Royaume-Uni qui fit entrer son pays dans la Communauté européenne. En janvier 1966, il annonça au cours d'une conférence de presse internationale à Rome que son parti désirait intégrer l'Union européenne des chrétiens-démocrates (UECD). Cette dernière décida toutefois, fin 1966, que la porte resterait fermée pour les partis non chrétiens-démocrates. Les Allemands y étaient favorables, mais ils n'obtinrent pas l'accord des Italiens, des Néerlandais et des Belges. L'histoire des conservateurs britanniques et du PPE – et, qui sait? du Royaume-Uni et de la Communauté européenne – aurait peut-être changé si l'on avait alors admis les Britanniques dans la famille chrétienne-démocrate. Ce fut une erreur historique de dimension!

L'arrivée de Thatcher à la tête des conservateurs britanniques réduisit encore un peu plus les chances d'une collaboration structurelle avec les

---

1 Détail piquant: dans mon allocution à mes collègues sénateurs, je tins un vibrant plaidoyer en faveur de Maastricht et pris mes distances par rapport à ceux qui présentaient le traité comme «un habillage, une sauce mise autour de l'Union monétaire qui (serait) le seul enjeu du traité», dixit Valéry Giscard d'Estaing au cours d'une réunion de sénateurs UDF au palais du Luxembourg le 29 avril 1992. Cité dans *Le Monde* du 2 mai 1992. Voir *L'une & l'autre Europe*, Éditions Racine, Bruxelles, 1994.

chrétiens-démocrates. Cela apparut clairement lors de la création de l'Union démocratique européenne en 1978. Le PPE des années quatre-vingt n'a plus cherché à renforcer ses liens avec les conservateurs britanniques du fait de l'euroscepticisme virulent de Thatcher. Les choses allaient fondamentalement changer au tournant des années nonante.

Dès le lendemain des élections européennes de 1989, Sir Christopher Prout, chef de groupe du *European Democratic Group*, introduisit une demande d'adhésion au groupe du PPE. Même si les conservateurs britanniques ne pensaient pas à une affiliation au parti, le chef du groupe PPE, Klepsch, transmit immédiatement la demande à Santer, le président du PPE de l'époque. Le PPE décida que les temps n'étaient pas mûrs pour un rapprochement. La raison de cette « non-décision » n'avait pas échappé à Prout. Le problème n'était pas du côté du Parlement européen, où la collaboration entre groupes PPE et EDG était excellente, mais du côté des partis membres. Dans l'espoir de les convaincre des bienfaits d'une collaboration structurelle, Prout entama une sorte de ballet diplomatique entre les quartiers généraux des partis nationaux.

Devenu président, je fus directement saisi de ce dossier. Dès le 18 juin 1990, j'organisai un lunch de travail au Lambermont avec Prout, Harold Römer, le secrétaire général danois du groupe EDG, et Chris Patten, le président des conservateurs britanniques de 1990 à 1992, et futur gouverneur de Hong Kong. En tant que catholique pratiquant, Patten connaissait parfaitement notre vision des choses. Lui-même était en fait un chrétien-démocrate dans un parti conservateur !

Les rumeurs concernant une possible collaboration entre le PPE et les conservateurs britanniques s'intensifièrent fin 1990. À la suite du conseil européen de Rome en décembre, toutes sortes de spéculations, relatives à un accord secret entre Kohl et Major, se mirent à circuler. L'arrivée de ce dernier à la tête des conservateurs britanniques n'y était naturellement pas étrangère. Début 1991, il fit clairement savoir qu'il était acquis à un rapprochement avec le PPE. Ce faisant, il se démarquait totalement de Thatcher, trois ans à peine après son fameux speech de Bruges.

Les débats furent néanmoins très animés au sommet du PPE du 13 avril 1991 à Val Duchesse, essentiellement consacré aux conservateurs britanniques. Il y avait sur la table les lettres de Prout et de Patten des 5 et 11 avril, souscrivant explicitement au programme du PPE, ce qui n'était pas rien. Mais cela ne suffit pas à vaincre la méfiance et les réticences, surtout chez les chrétiens-démocrates du Benelux, de la *Democracia Cristiana* italienne et du *Fine Gael* irlandais. En l'absence des intéressés, on discuta ferme de l'identité chrétienne-démocrate, de la constellation des partis européens et de l'évolution au sein des conservateurs britanniques, ainsi que du *timing* et des modalités d'une éventuelle collaboration. La réponse à la demande d'adhésion n'était-elle pas déterminante, en effet, pour l'avenir de la démocratie-chrétienne en Europe ? Personne, en tout cas, ne contestait la nécessité d'un élargissement du PPE. Dans cette perspective, Kohl était partisan de l'adhésion britannique à notre groupe au Parlement européen, soutenu en cela par Aznar, Santer et le Premier ministre grec Constantin Mitsotakis. Ruud Lubbers et les chrétiens-démocrates italiens et belges étaient d'un avis diamétralement opposé.

Une *Fraktionsgemeinschaft* ?

Pour sortir de l'impasse, Klepsch lança l'idée d'une *Fraktionsgemeinschaft* (communauté de groupes), par analogie avec le groupe CDU/CSU du *Bundestag*. Mais le sommet de Maastricht n'était pas chaud. En tant que PPE, nous voulions d'abord connaître l'attitude de Major avant de donner notre feu vert. La désillusion provoquée par son intervention à Maastricht pesa dans la balance lors de la décision finale.

Cela se vérifia clairement lors des difficiles négociations du sommet du PPE du 14 février 1992, consacré une fois de plus aux conservateurs britanniques. Cette fois, c'est Lubbers qui ouvrit la brèche en disant que le groupe pouvait accepter des formes de collaboration et d'adhésion beaucoup plus larges et allant politiquement beaucoup plus loin que le parti. Si les conservateurs britanniques ne se rallieraient sans doute jamais au programme de notre formation, rien, en effet, n'empêchait d'arriver à une fructueuse collaboration au Parlement. En fait, le sommet du PPE resta partagé sur les modalités de la collaboration, mais ne dit pas non à l'idée d'une *Fraktionsgemeinschaft*.

La balle était de nouveau dans le camp du groupe, mais, suite à des dissensions internes, celui-ci laissa finalement tomber l'idée. On opta en définitive pour la formule de membre apparenté à titre individuel, évitant ainsi la scission du groupe en deux.

L'acceptation de cette solution par les conservateurs britanniques signifiait une victoire politique pour le PPE. Le statut de membre apparenté fut approuvé par le groupe le 9 avril 1992 à Strasbourg. Pour les conservateurs, ceci impliquait notamment qu'ils se ralliaient aux conclusions du congrès du PPE de 1990 à Dublin. À partir du 1er mai 1992, trente-deux Britanniques et deux Danois devinrent ainsi membres du groupe PPE. Ils avaient donc leur mot à dire sur les positions du groupe, pouvaient y voter, et étaient liés par ses décisions.

Cette affiliation renforça l'espoir de voir les conservateurs britanniques se rapprocher du PPE. Pendant les premières années de notre collaboration, j'ai sincèrement cru, et d'autres avec moi, à cette évolution. Mais un certain scepticisme restait toujours latent. La collaboration débuta pourtant d'une manière prometteuse. Sous la direction de Prout, qui devint vice-président du groupe PPE, les partisans de l'intégration européenne dominèrent jusqu'aux élections européennes de 1994. Lors du sommet du PPE du 22 juin à Bruxelles, la poursuite de la collaboration ne faisait aucun doute. Mais l'évolution des conservateurs britanniques et leur collaboration ultérieure avec le PPE me donneraient bien du fil à retordre [1]...

De solides fondements

Mon départ du 16, rue de la Loi, me permit de me consacrer entièrement à ma tâche de président du PPE. J'avais maintenant les mains libres pour préparer à fond notre prochain congrès. L'objectif était de remettre la véritable inspiration de notre action politique sous les feux de la rampe, ce qui ne s'était plus fait depuis la création du parti en 1976. Entouré d'une jeune équipe de collaborateurs venus des services d'étude et fondations de nos partis membres, parmi lesquels l'Allemand Klaus Welle qui remplacerait Jansen comme secrétaire général fin 1994, je pris moi-même les rênes de la commission de programme. Entre l'automne 1991 et l'automne 1992, nous avons travaillé régulièrement et intensément au renouvellement du parti.

La redéfinition du programme de base était pour moi un objectif prioritaire. J'étais convaincu que l'élargissement du parti n'atteindrait un caractère durable que sur la base d'un profond accord sur nos fondements politiques. Plus encore, l'adhésion à nos fondements devait être la condition d'admission de nouveaux partis membres. Car plus il y a de diversité, plus il est important de s'entendre sur une base commune. Celle-ci est en définitive notre seule raison d'être, car le pragmatisme seul ne mène nulle part en politique [2].

---

1 Le parti conservateur danois *Det Konservative Folkparti* opta, quant à lui, pour une intégration renforcée et devint membre à part entière du PPE en 1995.

2 Ce que je formulai de la manière suivante dans mon discours lors de la présentation du nouveau programme : « Personnellement, je pense que si nous voulons justifier l'existence

Tout le monde n'était cependant pas aussi convaincu de l'utilité d'un nouveau programme! Kohl, par exemple, trouvait qu'une attention trop exclusivement portée au programme risquait d'entraver le nécessaire élargissement du PPE. Je me souviens d'avoir tout de même réussi à le convaincre. La réflexion sur nos fondements était cruciale dans la conjoncture où nous nous trouvions. Face à l'échec du thatchérisme et à la confusion au sein du socialisme en Occident, ainsi qu'à l'effondrement du communisme à l'Est – l'*horror vacui* en plein – j'étais convaincu que l'heure de la démocratie-chrétienne avait réellement sonné.

L'élaboration du programme de base d'Athènes constitua une tâche considérable pour nos partis membres du Benelux, le CVP et le PSC en particulier. L'inspiration ne tombe en effet pas du ciel. Le premier avant-projet fut rédigé par Jos van Gennip, le directeur de l'Institut scientifique du CDA. La laborieuse traduction de ces textes du néerlandais suscita quelque hilarité dans le groupe PPE. Le programme fut finalement sauvé grâce à quelques Belges. Le directeur du CEPESS, Paul Maertens, se chargea d'écrire le prologue. Tout comme lors de la création du PPE, je pus faire appel à l'expertise de nos compatriotes. À l'époque, ils disposaient en effet encore d'un service d'études commun! Je pus aussi compter sur la compétence de Paul Dabin, collaborateur du député européen Fernand Herman. Il se basa en l'occurrence sur un document d'un groupe de travail du PSC dirigé par l'ancien Premier ministre Pierre Harmel. Cette collaboration représenta un apport décisif.

Tout l'art était de parvenir à un consensus, et il faut dire que nous y avons parfaitement réussi. La version finale fut amplement discutée au cours de notre congrès du 11 au 13 novembre 1992 à Athènes. Le texte subit divers amendements, mais sans toucher à sa substance.

Ce texte est resté un document de référence pour notre famille politique, particulièrement en ce qui concerne les grands piliers du PPE: le personnalisme chrétien, le fédéralisme européen et l'économie sociale de marché. Le prologue s'attache plus spécialement aux mutations des sociétés européennes et à leur impact sur l'action politique. On faisait aussi clairement la distinction entre ce document de base et le programme d'action, défini en vue de chaque élection européenne et axé sur les domaines gérés par le Parlement européen. Par trois fois – jusqu'à la

---

des partis politiques dans nos démocraties, il convient de leur confier la garde de la doctrine, c'est-à-dire la définition des objectifs lointains, la formulation des principes qui règlent l'action politique de tous, mandataires aussi bien que militants. Dans l'ensemble, tout parti a plus ou moins tendance à passer inconsciemment d'une phase programmatique à une phase pragmatique.» *L'une & l'autre Europe*, Éditions Racine, Bruxelles, 1994, p. 164.

veille de sa mort – j'ai pu faire appel ici à l'imagination de Fernand Herman. Sur la base de sa profonde conviction européenne, il nous apportait chaque fois une contribution irremplaçable. Il a certainement été un de nos europarlementaires les plus compétents et les plus actifs.

Unité dans la diversité

Le programme d'action 1994-1999 fut approuvé au congrès du PPE tenu pour la première fois dans les bâtiments du Parlement européen à Bruxelles les 8, 9 et 10 décembre 1993. Le calendrier de ce congrès apparut après coup des plus malheureux. Les mêmes 9 et 10 décembre se tenait en effet le Conseil européen qui clôturait la fructueuse présidence belge de ce semestre. Bien que tous présents à Bruxelles pour cette occasion, et donc susceptibles de participer au congrès, nos chefs de gouvernement n'eurent d'attention que pour le sommet. La presse elle non plus n'accorda pas le moindre écho à notre congrès, et encore moins à notre programme d'action 1994-1999 intitulé *Europe 2000: Unity in Diversity.*

«Unité dans la diversité» était devenu le slogan de ma présidence... avant de devenir la devise de l'Union européenne dans le projet de Constitution de celle-ci. La formule résumait bien l'ambition du PPE: devenir une famille politique ouverte mais soudée, dans une nouvelle Union européenne. Et les résultats intermédiaires furent à la hauteur! Lors de la réunion du bureau politique du 19 mai 1993, je fus reconduit sans problème à la présidence pour un nouveau mandat de trois ans. C'était le couronnement du travail accompli.

«Dans de bonnes mains»

Le programme en vue des élections européennes est une chose, la composition des listes en est une autre. Près de deux ans avant les élections, le président du CVP Van Rompuy avait annoncé que Tindemans conduirait la liste européenne. Je me contentai dès lors de la deuxième place. Le fait de me porter candidat était dans la ligne de ma présidence au PPE. Ma fidélité au CVP, qui était à ce moment dans de mauvais draps, joua également.

Le président de l'époque, Johan Van Hecke, a tenu dans cette affaire un rôle crucial. Il déclara d'ailleurs plus tard qu'il avait appuyé ma candidature à l'incitation du roi Baudouin. Il prit personnellement contact avec Tindemans pour l'informer de ma candidature, car celle-ci était évidemment délicate. Tindemans répondit que Van Hecke n'avait qu'à faire, en tant que président du parti, ce qui était bon pour la liste et pour le parti.

Contrairement à ce que les sondages d'opinion laissaient présager, le CVP maintint ses positions le 12 juin 1994, et Tindemans et moi-même réalisâmes un beau score personnel. Mon nombre élevé de voix de préférence, 186410, fut un réconfort après ma «traversée du désert» et mon «travail dans les catacombes[1]».

Échec à Corfou

Les annales du PPE peuvent considérer à juste titre l'épisode de Corfou comme un échec. Les faits concernant la lutte pour la présidence de la Commission européenne sont suffisamment connus. Quatre candidats se présentaient sous la bannière du PPE: le Belge Jean-Luc Dehaene, le Néerlandais Ruud Lubbers, mais aussi l'ancien commissaire irlandais Peter Sutherland et le commissaire britannique Sir Leon Brittan. Lubbers avait tenu à m'informer qu'il rendrait sa candidature publique et qu'il avait l'appui de son futur successeur Wim Kok, ce qui apparaîtrait d'ailleurs au cours du sommet européen de Corfou les 24 et 25 juin 1994. Il me l'annonça après l'avoir téléphoné à Dehaene qui lui avait répondu avoir, lui aussi, «envie» de devenir président de la Commission.

J'organisai deux tentatives de médiation. Il était en effet plus ou moins acquis que le nouveau président viendrait du Benelux et serait un chrétien-démocrate. Le PPE ne pouvait laisser passer cette aubaine. Une première réunion informelle avec Lubbers, Dehaene, Santer et moi-même fut organisée à la mi-juin chez un notaire du côté de Maastricht. Elle se passa fort courtoisement mais sans ménagements. Lubbers s'excusa auprès de Dehaene de l'avoir déclaré inapte au job. De son côté, Dehaene rejeta la proposition de Lubbers de retirer tous les deux leur candidature

[1] De tous les candidats, les têtes de liste des autres partis compris, j'obtins le plus haut score, à l'exception de Tindemans, compte tenu du fait que les électeurs ne pouvaient alors choisir qu'un seul candidat. Depuis 1999, il est en effet possible de voter pour plusieurs candidats d'une même liste, ce qu'on appelle le vote de préférence plural. Pour cette raison, il est intellectuellement malhonnête de comparer les chiffres de 1994 avec ceux de 1999 ou de 2004. De plus, nombre d'électeurs avaient voté aussi bien pour Tindemans que pour moi. Normalement, c'étaient alors des votes non valides. J'ai appris après coup que certains bureaux de vote ont considéré ces votes comme valables pour le parti, comme s'il s'agissait de votes pour la liste. Une interprétation très favorable pour le parti, mais pour le moins suspecte, à mon humble avis.

au profit d'un tiers. Je ne pus faire davantage que de rétablir le contact personnel entre les deux hommes et de constater l'impasse politique.

Une seconde confrontation eut lieu pendant le sommet du PPE de Bruxelles le 22 juin. Sous l'œil critique de Kohl, un Dehaene très détendu et un Lubbers au rire jaune posaient côte à côte devant les caméras. Toute la presse était à l'affût. Ce combat singulier, en forme d'un match Belgique-Hollande, était du pain bénit pour les médias. Les deux protagonistes se laissèrent mitrailler par les photographes pendant de longues minutes, à l'indignation de Kohl qui voyait déjà venir les dégâts pour le PPE après cet étalage public de leur rivalité.

Avant d'ouvrir la discussion, les deux candidats commencèrent par se présenter. Lubbers rappela qu'il était déjà ministre-président des Pays-Bas et, en cette qualité, membre du Conseil européen, depuis douze ans. Et de souligner ses bonnes relations avec les petits pays et les pays candidats à l'adhésion, le rôle des Pays-Bas en Europe comme « le plus grand des petits pays » ainsi que leur complémentarité par rapport à l'axe franco-allemand, le soutien de sa candidature par certains pays, de même que sa grande popularité dans son pays. Il ajouta enfin qu'il appréciait les qualités de Dehaene et s'inclinerait devant tout consensus.

Ils avaient oublié Major

Dehaene, de son côté, mit en garde contre l'éventualité d'un conflit entre le Conseil et le Parlement européens au cas où le premier n'arriverait pas à une décision. Il disait comprendre qu'il était impossible de forcer une décision unanime pendant le sommet du PPE. Il plaida pour la sérénité. Il prétendait que sa candidature était soutenue par d'autres membres du Conseil européen qui avaient évalué la dernière présidence belge de manière très positive. Bref, il était disponible pour poursuivre son engagement européen à la tête de la Commission.

Kohl exprima alors sa préférence pour Dehaene. Son choix était fait, et il s'était depuis longtemps mis d'accord là-dessus avec Mitterrand. Ils avaient toutefois oublié de s'entendre avec Major. Cette bévue fut fatale pour la candidature de Dehaene. À cela s'ajoutait le conflit entre Lubbers et Kohl. Au grand dam de ce dernier, Aznar se prononça en faveur de Lubbers. Kohl ne voulait en aucun cas d'un compromis. Il s'en tenait à un chrétien-démocrate du Benelux et voulait qu'on arrive à une décision à Corfou en toute sérénité. Je ne pouvais qu'avoir le même point de vue. Nous avions en effet deux bons candidats. Ce fut un épisode plus que pénible pour le PPE.

Finalement, le nouveau président de la Commission fut tout de même un chrétien-démocrate du Benelux. C'est Kohl qui proposa le Luxembourgeois Jacques Santer à un Conseil européen extraordinaire le 15 juillet. C'était un choix évident, compte tenu de son expérience de plusieurs années comme Premier ministre. Santer partageait en outre pleinement notre conviction européenne. Nous fondions de grands espoirs sur sa présidence. Celle-ci allait cependant connaître un dénouement dramatique. Il fut entraîné dans une disgrâce imméritée sur la base d'événements dans lesquels il n'avait rien à voir directement.

Voyageur de commerce

Après la chute du Mur, l'Union européenne des chrétiens-démocrates (UECD) revint sur le devant de la scène. L'UECD avait mené une existence somnolente en raison de l'importance croissante du PPE. Dans les années quatre-vingt, on avait échafaudé des plans pour mettre fin à cette situation en intégrant l'UECD dans le PPE. À côté de cela, il y avait encore l'UDE. Aucun observateur n'y voyait plus goutte: trois organisations de partis transnationales qui opéraient parallèlement et dont les critères d'appartenance étaient exclusivement une affaire d'initiés.

Les bouleversements en Europe centrale et orientale donnèrent toutefois à l'UECD une nouvelle raison d'exister pour quelque temps. Elle pouvait en effet très bien fonctionner comme antichambre, ou noviciat, pour les partis des pays appelés à terme à devenir membres de l'Union. L'organisation du PPE ne devait ainsi pas être trop vite chamboulée, et on disposait en plus d'un forum spécifique où les problèmes de ces partis pouvaient très bien être traités. Succédant à l'Italien Emilio Colombo, je devins président de l'UECD en janvier 1993 pour le rester jusqu'en octobre 1996. Je gardais mon bureau au quartier général du PPE, où était également établi le siège officiel de l'UECD, mais cette charge ne m'apporta pas un grand surcroît de travail.

Nous avons créé dès 1991 une Académie pour l'Europe centrale et de l'Est, qui siège à Budapest, et j'ai conduit d'innombrables missions d'enquête dans tous les pays de la région, à la recherche de partenaires avec lesquels nous pourrions faire cause commune. Frans Verleyen me qualifia à cette occasion de « voyageur de commerce de la démocratie[1] ».

1 Frans Verleyen, *Met Martens door de woestijn. Een reisjournaal*, Kritak-Roularta Books, Louvain, 1994.

J'arrivais entre autres à la conclusion qu'après la division entre Est et Ouest, un nouveau binôme s'imposait, à savoir l'Europe latine et l'Europe orthodoxe, suivant une ligne de fracture allant de Saint-Pétersbourg à Zagreb. Cette dualité remonte au schisme de 1054 et est à mes yeux ancrée bien plus profondément que celle de l'Est et de l'Ouest, qui ne date que de la Seconde Guerre mondiale.

Kohl était très partisan d'une fusion entre le PPE et l'UECD. Il n'était par conséquent guère favorable à un règlement de transition. Lorsqu'en 1994, je devins chef du groupe PPE au Parlement européen et qu'il me fut dès lors impossible de garder la présidence de l'UECD – les trois fonctions n'étant physiquement pas combinables – je dus fortement insister pour lui faire accepter la candidature du Néerlandais Wim van Velzen, ancien président du CDA. Il craignait que cela ne conduise à une perpétuation de l'UECD alors que le but était précisément que van Velzen réalise sa fusion avec le PPE sous sa présidence. Ce n'est que le 2 février 1996, pendant un trajet en voiture entre Louvain et Laeken – Kohl venait d'être fait docteur *honoris causa* de la KULeuven et devait ensuite être reçu par le roi Albert – que j'ai enfin réussi à le convaincre !

Chapitre XXVII
NAISSANCE DANS UN BUNGALOW

Les cinq ans que j'ai passés comme président du PPE et chef de ce groupe au Parlement européen ont exigé de ma part un énorme investissement, surtout pour rétablir le consensus dans un environnement qui m'était peu familier au départ et avec des moyens qui m'étaient chichement mesurés. J'y ai consacré toutes mes journées. C'est qu'il n'était pas d'usage de projeter un néophyte à l'avant-plan comme chef de groupe parlementaire, malgré la grande expérience que j'avais acquise comme membre du Conseil européen et comme président du PPE depuis 1990. J'ai voulu diriger le groupe avec une certaine autorité et veiller à ce qu'il agisse avec suffisamment de cohérence. Il fallut surmonter toutes sortes d'obstacles et consentir bien des sacrifices personnels.

Santer et Berlusconi

Je ne suis pas près d'oublier deux dossiers de première importance. Mon mandat au Parlement européen a coïncidé avec la législature de la Commission Santer. Sa mise en place et sa chute m'ont coûté du sang, de la sueur et des larmes. Je me suis battu pour la Commission Santer, tant au sein de mon groupe qu'au Parlement. Ce combat a parfois tourné à une lutte contre les moulins à vent. Par ailleurs, l'admission de *Forza Italia* au sein du groupe parlementaire PPE fut sans doute le problème le plus délicat. Ce dossier était particulièrement complexe et hautement explosif, tant en Italie qu'au Parlement européen et dans ma propre famille politique. Il est, en effet, bien connu que j'ai payé cher, au sein de mon parti, le CD&V, mon rôle dans l'admission de *Forza Italia*.

La fonction de chef de groupe est d'une importance cruciale au PPE comme au sein du Parlement européen. Beaucoup se sentent appelés mais peu sont élus. Dans un groupe qui compte des représentants de toutes sortes, de diverses nationalités, de différentes sensibilités, avec des compétences très variées, vous n'êtes pas d'emblée le maître! Le devenir n'est pas chose facile: il s'agit de mériter son autorité. L'ambiance est d'ailleurs très différente de celle qui règne dans un parlement national. On rencontre ici d'autres habitudes et d'autres procédures, avec lesquelles il faut d'abord se familiariser. De plus, on y travaille beaucoup plus à distance de la population que lorsqu'on est un élu national.

Ma tâche consistait désormais à renforcer notre pouvoir. Avec qui pouvions-nous nous embarquer pour faire aboutir au mieux nos priorités? Concrètement, il s'agissait de conquérir le pouvoir politique au Parlement européen et cela au détriment des socialistes. C'était surtout primordial pour les Allemands. Les personnalités les plus influentes y étaient convaincues de l'importance de cet objectif et croyaient que je pourrais rapidement le réaliser. Il fallait maintenant mettre en pratique le plus possible ce pour quoi on avait si rudement combattu à Maastricht. La présidence cumulée du parti et du groupe – très conforme à la conception de Kohl et de tradition constante en Allemagne – devait y aider. Pendant mes cinq ans de mandat, j'ai pu faire grandir le groupe; il est passé de 157 à 201 membres, soit un tiers de plus.

Candidat de Kohl

Depuis l'élection directe du Parlement européen, trois chefs du groupe s'étaient succédé au PPE. L'Allemand Egon Klepsch avait présidé le groupe dès 1977 et en resta le chef jusqu'en 1992, quand il devint président du Parlement européen, avec une exception pour les années 1982-1984 où c'est l'Italien Paolo Barbi qui exerça la fonction. Léo Tindemans avait succédé à Klepsch en 1992 et était resté en fonction jusqu'aux élections de juin 1994.

Il n'y avait guère d'atomes crochus entre Klepsch et Tindemans[1]. Mais, pendant la période où il a été chef de notre groupe, ma collaboration avec Tindemans a été excellente. Il va sans dire qu'au sein d'une même famille politique, l'entente entre le président du parti et celui du groupe est nécessaire au bon fonctionnement. Avec Klepsch aussi, j'ai eu de bonnes relations, même s'il y eut quelque malaise dû à son inaction ou à sa manière de diriger le groupe et plus particulièrement le Présidium – l'instance qui s'occupe de la gestion journalière et se compose du président

1 Leo Tindemans, *De memoires. Gedreven door een overtuiging*, Lannoo, Tielt, 2003.

et des vice-présidents – qu'il faisait fonctionner comme une sorte de cour personnelle. Kohl aussi avait son point de vue sur le cours des choses dans le groupe et au Parlement. Pendant des années, il avait soutenu Klepsch mais, en 1994, quand celui-ci cessa de présider le Parlement européen, il avait estimé que la carrière politique de Klepsch était terminée. Il n'était pas non plus des mieux disposé vis-à-vis de Tindemans. En 1992, Kohl avait fait savoir qu'il n'approuvait pas la candidature de celui-ci comme chef du groupe parlementaire[1]. Qu'il ait quand même été élu lui avait déplu et, dès que l'occasion s'en présenta, il fit jouer son influence.

Contre Tindemans

À la chancellerie de Bonn, Kohl avait organisé une réunion consacrée à l'élection du nouveau chef de groupe. On y remarquait l'absence du chef de la délégation allemande, Günther Rinsche, pourtant un bon ami de Kohl. Rinsche avait en effet soutenu Tindemans lors de son élection comme chef de groupe. À cette réunion, le message de Kohl avait été clair : ce n'est pas Tindemans mais moi qui devais diriger le groupe parlementaire. Comme je n'entrais plus en ligne de compte pour la Commission européenne, il était évident pour Kohl que c'est au Parlement européen que je pouvais pleinement jouer mon rôle.

Il se fait que le candidat chef de groupe est toujours présenté par sa propre délégation nationale ! Concrètement, cela signifiait que les Belges du PPE avaient à choisir entre Tindemans et moi-même. Rinsche insistait beaucoup là-dessus, même si on peut se poser des questions sur le fait de laisser à des tiers une décision d'une telle importance. Notre délégation se composait, en plus de Tindemans et de moi-même, de Raf Chanterie et de Marianne Thysssen pour le CVP, de Fernand Herman et de Gérard Deprez pour le PSC et de Mathieu Grosch pour les sociaux-chrétiens germanophones. Nous nous sommes réunis le 7 juillet – quelques heures seulement avant l'élection – afin d'aboutir à une solution. Plusieurs participants, dont Thyssen et Herman, se trouvaient devant un choix déchirant : rester loyaux envers le président sortant ou choisir un nouveau collègue bénéficiant d'un large appui au sein du groupe. Pendant la

1 Raf Chanterie, mon ancien secrétaire privé, parlementaire européen depuis 1981, était lui aussi candidat. Klepsch lui aurait, prétendait-il, « promis » la présidence du groupe. Mais bien qu'il ait été vice-président, il a été éliminé dès le premier tour. Tous n'étaient pas convaincus de ses capacités. Chanterie en a été profondément déçu et a estimé que Klepsch l'avait attiré dans une embuscade.

réunion, Deprez a pris les choses en mains et s'est très nettement exprimé : « Il est extrêmement important que le président du parti soit aussi le chef du groupe. » Chanterie était du même avis, mais n'avait guère le courage de le dire. Grosch, nouveau venu au Parlement, me soutenait lui aussi. Finalement, on passa au vote et je l'emportai sur Tindemans. Il en fut profondément déçu. L'après-midi même, j'étais élu comme président de notre groupe parlementaire à une très large majorité de 118 voix sur 136 exprimées.

Depuis les élections européennes de 1994, le groupe comptait 157 membres (contre 198 socialistes et 43 libéraux). Il se composait des délégations des partis membres du PPE et des parlementaires conservateurs britanniques, apparentés à notre groupe mais sans être membres du parti. En comparaison avec la fin de la législature précédente, nous maintenions le statu quo, tout comme les socialistes et les libéraux. Les rapports de force ne changeaient donc pas sensiblement au Parlement. Au sein de notre groupe, il n'en était pas de même. Notre délégation italienne avait été laminée à la suite de l'implosion de la *Democrazia Cristiana*. Les conservateurs britanniques avaient eux aussi subi une lourde défaite électorale. Leurs pertes avaient heureusement été compensées par les bons résultats de la CDU/CSU et du *Partido Popular*. Ce dernier avait même réussi à doubler le nombre de ses parlementaires européens.

Difficile pour Santer

Le 15 juillet 1994, le Conseil européen présenta la candidature du Premier ministre luxembourgeois Jacques Santer comme nouveau président de la Commission. Le Parlement européen devait maintenant se prononcer. Un choix très délicat. Chez les partisans comme chez les adversaires d'une plus grande intégration européenne, il subsistait, en effet, pas mal de réticences à la personne de Santer et à la manière dont la succession de Jacques Delors s'était effectuée. Je ne sais ce qu'aurait été mon sort politique si, chef de groupe frais émoulu, je n'étais pas parvenu à faire désigner Santer. De toute manière, quel camouflet pour le président du PPE, qui était aussi son chef de groupe, s'il se montrait incapable de trouver une majorité pour investir comme président de la Commission un candidat d'obédience PPE, présenté par divers chefs de gouvernements liés au même parti.

Avant l'élection, une réunion spéciale avait été organisée pour tous les chefs des groupes du Parlement européen. Kohl y était venu défendre la candidature de Santer. Après quoi, Santer lui-même avait rencontré séparément chacun des groupes. Très vite, le climat au Parlement a tourné au désavantage de Santer, bien qu'il fût présenté par le Conseil européen au complet, y compris par les chefs de gouvernement socialistes. La résistance venait pourtant surtout des rangs socialistes tant de la part de parlementaires dont le parti était dans l'opposition au plan national (c'était le cas en Allemagne) que d'élus dont le parti était au gouvernement. L'animosité autour du sommet de Corfou persistait encore fortement et, à travers leur vote, plusieurs élus voulaient prendre leur revanche. Ils espéraient ainsi démontrer que le Parlement pouvait exercer son influence. C'était aussi bien mal parti en Belgique à cause de la candidature manquée de Jean-Luc Dehaene.

Plus la date de l'élection approchait, et plus l'opposition semblait grandir. Je me souviens qu'au matin même du scrutin, j'écoutais à Strasbourg la revue de presse: tous les commentateurs prévoyaient que Santer ne passerait pas le cap du Parlement. Cela devenait tellement grave que Kohl m'avait appelé juste avant la séance plénière pour faire le point. « Tu dois te battre », me dit-il avec force. Il me promit aussi de prendre contact avec quelques collègues du Conseil européen. Après l'intervention de Kohl, Felipe Gonzalez, parmi d'autres, a pu convaincre les élus socialistes espagnols au Parlement européen de voter pour Santer. Mais tous les chefs de gouvernement n'ont pas honoré leur engagement de soutenir celui-ci comme nouveau président de la Commission...

Compte tenu de l'importance de l'enjeu, le groupe s'était prononcé, sur ma proposition, pour une discipline de vote. Malgré cette décision, Tindemans s'est abstenu. Par la suite, Santer m'a laissé entendre qu'il en était très mécontent. Finalement, le nouveau président avait bénéficié d'une majorité, mais de justesse: 260 votes pour, 238 contre et 23 abstentions. Si la balance a finalement penché de son côté, cela n'a été possible que grâce au soutien des socialistes espagnols et aux représentants du *Partido Social Democrata* (PSD), le parti du Premier ministre portugais Anibal Cavaco Silva, affilié à l'époque au groupe libéral.

Si le Parlement a consacré un large débat préalable au nouveau président de la Commission, c'est une conséquence directe de la ratification du traité de Maastricht. De même, pour la première fois, les candidats commissaires ont dû s'expliquer lors d'auditions spéciales devant les commissions parlementaires. Cela n'a pas marché comme sur des roulettes. On peut déjà parler ici d'une question de confiance avant la lettre, préfiguration de ce qui sera ultérieurement formulé dans le traité sur la désignation d'un nouveau président de la Commission.

Malgré la présidence de Santer, nous n'avons pas réussi, comme PPE, à renforcer notre présence dans la Commission. Seuls 7 des 15 commissaires (contre 8 dans la commission Delors sortante) appartenaient à notre famille politique. Comme parti, notre représentation était donc relativement faible. Nous avons toutefois connu de bonnes surprises comme Mario Monti, commissaire au Marché intérieur, qui avait été nommé par le Premier ministre italien Silvio Berlusconi alors que *Forza Italia* n'appartenait pas encore au PPE. Monti était fort proche du PPE et nous avons pu compter, par accident, sur cet excellent commissaire. Venus de la Commission précédente, le Néerlandais Hans van den Broek et le Britannique Sir Leon Brittan étaient restés à leur poste. L'Espagnol Macelino Oreja était un nouveau venu à la Commission mais déjà une valeur sûre de notre famille politique. Après son installation en 1995, le gouvernement autrichien avait désigné Franz Ficher, qui allait rester membre de la Commission jusqu'en 2004.

L'euro dans les mains

Pendant ce temps, l'Union allait son cours et le Parlement s'efforçait d'apporter sa contribution au processus d'intégration européenne. Cinq ans après la signature du traité de Maastricht, la conférence intergouvernementale (CIG) prit son départ comme convenu. Elle devait notamment adapter les institutions de l'Union à l'élargissement. Car le cadre de l'Union datait de l'Europe des Six alors qu'elle comptait maintenant quinze États membres, sans compter de nombreux candidats en Europe centrale ou orientale. La CIG, créée en 1996, fut inaugurée au Conseil européen d'Amsterdam des 16 et 17 juin 1997.

Au contraire de l'Acte unique et de Maastricht, je n'ai plus été directement impliqué dans la préparation du nouveau traité. Mais j'en avais suivi le développement pas à pas. Comme chef de groupe au Parlement, j'avais régulièrement l'occasion, en session plénière, d'exposer mes points de vue sur les progrès du processus d'intégration. Au sein du PPE, en plus du travail journalier des organes du parti, nous avons consacré au nouveau traité le congrès de Madrid des 5, 6 et 7 novembre 1995. C'est l'Allemand Hans-Gert Pöttering, vice-président du groupe, qui avait rédigé le document soumis au congrès. Comme président du PPE, j'avais à diriger les sommets du parti destinés à préparer les Conseils européens, en particulier sur le développement institutionnel, sur l'élargissement de l'Union et sur l'introduction progressive de l'euro. Ce dernier suscitait un grand espoir car c'était une des retombées de Maastricht à laquelle j'avais personnellement œuvré ; une mesure concrète qui devait réellement influencer la vie quotidienne dans l'Union. Grâce à l'euro, l'Europe devenait palpable dans les mains des citoyens.

Pour la première fois, Amsterdam avait inscrit l'emploi en tête de l'agenda politique. Ainsi, la Charte sociale, à laquelle les Britanniques avaient opposé leur veto au moment de Maastricht, était maintenant intégrée dans le nouveau traité. Bien que l'emploi soit avant tout une matière intergouvernementale, nous avons consacré à cette question notre congrès des 9, 10 et 11 novembre 1997 à Toulouse, port d'attache du président de l'UDF, François Bayrou. Quelques jours plus tard, le Conseil européen spécial de Luxembourg allait se pencher pour la première fois sur la politique à mener pour contrer le chômage élevé. L'économie sociale de marché formait l'une de nos options de base mais avait été peu approfondie jusque-là. Ce que nous avons essayé de formuler alors préfigurait en quelque sorte l'agenda de Lisbonne. Mais l'élargissement figurait aussi à notre ordre du jour, puisqu'une décision devait être prise début décembre.

Le document du congrès connut un accouchement difficile. Il n'était vraiment pas facile de forger un consensus du PPE à partir d'objectifs divergents inspirés de considérations nationales. Les recettes néo-libérales proposées par les Scandinaves étaient à l'opposé des principes des chrétiens-démocrates venus d'Europe occidentale. S'y ajoutèrent les questions soulevées par le calendrier de l'élargissement et le nombre des États candidats. Finalement, un accord fut tout de même trouvé sur une résolution du congrès préparée par Pöttering et intitulée *We are all part of one world.* Une fois de plus, le PPE démontrait que sa force était sa capacité à ne pas évacuer les divergences mais à les soumettre à une discussion interne pour aboutir à un programme commun.

Notre pilier italien s'écroule

Pendant des années, la *Democrazia Cristiana* fut un des piliers du PPE. Les chrétiens-démocrates italiens figuraient parmi les fondateurs du parti, formaient la deuxième délégation en importance de notre groupe et ses dirigeants avaient traditionnellement joué un rôle d'avant-plan dans l'intégration européenne. Au début des années nonante, au plan national puis au plan européen, les chrétiens-démocrates italiens perdirent leur influence électorale et leur puissance politique. Le scandale du *Tagentopoli* mit fin à un régime particratique qui se caractérisait par les dissensions internes entre fractions, l'immobilisme et l'instabilité gouvernementale. Les chrétiens-démocrates italiens eurent coup sur coup à subir plusieurs défaites électorales et leurs dirigeants furent arrêtés l'un après l'autre ; la fin semblait donc proche. Plusieurs mandataires avaient déjà quitté le navire en perdition pour rejoindre d'autres partis ou lancer de nouveaux mouvements politiques.

Il y eut pourtant des tentatives pour arrêter la désintégration et regrouper les chrétiens-démocrates italiens. Avec Kohl, j'avais été invité comme orateur à un congrès tenu à Rome du 27 au 29 juillet 1994 ; Rocco Buttiglione y fut élu secrétaire général. Au dîner de la veille, Buttiglione – qui était plus un académique qu'un politique – me demanda ce qu'il fallait pour être un bon chef de parti. Je lui répondis : « Vous devez vous tenir à la disposition du parti 24 heures sur 24. Un bon chef de parti doit être un homme de consensus, s'élever au-dessus des courants et fractions, s'informer en permanence de la situation politique et veiller à la formation des mandataires et à l'organisation du parti. » Mais Buttiglione n'avait rien d'un homme de consensus. La démocratie-chrétienne italienne poursuivit sa désintégration.

Pendant des décennies, elle avait occupé le centre de l'échiquier politique, mais l'instauration progressive d'un système électoral majoritaire lui fut néfaste. Il s'ensuivit une scission entre un centre-gauche et un centre-droit. Comme successeur direct de la *Democrazia Cristiana*, le *Partito Populare Italiano* (PPI) naquit au début de 1994, à l'image du parti populaire que don Luigi Sturzo avait lancé avant la guerre. Le PPI regroupait largement les chrétiens-démocrates orientés à gauche, tandis que l'aile droite se retrouvait dans le *Centro Cristiano Democratico* (CCD).

Dans un premier temps, le PPE avait évité de choisir entre l'un ou l'autre et soutenait toute tentative qui pouvait conduire à une renaissance des chrétiens-démocrates italiens. Paradoxalement, leur rapport au PPE éloigna encore les partis l'un de l'autre. Comme la tension menaçait de grimper encore, notamment à cause des actions en justice entreprises, le PPE força les deux parties à conclure un accord sous peine d'exclusion. Ce qui fut fait, en marge du sommet du PPE qui eut lieu le 25 juin 1995 à Cannes.

Et voici Berlusconi

Tout cela montrait dans quelle impasse se trouvaient les chrétiens-démocrates d'Italie. Le résultat des élections européennes de 1994 fut une catastrophe: les chrétiens-démocrates italiens tombèrent de vingt-six sièges à onze. Une perte des deux tiers! À ce moment déjà, certains plaidèrent pour admettre les élus de *Forza Italia* dans le groupe parlementaire du PPE. Le gros de l'électorat chrétien-démocrate avait voté pour le nouveau mouvement politique de Silvio Berlusconi. Ce dernier ne manquait pas de souligner que son mouvement avait ses racines notamment dans la tradition chrétienne-démocrate italienne.

Mais de part et d'autre, bien des choses restaient à décanter. C'est surtout la personne de Berlusconi qui constituait l'obstacle, en Italie aussi. Et personne dans le groupe – certainement pas parmi les Italiens – n'était prêt à faciliter un rapide rapprochement. Il n'était pas question de laisser tomber les chrétiens-démocrates italiens, avec qui la collaboration européenne avait toujours été excellente, pour une formation politique qui, non seulement soulevait toutes sortes de questions dans les milieux politiques d'Europe occidentale, les médias et l'opinion publique, mais de plus n'existait que depuis quelques mois et n'avait provisoirement remporté que les élections législatives et européennes. Personnellement, je n'avais pas l'intention de chercher tout de suite un rapprochement avec *Forza Italia* et, d'une certaine manière, mon attitude est restée inchangée pendant des années[1]. Pourtant, Berlusconi cherchait à entrer en contact avec le PPE. C'est ainsi que je l'ai rencontré pour la première fois en juillet 1994. Mais comme la question était des plus sensibles, il fallait agir avec grande prudence. C'est pourquoi j'ai pris, seul, l'avion pour une entrevue privée dans sa maison de Milan. Ce fut une rencontre bon enfant où nous avons déjà parlé de la perspective de voir *Forza Italia* se joindre à notre famille politique. Provisoirement, les choses en restèrent là.

En Italie, le système des partis politiques restait excessivement instable. Le centre était particulièrement volatil. Ainsi, en vue des élections législatives anticipées d'avril 1996, le PPI s'était joint aux *Democratici* de Romano Prodi, tandis que les chrétiens-démocrates du CCD s'alliaient à

1 C'est dans la même optique qu'il faut comprendre l'attitude de Kohl qui, au sommet du PPE du 24 juin 1994, tout de suite après les élections européennes, s'était prononcé contre l'admission de *Forza Italia*. Le fait que Berlusconi avait formé une coalition avec des «séparatistes» et des «fascistes» jouait aussi. Seul Aznar s'était montré ouvert.

Forza Italia et que d'autres, les *Cristiano Democratici Uniti*, s'adressaient séparément aux électeurs. Au Parlement européen, nous avons de préférence travaillé avec la délégation du PPI, conduite par Pierluigi Castagnetti. Il restait fidèle à la meilleure tradition d'engagement européen des chrétiens-démocrates italiens. Mais il y avait peu d'espoir de voir le PPI devenir un parti du centre stable et fort, ce qui fit croître un malaise, du côté allemand en tout cas: celui de constater que seuls les chrétiens-démocrates de gauche avaient leur place au PPE.

Au début, les élus européens de *Forza Italia* avaient formé leur propre groupe: *Forza Europa*. Dès 1995, il conclut une alliance avec le Rassemblement des démocrates européens (les néo-gaullistes français) et avec le *Fianna Fail* irlandais. Ils formaient l'«Union pour l'Europe» décrite comme de droite, nationaliste et eurocritique. Mais *Forza Italia* continuait à souhaiter une collaboration plus étroite avec le groupe du PPE. À partir de la mi-1997, une rencontre formelle fut organisée tous les mois – dans la semaine de la session plénière à Strasbourg – entre le chef de délégation Claudio Azzolini et le vice-président du groupe PPE Hans-Gert Pöttering, le parlementaire européen espagnol Gerardo Galeote et le chef de la délégation PPI Castagnetti. Mais au niveau des structures, cela n'aboutit à rien.

Forza Italia malgré tout

Il y eut un changement radical à la fin de 1997. Le vendredi de la session plénière de Strasbourg, je lus par hasard dans un journal local qu'un nouveau parti européen allait être fondé par *Forza Italia* avec les néo-gaullistes du RPR. Un choc pour Pöttering, assis à mes côtés, et moi-même. La création d'une nouvelle formation sur notre droite représentait une réelle menace pour l'avenir du PPE. Car il ne fallait pas sous-estimer le pouvoir d'attraction de la nouvelle formation sur nos partis membres présents et futurs. Cela risquait en outre d'anéantir les efforts du PPE pour s'élargir à des partis d'une sensibilité proche de la nôtre. Plus que quiconque, Kohl s'inquiétait d'un scénario qui verrait le PPE se diviser entre une aile gauche et une aile droite. Vous avez beau avoir le meilleur des programmes, sans le poids du nombre, vous ne réalisez rien.

Le projet existait bel et bien, à en juger par la conférence de presse commune tenue le 18 décembre 1997 par Berlusconi et le président du RPR, Philippe Séguin, pour annoncer la création du parti «Union pour l'Europe». Il était évident que le PPE devait passer à la contre-offensive.

Il fallait d'abord établir une relation durable avec *Forza Italia*. Après cela, une alliance avec les néo-gaullistes devrait sensiblement renforcer notre représentation en France.

Rencontre au bungalow

Quand la création formelle du nouveau parti fut annoncée pour le printemps de 1998, les choses se précipitèrent. Kohl prit l'initiative et, le 24 mars, réunit tous les protagonistes importants dans son bungalow situé au bord du Rhin à Bonn : les Premiers ministres Aznar, Dehaene et Jean-Claude Juncker, l'ex-Premier ministre suédois Bildt, le ministre des Finances et président de la CSU Theo Waigel, le vice-président du PPE et chef de la CDU en Schleswig-Holstein Ottfried Hennig et moi-même. Klaus Welle, qui était déjà secrétaire général du PPE, avait préparé une note qui fut amendée. Sur place, je formulai oralement un nouveau texte, notamment parce que Welle ne pouvait pas directement participer à ce sommet. J'ai par la suite couché sur papier les conclusions de la rencontre et reçu l'approbation de chacun des participants. Le but était de mettre sur pied une stratégie pour renforcer structurellement le PPE. C'est pourquoi il fallait nécessairement que *Forza Italia* et le RPR puissent accéder à notre famille. Il fallait aussi – à terme – réaliser la fusion entre le PPE et l'UDE (Union démocratique européenne) et, pour nous doter d'une organisation plus réactive, élargir les sommets du PPE.

Après des années de vaines discussions, cette rencontre créait des conditions nouvelles et des ouvertures qui me donnaient enfin l'occasion de permettre au parti de vivre sa croissance naturelle. Après l'implosion de la *Democratia Cristiana*, il fallait combler le vide politique en Italie ; il n'y avait qu'un réel candidat pour y parvenir : *Forza Italia*.

En France, les néo-gaullistes s'étaient, sous l'impulsion du chef du parti Alain Juppé et avec le soutien du président Jacques Chirac, débarrassés des eurosceptiques et étaient sur le point de nous rejoindre. Au retour de ce conseil au sommet, je me sentais un homme heureux, mais je ne savais pas encore quels dieux avides de vengeance entraîneraient ensuite ma chute. Ceux qui ne voulaient pas abandonner les vieilles structures de l'UDE étaient moins heureux. Après les nettes déclarations de Kohl, il était évident que cette organisation devait être intégrée au PPE, de gré ou de force. Cela allait encore prendre quelques années, car des intérêts personnels ou la force d'inertie des positions acquises contribuèrent à freiner le processus de réforme mais sans, finalement, pouvoir l'empêcher.

Les conclusions des « conversations au bungalow » ont été d'une telle importance pour le développement ultérieur du PPE que j'en reproduis ci-dessous la version intégrale. À l'époque, elles n'étaient pas destinées à des tiers mais comme leurs objectifs ont presque entièrement été réalisés, leur caractère confidentiel est aujourd'hui dépassé.

1 Nous avons besoin d'un PPE qui, sur la base de ses principes fondateurs, soit ouvert à l'adhésion de nouveaux partis et à la collaboration, dans le cadre du groupe PPE, avec des parlementaires ayant des idées proches des nôtres. Ces principes fondateurs sont une vision chrétienne de l'homme, une doctrine européenne (l'Europe « communautaire » et le principe de subsidiarité) ainsi que l'économie sociale de marché.

2 Après son extension des dernières années, le PPE est devenu un vaste mouvement politique de partis populaires d'origine géographique, historique et culturelle diversifiée. Nous ne sommes plus seulement des chrétiens-démocrates (chrétiens- sociaux) mais aussi des conservateurs et des centristes-libéraux.

3 Le PPE doit rester la force décisive. Si nous maintenons la formation telle qu'elle se présente aujourd'hui, nous n'aurons pas de majorité. Nous devons envisager de nouvelles adhésions. En outre, un parti européen ne peut plus limiter ses membres à des partis de l'Union européenne. C'est pourquoi nous devons accepter dans le PPE les partis frères des pays d'Europe centrale et orientale candidats à l'Union.

4 Si le parti « Union pour l'Europe » voit le jour, cela pourrait avoir de grandes conséquences et représenter un énorme risque. Nous sommes tous d'accord pour l'éviter.

5 Pour prévenir la création d'un parti UPE, nous pouvons à court terme prendre une série d'initiatives importantes :

a) poursuivre et renforcer la collaboration avec les europarlementaires conservateurs britanniques ;
b) convaincre le RPR d'appliquer leur accord de 1994, c'est-à-dire de faire entrer leurs europarlementaires dans le groupe PPE (ou y être apparentés). À la demande du RPR, il faudra rendre possible son adhésion comme parti membre du PPE ;
c) encourager la formation en Italie d'un Parti du centre pour garder avec nous les anciens électeurs de la DC. Si les europarlementaires de *Forza Italia* sont – en délégation nationale ou à titre individuel – disposés à entrer dans le groupe PPE, le groupe devra en décider à la majorité ;
d) aux sommets du PPE, inviter aussi les leaders de l'opposition appartenant à des partis membres du PPE et à des partis qui collaborent avec le PPE. De

cette manière, se forgent des liens politiques et personnels qui peuvent contrer le risque de susciter un parti européen concurrent.

6 Le sommet du PPE doit se réunir plus souvent et de diverses manières. Pour la préparation concrète du Conseil européen, il faut garder la formule actuelle d'un cercle restreint. Dans toutes les autres circonstances, les dirigeants qui sont dans l'opposition peuvent participer aux délibérations.

7 Nous sommes tous d'avis qu'il faut dissoudre l'UDE et la ramener au sein du PPE. Avant la fin de 1998, tous les partis auxquels appartiennent les participants vont quitter l'UDE. Il est important de respecter un calendrier précis.

En avant

Le nœud fut définitivement tranché début mai. Berlusconi ne fut pas présent lors du lancement officiel du parti « Union pour l'Europe » le 7 mai à Dublin. En délégation officielle – à laquelle appartenaient aussi Pöttering comme vice-président et Mario David[1] comme secrétaire général – nous nous sommes envolés pour Milan. Un hélicoptère de Berlusconi nous attendait à l'aéroport pour nous conduire jusqu'à sa villa. Il nous fit part, sans fioritures, de son accord personnel et définitif. L'accord fut fixé sur des photos.

Le 9 juin, un vote à bulletins secrets eut lieu sur l'admission individuelle des élus de *Forza Europa* dans notre groupe du PPE. Cela donna aux opposants l'occasion d'une ultime mobilisation. Et quelle mobilisation! La résistance venait toujours du PPI et du Benelux. Au début, les opposants s'étaient absentés, espérant que le quorum requis ne serait pas atteint à chaque vote sur l'adhésion individuelle de chaque europarlementaire de *Forza Europa*. Lorsqu'il apparut qu'un nombre suffisant participait au scrutin, ils regagnèrent la salle pour prendre part au vote dans l'espoir qu'il n'y aurait pas de majorité simple. À ma grande colère, le Néerlandais Jan Westenbroek, un collaborateur du groupe directement mêlé aux opérations de vote, tenait tout cela à l'œil pour, en temps voulu, donner aux opposants le signal de venir voter. Mais cette stratégie aussi fit long feu. Sur un total de 136 parlementaires de notre groupe votants, il y eut en moyenne 95 pour, 35 contre, plus quelques abstentions ou votes nuls. C'est donc sur la base d'une nette majorité que vingt parlementaires de *Forza Italia* furent admis.

1 Le Portugais Mario David fut secrétaire général du groupe de 1997 à 1998, succédant à l'Allemand H.-G. Guckenberger (1991-1999). Avant cela, il avait été secrétaire général du groupe libéral. Sa nomination avait été un geste fort après l'adhésion des élus du PSD dans laquelle il avait joué un rôle important.

Cette adhésion avait suscité pas mal de remous mais, dans notre groupe, la situation se normalisa relativement vite. En un minimum de temps, les élus de *Forza Italia* se montrèrent très constructifs ; les critiques s'apaisèrent et on vit s'établir d'excellentes relations professionnelles. En interne, il n'y eut jamais de problème dans le groupe. Mais le monde extérieur continuait – à tort – à assimiler *Forza Italia* à Berlusconi. La Belgique lui faisait une très mauvaise réputation, surtout dans les milieux progressistes et les médias francophones, notamment sous l'influence des Italiens vivant ou travaillant dans notre pays. Ils avaient en quelque sorte transposé en Belgique leurs luttes politiques nationales. Cela reste d'ailleurs vrai aujourd'hui. Dans les médias belges, on n'entend et on ne lit rien sur les réalisations du gouvernement Berlusconi, ni sur sa relative stabilité, alors qu'il a été le premier, de mémoire d'homme, à tenir une législature complète de cinq ans.

Rupture avec Prodi

L'adhésion de *Forza Italia* au groupe PPE ne resta pas sans suites. Comme le PPE s'augmentait de vingt parlementaires, l'écart avec le groupe socialiste se réduisait à quinze unités, au grand dam du chef du groupe Pauline Green et du chef de la délégation belge Freddy Willockx. Les rapports internes en furent profondément bouleversés dans la délégation italienne. Le PPI avait cessé d'être la délégation la plus importante et ses adversaires d'hier – les chrétiens-démocrates de droite – formaient maintenant un front uni avec les représentants de *Forza Italia*. De plus, les deux partis se combattaient au plan national.

Je n'étais pas partisan de transposer la politique nationale au niveau européen, mais Romano Prodi mettait le PPE au pied du mur. Comme Premier ministre (1996-1998), il était déjà l'adversaire politique de Berlusconi. Professeur, technocrate et catholique pratiquant, Prodi avait toujours été idéologiquement proche des chrétiens-démocrates. Il s'appuyait sur le PPI mais sans y être affilié. Très logiquement, il s'était donc manifesté auprès des troupes du PPE lorsqu'il devint Premier ministre d'Italie. Ce fut d'abord le cas le 10 juillet 1996 à Luxembourg. Il était alors président du Conseil européen. Il avait mérité notre estime car, à la tête du gouvernement, il avait réussi à remettre de l'ordre dans la maison Italie et à préparer son pays à l'UEM (l'Union économique et monétaire). Aux manifestations du PPE, il était le bienvenu, par exemple à notre congrès de Toulouse en novembre 1997.

Quand, en juin 1998, le groupe PPE opta résolument pour un rapprochement avec *Forza Italia*, Prodi claqua la porte. Il refusa d'assister au sommet du PPE à Cardiff le 14 juin et suspendit toutes ses participations jusqu'à ce que le PPE mette un terme à ses relations avec Berlusconi. Malgré sa position de Premier ministre, il ne craignait pas un langage peu diplomatique et choisit l'attaque frontale. Personnellement, j'ai regretté sa vive réaction et tenté de calmer le jeu du côté du PPE, mais il m'était impossible de rencontrer ses souhaits [1]. J'ai essayé de lui expliquer que tout cela me touchait aussi personnellement, mais que l'action politique demandait de la fermeté et de la suite dans les idées: « J'ai l'intention très ferme de maintenir mon attitude personnelle dans cette voie, même si cela peut parfois me mettre dans une position difficile vis-à-vis de mes amis les plus proches. On n'aboutira à rien tant qu'il faudra l'unanimité qui n'engendre que le consensus flou. »

Le sommet du PPE à Cardiff confirma mon analyse et souligna, en outre, que tant que Prodi était notre invité, Berlusconi ne serait pas le bienvenu. Prodi continua pourtant à jouer la chaise vide. Ses relations avec le PPE ne se normalisèrent plus jamais.

Prodi était persuadé que Kohl avait joué un rôle décisif dans l'admission des parlementaires de *Forza Italia*. Pendant un entretien téléphonique tendu entre nous, il me dit gravement: « Si Helmut Kohl le veut, il en sera ainsi. » C'était totalement oublier que Kohl aussi avait des doutes et ne voulait en rien peser sur la décision du groupe PPE. Durant son vol vers le sommet de Cardiff, il y avait encore eu une vive discussion entre Kohl et ses collaborateurs et le chancelier leur avait fait part de ses doutes sur l'opportunité de la décision du groupe PPE. Une étroite amitié était née entre lui et Prodi et il ne souhaitait certainement pas le laisser tomber. Mais au sommet du PPE de Cardiff, le consensus était tel qu'il n'avait plus hésité à soutenir pleinement l'adhésion en question.

Le groupe d'Athènes

Comme, au Parlement, la collaboration avec *Forza Italia* s'était bien passée, l'opposition venue du PPI et du Benelux se porta vers les partis nationaux. Preuve de plus que l'objectif principal était de se profiler par

---

1 Ma réponse du 11 juin 1998: « Je regrette – et je ne comprends toujours pas – pourquoi cette adhésion a provoqué tant de chaleur et d'antagonismes, alors que les élus de *Forza Italia* siègent déjà dans les groupes PPE au Conseil de l'Europe, à l'Assemblée de l'UEO et au Comité des régions sans susciter de telles passions. »

rapport à sa base. Le 23 juin 1998 – trente-cinq ans jour pour jour après la création du groupe chrétien-démocrate à l'Assemblée de la Communauté – les présidents de plusieurs partis – le CVP, le PSC, le CDA, le PPI, *Fine Gael*, ainsi que les chrétiens-démocrates du Luxembourg, du Pays basque et de Catalogne – créèrent le Groupe d'Athènes, ainsi dénommé par référence au Programme d'Athènes adopté en 1992[1].

Le groupe était présidé par John Bruton, à l'époque Premier ministre d'Irlande (1994-1997) et vice-président du PPE. Ces présidents de parti voulaient, par leur initiative commune, peser sur le PPE et veiller à la sauvegarde des valeurs affirmées dans le programme de base d'Athènes. Ils semblaient craindre que les racines chrétiennes-démocrates ne soient en péril, alors qu'à chaque adhésion – y compris celle de *Forza Italia* – l'adhésion à ce programme était une exigence absolue. Mais leur activité s'est limitée à quatre rencontres au quartier général du CVP de l'époque, à l'invitation du président du parti, Marc Van Peel. À ma connaissance, cela a donné peu de résultats concrets.

Question de statut

Au sein du Parlement européen, les trois familles politiques traditionnelles – chrétiens-démocrates, socialistes et libéraux – ont un profil européen marqué. Elles sont favorables à un développement accru de l'Union européenne. Par contre, l'extrême gauche et l'extrême droite sont des alliées objectives dans leur opposition à une intégration plus poussée. Au cours de la législature 1994-1999, le centre gauche (socialistes, Verts et ex-communistes) disposait d'une majorité absolue, mais j'ai cherché à conclure des accords politiques avec ma collègue socialiste Pauline Green. Ce fut notamment le cas pour l'élection à la présidence du Parlement. Cela a permis d'élire deux excellents présidents : l'Allemand Klaus Hänsch puis l'Espagnol José María Gil-Robles.

Pour savoir quelle sorte de type j'étais – étant un nouveau venu au Parlement en 1994 – Green s'était informée chez Karel Van Miert, alors commissaire européen ! Cumuler les présidences du parti et du groupe était très inhabituel aux yeux des socialistes. Le travail avec Green se passa correctement et aisément. Elle était britannique mais pro européenne, bien qu'elle ait, bien plus que moi, exercé la politique en termes

1 Il s'agissait respectivement de Marc Van Peel, Philippe Maystadt, Hans Helgers, Franco Marini, John Bruton, Erna Hennicot-Schöpges, Xavier Arzalluz et Josep Duran i Leida.

de majorité-opposition (selon le modèle du parlementarisme anglo-saxon dit de Westminster). De par mon *background* belge, j'étais moi-même plus disposé à rechercher le consensus et à forger des coalitions. Notre collaboration était indispensable à un bon fonctionnement du Parlement, puisque seule une coalition de nos deux groupes permettait d'atteindre une large et stable majorité. J'ai souvent dû rappeler à mon groupe – il comptait aussi des « durs » qui imaginaient que l'on pouvait tout obtenir – que seul l'appui des socialistes nous permettait d'avoir une majorité. Depuis Maastricht, en effet, le Parlement est, en matière de législation, le partenaire à égalité du Conseil (des ministres) à condition que les amendements parlementaires soient adoptés à la majorité absolue (c'est ce que l'on appelle la procédure de codécision).

À mon grand regret, nous ne sommes pas toujours arrivés à corriger certaines lacunes du Parlement européen, comme l'absence d'un statut uniforme et d'une rémunération harmonisée des europarlementaires, ni à bannir des abus flagrants comme le fameux forfait non taxé pour les indemnités de déplacement. Les tentatives sérieuses de réglementation ont chaque fois été sabotées. Il y avait dans tous les groupes des partisans et des adversaires. La nationalité a joué un rôle décisif[1]. Seule une petite minorité était troublée par cette atteinte permanente à la réputation du Parlement (par ailleurs doté de compétences accrues) mais le gros des parlementaires ne s'en souciaient guère ou pas du tout. Est-ce pour cela que nous avions combattu à Maastricht ?

Bruxelles, encore

Comme membre du Parlement européen, je fus à nouveau confronté au problème de son siège. À la fin de mon dernier gouvernement – lors du Conseil des ministres du 14 novembre 1991 – je m'étais engagé à propos de terrains appartenant au patrimoine de la SNCB et qui pourraient être cédés à un prix de faveur au Parlement européen. Cela s'était déjà passé ainsi pour les bâtiments de la Commission et du Conseil. Il s'agissait, pour les Belges, de faire un geste, eux qui voulaient absolument attirer vers Bruxelles le siège du Parlement européen.

1 Un accord a été récemment conclu sur un statut uniforme, qui entrera en vigueur à partir des élections de 2009. Les Allemands se sont longtemps opposés à une réforme. Il a fallu pour qu'ils abandonnent leur résistance que la *Bild Zeitung* mène une campagne de plusieurs mois contre les abus. Ils ont définitivement changé d'avis quand ce journal populaire a publié à la une la photo des nonante-neuf parlementaires européens allemands.

Des journalistes et des groupes de pression en ont fait un amalgame et prétendu, à tort, que j'étais lié au consortium (baptisé « Espace Léopold ») qui s'était occupé des constructions et dans lequel Étienne Davignon, de la Société générale, et Hubert Detremmerie, de la Bacob, étaient actifs. Par ailleurs, on critiquait aussi l'absence d'un accord avec le Parlement européen. Il n'a été signé qu'en mai 1998. Le gouvernement Dehaene honorait ainsi ma propre promesse.

Dans une interview à *Knack*, le 14 décembre 1994, le parlementaire européen Thierry Jean-Pierre me reprocha néanmoins de ne pas avoir tenu mon engagement. C'est un comble que l'on m'ait reproché à moi l'absence à Bruxelles d'un bâtiment pour le Parlement! Jean-Pierre – comme par hasard dans cette affaire, un Français – fut le premier d'une longue série d'eurosceptiques à combattre le projet européen de l'intérieur... À cette époque, on m'a régulièrement interrogé, à la Conférence des Présidents, sur mon engagement comme Premier ministre à propos de ces terrains. Le résultat final est bien visible : un nouveau bâtiment du Parlement existe bel et bien (on continue d'ailleurs à l'agrandir) entre la gare du Luxembourg et le parc Léopold.

Une belle équipe

Ma collaboratrice personnelle a été Marianne Amssoms. Elle a fonctionné comme un chef de cabinet... mais sans cabinet. Elle a été mise à toutes les sauces et, malgré son jeune âge, elle s'est magnifiquement acquittée de sa lourde et délicate mission. Il y avait aussi des assistants parlementaires liés au groupe. Sur cent soixante, je pouvais vraiment faire appel à vingt d'entre eux; les autres étant surtout au service des (grandes) délégations nationales.

Dans l'effectif des collaborateurs du groupe, le Français Pascal Fontaine a été pour moi un véritable alter ego. Il était comme moi un vétéran de la vieille Europe, dans le bon sens du terme. Son père avait été un proche conseiller de Jean Monnet; lui-même en avait été le dernier assistant[1]. Nous partagions la même conception de l'avenir de l'Europe : la communauté d'esprit était parfaite. Il était le rédacteur idéal pour mes discours, notamment parce qu'il était, au sein du groupe, un des rares à bien

1 Dans son autobiographie, Monnet remercie François Fontaine « pour le concours qu'il lui a apporté avec la compréhension clairvoyante et la longue persévérance sans lesquelles rien n'est vraiment possible ». Jean Monnet, *Mémoires*, Éditions Fayard, Paris, 1976.

connaître les classiques du mouvement chrétien-démocrate. En effectuant la synthèse des sommets du PPE et des réunions du Présidium, il a joué un rôle important pour le développement du parti et du groupe. Grâce à ses longs états de service, il était en effet capable de mettre en perspective les événements marquants.

Le Britannique Edward Steen appartenait aussi au cercle restreint des collaborateurs travaillant tant pour le parti que pour le groupe. Comme la langue de travail de la politique européenne avait glissé du français vers l'anglais, il avait un rôle de plus en plus important comme traducteur et rédacteur de discours.

La vice-présidente Ria Oomen-Ruijten a été mon bras droit pour la direction du groupe parlementaire. Nous avons collaboré dans une étroite et excellente entente. Elle avait la charge de l'organisation interne du groupe (temps de parole, listes de vote, etc.)

J'ai moi-même investi beaucoup de temps et d'énergie à harmoniser les points de vue divers. Je me suis aussi particulièrement occupé du contenu de nos positions.

Dialogue orthodoxe

C'est ainsi que comme chef de groupe, j'ai lancé le dialogue avec l'Église orthodoxe. Cette initiative, qui est aujourd'hui devenue une rencontre annuelle, a débuté les 27 et 28 avril 1996. Une des caractéristiques de notre famille politique est en effet son pluralisme religieux. À l'époque, nous étions considérés comme le parti de Rome. Aujourd'hui, conséquence de l'élargissement, nous comptons dans nos rangs, non seulement des catholiques mais aussi des protestants, des orthodoxes, des anglicans et des juifs. L'Église orthodoxe est ouverte à un dialogue politique, en particulier avec le PPE. L'Église catholique a une tout autre attitude. Comme, en outre, le dialogue avec l'Église orthodoxe se déroulait à Istanbul – siège du patriarcat de Constantinople – l'intérêt a aussi grandi pour des relations avec l'Islam.

Comme chef de groupe, j'ai régulièrement pris la parole et rencontré d'innombrables personnalités. Notre groupe a été reçu au Vatican en mars 1997 pour une audience avec Jean-Paul II, à l'occasion du 40e anniversaire du traité de Rome. Le Pape était encore en bonne forme physique et nous lui avons exprimé notre conviction qu'après la chute du mur de Berlin, «l'heure des chrétiens-démocrates avait sonné». D'autres rencontres ou discussions avaient un tout autre caractère, comme avec l'acteur américain Richard Gere, venu chercher un soutien pour l'indépendance du Tibet.

J'ai eu l'honneur de me voir décerner, le 7 novembre 1995, la «médaille Robert Schuman» par notre groupe. Cette médaille est attribuée à des hommes politiques du PPE dont «la fermeté et la vision ont contribué à l'idée européenne». Parmi beaucoup d'autres distinctions, je me suis vu décerner, en 1998, le «prix Charles Quint» d'Espagne. L'Académie européenne de la fondation Yuste – du nom du monastère où Charles Quint a passé ses dernières années, est mort et est enterré – a voulu par là honorer mon engagement de plusieurs années pour l'intégration européenne. La princesse Elena m'a remis ce prix, lors d'une cérémonie au monastère de Yuste.

N'oublions pas l'Afrique

Au PPE, existait depuis des années une tradition de contacts étroits avec l'Afrique en matière de coopération au développement. Partant de cette base, ne pourrait-on pas déboucher éventuellement sur des alliances avec des partis politiques? Mon idée était de créer, à terme, une organisation régionale des chrétiens-démocrates africains à l'image de l'IDC (l'Internationale démocrate-chrétienne) qui regroupait des organisations d'Europe, d'Amérique latine et d'Asie.

Grâce au groupe, nous avions les moyens de le faire. Je recherchais en outre quelque chose pour Johan Van Hecke. Il avait été chargé du groupe de travail «Afrique» au PPE. Il s'était rendu en Afrique pour y diriger le «Dialogue de Windhoek». L'accent y était mis sur la formation d'une nouvelle génération d'hommes politiques. Van Hecke a atteint dans l'ensemble de fort bons résultats, mais son travail ne s'est pas poursuivi. En fait, ses efforts ont tourné court. Et ce n'est qu'en partie à cause de son départ prématuré du CVP. Par après, l'IDC a pris elle-même des initiatives. Une organisation régionale africaine a vu le jour, même si elle se compose surtout de partis musulmans d'Afrique du Nord.

Réélu partout

À la satisfaction des Allemands, et en particulier de Kohl, j'ai été, le 13 novembre 1996, réélu sans problème comme chef du groupe pour la deuxième moitié de la législature, comme j'avais déjà été réélu le 8 février à la présidence du parti. Cette reconnaissance avait une portée plus large. Je me souviens de Viviane Reding, europarlementaire luxembourgeoise et aujourd'hui commissaire européenne, qui trouvait qu'il ne «faut pas de vote puisque Martens a si bien travaillé. Une confirmation par applaudissements peut suffire.» Le député CSU Otto de Habsbourg, qui était loin d'être mon plus chaud supporter, rappela à juste titre que, selon les statuts, il fallait bien procéder à un vote, mais que cela n'occasionnerait «aucun problème». «Nous n'avons jamais eu un président pouvant présenter un tel bilan», expliqua-t-il.

Par contre, au congrès de Bruxelles des 5 et 6 février 1999, ma réélection pour un troisième mandat de président du PPE se passa dans une tout autre ambiance. C'est là, en réalité, que j'ai reçu la monnaie de ma pièce pour l'adhésion de *Forza Italia*. Pour la première fois, le président et les membres du Présidium devaient être élus par le congrès. Mais toute l'affaire avait été mal organisée. Le *timing* des opérations de vote avait notamment empêché bon nombre de congressistes de participer au scrutin. Les adversaires de l'élargissement du PPE s'étaient par contre mobilisés. Il s'agissait des partis du Benelux, de l'UDF, du PPI et de l'Union européenne des travailleurs chrétiens-démocrates dirigée par Miet Smet qui en était alors la présidente: 190 élus ont voté pour moi, 62 contre et il y eut 21 abstentions.

Ce congrès, qui inaugurait la campagne pour les élections européennes de 1999, approuva le manifeste électoral *On the way to the 21th Century* et le programme d'action 1999-2004. Dans mon exposé de clôture, j'ai parlé du pluralisme religieux régnant dans notre famille politique et, sur l'affaire *Forza Italia*, je suis resté dans ma ligne.

Bataille perdue pour Santer

Lors de la crise de l'ESB (dite «de la vache folle»), le Parlement européen a, pour la première fois, montré les dents. Avec les résultats d'analyse et des arguments sérieux, il poussa la Commission à agir. L'élu du PPE Reimer Böge – un de nos meilleurs parlementaires – sonna la charge à la commission du budget.

Le Parlement montra aussi sa détermination en refusant son quitus aux comptes de 1996 et en rejetant le budget de 1998. Cela se passa sous la pression de la découverte des pratiques douteuses dénoncées par le Néerlandais Paul van Buitenen, fonctionnaire européen au contrôle des finances. Ce qui auparavant n'était qu'une procédure technique devenait maintenant un enjeu politique. S'y ajoutèrent des rumeurs sur toutes sortes d'irrégularités commises par des fonctionnaires de l'Union, jusque dans les plus hautes sphères de la Commission. Le groupe socialiste opta pour la fuite en avant et introduisit une motion de méfiance contre toute la Commission Santer. Il s'agissait apparemment d'éviter tout débat interne sur le comportement des commissaires – socialistes en l'occurrence.

À la session parlementaire du 14 janvier, la motion de méfiance fut rejetée de justesse – par 293 votes contre 232 – après que Santer eut annoncé la création d'un comité spécial d'experts indépendants chargé d'enquêter sur les accusations de fraude, de népotisme et d'abus. Le professeur louvaniste Walter Van Gerven faisait partie du comité. Le 15 mars, le rapport du « groupe des sages » était rendu public et les membres de la Commission Santer donnèrent collectivement leur démission. Deux alinéas des conclusions leur donnaient le coup de grâce. La mort politique de la Commission était inscrite à la dernière page du rapport qui en comptait cent trente-cinq : « Il est difficile de trouver encore (à la Commission européenne) quelqu'un qui témoigne du sens des responsabilités. »

Comme elle craignait qu'une motion de censure ne trouve une majorité, la Commission prit elle-même l'initiative de démissionner. Sa chute donna lieu à des surenchères entre les divers groupes. Le groupe PPE exigea le départ d'Édith Cresson, ancienne Premier ministre française, et de l'Espagnol Manuel Marin, qui avait pourtant été un bon commissaire. J'ai fait tout mon possible pour sauver Santer et sa Commission. En vain. Ce fut une bien pénible période !

Durant tout le parcours de la Commission Santer, la différence de style entre Green et moi se manifesta très nettement. Tandis que j'étais à la recherche d'un compromis avec la Commission et donc en faveur de négociations, Green voulait absolument des « décisions nettes ». Elle n'était nullement portée aux compromis. Dans le naufrage de la Commission, elle a pu sauver la face et, en bonne partie, éviter le blâme pour sa famille politique, alors pourtant que trois socialistes – Cresson, Marin et le Finlandais Erkki Liikanen – étaient sur l'échafaud.

Prodi : du pour et du contre

La démission de la Commission Santer figurait en tête de l'agenda au Conseil européen des 24 et 25 mars 1999 à Berlin. Pendant ce Conseil, eurent lieu les premiers bombardements de l'Otan sur des objectifs serbes en réponse à la guerre au Kosovo ; par ailleurs, on devait se mettre d'accord sur « l'Agenda 2000 » (le budget pluriannuel 2000-2006). Ce dernier point représentait un enjeu délicat, comme c'est de plus en plus le cas avec les budgets européens. Comme président du Conseil européen, le chancelier Gerhard Schröder avait besoin d'un succès dès le début du sommet. Il présenta donc la candidature de Prodi pour succéder à Santer, prenant ainsi tout le monde de vitesse.

Le 23 mars, lors de notre sommet PPE préparatoire, j'avais encore demandé à nos Premiers ministres s'ils étaient convaincus que Prodi ferait un bon président de la Commission. Dehaene m'avait répondu: «Qui dit qu'il va être désigné maintenant?» Le ministre-président des Pays-Bas, Wim Kok, s'était trompé lui aussi. Il était très intéressé par la présidence mais ne pouvait pas l'accepter car il venait d'être réélu à la tête de son pays. Il avait besoin d'une sorte de mise en scène au cours de laquelle les chefs de gouvernement seraient venus le supplier d'accepter la présidence, ce qui lui aurait alors servi d'excuse vis-à-vis de l'opinion publique néerlandaise. Mais voilà que Schröder brandissait Prodi, ancien Premier ministre italien et ancienne connaissance du PPE. Le chancelier marqua le point: rapidement, Prodi fut proposé comme nouveau président par le Conseil européen unanime et, le 5 mai, confirmé dans cette fonction par une large majorité au Parlement européen.

La suite a prouvé que la question que j'avais posée aux chefs de gouvernement lors du sommet du PPE à Berlin était bien une question pertinente. Dans son livre *De Europese onmacht*, Ben van der Velden donne une image peu flatteuse de Prodi[1]. Il s'est notamment basé sur des déclarations confidentielles d'hommes politiques de haut niveau. Ainsi Dehaene a déclaré: «Le drame avec Prodi, ce n'est pas seulement qu'il communique mal avec la presse, mais qu'il ne sait pas non plus communiquer au Conseil européen. Si, au Conseil, vous ne connaissez pas vos dossiers, vous êtes perdu. Vous êtes seul au dîner avec les chefs de gouvernement, sans l'aide d'aucun fonctionnaire. Quand l'ancien président de la Commission Delors prenait la parole, tout le monde se taisait. Son successeur Santer s'en tenait à l'une ou l'autre observation technique. Prodi aurait pu jouer un rôle particulier, surtout à cause de la faiblesse des chefs de gouvernements européens réunis à la même table. Mais cela ne lui a pas réussi.» Juncker aussi s'est montré critique: «Prodi est un problème. Il réussit à amuser les autres. Il a de grandes qualités humaines. Mais il parle parfois de dossiers qu'il ne connaît pas. Il connaît mal le français. Il ne parle pas allemand. Et son anglais n'est accessible qu'aux initiés.» Quant à Aznar, il me confiait, quelques mois à peine après l'entrée en fonction de Prodi, que chez l'ancien Premier ministre italien «c'était le chaos total»...

1 Van der Velden Ben, *De Europese onmacht. Scènes uit de achterkamers*, Meulenhoff, Amsterdam, 2005, p. 15.

Chapitre XXVIII

UNE BASSE MANŒUVRE

J'ai été confronté, au début de 1999, à une basse manœuvre lors de la composition de la liste CVP pour les élections européennes du 13 juin qui, dans notre pays, coïncidaient avec le scrutin législatif et régional.

Le 21 septembre 1998 déjà, la *Gazet van Antwerpen* avait écrit que ce ne serait plus moi, mais bien la ministre Miet Smet, qui conduirait la liste. Le président du CVP, à l'époque Mark Van Peel, avait cependant démenti cette rumeur et un communiqué officiel du parti l'avait dénoncée comme une pure spéculation. Le jour même Van Peel m'avait d'ailleurs assuré, au téléphone, que rien n'était encore décidé. Il devait encore entamer une série de consultations et me contacterait ensuite. Je ne pouvais pas croire à cette rumeur. Après ma première élection comme parlementaire européen, avec plus de 180000 voix de préférence, mon palmarès européen n'avait tout de même rien de banal.

À la réception de Nouvel An du CVP, le 12 janvier 1999, les conversations avaient porté sur la composition de la liste européenne. Retenu à Strasbourg par mes obligations de chef du groupe PPE, je n'étais pas présent au Concert Noble. Mais un de mes collaborateurs y était et avait entendu deux avis totalement contradictoires.

Un flirt coûteux

Dans les cercles dirigeants du parti, on disait: «Wilfried Martens devrait être content d'être encore dans le coup. Après toutes ses critiques contre le parti, son flirt avec Berlusconi et sa vie privée, nous aurions très bien pu lui refuser toute place. Si Miet Smet est candidate, elle doit, comme ministre en fonction, occuper la tête de liste. Elle a pour elle tout le soutien de l'ACW et même du groupe, dit conservateur, autour des frères Van Rompuy.» Un observateur lucide du CVP avait confié à mon collaborateur qu'on ne trouverait pas dix voix à la direction du parti pour m'accorder la tête de liste, à moins que le trio Van Peel-Dehaene-Van Rompuy ne mette toute la pression, « mais aucun des trois n'est prêt à aller jusque-là pour Wilfried ».

Dans le cercle d'anciens responsables, mon collaborateur avait perçu un tout autre son de cloche : « Le CVP doit être heureux que Martens veuille encore y aller. Après la démission de Willy Claes comme secrétaire général de l'Otan, c'est Martens qui occupe maintenant le poste international le plus important. Il préside le groupe parlementaire du PPE. Il a un lien direct avec le chancelier Kohl, est un ami du Premier ministre espagnol Aznar et est généralement considéré comme le futur président du Parlement européen. »

Beaucoup tenaient pour acquis que trois places étaient déjà attribuées. La première serait réservée à Miet Smet, la deuxième serait pour moi et Johan van Hecke recevrait la quatrième. La troisième irait évidemment à Marianne Thyssen.

C'est le 28 janvier, soit quatre semaines seulement avant la décision à prendre par la direction du parti, que j'ai eu la première conversation sérieuse avec Mark Van Peel au sujet de la future liste. Il m'a répété jusqu'à huit fois que je devais accepter la deuxième place et qu'il n'y avait pas d'autre solution. Il n'avait pas d'alternative à me proposer et a cherché à me convaincre. Il s'est donc montré correct.

Demi-vérités et ragots

Dans ce climat d'incertitude, toutes sortes de rumeurs ou de fables circulaient tandis que mes collaborateurs, comme mon entourage, étaient assiégés par les journalistes. Paul Goossens, dans *Knack*, a très bien rendu la teneur d'un de ces entretiens *off the record* : « En plus, il (Van Peel) risque de provoquer d'énormes dégâts internes et de réveiller les démons des années quatre-vingt. Compte tenu de ses états de service européen, Martens est moins que jamais disposé à subir un tel affront et va se défendre avec bec et ongles. D'autant qu'il est absolument persuadé qu'il s'agit là d'une basse manœuvre doublée d'une fameuse dose d'hypocrisie[1]. » Dans *De Standaard* du 5 février 1999 et dans *Humo* le 16 février, j'ai clairement annoncé que je n'accepterais que la première place sur la liste.

1 *Knack*, 3 février 1999.

J'ai pris connaissance d'une vague de rumeurs, dans lesquelles la lutte politique pour la première place se réduisait à « une histoire de femmes ». J'aurais eu, avec Miet Smet, une liaison qui aurait connu une fin pénible. Et elle-même aurait très mal accepté mon deuxième mariage et ma nouvelle paternité. Au CVP, des individus cyniques – et je renvoie ici au sens premier du mot qui vient de *kunikos*, chien en grec – auraient manigancé une perfide manœuvre consistant d'abord à m'humilier par une deuxième place derrière une ancienne amie et ensuite à nuire à mon ménage ; on pouvait supposer, en effet, que ma jeune épouse n'apprécierait pas de me voir passer une semaine par mois à Strasbourg avec Miet Smet. Certains ajoutaient même que je détenais des lettres de Miet Smet compromettantes pour certains gros bonnets du CVP et que je les rendrais publiques si on ne m'accordait pas la première place.

Tant que ces rumeurs – un mélange de demi-vérités et de ragots – restaient en vase clos, je ne pouvais ni ne souhaitais réagir. Mais, rue de la Loi, on avait entrepris une véritable opération de démolition, à en juger par toutes sortes d'articles de presse dont j'avais aisément pu identifier les inspirateurs. Après la naissance de mes jumelles, le journaliste Luc Van der Kelen avait déjà relevé cette remarque d'une éminence du CVP : « Il aura beaucoup de mal à se faire admettre comme tête de liste pour l'Europe. Beaucoup de militants ne pourront pas encore l'accepter[1]. » C'est une petite phrase de Paul Goossens dans *Knack* qui m'a le plus atteint : « Le Premier (Dehaene) essaye de ridiculiser les choses auprès des journalistes qui cherchent à contacter Martens. Tant de mesquinerie chez un si grand politique, cela pose question[2]. »

Un communiqué explosif

Le mercredi 17 février, Mark Van Peel m'annonça qu'il en restait à sa proposition et qu'il la soumettrait au *poll* d'un comité composé de représentants des diverses organisations sociales du parti, les « *standen* ». Le lendemain, j'appris par le journal parlé de 18 heures à la VRT que l'irréparable avait été commis. C'est Miet Smet qui conduirait la liste. Par après, j'ai découvert que la rencontre des « *standen* » avait eu lieu au siège du *Boerenbond*, Minderbroedersstraat à Louvain.

1 *Het Laatste Nieuws*, 15 avril 1997.
2 *Knack*, 7 février 1999.

J'ai appris que le « *poll* » se composait du vice-Premier ministre Herman Van Rompuy, qui y représentait le parti, de Luc Delanghe de l'ACW, de Petrus Thys du NCMV (l'organisation des classes moyennes) et de Noël Devisch du *Boerenbond*. Herman Van Rompuy m'a raconté par après qu'il n'avait rien dit à cette réunion. Je suppose aussi que pour Luc Delanghe, en service commandé, cela a été un supplice. Un des plus chauds partisans de Miet Smet était Paul Plasschaert, alors président du NCMV et représenté par Petrus Thys. Ce fut l'un de ses derniers faits d'armes car, en juin, on apprenait par *De Standaard* que l'ancien président du NCMV était en prison : « Il est accusé d'avoir dirigé un cartel de fournisseurs qui se sont entendus sur les prix de travaux hydrauliques commandés par la Région flamande[1]. »

J'ai rédigé, avec mes collaborateurs, un communiqué transmis à tous les médias le vendredi 19 février à 10 heures :

> « Le comité de *poll* du CVP a désigné hier Mme Smet comme tête de liste pour les élections européennes. Il m'a assigné la deuxième place.
> Ainsi, le CVP rompt avec une longue tradition de soutien à ceux de ses membres qui mènent le courant chrétien-démocrate au Parti populaire européen ou au Parlement européen.
> Sa décision n'a rien à voir avec la parité hommes-femmes sur la liste européenne. Cette parité est parfaitement atteinte par la candidature de deux hommes et deux femmes pour quatre places éligibles.
> Si le Comité directeur du CVP venait à confirmer cette décision, je ne serai pas candidat aux élections européennes.
> J'aurai alors l'occasion de m'expliquer sur les causes réelles de cette décision. »

La dernière phrase du communiqué avait fait l'objet d'âpres discussions avec mes confidents. J'hésitais. On aurait pu y voir une forme de chantage. Mais mes collaborateurs trouvaient que cette formulation restait encore très gentille après tous les coups bas et les insinuations que j'avais dû encaisser. « Maintenant, ils devront bien réagir, me dirent-ils, désormais, ils ne peuvent plus se dissimuler derrière des rumeurs ou des révélations prématurées. » J'étais, moi aussi, indigné par tout cela et j'ai fini par donner mon feu vert.

Mon communiqué fit l'effet d'une bombe. Il provoqua des vagues jusqu'en Afrique du Sud où, par hasard, Jean-Luc Dehaene, Miet Smet et Johan Van Hecke se trouvaient en déplacement. Et ce que je craignais eut lieu. Beaucoup de journalistes s'estimèrent déliés de toute obligation

1 *De Standaard Online*, 22 juin 1999.

de tact ou de discrétion. Ils noircirent leurs colonnes des racontars ou de secrets d'alcôve que, jusque-là, ils se bornaient à colporter entre eux.

Le bonsoir de Mark

Mon communiqué eut aussi des retombées politiques. Le 22 février à 17 h 30, j'ai reçu à mon domicile la visite d'un Mark Van Peel très nerveux. Il avait bien préparé sa première phrase: «Je connais notre poids spécifique. Le tien est bien plus imposant que le mien. Je ne veux pas entrer dans l'histoire comme celui qui n'a pas offert une belle fin de carrière à une figure de proue du CVP. Mais comme président, je ne peux pas miner ma position en cédant à des menaces publiques.» Van Peel insista sur le fait que la désignation de Miet Smet comme tête de liste était une idée qui venait de lui et de lui seul, et que ni Jean-Luc ni Herman Van Rompuy n'y étaient pour rien. Il ajouta que, bien entendu, l'admission de *Forza Italia* avait joué un rôle.

Je lui répondis que je me permettais de mettre sa version en doute. Je lui indiquai les nombreux éléments qui témoignaient plutôt d'un complot collectif pour m'abattre. Van Peel tenta à nouveau de me convaincre qu'une deuxième place était tout aussi honorable qu'une première et m'assura qu'il soutiendrait ma candidature comme chef de groupe et même comme président du Parlement européen. Mais je sentais bien qu'il n'avait aucune marge de manœuvre. Il devait juste exécuter ce dont d'autres l'avaient chargé. De plus, il faisait preuve de si peu de vision historique et de si peu de connaissance des hommes que j'en avais presque pitié. Il s'excusa à plusieurs reprises et me demanda même d'imaginer ce que ce serait pour Miet Smet si on ne lui accordait pas la première place promise. Pendant notre entretien, j'ai reçu un appel télephonique de José Maria Aznar. Lui aussi me suppliait d'accepter la deuxième place. Plus tard, j'ai appris de bonne source que c'est le CVP qui avait mis en scène ce coup de fil du Premier ministre espagnol.

Le lundi, veille du jour où le Comité directeur du CVP devait prendre sa décision, j'ai eu un entretien téléphonique avec Miet Smet, de retour d'Afrique du Sud. Elle me dit qu'elle était outrée des ragots qui avaient circulé à notre sujet et me demandait d'accepter quand même la deuxième place. Elle insistait aussi pour que je renonce à la conférence de presse que j'avais annoncée. Elle ajouta qu'elle m'éviterait totalement à Strasbourg.

Le lendemain, le mardi 23 février dans la matinée, quelques heures avant le Comité directeur du parti, Jean-Luc Dehaene me proposa un rendez-vous. J'hésitais : est-ce que tout n'était pas déjà décidé ? Mais comme il insistait et évoquait de « nouvelles propositions », j'ai été le voir. Il se montra aimable, mais me dit clairement qu'il approuvait la façon dont Mark Van Peel avait préparé la composition de la liste, avec une femme en tête. Il ne comprenait pas ce « fétichisme de la première place », me dit-il. En 1984, ne s'était-il pas, lui, contenté de la place de premier suppléant aux élections européennes, après pourtant quatre ans de fonctions ministérielles ?

Au nom du parti, il promettait la diffusion d'un communiqué comportant deux garanties si j'acceptais la deuxième place. D'une part, la Belgique s'efforcerait de faire élire Wilfried Martens à la présidence du Parlement européen. La veille, Aznar m'avait d'ailleurs fait la même promesse. D'autre part, le candidat à la deuxième place aurait droit à la même campagne que la tête de liste. Et Jean-Luc Dehaene de conclure : « Cet après-midi à 3 heures, nous allons mettre cela par écrit au quartier général du parti et de ton côté tu décommandes ta conférence de presse. »

Je lui ai répondu que je devais d'abord consulter mes collaborateurs. À la fin de l'entretien, il me regarda très étonné quand je lui dis que j'avais refusé de mêler des faits de ma vie privée à ce litige politique et que je m'étais fermement opposé aux initiatives que mes collaborateurs avaient projetées en ce sens.

Une intuition au *Mariadal*

J'ai invité mon épouse Ilse et ma collaboratrice Marianne Amssons au restaurant *Mariadal* de Zaventem pour les informer de mes entretiens avec Mark Van Peel, Miet Smet et Jean-Luc Dehaene. Ilse estimait que je devais au moins me rendre au parti pour vérifier le sérieux des garanties promises. Marianne faisait valoir que je perdrais la face si j'annulais ma conférence de presse, surtout après mon communiqué du 19 février. Toute la presse se sentirait flouée. Les avis étaient donc partagés. Tandis qu'Ilse et Marianne continuaient à justifier leurs arguments, j'ai eu soudain une inspiration : « Mon intuition me conseille de ne pas y aller, cette même intuition qui, en 1988, me dictait de ne pas accepter la charge de Premier ministre. Mais, à l'époque, je n'ai pas suivi mon intuition et je l'ai lourdement payé. Aujourd'hui, je vais la suivre. Je n'irai pas au parti cet après-midi. » Je me rendais parfaitement compte que ce choix signifiait un grand sacrifice financier. Et que cela pouvait marquer la fin de mon *cursus honorum*. Mais, fidèle à ma devise *luctor et emergo* (je lutte et me relève), j'avais la conviction que les intrigues de mes adversaires ne parviendraient pas à m'abattre. Pas plus d'ailleurs qu'en 1992.

Le soir même, la direction du parti finalisa la liste des candidats. Marianne Thyssen remontait à la deuxième place et Johan van Hecke à la troisième. À la télévision, j'ai pu voir Léo Tindemans féliciter Miet Smet en lui disant: «Vous l'avez bien mérité.»

J'ai continué à préparer ma conférence de presse du jeudi 25 février. Le jour même, quelques heures avant qu'elle n'ait lieu, la VRT annonçait «de source autorisée» que c'est surtout avec le président du parti, Mark Van Peel, que j'allais régler mes comptes. Au Parlement européen, la salle de presse était comble, cabines de traduction comprises.

«Mon parti a refusé...»

J'ai commencé par faire remarquer avec ironie que je n'avais jamais rassemblé autant de journalistes sur un sujet purement européen. «Je m'étais préparé», ai-je dit, «à un dernier mandat au Parlement européen, mais je ne serai pas candidat parce que mon parti m'a refusé la tête de liste. Je voudrais vous éclairer sur les véritables raisons de leur décision.»

J'ai poursuivi: «La décision de mon parti rompt avec sa longue tradition européenne. Le CVP a joué un rôle capital et sans doute historique pour les chrétiens-démocrates européens. Les fondements du PPE ont été posés par mes prédécesseurs August De Schryver, Theo Lefèvre, Alfred Bertrand et Léo Tindemans. J'ai ensuite bâti ce parti avec l'Allemand Hans-August Lücker, en 1976. Le CVP a toujours soutenu ceux des siens qui animaient le PPE. Aux élections, il leur a donné les premiers rôles. En 1992 déjà, Herman Van Rompuy a poussé Léo Tindemans à la première place pour les élections européennes de 1994. Cela s'imposait et mes prédécesseurs n'auraient jamais accepté une autre solution.» J'ai ajouté que je ne pouvais pas comprendre pourquoi le parti ne me prenait pas comme tête de liste. «Comment se fait-il que celui qui dirige maintenant le parti PPE et le groupe PPE ne soit pas la figure de proue?» ai-je demandé. Je n'acceptais pas un second rôle. «La parité hommes-femmes me semble surtout un alibi pour m'évincer.»

J'ai ensuite indiqué les véritables raisons du parti pour ne pas me réserver la première place. «Les véritables causes de cette décision sont politiques. Elles sont au nombre de quatre. D'abord, on me reproche lourdement d'avoir attiré *Forza Italia.* J'étais conscient du risque que je courais mais je l'ai fait avec l'accord des dirigeants du PPE et pour empêcher la formation d'un nouveau groupe sur notre droite. Deuxièmement, depuis des années, une opération de dénigrement est menée contre moi au sein du CVP. J'ai surtout beaucoup de mal à accepter que l'on insinue constamment que je suis seul responsable de la dette publique monumentale des années quatre-vingt. Éric Van Rompuy a publiquement répété de telles accusations et il n'est pas le seul. Ils oublient d'ajouter que c'est avec moi que le redressement a commencé et que je ne pouvais pas, à l'époque, disposer des joyaux de la couronne que mon successeur peut maintenant étaler. Troisièmement, cela me gêne aussi que, dans le CVP, on me classe comme un « fédéraliste d'union » et que l'on me range parmi les hommes politiques dépassés. Après tout ce que j'ai fait pour le fédéralisme et le combat que j'ai dû mener contre l'*establishment* belge, c'est pour le moins très injuste. Enfin, dernière cause, je voudrais signaler que certains, au CVP, se scandalisent de mon divorce, de mon remariage et de mes deux jeunes enfants. En public, on le nie mais des entretiens individuels m'ont confirmé l'inverse. Cette réaction ne vient ni de Van Peel, ni de Dehaene, mais elle existe chez d'autres. Les ministres Éric Van Rompuy et Luc Van den Bossche se sont d'ailleurs permis des plaisanteries sur ce thème lors d'une séance publique du Parlement flamand. »

Et j'ai poursuivi : « Vous connaissez tous cet article de la *Déclaration des droits de l'homme*: "Nul ne sera l'objet d'immixtions arbitraires dans sa vie privée, sa famille, son domicile ou sa correspondance, ni d'atteintes à son honneur ou à sa réputation. Toute personne a droit à la protection de la loi contre de telles immixtions ou de telles atteintes". Une partie importante de la population est directement ou indirectement confrontée à des problèmes familiaux. J'ai toujours respecté la vie privée d'autrui. Les situations privées n'ont jamais eu d'influence sur mes décisions politiques. Le CVP n'est pas un parti confessionnel, mais un parti chrétien-démocrate qui accepte la séparation entre l'Église et de l'État. Des discriminations ou des exclusions pour des raisons de vie privée sont inacceptables. »

Et j'ai conclu : « La grande différence entre les pays démocratiques et les pays non démocratiques, c'est que ces derniers n'ont aucun respect pour la vie privée des citoyens. Ils veulent connaître les convictions, les pensées et les sentiments de leurs sujets et n'hésitent pas à recourir pour cela à des moyens illégaux. Cette différence essentielle distingue aussi les partis politiques qui sont démocratiques de ceux qui ne le sont pas. C'est pourquoi j'ai toujours refusé de rendre publique la vie privée de quiconque, fût-il mon pire adversaire. Si nous avions été dans un système de droit qui protège efficacement la vie privée, comme en France, il y a longtemps que j'aurais assigné en justice certaines feuilles.»

Lorsqu'un journaliste néerlandais m'interrogea sur Miet Smet, je lui ai répondu par une question: «Pose-t-on aux Pays-Bas des questions sur la vie amoureuse du ministre-président?» Quand, enfin, on me demanda ce que je ferais si c'était à refaire, je répondis: «J'hésiterais beaucoup. J'ai consenti d'énormes sacrifices. Je ne réclame pas la gratitude en politique. Mais j'ai reçu des coups très durs.»

Après cette conférence de presse, je me suis senti libéré, comme si j'avais déchargé mes épaules d'un grand poids. Elle a provoqué une grande agitation au CVP. J'ai lu dans la presse qu'après la conférence de presse, les parlementaires, Premier ministre inclus, s'étaient bousculés autour des télex dans les couloirs du Parlement. Dehaene aurait déclaré à des collègues: «Linge sale? Quel linge sale? Vous oubliez que nous avons une très bonne machine à laver[1]!» Quelques heures plus tard, le président Van Peel, dans une très brève communication, déclarait qu'il appréciait «la sérénité et la correction de Wilfried Martens lorsqu'il a rapporté les discussions autour de la liste européenne».

Amitié et solitude

Le tapage médiatique s'est calmé après quelques jours. Dans une lettre d'adieu à mes électeurs européens, j'ai écrit: «Amitié, compréhension mutuelle, idéalisme... comptent certes parmi les plus belles expériences humaines. Hélas, elles côtoient la solitude. Elles ne la remplacent pas.»

La véritable raison pour me priver de la première place aux élections européennes de 1999 était de nature politique. Le clan qui ne me voulait pas à cette place avait bien perçu les tendances et l'évolution du paysage politique. Faute de rajeunissement et de renouvellement, le CVP risquait un recul spectaculaire. En Europe, par contre, le PPE allait faire un beau score au Parlement européen. Je serais devenu le symbole de la victoire européenne et eux les perdants en Flandre. À leurs yeux, pareille chose ne pouvait pas et ne devait pas arriver, car cela signifierait mon retour inévitable à la politique nationale. On a d'ailleurs compris cinq ans plus tard que le besoin d'une tête de liste féminine n'avait été qu'un faux-fuyant. En 2004, Jean-Luc Dehaene s'est porté candidat. Il avait le soutien de l'ACW

1 *De Morgen*, 26 février 1999.

et fut placé sans discussion à la première place. Sans autre forme de procès, le président du parti relégua Miet Smet à la deuxième place sur les listes de Flandre orientale pour le Parlement flamand.

Regardant cet épisode avec le recul nécessaire, je suis aujourd'hui convaincu que tout le bruit fait autour de la tête de liste à quelques mois du scrutin a brisé l'élan du CVP. Si on m'avait consulté plus tôt sur la composition de la liste, au lieu de me mentir effrontément en disant qu'aucune décision n'était encore arrêtée, beaucoup de choses auraient encore été possibles. Si Jean-Luc Dehaene était venu quelques semaines plus tôt avec ses garanties, il y aurait eu une base de discussion et une ouverture pour une solution honorable.

Rien n'est pire pour un homme politique que d'être tenu dans l'ignorance des décisions qui le concernent personnellement. En 1992, alors que j'étais Premier ministre sortant, on m'avait déjà tenu à l'écart des décisions sur le nouveau gouvernement. Faut-il alors s'étonner de voir un homme politique mis en quarantaine donner des réponses amères aux questions des journalistes politiques? L'information, c'est le pouvoir. Exclure quelqu'un du circuit des informations revient à le tuer professionnellement. Lors de sa visite officielle en Belgique en 1983, pendant le dîner à l'ambassade de France, le président Mitterrand avait expliqué au roi Baudouin comment les partis communistes parvenaient à isoler des personnages influents: personne ne les contactait plus; toutes les informations leur étaient refusées. Il avait cité l'exemple de la Hongrie après la révolution de 1956. En allemand, on appelle cela *Kaltstellen.* Certains responsables de mon parti feraient bien d'y réfléchir.

Chapitre XXIX

LA CROISSANCE SPECTACULAIRE D'UN PARTI ET D'UNE IDÉE

Dès qu'on a su que je ne participerais pas aux élections européennes, il allait pratiquement de soi que le vice-président Hans-Gert Pöttering, europarlementaire depuis 1979, me remplacerait à la tête du groupe PPE. Durant la période 1994-1999, je m'étais très bien entendu avec lui et savoir que l'on allait choisir quelqu'un qui connaissait le groupe à fond me donnait pleine confiance pour l'avenir.

La présidence de Pöttering, dont j'avais fortement soutenu l'élection le 13 juillet 1999, s'est beaucoup mieux passée que certains ne l'avaient craint. Au départ, en effet, quelques-uns avaient encore des doutes : il était allemand – une donnée encore sensible aux yeux de beaucoup – et relativement peu connu en dehors d'un cercle restreint. On le décrivait comme un diplomate et un homme de consensus. Nous partagions, lui et moi, une profonde conviction européenne. Alors que j'étais totalement immergé dans mon mandat européen, Pöttering cherchait à ne pas perdre le contact avec la politique intérieure et les médias nationaux. Il se montrait moins prudent que moi dans ses déclarations politiques, mais il pouvait largement se le permettre, sachant à l'avance qu'il était soutenu par la plus forte délégation du groupe.

Mon héritage

J'avais encore dirigé les journées d'études de notre groupe tenues à Marbella du 5 au 9 juillet. Le PPE sortait vainqueur des élections européennes : pour la première fois depuis l'élection directe du Parlement instaurée en 1979, notre groupe était le plus nombreux. Cela résultait de la combinaison de quelques victoires électorales remarquables – dont celles de la CDU/CSU et des conservateurs britanniques – et l'élargissement du groupe survenu au cours de ma présidence. Au lendemain du scrutin de 1999, notre groupe comptait 232 élus contre 157 aux élections précédentes.

Les chrétiens-démocrates allemands avaient remporté une victoire de grande ampleur : sous la direction de leur nouveau président, Wolfgang Schäuble, voilà qu'ils détenaient plus de la moitié des mandats allemands (53 sur 99), un an à peine après leur défaite de 1998. Les conservateurs britanniques avaient, eux aussi, accompli un tour de force : ils avaient doublé le nombre de leurs élus (passant de 18 à 36), même s'ils avaient été aidés en cela par le nouveau système électoral proportionnel pour les élections européennes. Avec l'arrivée à leur tête de William Hague comme successeur de John Major, les *Tories* avaient fondamentalement changé d'attitude. Maintenant que leur parti n'était plus au gouvernement, les eurosceptiques avaient libre jeu. Leur rapprochement avec le PPE prit un sérieux coup. Ceux qui plaidaient pour se distancer de ces maudits chrétiens-démocrates continentaux avaient le vent en poupe. Et les autres, forts de leur victoire électorale, cherchaient à infléchir le PPE grâce à leur poids accru en son sein.

En marge des journées d'études, un dîner informel avait réuni à Malaga Silvio Berlusconi – à l'époque, chef de l'opposition en Italie et nouvel élu au Parlement européen – José Maria Aznar, Wolfgang Schäuble et William Hague. Ils venaient de passer entre eux un accord pour modifier le nom du groupe en « groupe PPE-conservateurs ». Quand je l'ai appris au cours de ce dîner, j'ai cru tomber de ma chaise. L'allusion explicite aux « conservateurs » était inacceptable pour plusieurs de nos partis membres et je savais que cela pourrait conduire à une scission. Cela risquait aussi de compromettre tout l'élargissement du parti et de nous conduire au fiasco. Une telle catastrophe a pu heureusement être évitée. Ayant rappelé aux conservateurs britanniques qu'ils avaient, jadis, appartenu au groupe des « démocrates européens », je leur ai proposé comme alternative de transformer le nom du groupe en « PPE-DE », où DE signifiait « démocrates européens ». C'était la seule façon de sauver ce qui pouvait l'être. Seule l'appellation « PPE-DE » était acceptable par chacun.

De mal en pis

Mais « l'accord de Malaga » conclu entre le groupe PPE et les conservateurs britanniques n'a pas suffi à apaiser pour de bon les relations tendues entre les deux fractions. En fait, elles sont allées de mal en pis. En dix ans, le fossé n'a cessé de se creuser. Car après Hague est venu Ian Duncan Smith

(2001-2003) qui a remis l'accord en discussion. Duncan Smith avait, en son temps, voté contre la ratification du traité de Maastricht par les Communes et avec lui, ce sont les eurosceptiques qui reprenaient les commandes. Il n'a cessé de réclamer un « statut spécial » pour les conservateurs britanniques au sein du PPE. Son successeur, Michael Howard, n'a certes pas poussé à la collaboration mais il était assez raisonnable pour ne pas défier les dirigeants du groupe. Son arrivée a fait baisser la tension. Le sommet du PPE du 4 décembre 2003 a marqué une normalisation des relations. Mais Howard a été un partenaire distant et calculateur.

Après bien des discussions, le règlement intérieur du groupe a été modifié pour permettre aux Britanniques d'arrêter et de défendre leurs propres positions en matière d'institutions européennes. C'était apparemment le prix à payer pour garder les conservateurs britanniques avec nous, avec un œil sur les élections à venir en 2004 et sur notre position de groupe le plus important.

Aux yeux des partisans de ces modifications, cela revenait simplement à officialiser une situation de fait. Pour la partie adverse, c'était un regrettable pas de trop, d'abord parce que, jusque-là, le PPE, y compris son groupe, s'était élargi sans jamais céder sur ses positions proeuropéennes, ensuite parce qu'ils craignaient que les partis venus des nouveaux États membres aillent plutôt vers « DE » que vers « PPE ». La délégation allemande appuya la modification des statuts. Le chef du groupe Pöttering et son secrétaire général Klaus Welle – qui, en 1999, était passé du parti au groupe – y jetèrent tout leur poids. Le 31 mars 2004, le groupe approuvait le nouveau règlement.

Du déjà vu

Le nouveau chef des conservateurs britanniques, David Cameron, élu début décembre 2005, a de nouveau remis en question l'affiliation des siens au groupe PPE-DE. Cela revenait à rebattre toutes les cartes. Dans ma lettre du 6 décembre, je lui ai clairement expliqué l'histoire tumultueuse de nos relations, les divers engagements pris et les nombreuses concessions faites pour satisfaire les conservateurs britanniques. En même temps, je lui disais mon espoir d'une meilleure collaboration et je l'invitais au sommet du PPE, à Meise, le 15 décembre. Nous y avons décidé que, si Cameron persistait dans sa menace de quitter le groupe, nous refuserions tout contact bilatéral avec lui. J'ai continué à marquer la différence entre le parti et le groupe. Je m'en suis longuement expliqué dans une note car beaucoup, dans le passé et maintenant encore, ont reproché au PPE d'avoir vendu son âme pour un plat de lentilles. Ce qui est manifestement injuste. Le parti n'a jamais cédé sur ses principes ni modifié ses règles de fonctionnement pour les beaux yeux des conservateurs britanniques. Le parti n'est pas le groupe et vice versa. Alors que le groupe est libre de faire alliance, par exemple avec les « DE », le parti poursuit sans relâche sa trajectoire proeuropéenne. Plus encore, en se distinguant des « DE », le PPE était plus libre de poursuivre son combat pour une Europe fédérale.

Enfin les Français

Pour ne pas être victime de l'éparpillement des partis politiques, le PPE a, dans sa stratégie d'expansion, toujours cherché à être mieux représenté en France. L'UDF, comme successeur des chrétiens-démocrates du CDS, appartenait déjà à la famille PPE, mais ce groupe politique relativement restreint ne représentait qu'une partie du centre-droit. Une tentative pour attirer aussi l'aile libérale et républicaine avait échoué en 1991. Quelques europarlementaires français, dont Valéry Giscard d'Estaing et Alain Lamassoure, étaient bien passés du groupe libéral au groupe PPE à titre individuel, mais, comme les libéraux ne formaient quand même pas un groupe de poids, on avait cherché du côté des néo-gaullistes du RPR. Au départ, c'est l'UDF qui avait servi d'intermédiaire.

En vue des élections européennes de 1994, le RPR avait formé une liste commune avec l'UDF emmenée par le chrétien-démocrate Dominique Baudis. Les deux partis s'étaient engagés à ce que leurs élus rejoignent le groupe PPE. Cela avait fait l'objet d'un accord entre les chefs des partis de l'époque, Chirac pour le RPR et Giscard pour son Parti républicain qui, comme les chrétiens-démocrates, appartenait à l'UDF. À son sommet de Bruxelles du 8 décembre 1993, le PPE avait marqué son accord, sur proposition du président du CDS, Pierre Méhaignerie. Mais le RPR n'a pas tenu parole[1]. Ses europarlementaires se sont affiliés au « Rassemblement des démocrates européens » parce qu'ils voulaient garder leur propre groupe, avec tout ce que cela apporte : président, collaborateurs, etc. Lorsque, avec le passage de *Forza Italia* au groupe PPE, la création du nouveau parti « Union pour l'Europe » échoua, Nicolas Sarkozy annonça, le 30 mai 1999,

1 Après mon intervention à la convention de l'UMP à Paris, le 24 septembre 2005, le président du parti, Sarkozy, s'est excusé pour ce qui s'était passé en 1994 et a confirmé l'engagement de l'UMP dans le PPE.

que les élus européens du RPR adhéraient au groupe PPE[1]. Philippe Séguin, le président du RPR, qui avait beaucoup bataillé pour «l'Union pour l'Europe», me dit alors, à Strasbourg: «Vous avez gagné.»

À la base du rapprochement entre le PPE et les néo-gaullistes, il y avait eu, en prolongement des «conversations au bungalow» du 24 mars 1998, diverses rencontres entre Chirac d'une part, Kohl, moi-même et d'autres dirigeants du PPE d'autre part[2]. Au sein du RPR, diverses personnalités de poids avaient donné au parti un profil plus proeuropéen. Parmi d'autres, Alain Juppé y a beaucoup contribué comme ministre des Affaires étrangères. La présence de Michèle Alliot-Marie, alors présidente du RPR, à notre congrès de Berlin de 2001 montrait bien un changement définitif. Le RPR devint membre du PPE plus tard dans l'année.

À la suite des élections présidentielles et législatives de 2002, fut créée «l'Union pour un mouvement populaire» (UMP), composée du RPR, de libéraux, de républicains et d'une série de chrétiens-démocrates dont Méhaignerie, Nicole Fontaine et Jacques Barrot, aujourd'hui commissaire européen. Sous la direction de François Bayrou, la «nouvelle UDF», appellation d'un parti qui continuait à ne compter que des chrétiens-démocrates, a décidé de ne pas adhérer à cette union. Mais depuis lors, le PPE compte en France un nouveau partenaire stable et nous communiquons avec les plus hautes sphères du pouvoir politique français. Jean-Pierre Raffarin a joué ici un rôle décisif. J'avais déjà fait sa connaissance quand il était europarlementaire et membre de notre groupe sous ma présidence. Comme Premier ministre français, il a pris part à nos sommets et participé à une série d'activités du PPE.

Exit l'UDE

Les relations entre le PPE et l'UDE avaient une grande importance pour le rapprochement avec les néo-gaullistes. Pour nous, il était évident que le PPE devait être la colonne vertébrale d'une fusion. C'était dans l'esprit

1 Les élus de Démocratie libérale, la composante libérale de l'UDF menée par Alain Madelin, sont eux aussi entrés dans le groupe PPE.

2 À l'une des rencontres avec le président Chirac, j'étais accompagné de ma collègue l'europarlementaire Nicole Fontaine. En quittant l'Élysée, Chirac me demanda: «Est-ce que Nicole a une chance comme présidente du Parlement européen?» La proposition du PPE pour cette présidence était loin d'être à l'ordre du jour. Du reste, si les choses avaient suivi leur cours normal, c'est peut-être moi qui serais devenu président pour la législature suivante. Quoi qu'il en soit, c'est Nicole Fontaine qui a présidé avec beaucoup de talent le Parlement européen de 1999 à 2001. Je me demande ce qui se serait passé si j'étais resté au Parlement.

de nos « conversations au bungalow ». La CDU et le *Partido Popular* poussaient à la charrette. L'ÖVP autrichien avait joué un rôle moteur dans l'UDE depuis sa création. Celle-ci avait d'ailleurs son siège à Vienne. Aloïs Mock en avait été le président jusqu'en 1997 et son camarade de parti Andreas Kohl lui avait succédé. Les deux présidents avaient empêché une dérive antieuropéenne et avaient beaucoup investi dans les contacts avec des partis d'Europe centrale ou orientale. Ce fut l'époque de certaines initiatives communes, mais la collaboration entre PPE et UDE a toujours manqué de chaleur. Du côté de l'UDE, on craignait beaucoup trop d'être avalé. En 1998, c'est le Finlandais Sauli Niiniströ qui en est devenu le président et l'Autrichien Alexis Wintoniak le secrétaire général. À l'occasion de son 20e anniversaire, l'UDE avait publié un document intitulé *Towards the Majority* qui contenait un plaidoyer pour une seule organisation. Conséquence du rapprochement, il y eut une réunion commune avec chaque présidium le 20 septembre 1998 à Cadenabbia. Dans son document *Restructuring the co-operation of the Christian-democrat, conservative and like-minded parties in Europe,* l'organe central de l'UDE proposait des commissions, des groupes de travail et des secrétariats communs. Dans la pratique, la coopération s'avéra très bonne. Il en résulta notamment que le secrétariat de l'UDE fut transféré de Vienne à Bruxelles.

Quand, en 2002, Wintoniak a donné sa démission, le rideau est de facto tombé sur l'UDE. Symboliquement, son « dernier » président Niiniströ fut nommé président honoraire du PPE. Grâce à l'adaptation de ses statuts – avec en particulier la création d'observateurs et d'associés à côté des effectifs – le PPE avait ouvert une possibilité structurelle de participer aux travaux du PPE pour les partis venant de pays non membres de l'Union et des pays candidats. Côté UDE, il ne resta statutairement que la « Conférence des chefs de parti » commune au PPE et à l'UDE et qui se réunissait tous les deux ans. En pratique, seul subsiste le PPE.

L'Internationale chrétienne-démocrate

Un double emploi comparable existait au plan international. À côté de l'IDC (« Internationale démocrate-chrétienne »), il existait aussi une *International Democratic Union* (IDU). Statutairement, le PPE faisait partie de l'IDC. À la fin des années nonante, l'IDC connut de graves difficultés financières. Le groupe PPE lui avait coupé son subside annuel en raison des observations de la Cour des comptes européenne. Cela signifiait plus ou moins la mort de cette organisation qui avait ses locaux au secrétariat du PPE. Comme l'IDC était pratiquement en faillite, Alejandro Agag, le secrétaire général du PPE, avait même proposé de dissoudre l'organisation. Je trouvais, pour ma part, qu'Aznar devait en devenir le président, en raison de ses bons contacts en Amérique latine. Mais devant son refus d'assumer cette charge supplémentaire, j'ai proposé de m'en occuper moi-même provisoirement.

C'est ainsi qu'au congrès de Santiago du Chili, le 11 octobre 2000, je suis devenu le président de l'IDC. Je devenais en fait une sorte de manager de crise, chargé de résoudre les problèmes matériels et financiers. Mais j'ai aussi veillé à une nouvelle impulsion doctrinale, en formulant un programme pour l'IDC. Celui-ci fut approuvé le 20 septembre 2001, à la *Leaders Conference* de Mexico. Comme convenu, Aznar m'a alors succédé à la présidence.

La coexistence de l'IDC et de l'IDU reste un problème. L'IDU est aux mains des Républicains américains mais, pendant des années, elle a été dirigée depuis Londres par William Hague et son collaborateur Richard Normington qui ne portaient ni le PPE ni l'IDC dans leur cœur. Les choses ont nettement changé récemment, avec le retrait de Hague, le remplacement de Normington par un nouvel *executive secretary* et le transfert du siège à Oslo (dans les bureaux de *Høyre* qui est membre associé du PPE). Du coup, l'IDU est déjà «mentalement» plus proche de l'IDC. Mais il reste bien du chemin à accomplir.

L'attitude des partis latino-américains pose problème car ils sont allergiques à une collaboration avec les Républicains de George W. Bush. Heureusement, le PPE s'investit maintenant dans des contacts avec des hommes politiques ou des organisations républicaines, ce qui pourrait aboutir à un rapprochement.

Cordon sanitaire

Dans l'élargissement progressif de notre parti, les chrétiens-démocrates autrichiens étaient sans doute les nouveaux venus déjà les plus familiarisés avec le PPE. Au cours des années nonante, l'ÖVP était devenu une valeur sûre du PPE, surtout à cause de l'engagement européen résolu de ses dirigeants, comme Mock, ministre des Affaires étrangères au moment des négociations pour l'adhésion et du référendum correspondant, ou comme Wolfgang Schüssel qui a ensuite occupé les mêmes fonctions.

Mais, au début de 2000, l'ÖVP avait formé une coalition avec la *Freiheitliche Partei Österreich* (FPÖ) de Jorg Haider. Les chefs d'État et de gouvernement des quatorze autres membres de l'Union, après la prestation de serment de Schüssel comme chancelier le 4 février, avaient appelé à des sanctions bilatérales contre l'Autriche. Comme le traité de l'Union ne prévoyait pas de telles sanctions (et qu'elles étaient donc illégales en termes strictement juridiques), tant la Commission que le Parlement européen avaient freiné ces initiatives. Plusieurs gouvernements, dont singulièrement celui de la Belgique, ont cherché à se démarquer sur le dos des Autrichiens. La vive opposition entre partisans et adversaires d'un « cordon sanitaire » autour de l'Autriche provoqua une crise dans l'Union européenne.

Cela n'alla pas sans conséquences au sein du PPE. Alors qu'au Parlement comme à la Commission, des mandataires du PPE témoignaient de leur compréhension pour l'ÖVP en situation difficile, certains membres du parti étaient prêts à une confrontation. Leur intransigeance vis-à-vis de l'Autriche s'expliquait surtout par des considérations nationales. Il faut ici rappeler deux de nos principes fondamentaux. D'abord, à l'échelle européenne, le PPE ne travaille jamais ni avec l'extrême gauche ni avec l'extrême droite. Ensuite, nous ne nous prononçons jamais sur les choix de nos partis membres en matière de politique nationale. À la lumière de ces principes, il était très difficile, pour ne pas dire impossible, au PPE de prendre ouvertement position sur la situation autrichienne.

Aznar invita les dirigeants du PPE et du groupe PPE-DE à une réunion informelle chez lui à Madrid, le week-end des 5 et 6 février 2000. Lui-même se trouvait au début d'une campagne électorale où il allait tout concentrer sur la conquête du centre politique. Il risquait donc d'être compromis par ce qui se passait en Autriche. C'est à partir de là qu'il faut comprendre sa réaction. Pendant le dîner à *La Moncloa*, la résidence des Premiers ministres espagnols, Aznar proposa d'exclure l'ÖVP. Nous avons heureusement pu éviter une décision aussi radicale. Il fallait chercher un traitement honorable pour l'ÖVP. Comme la situation était délicate et tendue, nous avons décidé d'annuler le sommet du PPE prévu à Lisbonne le 23 mars. En effet, trop de risques menaçaient le parti.

Profil bas

Selon nos statuts, il faut trois partis pour demander l'exclusion d'un parti membre. Ce sont le PSC, dirigé par Joëlle Milquet, le PPI et l'UDF qui prirent l'initiative en l'occurrence. Pour eux, le combat contre l'extrême droite était aussi un enjeu au plan national. Le 10 février, la question fut officiellement débattue au bureau politique. Lors d'une réunion suivante, le 6 avril, un texte de compromis lui fut soumis. Grosso modo, il comportait trois volets : le PPE installait un comité de *monitoring* chargé de faire rapport sur la situation politique en Autriche ; pendant ce temps, l'ÖVP s'abstiendrait de participer aux réunions du PPE pour autant qu'elles ne traitent pas de la question autrichienne ; en attendant une décision définitive, l'affiliation de l'ÖVP serait suspendue. Le comité était composé du Néerlandais Wim van Velzen, vice-président du parti, de l'Espagnol Gerardo Galeote et de l'Allemand Hartmut Nassaurer, chef de la délégation CDU/CSU dans le groupe PPE-DE. Le compromis fut accepté par toutes les parties concernées et la demande d'exclusion de l'ÖVP retirée.

Sur la base de son enquête sur le terrain, le comité de *monitoring* soumit ses constatations au bureau politique du 6 juin. Comme ils n'avaient pas relevé de points inacceptables dans le programme de gouvernement autrichien, les trois « sages » du PPE plaidèrent pour une réhabilitation immédiate de l'ÖVP et de ses mandataires au sein du PPE. Selon les rapporteurs, la gestion politique devait être évaluée sur ses résultats et non sur les déclarations d'un président de parti qui n'appartenait même pas à l'équipe gouvernementale. Ils stigmatisaient ensuite l'hypocrisie des socialistes et formulaient quelques recommandations quant au fonctionnement interne du parti. Le bureau politique se rangea derrière les conclusions du rapport. J'ai proposé une résolution qui, à quelques amendements près, reprenait ces dernières. La résolution fut votée à l'unanimité moins deux voix. Après deux mois d'interruption, l'ÖVP pouvait à nouveau prendre part à toutes les activités du PPE. Fin juin, au sommet du PPE à Porto, je pouvais souhaiter la bienvenue à Wolfgang Schüssel comme nouveau chef de gouvernement. La crise semblait surmontée.

Le PSC, le PPI et l'UDF avaient mal supporté toute cette affaire. Le 23 juin, avec quelques europarlementaires mécontents et sous la direction de Bayrou, le président de l'UDF, ils avaient créé le « Groupe Schuman ». Les membres de ce groupe de pression – qui se recrutaient surtout dans les délégations de France, du Benelux, d'Espagne et d'Italie – voulaient promouvoir la réalisation d'une Europe fédérale et la défense des principes chrétiens-démocrates menacés, selon eux, par les positions du parti et du groupe PPE-DE. Mais à leurs rencontres, il était surtout question de répartition des votes dans le groupe parlementaire. Leur coordination était bien faible, leur effectif très restreint (au plus 40 élus sur 230) et aucune de leurs initiatives parlementaires n'a finalement abouti. Dans les années 2003 et 2004, alors que l'UDF et le PPI avaient déjà tourné le dos au groupe, l'initiative mourut de sa belle mort.

Exemplaire et pionnier

Maintenant que le PPE avait fait le ménage dans ses rangs, je me suis efforcé de réhabiliter le gouvernement autrichien aux yeux de l'Union tout entière. En prévision du Conseil européen qui devait se tenir à Feira en juin 2000, une pression fut exercée sur les chefs d'État ou de gouvernement partisans du «cordon sanitaire». Le PPE remporta alors une belle victoire car le Conseil européen reprit notre formule du «comité de *monitoring*». Un des trois sages désignés par le Conseil était l'ex-commissaire européen Marcelino Oreja. Début septembre, le comité remit un rapport qui blanchissait le gouvernement autrichien des suspicions et spéculations qui avaient pesé sur lui. Dès le 12 septembre, le «cordon» autour de l'Autriche était définitivement levé. Après coup, on peut se demander à quoi tout ce branle-bas avait bien pu servir…

Sur un plan plus général, l'affaire a montré que, politiquement, la stratégie de Schüssel pour contenir l'extrême droite en l'associant au gouvernement avait réussi, sans prétendre pour autant que cette formule soit applicable partout. Il n'a rien concédé et n'a jamais pris de mesure contraire aux règles du droit international ou européen, contrairement aux sanctions «illégales» que lui avaient infligées quatorze des États membres. Schüssel, un des participants les plus actifs à nos sommets du PPE, a même été cité en 2004 parmi les candidats possibles à la présidence de la Commission européenne. Au premier semestre de 2006, c'est l'Autriche qui exerce la présidence tournante de l'Union et c'est sur ses épaules que repose l'espoir d'une relance du processus d'intégration européenne. «La chance peut tourner», disait Bredero.

La débâcle de Nice

Si le Conseil européen a, tout compte fait, vite trouvé une solution à la crise autrichienne – une crise qu'il avait lui-même provoquée, soit dit en passant – c'est à coup sûr aussi parce qu'elle faisait peser des menaces sur la conférence intergouvernementale (CIG) et sur le futur traité qui devait être discuté à Nice.

Au petit jour, les chefs d'État et de gouvernement sont parvenus à un accord, à vrai dire bien médiocre, qui contenait pas mal d'absurdités et passait à côté de l'enjeu essentiel: adapter le processus de décision à une Europe élargie et réformer en conséquence les institutions. Nice n'a produit aucune solution pour l'élargissement et a échoué sur l'approfondissement.

L'Union européenne n'était pas préparée pour fonctionner à vingt-cinq. Néanmoins, l'Espagne et la Pologne étaient triomphantes et allaient défendre Nice avec bec et ongles – « Nice ou la mort! » proclamait le slogan des Polonais – tandis que la Belgique était en émoi parce qu'elle avait perdu sa parité avec les Pays-Bas en nombre de voix au Conseil. Il apparut une fois encore que la formule d'une conférence intergouvernementale n'était pas adaptée parce que le débat sur les institutions, quand il avait lieu, était totalement verrouillé par les intérêts nationaux des États membres. En fait, personne ne s'était soucié de l'intérêt de l'Union européenne.

Les valeurs de Berlin

Tout de suite après le sommet de Nice, nous avons tenu notre congrès à Berlin du 11 au 13 janvier 2001. Au déplaisir de plusieurs de nos chefs de gouvernement PPE, on y critiqua beaucoup les résultats de Nice. Dans mon intervention, j'y allai carrément contre le traité qui, selon moi, préparait très mal l'Union à l'élargissement. Pour compenser les lacunes de Nice, j'ai suggéré, sur proposition de notre groupe, d'organiser une Convention réunissant non seulement des représentants des États membres, mais aussi des parlements nationaux, du Parlement européen et de la Commission. L'ouvrage était à refaire, mais il ne fallait plus le laisser aux seuls représentants diplomatiques des États membres. Notre groupe n'a accepté le traité de Nice qu'en échange de la promesse d'une telle Convention. Malgré la virulence des critiques, nous ne voulions pas provoquer inutilement une nouvelle crise. Nice n'a été toléré que parce qu'on savait que le Traité allait immédiatement être revu...

Notre congrès de Berlin a été important pour une autre raison encore. Dans son « programme de base » d'Athènes, le PPE se définissait comme un « parti des valeurs »; un document fut soumis dans la capitale allemande intitulé cette fois « Union des valeurs ». Il apparut rapidement que c'est le titre – Union des valeurs – qui était l'important. Dès son lancement, il avait connu un accueil incroyable, jusque et y compris dans les documents officiels et les discours de l'Union. Cela montre que l'on peut travailler pendant des mois sur un texte dont seul le titre ou un slogan fera la fortune.

Au plan des institutions, on ne touchait pas au cœur du message: le PPE restait un ferme partisan d'une Union fédérale, même si, à la demande des Français, on avait abandonné l'allusion aux « États-Unis d'Europe », une notion qui renvoyait aux premières années du PPE et apparaissait un peu dépassée.

Les fruits de Schäuble

Dès après le congrès de Berlin, nous nous sommes mis, avec Wolfgang Schäuble, à la rédaction d'un nouveau projet institutionnel. Le groupe d'experts que nous dirigions ensemble a pu cueillir les fruits de notre parfaite entente. À la demande d'Angela Merkel, la nouvelle présidente de la CDU, j'avais étroitement associé Schäuble à la préparation du document de notre congrès.

Comme président du parti et chef de groupe au *Bundestag*, il avait fait forte impression, grâce notamment à une impressionnante série de victoires électorales après la défaite de 1998. Mais, emporté par la tempête de la *Spendenaffäre* (l'affaire des subventions cachées), il avait, provisoirement, dû quitter la direction du parti. Je connaissais Schäuble depuis sa participation à quelques sommets du PPE. Sur le plan personnel, nous nous sommes trouvés sur la même longueur d'onde. Chaque fois que je vais à Berlin, son adresse est l'une de celles où je passe toujours, et aujourd'hui encore depuis qu'il est ministre de l'Intérieur dans le nouveau gouvernement Merkel. Sur le plan des idées aussi, quand il s'agit de l'avenir de l'Europe, nous partageons la même vision, dont le document de notre congrès, *A Constitution for a Strong Europe*, est en quelque sorte le fruit.

Laeken corrige le tir

Entre-temps, la Belgique avait assumé, au deuxième semestre de 2001, la présidence tournante de l'Union et, en décembre, au sommet de Laeken[1], le Premier ministre Verhofstadt faisait approuver une déclaration sur l'avenir de l'Europe. Au regard de Nice, cette déclaration constituait un

1 « Le château de Laeken est la résidence officielle du Roi. Tout le rez-de-chaussée du bâtiment central a été rénové, du parquet aux tentures, et, en dehors des festivités, on y circule en… chaussons. Il est voué aux réceptions de deux à deux mille personnes, avec souvent un prolongement dans les serres. L'après-midi, au printemps et en été particulièrement, c'est là que le Roi tient ses audiences, organise des déjeuners en tous genres, reçoit la prestation de serment du gouvernement national, accueille les Diables rouges ou offre le thé aux ambassadeurs, annonce des événements joyeux comme des fiançailles. Le site est utilisé pour les événements solennels (dîners de gala lors des visites d'État) mais aussi joyeux (fête populaire, réception de mariage) ou inédits comme le sommet européen de Bruxelles en décembre 2001, devenu par le fait même le sommet de Laeken avec sa "déclaration". Le Roi a mis à cette occasion "son" bâtiment à la disposition du gouvernement et de tous les chefs d'État et de gouvernement, qui ont trouvé l'endroit superbe. C'est la salle des Banquets qui accueillit nos hôtes européens, c'est dans la grande rotonde qu'Albert II offrit un déjeuner aux participants. » (Guy Daloze, *Aux marches du Palais*, La Renaissance du Livre, Bruxelles, 2002, p. 123.)

grand pas en avant puisqu'elle prévoyait la création d'une Convention. Valéry Giscard d'Estaing en fut désigné comme président. Il était assisté de deux vice-présidents : Jean-Luc Dehaene et l'ex-Premier ministre italien et constitutionnaliste Giuliano Amato. Le 28 février 2002, la « Convention sur l'avenir de l'Europe » inaugurait officiellement ses travaux.

Grâce au groupe de travail que je dirigeais avec Schäuble, le PPE était bien préparé à la Convention. Notre document de travail, approuvé à notre congrès d'Estoril des 17 et 18 octobre 2002 (où je fus réélu président), donnait un contenu à notre proposition de dépasser Nice par une énorme avancée dans l'approfondissement de l'Union européenne. Estoril fournissait ainsi la base de notre engagement dans la Convention.

Pour accroître la force de frappe du PPE et faire passer ses idées, j'ai constitué un « groupe PPE » au sein de la Convention. J'ai demandé à l'Allemand Elmar Brok, un des poids lourds de notre groupe, de diriger cette équipe. Il animait et personnifiait la présence du PPE au sein de la Convention. Cette équipe a sans doute été un des groupes de travail les plus actifs jamais créé par nous. Nos rencontres, tenues notamment en France, en Italie, en Allemagne, ont été d'un niveau élevé. Des initiatives – comme le remarquable rapport de l'europarlementaire français Alain Lamassoure sur la répartition des compétences – ont amplement servi. Parmi les participants les plus actifs et les plus réguliers à nos rencontres, on comptait, du côté du CD&V, outre Dehaene, vice-président de la Convention, l'europarlementaire Marianne Thys et Jos Chabert, président du Comité des régions (2000-2002) ; le CdH Fernand Herman était toujours très dynamique au PPE, même après avoir quitté le Parlement européen.

Sept sur treize

Un des participants les plus en vue a été Helmut Kohl. Il jouissait d'une grande autorité morale et, dans ses interventions, ne cessait d'insister sur le rôle capital des membres de la Convention. Nos échanges avaient parfois un ton très détendu. À notre rencontre de Petersberg près de Bonn, Kohl avait interrompu une explication très compliquée de John Bruton en s'exclamant « *Das ist absurd, absurd, absurd!* » À quoi Bruton avait laconiquement répondu : « *Thank you very much for your positive comments!* »

L'influence du PPE s'expliquait notamment par le fait que pas moins de sept des treize membres du présidium de la Convention appartenaient à notre famille politique : en plus du président Giscard et du vice-président Dehaene, on y trouvait le Français Michel Barnier, commissaire européen, la ministre espagnole des Affaires étrangères Ana de Palacio, l'ex-Premier ministre irlandais Bruton, le Slovène Alojz Peterle, seul représentant d'un des nouveaux États membres, et l'europarlementaire espagnol Iñigo Méndez de Vigo[1].

Parmi nos travaux préparatoires les plus importants, on doit citer le sommet informel du 9 septembre 2002 à Porto Rotondo, le petit port de Sardaigne où Berlusconi passe ses vacances; le sommet de Thessalonique du 19 juin 2003 où nous avons abouti à un accord sur un projet de Constitution; et le sommet informel organisé le 4 décembre 2003 par Jean-Pierre Raffarin à l'Hôtel Matignon, sa résidence de Premier ministre, dans le cadre d'une conférence intergouvernementale qui devait faire du «projet de Constitution» un nouveau traité.

Ambitions constitutionnelles

Au sein de la Convention, un consensus a finalement vu le jour sur un «Projet de Constitution pour l'Europe» et, au sein de la conférence intergouvernementale, un accord a été trouvé in extremis sur un «Traité en vue de l'adoption d'une Constitution pour l'Europe» : tout cela était bien dans la ligne de ce que, avec le PPE, je préconisais depuis des années, mise à part la discussion sur l'opportunité du terme «Constitution». En 1990 déjà, encore avant Maastricht, nous avions parlé de «Constitution» au PPE et nous avons continué à le faire. Personnellement, cela ne m'a jamais effrayé qu'un jour viendrait où une Constitution européenne remplacerait les traités existants, même si une Constitution ne peut jamais être un objectif en soi.

Si un tel résultat a pu être atteint, du moins pour le «Projet d'une Constitution pour l'Europe», c'est dû en bonne partie à la présidence de la Convention. Le choix de Giscard, préféré par Chirac à Delors pour des raisons de politique intérieure française, a été crucial pour la réussite de toute l'entreprise. Comme européen convaincu, il avait l'intelligence, le format et la crédibilité nécessaires pour faire de la Convention un succès. Rares sont ceux qui pourraient l'imiter avec la même envergure. Il avait de grandes ambitions et faisait volontiers la comparaison avec la Convention de Philadelphie qui, à la fin du XVIIIe siècle, avait édicté la

1 Iñigo Méndez de Vigo est un spécialiste des institutions particulièrement compétent mais n'est pas «prophète en son pays», comme cela arrive souvent à ceux qui, dans leur parti national, s'investissent dans les problèmes européens.

Constitution des États-Unis d'Amérique. C'était peut-être voir trop grand. Paradoxalement, c'est la France qui, en mai 2005, a rejeté par référendum le projet de Constitution. Giscard en a été terriblement déçu. « Le système européen fonctionne mal. La France n'a plus de projet européen. Les Européens n'ont plus de projet européen », a-t-il alors déclaré. Les mérites des vice-présidents ne sont pas moins grands, même si leurs conceptions et leurs actions ont été plus marquées par le pragmatisme, ou, si l'on veut, le réalisme. On sait que Dehaene et Amato ont fiévreusement œuvré en coulisse à rechercher un compromis qui fut bien laborieux.

Le succès a toujours de nombreux pères tandis que l'échec est orphelin. J'ose pourtant affirmer que la contribution du PPE a été capitale dans le bon déroulement de la Convention. Parmi les avancées dont on peut largement créditer le PPE – des demandes que nous avions martelées depuis des années – on peut compter : l'abandon de la structure par piliers ; le nouveau partage des compétences ; la désignation d'un ministre européen des Affaires étrangères qui soit en même temps vice-président de la Commission européenne (un acquis où Dehaene a joué un rôle important comme président du groupe de travail ad hoc) ; une définition plus large et plus précise du principe de subsidiarité à laquelle Méndez de Vigo a puissamment contribué ; la double majorité au Conseil ; plus de transparence dans les décisions ; de nouvelles compétences pour le Parlement européen, même si c'est moins qu'espéré ; la nomination d'un président du Conseil européen et la perspective de faire, à terme, coïncider cette fonction avec celle de président de la Commission. Il faut se réjouir qu'en 2004 déjà – avant même que n'existe un texte définitif de traité, encore à ratifier et à mettre en vigueur – un premier pas important a été effectué dans cette direction avec le couplage du résultat des élections européennes à la nomination d'un nouveau président pour la Commission. À mon grand regret cependant, la Constitution ne fait aucune allusion à Dieu. Personnellement, j'avais plaidé pour une formulation inspirée de la Constitution polonaise : « Les valeurs de l'Union sont communes à ceux qui croient en Dieu comme source de vérité, de justice, de bonté et de beauté, ainsi qu'à ceux qui ne partagent pas cette foi mais qui défendent les mêmes valeurs sur la base d'autres convictions. »

Une réunification tant attendue

Le « projet de Constitution » devait préparer l'Union à accueillir les pays d'Europe centrale dont l'admission progressait à grands pas. Dès la chute du mur de Berlin, leur candidature avait été à l'ordre du jour, même s'il a encore fallu quinze ans pour que les pays en question deviennent réellement membres de l'Union. Le PPE s'est toujours montré partisan de la «réunification européenne» car, pour reprendre les mots de Jean-Paul II, ce continent doit respirer par ses deux poumons, celui de l'ouest et celui de l'est.

En même temps, le PPE a toujours souligné que l'approfondissement était une condition sine qua non pour mener à bien l'élargissement. Notre groupe – dont j'étais le président à l'époque – avait pris cette importante décision lors de nos journées d'étude de Stockholm des 8 au 12 septembre 1997. La suite a prouvé que ce n'étaient pas des paroles en l'air. On sait en effet que depuis 1989, à part sur l'euro, l'approfondissement, ou mieux une Europe politique unie, n'ont guère progressé. Par contre, c'est indiscutablement par l'élargissement que l'intégration européenne a le plus avancé.

Le parti a adapté son organisation en conséquence par un changement des structures d'affiliation et par la création d'un groupe de travail permanent consacré à l'élargissement. Ce groupe, dirigé par le vice-président Wim van Velzen, a cherché des progrès stratégiques dans toute l'Europe et, au vu des succès ultérieurs, on peut dire qu'il a fourni un remarquable travail.

Notre tâche n'a pas toujours été si facile. Le paysage des partis politiques est longtemps resté instable et l'est encore toujours dans certains des nouveaux États membres. Parfois, nous avons enregistré des succès rapides, comme en Hongrie, avec le *Fidesz* de Victor Orban. Dans des pays comme la Pologne, nous nous sommes par contre longtemps trouvés sur un terrain mouvant. Les partis membres étaient mutuellement concurrents et il a fallu que le PPE fasse pression pour arriver à un modus vivendi entre eux. Dans le meilleur des cas, ces partis sont parvenus, grâce à leurs contacts au sein du PPE, à conclure des alliances à l'échelle nationale ou à unir leurs forces sous une nouvelle coupole. Mais le succès n'était jamais garanti. Certains partenaires, qui avaient au départ de bons scores électoraux, ont disparu depuis lors. Ailleurs, au contraire, après avoir longuement manqué d'un partenaire valable, nous voilà tout à coup en position de force, comme en Croatie avec le Premier ministre Ivo Sanader. Compte tenu de la relative instabilité politique qui règne dans beaucoup d'États devenus membres de l'Union le 1er mai 2004 et dans la perspective de voir, à terme, adhérer l'ensemble des Balkans, il reste beaucoup de chemin à parcourir.

Chapitre XXX

PARCE QUE VERHOFSTADT N'ÉTAIT PAS AU PPE...

Depuis que les législatures coïncident entre la Commission et le Parlement, la campagne pour les élections européennes donne aussi l'occasion de spéculer sur le futur président. Il n'en alla pas autrement au printemps 2004. Chacun était persuadé que Romano Prodi n'avait aucune chance d'obtenir un deuxième mandat et lui-même n'y poussait guère. Les spéculations se mirent à fleurir dans les médias et en marge de nombreuses réunions. À l'inverse de ce qui s'était passé au début 1999, notre groupe était maintenant le plus nombreux du Parlement européen et on s'attendait à ce qu'il le reste après les élections de 2004. Il constituait donc un facteur incontournable. Cette fois, nous – et certainement les Allemands – voulions qu'on en tienne compte, car, en 1999, notre victoire n'avait en rien influencé la composition de la commission Prodi. Ne pouvait-on d'ailleurs pas lire dans le «Projet de Constitution» que la procédure de sélection du président de la Commission ne pouvait pas être découplée du résultat des élections?

En février déjà, j'avais été appelé par un responsable politique européen qui me demandait de prendre contact avec Verhofstadt. Je supposais que le Premier ministre belge l'avait chargé de me joindre dans l'espoir de lui préparer le terrain au sein du PPE. J'en avais touché un mot, de manière informelle, à quelques personnes de mon entourage immédiat. Toutes avaient réagi par la négative: le PPE devait soutenir son propre candidat. Mais tout le monde ne partageait pas ce point de vue. Parmi d'autres, nos chefs de gouvernements du Benelux, le Néerlandais Jan-Peter Balkenede et le Luxembourgeois Jean-Claude Juncker, apportaient leur soutien officieux à Verhofstadt. Les partisans de celui-ci avaient cependant un problème. Quand il apparut que le chancelier Gerhard Schröder et le président Jacques Chirac soutenaient Verhofstadt, il devint clair qu'il n'y aurait pas d'accord avec les Britanniques, tout comme en 1994 pour Jean-Luc Dehaene. Tout l'épisode allait démontrer à plusieurs reprises que les dissensions internes au Conseil européen sur la guerre en Irak – où l'axe franco-allemand soutenu par la Belgique s'était opposé de front aux Britanniques – avaient laissé des traces.

À la place du conducteur

À l'occasion de l'entrée dans l'Union de dix nouveaux États membres, j'avais invité, le 1er mai à Dublin, les Premiers ministres appartenant au PPE à une rencontre avec les membres du présidium. Le point le plus important de l'agenda était de savoir qui nous allions soutenir comme candidat à la tête de la Commission. Jean–Claude Juncker se disait un adversaire résolu de cette démarche. Selon lui, ce n'est pas parce que nous étions le groupe parlementaire le plus nombreux que nous avions le meilleur candidat. Pour lui, le président de la Commission ne devait pas être choisi selon une logique partisane. Le Premier ministre portugais José Manuel Durao Barroso nous apprit alors qu'il avait lui-même un bon candidat : son compatriote António Vitorino. Ce commissaire et vice-président de la Commission, chargé de la Justice et des Affaires intérieures, s'était forgé une fort bonne réputation à la Commission comme au présidium de la Convention, mais il n'était pas du PPE. Beaucoup d'entre nous ne voyaient pas d'un bon œil le soutien à des candidats non-PPE. Notre vice-président Peter Hinze était embarrassé par l'absence d'unanimité[1]. Je reçus donc la mission de contacter, dans les prochains jours et semaines, tous nos Premiers ministres pour voir qui pourrait être présenté au nom du PPE. Ce que Hintze avait résumé par la formule : « *Wilfried, you are again in the driving seat.* »

Aux prises avec une situation aussi complexe, je me suis demandé comment, je pourrais contribuer, seul, à une solution. J'ai malgré tout entamé ma tournée et j'ai eu un entretien personnel avec chacun des Premiers ministres appartenant au PPE. À chacun, j'ai demandé s'il était candidat. Mon premier arrêt fut Rome. Ce fut relativement simple car la position de Berlusconi était claire et nette : pas question d'une candidature Verhofstadt ! Ce qui n'avait rien d'étonnant compte tenu de leurs mauvaises relations, surtout depuis le Conseil européen d'octobre 2001 à Gand. Quand j'arrivai à Athènes fin mai, Kostas Karamanlis me dit qu'il venait tout juste d'avoir Verhofstadt au bout du fil. Et ce ne fut pas

1 En mission en Pologne, le chef du groupe CDU Pöttering et la présidente du parti Merkel n'étaient pas présents à cette réunion.

seulement le cas dans la capitale grecque. Partout où j'arrivais, Verhofstadt avait déjà pris contact pour présenter sa candidature, préciser qu'elle était soutenue par Schröder et Chirac et solliciter un appui. Tout cela se passait avant même que les électeurs n'aient exprimé leur vote et tout en répétant à l'opinion publique belge qu'il n'était pas candidat, alors qu'il brûlait d'envie d'exercer la fonction si convoitée de président de la Commission.

Paradoxalement, il y avait bien, au sein du PPE, un candidat de consensus : Jean-Claude Juncker. Il était le candidat idéal. Comme Premier ministre ayant la plus longue ancienneté, il jouait un rôle éminent au sein du PPE. Mais Juncker avait dit et répété qu'il n'était pas candidat pour nombre de raisons, et notamment parce qu'au Luxembourg, les élections nationales tombaient en même temps que le scrutin européen. Il avait aussi déjà promis, très tôt d'ailleurs, son appui à Verhofstadt. Quand je lui en parlai au téléphone, il resta sur sa position. Il aurait pourtant été un excellent président.

Tête-à-tête à Lisbonne

Après le congrès de Porto de l'un de nos partis membres, le PSD portugais, j'avais rencontré en tête-à-tête à Lisbonne José Manuel Barroso lors d'un déjeuner, le lundi 24 mai. Je lui avais parlé des obstacles rencontrés par Verhofstadt, mais aussi de l'avenir : nous n'avions pas d'alternative en vue, pas de candidat de consensus issu du PPE. Ce qui serait pour nous une catastrophe, car les socialistes occupaient déjà une série de postes clés. Barroso commença par confirmer ce qu'il avait déjà dit à Dublin, à savoir qu'il avait un bon candidat portugais et qu'il ne pouvait pas se permettre de ne pas le soutenir. Je lui ai répondu qu'il serait lui-même un bon candidat portugais ! Il avait en effet une solide réputation et ferait incontestablement à mes yeux un excellent président. De plus, Mario David avait appris au Conseil que les Français et les Allemands pensaient de même.

Ma première rencontre avec Barroso datait des journées d'études de notre groupe PPE en juillet 1994. Il passe pour atlantiste, mais je le connais comme un européen convaincu. Ses études au Centre européen Denis de Rougemont à Genève n'y sont certainement pas étrangères. J'ai appris à le connaître personnellement quand, en 1999, il est devenu président de son parti, le PSD. Sa victoire électorale de 2002 a été décisive et c'est donc comme Premier ministre qu'il a participé aux sommets du PPE et contribué à la forte présence du PPE au sein du Conseil.

Pendant une conversation téléphonique avec Schüssel, le Premier ministre autrichien, je lui ai parlé d'une éventuelle candidature de Barroso. Sa réaction fut positive. Schüssel lui-même aurait fait un bon président pour la Commission. Mais sa candidature – dont il n'a été question que dans des spéculations de presse et qui, à ma connaissance, n'a jamais été formellement posée – avait immédiatement soulevé une opposition radicale, et d'abord du côté français. Jusqu'au dernier moment, les Allemands de notre groupe avaient pourtant espéré un changement favorable à Schüssel de la part de Schröder et Chirac. Comme il avait peu de chances, Schüssel lui-même n'a jamais insisté, même pas au sein du PPE[1].

Sommet sur le tarmac

Au lendemain des élections européennes du 14 juin, le lundi midi, j'ai reçu un appel du député européen Johan van Hecke, entre-temps passé au groupe libéral, me demandant si Verhofstadt pouvait m'appeler. Comme je me trouvais dans un restaurant, je lui ai répondu : « Oui, mais pas maintenant. Ce soir sur ma ligne fixe à la maison. » Le soir, tandis que je regardais la télévision pour suivre les résultats électoraux, j'ai attendu le coup de fil de Verhofstadt. J'ai attendu jusqu'à assez tard car je le voyais apparaître sur diverses télévisions. Comme je m'apprêtais à aller me coucher, j'ai enfin reçu son appel. Il me dit – ce que tout le monde savait entre-temps – qu'il était présenté par Chirac et Schröder et qu'il pouvait compter sur un grand soutien à la CDU. Je lui répondis un peu étonné : « Vraiment ? De qui ? Lundi dernier, j'ai rencontré Angela Merkel à Berlin… Nous étions alors d'accord pour soutenir quelqu'un du PPE. » « Vraiment ? » répondit Verhofstadt. « Je la verrai demain à l'aéroport quand elle arrivera à Bruxelles. » Elle venait effectivement à Bruxelles pour le sommet du PPE prévu à Meise les 16 et 17 juin. Merkel et Verhofstadt se sont vus incognito sur le tarmac. Mais, face à l'intéressé, Merkel n'a pas modifié son point de vue.

Lors d'une première réunion du sommet du PPE le 16 juin, une large discussion fut entièrement consacrée au nouveau président. Aucun nom n'avait encore été avancé. En étroite concertation avec Angela Merkel et

1 À cette époque, la présidence de la Commission était toujours le principal sujet de discussion, lors de mes visites à La Haye, Berlin, Paris et Madrid également. Aznar m'avait dit : « Tu dois toi-même être candidat ! » Je lui avais répondu : « Non, c'est beaucoup trop tard. Ce moment est passé… »

Hans-Gert Pöttering, j'ai pris contact avec le conservateur britannique Chris Patten, commissaire européen aux Relations extérieures, pour lui demander s'il était disposé à être candidat. Son nom était déjà cité dans la presse, début mai, quand je suis revenu de Dublin. Le même soir, j'ai encore contacté le chef des conservateurs britanniques, Michael Howard, qui soutenait à plein la candidature de Patten. Compte tenu des relations difficiles entre le PPE et les *Tories*, c'était toujours ça de gagné. Patten aurait peut-être pu, comme au début de notre collaboration en 1992, occuper une fonction de médiation. Tactiquement, son choix était important: c'était l'un des nôtres (comme commissaire, il s'était montré proche du PPE) ; mieux encore, c'était un chrétien-démocrate qui soutenait à fond la ligne du PPE ; il était largement apprécié pour ses qualités de diplomate et son bon travail fourni au sein de la commission Prodi ; c'était un Britannique et pouvait donc compter sur le soutien du Premier ministre Tony Blair ; c'était un proeuropéen. Ce dernier point pourrait avoir une influence positive sur le parti conservateur britannique.

Partie triangulaire

Le mercredi du 17 juin 2004, nous avons eu le matin une nouvelle rencontre afin d'avancer un nom. La presse était massivement présente. Chacun était persuadé que nous avions la clé, surtout après notre succès électoral. Avant la réunion, j'ai vu chacun de nos Premiers ministres pour leur présenter la candidature de Patten. Karamanlis hésitait parce que le choix d'un Britannique lui semblait très délicat, compte tenu de la question de Chypre. Je perçus des doutes dans les yeux de Barroso. Je lui confiai : « Tu dois bien savoir que nous sommes ici dans un jeu triangulaire. Il est fort possible que la balle qui roule en direction de Patten revienne finalement dans ton camp. » Berlusconi, notre doyen d'âge, se disait prêt à contacter Blair à propos de la candidature de Patten. Depuis le traité de Nice, en effet, il fallait une majorité qualifiée du Conseil pour choisir le président de la Commission et il nous fallait donc le support des Britanniques pour disposer d'une minorité de blocage. Avec Blair, nous l'avions, contre Schröder et Chirac, et contre la candidature de Verhofstadt.

Pendant cette réunion, à laquelle assistaient les Premiers ministres mais aussi les chefs de parti, Pöttering, assis à côté de moi, m'incita à avancer un nom. J'ai donc proposé celui de Patten. Barroso s'en tenait à celui de Vitorino. Juncker continuait à défendre Verhofstadt.

Berlusconi reprit: « Je dois savoir comment agir au Conseil européen. » Finalement, tout le monde tomba d'accord pour que Berlusconi contacte Blair et que Patten soit présenté comme candidat. Avant les élections, j'avais dit et répété que le résultat du scrutin devrait se refléter dans le choix du nouveau président de la Commission, mais je restai à l'écart de la presse. Pöttering, par contre, fit part de son veto contre Verhofstadt, ce qui me mettait hors cause. Dans les médias, certains ont pourtant réduit la situation à un match de boxe Martens contre Verhofstadt, où le premier l'aurait à nouveau emporté sur le second.

Il n'y eut pas de consensus sur la personne de Verhofstadt au Conseil européen, parce que Berlusconi avait d'emblée reçu l'appui de Blair pour soutenir Patten. Bien que l'on ait encore passé des heures, et même la nuit à la recherche d'un accord, la minorité de blocage contre Verhofstadt a tenu bon.

Finalement, Chirac a fait comprendre à Verhofstadt qu'il n'avait plus aucune chance, mais il a maintenu son opposition à Patten. L'idée de confier la présidence de la Commission à un Britannique lui paraissait sans doute indigeste, surtout après l'opposition de Blair à « son » candidat, Verhofstadt. Quand j'ai encouragé Patten à se porter candidat, j'étais conscient des résistances auxquelles sa candidature allait certainement se heurter. C'est donc d'un cœur partagé que je l'ai soutenu. Mais Patten était assez lucide pour percevoir par lui-même pourquoi il n'aboutirait pas: le vent contraire venait de Paris. Maintenant la voie s'ouvrait à un autre candidat! C'est ainsi que Barroso a finalement été choisi. Le jeu à trois bandes n'a pas manqué de se conclure positivement... Nous tenions si nécessaire un autre candidat en réserve, Michel Barnier, devenu ministre des Affaires étrangères de France en 2004.

Entre gagnants

J'avais fait mon travail et me suis alors tenu à l'écart de ce qui se jouait dans et autour du Conseil européen. Quand Chirac a accepté la candidature de Barroso, Angela Merkel m'a appelé pour me dire: « Nous pouvons tous deux nous réjouir d'avoir réussi notre mission. » Indiscutablement, ses contacts étroits avec Blair y avaient puissamment contribué. Berlusconi avait d'ailleurs remarquablement joué là-dessus. Le choix de Barroso par le Conseil européen extraordinaire du 29 juin 2004 n'était pas seulement une victoire pour le PPE, mais aussi pour ceux qui n'avaient jamais cessé de croire qu'il était possible de traduire notre victoire électorale par une présidence de la Commission. Merkel était de ceux-là. Sans elle, je ne serais jamais parvenu à pousser Barroso sur le devant de la scène. Voilà un autre bel exemple de jeu triangulaire. C'est dans ces moments-là que se forgent des liens solides…

Je connaissais Angela Merkel depuis qu'elle avait été ministre dans le dernier gouvernement Kohl. La veille d'un congrès de la CDU, alors que j'étais à la même table qu'elle, Kohl lui dit: «Angela, tu devrais une fois inviter le président à Mecklenburg-Vorpommern», le «*Land*» où elle habitait. Plus tard, elle m'y a effectivement invité. Quand, en 1999, elle a succédé à Schäuble comme présidente de la CDU, elle est aussitôt venue me voir à Bruxelles. Depuis, nos contacts sont restés très étroits. Elle figure parmi les chefs de gouvernement que je peux directement joindre à tout moment sur leur portable. Ce n'est pas parce qu'à l'époque, Kohl l'avait surnommée *das Mädchen* qu'elle n'a pas une large vision politique. Elle a ses propres convictions, soutient à fond le PPE et, contrairement à bien d'autres, n'est pas à la traîne en politique internationale. Dans l'esprit de Kohl, elle a pris la tête de la nouvelle génération de dirigeants du PPE et peut ainsi favoriser une relance du processus d'intégration. Je mets d'ores et déjà beaucoup d'espoirs dans sa présidence de l'Union au premier semestre 2007.

Les «gagnants» étaient peu nombreux car la différence entre victoire et défaite n'avait tenu qu'à un fil. Un président doit être prêt à agir dans l'ombre – loin de tout micro et de toute caméra de télévision – pour œuvrer à une solution. Et il doit se donner du temps. Si, par exemple, nous avions d'emblée présenté Barroso comme le candidat du PPE, il aurait peut-être chuté sur l'opposition franco-allemande due au sommet des Açores qu'il avait organisé entre les partisans de l'intervention armée en Irak.

Un autre rapport de force

Il est douteux que l'on puisse voir se répéter le scénario qui fut un tel succès pour le PPE. Va-t-on à nouveau laisser le «bon peuple», par ses représentants élus, avoir voix au chapitre et ne va-t-on pas en revenir à une affaire qui, élections ou non, se règle entre chefs d'État ou de gouvernement au Conseil? En 2009, certains seront probablement plus sur le qui-vive, surtout si les nouvelles dispositions prévues dans la Constitution entrent en vigueur, ce qui est aujourd'hui moins que sûr. Est-ce que nos adversaires politiques ne vont pas y réfléchir à deux fois avant de nous consentir à nouveau pareil succès?

La désignation de José Manuel Barroso comme président de la Commission démontra que le rapport des forces avait changé entre les institutions. Le Parlement européen cessait d'être le parent pauvre de la décision européenne. Il avait montré ses crocs tant au Conseil qu'à la Commission, même si, dans les deux cas, ce sont les rapports politiques internes entre les groupes qui avaient été à la base de la bataille politique. En outre, le choix de Barroso, tout comme l'affaire Buttiglione, avait montré l'importance du nouveau calendrier: comme les deux institutions inauguraient ensemble leur nouvelle législature, le Parlement comme la Commission tenaient à bien se profiler dans leur nouvelle composition. La coïncidence entre les deux quinquennats a fortement ranimé la tension entre les deux.

Cela prouve une fois de plus que les rapports institutionnels évoluent en direction du jeu classique entre gouvernement et parlement.

Une position forte

Les élections européennes de juin 2004 avaient consolidé la position déjà forte du groupe PPE-DE. Avec 268 élus, il restait de loin le groupe le plus important du nouveau Parlement élargi. Le groupe socialiste comptait 200 membres alors que 40 % des parlementaires européens issus des nouveaux États membres s'étaient joints au nôtre. Nous étions le seul groupe parlementaire à compter des élus dans tous les États membres de l'Union européenne. Cette victoire était surtout due aux bons scores des nouveaux partis membres dans les pays nouvellement admis. Notre implication de plusieurs années en Europe centrale et orientale n'avait pas été vaine et nous pouvions maintenant en recueillir les fruits.

Le PPE était fort et le congrès préélectoral des 4 et 5 février 2004 à Bruxelles l'avait déjà démontré. Une impressionnante brochette de chefs de gouvernement s'était adressés aux congressistes; cela n'avait pas toujours été le cas dans l'histoire du PPE... Comme Aznar avait décidé de ne plus être candidat Premier ministre aux élections espagnoles de mars, c'était son dernier congrès comme chef de gouvernement. Une nouvelle génération de dirigeants PPE se tenait prête ou était déjà aux commandes: Merkel en Allemagne, Stoiber en Bavière, Balkenende aux Pays-Bas, Juncker au Luxembourg, Schüssel en Autriche, Karamanlis en Grèce, Barroso au Portugal, Berlusconi en Italie, Raffarin en France, etc. Ce congrès a approuvé le programme d'action 2004-2009 que j'avais formulé avec le vice-président Hinze et le soutien compétent de Christian Kremer, talentueux secrétaire général adjoint. Il souleva peu de débats car tous les regards étaient tournés vers l'élargissement du 1er mai.

Contingences nationales

La campagne électorale fut marquée par de graves développements. Nous savions tous que ni les Français de l'UDF ni les Italiens du PPI ne voyaient d'un bon œil un élargissement du parti et du groupe. D'autres partis encore, dont les chrétiens-démocrates flamands, avaient eu du mal à accepter la stratégie du PPE. Mais quand, au début de l'année, le groupe avait décidé d'adapter son règlement intérieur à la demande des conservateurs britanniques, les centristes français et la gauche des chrétiens-démocrates italiens avaient carrément pris feu. Ils firent du changement des statuts une affaire de principe et ils quittèrent notre famille politique, faute d'avoir eu gain de cause. Peu après les élections européennes, ils fondèrent, sous la houlette de Prodi, un nouveau parti – le « Parti démocratique européen » – qui forme, au Parlement, un groupe commun avec les libéraux[1].

En fait, le changement des statuts leur fournissait l'alibi tout trouvé pour réaliser ce qu'ils avaient planifié depuis longtemps : suivre leur propre voie sur le plan européen. L'UDF et le PPI pouvaient difficilement encaisser de ne plus être, après l'adhésion de l'UMP et de *Forza Italia*, la délégation la plus importante de leur pays. En outre, ces partis vivaient en mauvais termes avec l'UMP et *Forza Italia*, parce qu'au plan national ils avaient opté pour l'opposition, alors que l'UMP et *Forza Italia* étaient au gouvernement. Ils ne pouvaient manifestement pas, au contraire d'autres, former une délégation de centre-droit et unir leurs forces au sein du Parlement européen. Car la politique européenne est d'abord vue, chez eux, comme la continuation de la politique nationale par d'autres moyens, pour paraphraser Clausewitz.

Il est clair que le président de l'UDF, Bayrou, attendait le bon moment pour, via le groupe, se profiler contre l'UMP, un parti auquel il ne voulait pas appartenir, au contraire de beaucoup d'autres chrétiens-démocrates français. Tout cela dans la perspective des élections présidentielles de 2007. Bayrou voulait, par-dessus tout, rester un « présidentiable » et, comme

---

1 Gérard Deprez aussi choisit le camp de Prodi. Jusque-là, il appartenait au groupe PPE-DE malgré son passage chez les libéraux. Johan Van Hecke avait rejoint le groupe libéral dès 2002.

candidat centriste, offrir une alternative à l'électeur français de centre-droit. C'est la cause réelle de son départ. Va-t-il réussir dans ses ambitions? Grand point d'interrogation. En attendant, le mal est fait à cause de ses projets personnels et le parti qui a succédé au CDS – un des fondateurs du PPE – n'est plus dans notre famille politique.

Cela vaut aussi plus ou moins pour le PPI. Comme Prodi se présente comme alternative à Berlusconi aux législatives d'avril 2006, il a besoin du soutien du PPI, un des successeurs de la *Democrazia Cristiana*. En temps que démocrate-chrétien, Prodi a joué un rôle important dans cette succession et dans la mise sur pied d'un nouveau parti européen. Il était encore président de la Commission à ce moment, mais apparemment cela ne lui posait aucun problème.

Le noyau dur

Un parti comme le PPE, confronté à des défis si vastes et si variés, ne peut être efficace que s'il peut compter sur la compétence et l'engagement de ses collaborateurs. Ce n'est pas un hasard si c'est souvent à des Belges que l'on confie les fonctions du parti qui demandent une grande continuité. C'est simplement dû au fait que la proximité et la disponibilité – il faut être mobilisable en permanence – jouent ici un rôle essentiel. Le noyau dur de notre organisation habite près de Bruxelles, ce qui contribue indiscutablement à la force du parti.

Ingrid Goossens, qui était déjà à mes côtés au groupe parlementaire de 1997 à 1999, a débuté comme collaboratrice au secrétariat; elle est maintenant mon indiscutable bras droit. Le parti peut compter sur son ardeur au travail et sa remarquable connaissance des langues. Je dois à peine corriger une virgule à ses comptes rendus des réunions les plus importantes!

Aussi loin que l'on puisse se souvenir, Guy Korthout a toujours travaillé pour le parti. Étant un des pionniers, il a, pendant des années, veillé à la parfaite organisation des congrès, du bureau politique, du présidium, des sommets du PPE. Le parti a aussi pu compter sur son expertise pour les finances et l'infrastructure.

Depuis son entrée au groupe en 2004, Luc Vandeputte, armé de sa riche expérience et de son grand enthousiasme, a repris la gamme des fonctions de Korthout[1].

---

1 À partir de juillet 2006, le PPE emménagera dans de nouveaux locaux, rue du Commerce à Bruxelles. Toutes les associations du PPE y auront leur place: les jeunes, les étudiants, les femmes, les travailleurs, les petites et moyennes entreprises, les seniors.

Les partis européens

S'il y a une chose dont je peux revendiquer la paternité en politique, c'est bien d'un statut et d'un financement pour les partis politiques européens. L'absence de règles était un vieux problème que j'ai vraiment perçu quand, en 1990, je suis devenu le président du PPE. J'ai pris diverses initiatives pour y remédier. J'en ai parlé avec le président de la Commission, Delors ; j'ai alerté mes contacts au Conseil européen ; j'ai mis le point à l'ordre du jour des sommets du PPE ; et j'ai réuni là-dessus les présidents des partis transnationaux. Il s'agissait à l'époque de Guy Spitaels pour les socialistes et de Willy De Clercq pour les libéraux. Plus encore que le PPE, les autres partis étaient demandeurs d'un statut spécifique car leurs collaborateurs émargeaient au budget des groupes parlementaires et ils devaient squatter les locaux du Parlement européen, au contraire du PPE qui avait déjà son quartier général en dehors du Parlement. Je m'étais basé sur la Constitution allemande pour la formulation. L'article qui, à grand-peine, a été introduit dans le Traité s'avéra toutefois insuffisant parce qu'il n'était qu'une déclaration d'intention.

Il s'ensuivit des années d'intenses discussions et de réunions sur l'application pratique. En fait, cela revenait à une querelle entre les politiques et les diplomates (les représentants permanents des États membres auprès de l'Union européenne). Pendant les années où j'ai siégé au Parlement, toutes sortes de formules ont été envisagées mais aucune n'a fait avancer les choses. C'est alors que nous avons demandé son avis au service juridique du Parlement. Ses juristes nous ont fait savoir que l'article existant n'offrait aucune base légale pour régler, par exemple, le financement. Celui-ci n'avait pas de fondement juridique parce que le Parlement n'avait que les compétences qui lui étaient concédées, alors que les parlements nationaux disposaient d'une pleine compétence législative. Je me sentais trompé !

C'est finalement le traité de Nice qui a fourni, en son article 191, la base légale nécessaire pour que le rôle reconnu aux partis transnationaux puisse se traduire par des retombées concrètes.

Mais il restait bien du pain sur la planche car certains gouvernements s'opposaient à une réglementation. Une première tentative, par l'Allemande Ursula Schleicher, rapporteur et membre du groupe PPE, tourna court en 2001. Une deuxième proposition, due au social-démocrate allemand Jo Leinen et au PPE grec Giorgos Dimitrakopoulos, fut acceptée par le Parlement et, fin 2003, finalement approuvée au Conseil par une majorité qualifiée.

C'est ainsi que le PPE jouit depuis 2004 de la personnalité juridique et perçoit directement du Parlement une dotation (calculée sur la base d'un montant minimal qui est le même pour tous les partis européens reconnus augmenté d'un surplus proportionnel à l'importance du groupe)[1]. Aujourd'hui, ce système est transparent et parfaitement légal. Les abus et l'utilisation illicite des sommes versées aux groupes sont maintenant éliminés. Cela semble une victoire à la Pyrrhus mais c'est, dans les faits, un acquis important après la longue marche à travers le dédale des institutions européennes. C'est aussi un pas vers «l'européanisation» d'un système de partis démocratiques et vers la «politisation» du processus de décision européen.

De l'argent légal

La tâche est loin d'être achevée car le statut est encore incomplet. Mais il était difficile d'obtenir plus et on risquait toujours de surcharger la barque. J'ai mis en garde Jo Leinen à ce sujet. Il était exclu de réaliser d'un seul coup une réglementation complète, incluant également l'uniformisation du processus électoral, un statut des parlementaires européens, etc. Mais il fallait régler le problème du financement. Je lui ai dit exactement: «Je ne demande pas plus d'argent, mais de l'argent légal.» Il a pris à cœur mes préoccupations et mises en garde. J'ai pu ainsi moi aussi imprimer ma marque finale sur le long processus pour «une reconnaissance du rôle des partis politiques européens».

Toutefois, la nouvelle réglementation risque d'être victime de son propre succès. Il y a tellement de partis qui introduisent une demande et obtiennent une dotation que le paysage politique européen risque de devenir une sorte de *patchwork*. Dans la mesure où de plus en plus de partis ont droit au minimum, la dotation relative diminue pour les grands partis (puisque le budget global reste constant). Il y a aussi le risque de voir les partis européens se transformer en de simples bureaucraties dont la raison d'être n'est plus que le maintien de leur propre organisation. S'ils n'ont pas à leur tête une véritable direction politique, on va vers un système où le financement ne servira plus qu'à entretenir un *staff* et non à financer des actions politiques.

---

1 Le PPE est passé d'un statut d'association de fait à celui d'ASBL puis d'AISBL (association internationale sans but lucratif). Pour permettre cette dernière, il a fallu adapter la législation belge en la matière.

Les partis existants doivent être durablement renforcés pour qu'ils puissent jouer leur rôle dans le « concert européen », pour reprendre l'expression de Delors. Cela peut notamment se faire en récoltant les idées et les compétences venues des services d'études des partis nationaux ou de leurs fondations politiques. Pour ce qui est du PPE, plusieurs partis membres disposent de remarquables *think-thanks* comme la *Konrad-Adenauer Stiftung*, la *Hans-Seidel Stiftung* ou, en Espagne, le FAES maintenant présidé par Aznar. D'autres ne connaissent pas cette tradition ou ont laissé se perdre des outils jadis réputés comme le Cepess, que le CD&V comme le CdH ont enterré sans vouloir investir dans une alternative. Il doit être possible d'aider, par un réseau ad hoc, les instituts existants à exercer une véritable collaboration européenne. Je suis persuadé que, tôt ou tard, le parti devra prendre une initiative pour coordonner cela structurellement[1].

La police de la Bosnie

Une part importante de mes activités concerne les pays qui ont un jour l'ambition d'appartenir à l'Union européenne. J'ai été concrètement confronté aux problèmes politiques de ces pays quand, de juillet à décembre 2004, j'ai accepté de diriger une commission chargée d'une réforme de la police en Bosnie-Herzégovine.

Chris Patten, commissaire européen aux Relations extérieures, m'avait proposé comme président. La Commission européenne a, en effet, été impliquée dans la stabilisation de ce pays après les accords de Dayton. Elle a, en particulier, tenté des réformes dans divers domaines, dont par exemple l'organisation policière. J'ai accepté cette mission compte tenu de mon expérience belge en matière de réformes institutionnelles et de ma connaissance du paysage politique bosniaque. Cela a été pour moi une expérience unique et une application concrète des principes que nous ne cessons de défendre à Bruxelles.

La police de Bosnie semblait frappée de corruption ; ses différents corps collaboraient à peine ; ses effectifs étaient en surnombre et les immixtions politiques partisanes dans ses activités étaient monnaie courante. Cela ressortait très clairement du rapport de Bernhard Prestel,

1 Au niveau du groupe, le conservateur britannique James Elles a déjà créé le *European Ideas Networtk* qui organise chaque année une *Summer University* et une *Ideas Fair* pour des hommes politiques, des académiques ou des journalistes.

un éminent expert allemand que j'avais déjà pu apprécier lorsque, comme Premier ministre, j'avais lu ses rapports spécialisés sur les chemins de fer, les postes et d'autres services publics en Belgique. C'est son document qui nous a servi de base pour la réforme bosniaque. En dehors d'un Britannique et d'un Irlandais, la commission était composée de nationaux professionnellement en rapport avec la police : le ministre national de la Sécurité, les ministres de l'Intérieur de la *Republika Serpska* et de la Fédération bosno-croate, le procureur général, le chef de la Sécurité d'État, etc. J'ai essayé au cours de quelques missions d'évaluer la situation par moi-même et de m'informer sur place sur les personnes et les problèmes.

Pour organiser efficacement la police, j'ai proposé, sur le modèle belge, la création d'une structure double : une police nationale et plusieurs zones de police locales disposant d'une large autonomie pour leurs missions quotidiennes. L'idée de base était que la répartition géographique devait se faire en fonction de l'efficacité et non des entités ethniques. C'était la pierre d'achoppement pour les représentants de la *Republika Serpska*. En octobre 2004, un accord a éte conclu sur la base du rapport final détaillé que j'avais rédigé avec les experts. Les discussions sur les modalités pratiques d'application sont toujours en cours.

Je suis plus que jamais convaincu, après ma mission en Bosnie, que le seul avenir possible pour ce pays est son entrée dans l'Union européenne. La Commission a déjà entamé la procédure en ouvrant, en octobre 2005, les négociations sur un « accord d'association et de stabilité », premier pas important vers le statut de candidat membre. Seule l'UE peut apporter une stabilité durable à un pays qui a été déchiré par un nationalisme exacerbé. La Bosnie reflète bien les problèmes de l'ensemble des Balkans en matière politique, économique, sociale, culturelle et religieuse. Mais c'est dans l'Union que résident l'avenir et la stabilité de cette « poudrière de l'Europe » que sont les Balkans. Ces pays, qui font incontestablement partie de l'Europe, doivent à terme entrer dans l'Union. Certes, nos opinions publiques sont actuellement fatiguées des élargissements. Mais il suffit de dirigeants politiques qui auront le courage d'expliquer que c'est aussi un enjeu déterminant pour nous. Trouverons-nous les gouvernants et la force pour franchir mentalement ce pas ? Nos responsables en ont-ils conscience ?

Pour la Turquie

La Turquie sera indiscutablement le premier test en grandeur nature. Y compris pour le PPE. Après l'intégration de l'UDE au sein du PPE, on s'est en effet demandé que faire avec les formations devenues « sans domicile ». C'était le cas des deux partis turcs, le « Parti de la Mère Patrie » et le « Parti de la Juste Voie », qui n'avaient jamais demandé à être des « membres associés ». En novembre 2002, ces deux partis ont été évincés du Parlement et l'AKP est arrivé au pouvoir, ce qui a créé une situation entièrement nouvelle. L'AKP avait obtenu la majorité absolue et Abdullah Gül était devenu Premier ministre, avant de passer la main au chef du parti, Recep Tayyip Erdogan.

Au départ, je n'étais pas partisan de l'entrée de la Turquie dans l'Union. En 1996, comme président du PPE et au nom des Premiers ministres de notre parti, je m'étais explicitement prononcé contre l'ouverture de négociations, ce qui avait créé des remous à l'époque. Par après, mes idées sur la Turquie, et en particulier sur l'AKP, ont complètement changé après la lecture d'une analyse détaillée rédigée par le responsable à Ankara de la *Konrad-Adenauer Stiftung*. J'étais aussi de plus en plus convaincu de l'intérêt d'un dialogue comme celui que j'avais organisé avec les orthodoxes, comme par hasard à Istanbul, ville dont Erdogan était alors le maire. Dans le monde d'après le 11 septembre 2001 et dans la perspective d'un élargissement de l'Union, il était bien nécessaire de dialoguer avec un parti laïc de musulmans modérés et démocrates, dans un pays qui pratiquait la séparation entre l'Église et l'État.

Les premiers contacts entre l'AKP et le PPE datent de 2003. Invité par l'AKP, le vice-président Karamanlis a pris la parole à la première convention du parti, le 12 octobre 2003. Le même mois, en marge des discussions avec l'Église orthodoxe, une mission a enquêté sur place ; elle était conduite par le vice-président Wim Van Velzen, et comprenait Harmut Nassauer, chef de la délégation CDU/CSU au Parlement européen et notre europarlementaire grec Antonios Trakatellis. En février 2004, Gül, devenu ministre des Affaires étrangères, a pris la parole au congrès du PPE à Bruxelles et je me suis rendu à Istanbul avec Wim Van Velzen. C'était ma première rencontre personnelle avec Erdogan[1]. Lors d'une autre visite, en juillet 2004, il m'a fait savoir que son parti allait demander le statut d'observateur. Comme, dans son rapport du 6 octobre, la Commission avait donné

1 Quelques jours plus tard, avait lieu la visite, abondamment commentée, de Merkel à l'époque chef de l'opposition, à Istanbul. Elle aussi a personnellement rencontré Erdogan.

un avis positif sur des négociations en vue d'une adhésion, le PPE a marqué son accord le 4 novembre. À la fin de janvier 2005, l'AKP est devenu membre du PPE à titre d'observateur et, le 22 mars déjà, Erdogan était présent au sommet du PPE à Meise. Entre-temps, le Conseil européen du 17 décembre 2004 avait donné son feu vert à l'ouverture des négociations d'adhésion.

Pas de « musulmans-démocrates »

Que l'AKP soit devenu membre observateur au PPE n'est pas sans signification. Cela veut dire qu'il a souscrit aux statuts, au programme de base d'Athènes et au programme d'action 2004-2009. Un parti musulman peut-il ainsi se ranger derrière des principes chrétiens-démocrates? Pourquoi, dans le cas de l'AKP, ne parle-t-on pas de « musulmans-démocrates » par analogie avec les « chrétiens-démocrates » ?

Quand, au cours d'une de mes visites, j'ai soumis cette question à Erdogan, il m'a répondu : « Non, nous ne pouvons pas le faire. Nous ne pouvons jamais utiliser la religion dans l'appellation d'un parti, car les hommes, les mouvements et les partis peuvent commettre des fautes qui risquent de nuire à la religion. Mais cela ne signifie pas, au contraire, que nous ne partageons pas des idées avec les chrétiens-démocrates. Nous avons en commun les mêmes valeurs fondamentales et, comme vous, nous nous inspirons de notre religion. » Dans la ligne de ces positions, les statuts et le programme d'action de l'AKP font à peine référence à l'islam. Dans une lettre du 8 septembre 2004, Erdogan me précisait : « Le préambule des statuts du PPE contient une référence à une "vision chrétienne de l'homme et à une conception chrétienne-démocrate de la société". L'AKP peut accepter une telle formulation dans la mesure où ses propres statuts l'autorisent et où elle se conforme au traité constitutionnel de l'Union. »

Partenaire, et puis ?

Toutes sortes de raisons plaident pour une étroite collaboration entre l'AKP et le PPE. Les contenus de nos statuts et de nos programmes sont compatibles. Stratégiquement, il est important pour nous d'avoir un partenaire solide dans un pays qui est un candidat membre d'un tel poids. Les libéraux européens étaient prêts à affilier l'AKP à tout prix et une alliance semblait se préparer quand Erdogan a participé, en juin 2004, au sommet des chefs de gouvernement libéraux. De son côté, l'AKP a tout intérêt à développer des contacts avec les grands partis européens du centre-droit. Si Erdogan veut effectuer une percée, ce sera avec nous et non avec les libéraux.

Depuis 1963 déjà, on envisage une adhésion des Turcs. Ils ont officiellement posé leur candidature le 14 avril 1987, alors que je présidais la Communauté européenne. Le PPE est partisan de négociations ouvertes sur un «partenariat privilégié». L'Union européenne n'est pas, aujourd'hui, en mesure d'intégrer un si grand pays. C'est indiscutable, compte tenu des moyens financiers que les États membres sont prêts à y consacrer. Mais ce n'est pas un refus de principe. Je conçois le «partenariat privilégié» comme un régime de transition. Tout dépend des résultats d'un tel «partenariat» et de la capacité future de l'Union d'intégrer un nouveau membre d'une telle taille. Car si la collaboration était jugée positive et si l'Union disposait un jour des moyens suffisants, les arguments contre une adhésion pleine et entière tomberaient. À cet égard, il nous faut des hommes politiques qui ne restent pas prisonniers de leurs propres attitudes mais qui ont le courage de dépasser les limites imposés par leurs propres partis.

Soutien à la Croatie

Ce courage politique a totalement fait défaut quand il a été question d'ouvrir des négociations avec la Croatie. Le PPE est favorable à l'adhésion des Croates. Sur la base de mes bons contacts avec le Premier ministre Sanader et de ma mission en Bosnie, j'avais depuis toujours la conviction que les autorités croates apporteraient leur entière collaboration au Tribunal international sur les crimes de guerre de La Haye. Le 15 mars 2005, j'ai animé à Bruxelles une rencontre de nos ministres des Affaires étrangères. Ni le Néerlandais Ben Bot, ni le Français Michel Barnier n'y étaient. Il a dès lors été impossible d'éviter une impasse à la réunion du Conseil, quelques jours plus tard à Luxembourg.

Mais je n'ai pas lâché le morceau. J'ai entrepris toutes sortes d'actions pour aboutir à une avancée. Au nom de dix Premiers ministres, dont neuf du PPE, j'ai adressé le 26 août une lettre à Tony Blair, qui présidait alors l'UE; j'y soulignais que la Croatie méritait notre soutien total et que le moment était venu d'ouvrir des négociations. Je n'ai reçu immédiatement qu'un accusé de réception venant de l'un ou l'autre sous-fifre. Mais quand, en octobre 2005, le Conseil s'est décidé pour des négociations avec la Croatie et la Turquie, Tony Blair m'a fait parvenir une réponse enthousiaste: «Merci pour votre lettre du 26 août sur le rôle global que joue l'UE sous notre présidence et, en particulier, sur des négociations d'adhésion à l'UE avec la Croatie.» Une fois de plus, le PPE avait été suivi. Les objections et les interventions du procureur général du Tribunal international n'étaient pas toujours justifiées et les faits l'ont montré. On a peut-être utilisé la Croatie pour finalement gagner à sa cause les adversaires d'une candidature turque.

Quo vadis Europa ?

Il est impossible de découpler l'élargissement de l'Union de son approfondissement. Les institutions européennes n'ont jamais été préparées à une extension d'une telle ampleur. Cela coince depuis Maastricht déjà. Amsterdam et Nice n'ont pas apporté de solutions. La Convention a fourni un travail remarquable, mais on peut se demander si le traité constitutionnel n'était pas trop vaste. Il faut absolument sauver la première partie, celle qui est consacrée aux institutions et aux fondements de l'Union.

Mon regard sur le long terme? Je crois toujours en une Europe fédérale. À mes yeux, il ne s'agit pas aujourd'hui des «États-Unis d'Europe», et certainement pas d'un super-État. L'Europe doit être une fédération *sui generis,* une Union décentralisée sur la base de ses États membres. L'Europe doit continuer à pratiquer une économie sociale de marché dans le contexte d'une globalisation mondiale. Chez nous, la solidarité et la cohésion sociale priment. L'Union politique doit se faire par des actions communes en matière de politique étrangère et de sécurité. L'Union doit se préoccuper de sa sécurité intérieure[1]. Au plan des institutions, je suis en faveur d'une élection directe d'un président de la Commission européenne qui préside également le Conseil; je crois en un Parlement européen avec pleine compétence en matière législative, en collaboration avec le Conseil; je suis partisan de moyens financiers propres pour l'Union sur la base du principe «pas de pouvoir sans responsabilité représentative et vice versa»; je prône la codécision pour le Comité des régions; je défends un statut et un mode d'élection uniformes des parlementaires européens et un rôle accru des partis transnationaux lors des élections européennes.

1 J'ai déjà présenté ces idées le 4 octobre lors mon intervention au «Club des Européens», un club de débat de haut niveau du ministre français des Affaires étrangères Philippe Douste-Blazy.

Un projet mobilisateur

Pendant des années, le débat institutionnel a été trop dominant, y compris au PPE. L'accent mis sur les réformes institutionnelles a, en grande partie, laissé l'opinion publique indifférente. L'institutionnel est décisif mais il ne suffit pas pour répondre aux questions et aux préoccupations de nos concitoyens. Il faut plus. À l'exemple de la campagne « Europe 92 » et de l'euro, nous devons trouver un autre projet enthousiasmant et mobilisateur. Il faut entreprendre des actions communes portées par les parlementaires, les gens de terrain et les médias, par exemple en matière d'énergie, de sécurité intérieure et extérieure. La Commission a ici un rôle capital. Elle doit faire des propositions qui seront approuvées et défendues par le Conseil. Et les chefs de gouvernement doivent alors les symboliser et les promouvoir.

Pour cela, il faut un leadership qui fait actuellement défaut. Il y a pourtant des signes d'espoir : le nouveau gouvernement allemand, sous la conduite d'Angela Merkel, souhaite reprendre le projet de Constitution ; on enregistre aussi la conscience croissante, notamment au sommet du PPE de décembre 2005, que le système actuel des dotations est intenable pour financer l'Union… S'il y a une volonté politique, beaucoup de progrès sont possibles, même dans un cadre institutionnel encore imparfait.

Le congrès du PPE à Rome, qui aura eu lieu lors de la parution de ces mémoires, se fondera explicitement sur le préalable que, si l'Europe doit connaître une relance, cela ne pourra se faire qu'avec les citoyens. Rome sera peut-être le départ d'une nouvelle ère.

Dans cette relance, les partis politiques européens peuvent jouer un rôle important. Mais alors les partis membres doivent cesser de passer sous silence l'existence de partis transnationaux, comme c'est souvent le cas actuellement. L'Europe doit faire partie de l'horizon de chaque parti et ne pas être seulement l'affaire des parlementaires européens. Si un parti ne veut pas étouffer dans son petit intérêt propre, il a besoin d'une telle ouverture. Chacun doit prendre l'Europe à cœur. Et tout parti doit s'y investir, surtout auprès des jeunes. Car ce sont eux qui vont construire l'Europe de demain.

Quatrième partie

LE PARCOURS D'UNE VIE

Chapitre XXXI

MES HUIT GOUVERNEMENTS

Je crois encore aujourd'hui que ma nomination comme Premier ministre en avril 1979 est venue trop tôt. J'étais trop jeune et je manquais d'expérience ministérielle. Je n'avais que 42 ans. Paul Vanden Boeynants était formateur et il ne devint pas Premier ministre: cela en dit assez sur l'imbroglio politique belge à la fin des années septante.

Le 16, rue de la Loi n'était cependant pas pour moi un lieu inconnu puisque quinze ans plus tôt, j'avais déjà été membre du cabinet du Premier ministre. Lorsque j'y suis revenu, il y avait toujours aussi peu de confort. L'endroit, situé au carrefour de la rue de la Loi et de la rue Ducale, face au parc de Bruxelles, subissait la pollution sonore de l'intense circulation. Quelqu'un avait eu auparavant l'idée «lumineuse» d'utiliser un système de chauffage qui s'alimentait à l'air pollué des rues avoisinantes. J'ai dû le faire remplacer tellement j'étais allergique aux gaz d'échappement.

Mais cela n'empêche évidemment pas que le «16» soit un bâtiment rempli d'histoire. Il est situé dans un quartier très élégant de la ville qui a conservé un aspect classique. Le bureau du Premier ministre est situé au coin du premier étage. J'en ai gardé les premières années la décoration tant je croyais que mon passage serait de courte durée. J'ai appris que Guy Verhofstadt y a effectué depuis d'importants changements.

La meute des journalistes

L'entrée est l'image la plus connue du grand public, tellement elle a été diffusée dans les journaux télévisés. Chaque fois que les ministres étaient conviés à une réunion, des scènes chaotiques s'y produisaient. Ils étaient déposés par leur chauffeur sur le trottoir et ils devaient se frayer, avec leurs volumineux dossiers sous le bras, un chemin parmi la meute des journalistes. Une fois entrés, ils devaient appeler l'ascenseur réservé aux ministres qui arrivait lentement ou restait souvent bloqué au premier étage. La presse profitait évidemment de cette attente pour les encercler et tenter de leur extorquer une information sensible. Bref, des conditions de travail primitives.

Cette proximité entre les dirigeants et la population était bien typique de notre pays. Après chaque Conseil, le Premier ministre devait descendre dans une petite pièce du rez-de-chaussée et faire rapport aux journalistes. La salle était si petite que les journalistes pouvaient lire mes notes par-dessus mon épaule! En 1985, lorsque les ministres devinrent la cible d'attentats éventuels, cette situation apparut intolérable. Jean Gol exigea l'édification d'une tribune surélevée pour les ministres pour mettre plus de distance entre ceux-ci et les journalistes. C'est une des raisons pour lesquelles j'ai fait construire, plus tard, une salle de presse sous la cour intérieure du bâtiment. Je ne l'ai jamais utilisée personnellement et c'est Jean-Luc Dehaene qui l'a inaugurée, en octobre 1994.

La résidence du Premier ministre se trouve non loin de là, rue Lambermont: un majestueux hôtel de maître proche du Parc Royal. Seul, Théo Lefèvre y a résidé avec sa famille. Les autres Premiers ministres préféraient rentrer chez eux.

Le gouvernement ne se réunit pas qu'au 16, rue de la Loi. Si l'on s'attend à des discussions très longues, il se retire dans des châteaux ou palais comme Val Duchesse, Egmont ou Stuyvenberg. Les accords importants ont pris le nom des lieux où ils furent signés: c'est le cas du pacte d'Egmont en 1977-1978.

Trente ans au «16»

Pendant trente ans, de 1968 à 1999, si l'on excepte une courte interruption d'une année en 1973 avec le socialiste wallon Leburton, quand le CVP était à ce point divisé qu'il ne put proposer un candidat, et avec le gouvernement de transition de Paul Vanden Boeynants d'octobre 1978 à avril 1979, les sociaux-chrétiens flamands ont investi le 16, rue de la Loi. Le poste de Premier ministre est en effet normalement dévolu au parti majoritaire à la Chambre. Charles-Ferdinand Nothomb, en tant que président du PSC, a souvent plaidé pour une alternance entre Premiers ministres néerlandophones et francophones. J'estimais personnellement ce point de vue défendable mais Charles-Ferdinand n'a pu convaincre personne. Ce fut d'ailleurs rarement un point de discorde entre Flamands et Wallons.

Après les élections du 24 novembre 1991, un candidat s'imposait comme Premier ministre : le Wallon Melchior Wathelet. Cet homme politique âgé de 43 ans était charmant, plein de classe, courtois, habillé avec goût, multilingue, ancien de Harvard et modéré. Il n'avait jamais eu une parole désobligeante vis-à-vis des Flamands et il parlait un néerlandais sans failles. Très populaire aussi en Wallonie, il était l'image même du Premier ministre dont voulait l'électeur. J'en ai été longtemps convaincu aussi, dans une optique d'alternance, et n'ai jamais caché cette opinion. Mais il semble que le milieu politique en ait jugé tout autrement. En tant que ministre de la Justice, il se révéla en effet indécis dans l'affaire du prêtre irlandais Ryan.

Le gouvernement Thatcher avait exigé l'extradition de ce prêtre soupçonné de complicité dans divers attentats perpétrés par l'IRA. La Chambre bruxelloise des mises en accusation donna un avis favorable mais Ryan entama une grève de la faim. Son état de santé se dégrada rapidement, à tel point qu'une issue fatale n'était pas à exclure. Melchior paniqua et me demanda de faire trancher l'affaire par le cabinet restreint. Après une délibération courte mais intense, nous avons décidé d'embarquer Ryan dans un avion militaire à destination de l'Irlande, son pays natal où il n'avait jamais été poursuivi. Margaret Thatcher était furieuse !

Melchior Wathelet entama donc la formation d'un gouvernement le 19 décembre 1991. Il commença par rencontrer les représentants de la société civile dans le but de restaurer la confiance entre le citoyen et la politique. Mais cette initiative finit dans le « bac à sable », comme le disait en coulisses un Herman van Rompuy ironique (*La Libre Belgique* du 25 janvier 1992). Le monde politique était devenu un écheveau sur lequel Wathelet n'avait plus prise. Le sommet fut atteint quand Spitaels s'autoproclama ministre-président de la Région wallonne.

Wathelet dut remettre sa démission le 1er février 1992. Sa réputation en prit un coup. On raconta qu'il ne disposait ni de la créativité ni du caractère pour diriger la rue de la Loi.

De 1958 à 1999, le CVP a donc occupé la fonction de Premier ministre pendant 458 mois, contre 40 seulement aux autres formations. J'ai personnellement été à ce poste pendant 146 mois. Le grand changement a eu lieu après les élections de 1999. Les libéraux flamands devinrent le plus grand groupe politique de la Chambre et Guy Verhofstadt fut nommé formateur. Le CVP s'était d'ailleurs retiré des négociations et la coalition se fit sans lui.

Poste de commandement

«L'article 99 de la Constitution a une triple signification: il reconnaît le Conseil des ministres comme un organe permanent, prescrit la composition paritaire de ce dernier et donne à la fonction de Premier ministre une dimension constitutionnelle», assure Jan Velaers[1]. Depuis la première réforme de l'État, en 1970, il y a eu autant de ministres francophones que néerlandophones. Le Premier ministre n'est pas compté dans cette parité: il est considéré comme un asexué linguistique. Les secrétaires d'État sont également exclus de cette règle. En 1993, le nombre des ministres a été constitutionnellement réduit à quinze. Dix ans auparavant, le gouvernement Martens V ne comptait déjà que quinze ministres et dix secrétaires d'État.

«Celui qui entre au 16, rue de la Loi est à un poste de commande d'où il exerce un pouvoir très important, explique Hugo De Ridder. Il contrôle l'agenda de la vie politique et toutes les initiatives gouvernementales. Tous les «trains» passent par le bureau du Premier ministre. Il peut les trier, leur permettre de démarrer rapidement, les laisser à quai ou les mettre sur une voie de garage.»

Le Premier ministre est le *primus inter pares*. Il a à ses côtés des vice-Premiers ministres issus, depuis la scission communautaire des formations politiques, de chacun des partis de la coalition et du sien propre. Lors d'un Conseil des ministres, il ne peut en effet représenter son parti; il doit agir en arbitre et être l'âme du consensus[2]. On peut donc plus justement le définir comme le chef de la majorité.

Les dangers du «*kern*»

Le cabinet restreint est composé des vice-Premiers ministres et de quelques autres membres importants du gouvernement. Ce «*kern*» comme on l'appelle, est un organe inévitable lorsque le Conseil des ministres se

1 Jan Velaers, *De Grondwet en de Raad van State, Afdeling Wetgeving*, Maklu Uitgevers, Antwerpen-Apeldoorn, 1999, p. 335.

2 Francis Delpérée souligne, à juste titre, que le Premier ministre doit, dans l'idéal, se situer au-dessus de la mêlée et transcender certains clivages linguistiques et idéologiques. Il doit voir toute chose du point de vue de Sirius. S'il réussit dans cette entreprise, il contribue à améliorer le fonctionnement de l'État et de ses services. Il met de l'huile dans les rouages. S'il échoue, il compromet l'équilibre du système politique et administratif. Il ébranle, en même temps, la confiance que les citoyens sont en droit de nourrir dans l'action de l'exécutif. (Francis Delpérée, *La Constitution de 1830 à nos jours,et même au-delà*, Éditions Racine, Bruxelles, 2006, p. 110).

révèle inopérant. Il lui appartient alors de préparer les dispositions politiques vitales et même de prendre en fait les décisions. Cette formule comporte de nombreux désavantages. Les ministres qui ne font pas partie de ce cabinet restreint se sentent frustrés parce qu'il n'ont pas été associés à des décisions qu'ils doivent loyalement approuver sans en connaître les tenants ni les aboutissants. Cette frustration peut encore être exacerbée par les fuites qui permettent aux médias de publier certaines décisions avant même que le Conseil des ministres ait pu les ratifier!

Le gouvernement Martens V fut l'exception: la collaboration y était si bonne que mes quinze ministres n'avaient pas besoin d'un « *kern* ». La situation était toute différente dans mes premiers gouvernements. Le centre des activités politiques se trouvait encore trop dans les partis au pouvoir et leurs quartiers généraux. Il y avait trop de personnages puissants et compétents en dehors du 16, rue de la Loi.

J'ai compris plus tard qu'il valait mieux intégrer les principaux leaders de la coalition dans le gouvernement. C'est ainsi que les grands problèmes qui se sont posés sous Martens V ont pu être tranchés par le Conseil des ministres après avoir été bien préparés par les comités ministériels: il en a été ainsi de l'affaire Happart, des difficultés de Cockerill Sambre, des grandes commandes militaires et du problème des missiles qui ont pu être réglés par les principaux protagonistes eux-mêmes.

J'ai appliqué la même méthode lors de mon dernier gouvernement lorsque le Conseil des ministres dut constater que le roi Baudouin était dans l'incapacité de régner: sa conscience lui interdisait de sanctionner et de promulguer la loi sur l'avortement.

Juriste et psychologue

Lorsqu'il préside le Conseil, le Premier ministre a la tâche plus facile s'il a un cerveau de juriste et s'il peut ramener un conflit à l'essentiel. Il doit avoir une grande connaissance des hommes, et notamment de la personnalité, de la psychologie et des sensibilités de ses principaux ministres car toute maladresse est immédiatement punie. Le Conseil des ministres ne se déroule pas dans un cadre confidentiel: la présence des interprètes, des secrétaires ou du porte-parole du gouvernement peut inconsciemment influencer les hommes politiques présents.

Le Premier ministre dispose de nombreux atouts pour conjurer les conflits latents ou, du moins, les apaiser. Il doit pour cela bien maîtriser un art, celui de doser l'ordre du jour politique de son conseil de cabinet.

Lorsque le secrétaire du Conseil des ministres lui fait des propositions, il doit éviter que trop de problèmes irrésolus ou controversés s'y accumulent. Beaucoup de ce qui sera discuté est, en général, déjà réglé par les collaborateurs ou par l'administration. S'attaquer à un problème ardu au Conseil de ministres suppose une préparation minutieuse, même si des solutions techniques tout en finesse sont parfois balayées irrationnellement. Je me souviens que l'on avait envisagé, un peu à la hâte, de rattacher administrativement les Fourons à la province de Brabant. Ce fut un coup manqué. Il n'empêche que l'échange d'idées qui l'avait précédé était d'une parfaite lucidité.

La marche d'un Conseil des ministres en Belgique est sensiblement différente de celle des autres pays. Il y a chez nous une habitude profondément ancrée et pratiquement constitutionnelle: les décisions du gouvernement doivent être prises par consensus. Aux Pays-Bas, on décide parfois par vote et en Israël toujours. En France, les conclusions sont préparées à l'avance et formulées par le président; les ministres ne peuvent même pas amener leur documentation au Conseil. En Allemagne, le chancelier n'a pas besoin de l'assentiment du Conseil des ministres pour entreprendre une action gouvernementale. Les membres du gouvernement qui auraient des objections fondamentales n'ont qu'à démissionner.

Mais, chez nous, c'est la règle sacro-sainte du consensus! Depuis que la Constitution exige la parité linguistique au Conseil des ministres, la démission d'un seul ministre peut entraîner automatiquement la chute du gouvernement tout entier. Ceci rend la tâche du Premier ministre encore plus importante. Il doit d'abord écouter et, en cas de divergences importantes, préparer une solution pour le Conseil. Cela peut se passer de diverses manières. En général, j'écoutais la discussion, rassemblais les idées et formulais verbalement une solution qui était actée par le secrétaire. Ensuite, les ministres pouvaient encore changer des points et des virgules...

Le Premier ministre peut aussi aller moins loin et faire une proposition susceptible d'ajustements ou d'amendements dans le souci de provoquer une discussion qui conduira à la bonne solution. Dans les cas extrêmes, il peut exiger l'accord d'un ou de deux ministres et, sinon, les forcer à démissionner. C'est ce qui s'est passé en 1980 avec le FDF.

Dans des cas très rares, lorsque les tensions au sein du Conseil des ministres sont trop vives, il peut être utile d'ajourner la réunion. Mais il ne faut pas agir ainsi trop souvent car c'est une preuve manifeste du manque de cohésion du gouvernement. Je me suis opposé le plus possible aux demandes de suspension de séance car cela dramatise les faits. De même, j'étais adversaire des sessions de nuit, épuisantes, dont sortent souvent de mauvaises conclusions et indiquent une crise de confiance. Il est tellement plus positif de commencer une heure plus tôt le matin, à 8 h30 au lieu de 9h30!

Les décisions du Conseil des ministres font objet de notifications envoyées aux ministères et à l'administration et sont publiques. Par contre, les minutes des discussions sont discrètes et faites en trois exemplaires seulement: un pour le chef de l'État, un pour le Premier ministre et un pour la chancellerie.

Il s'agit donc, pratiquement, d'un riche matériel historique et parfois brûlant, et la responsabilité des secrétaires n'en est que plus importante!

Expérience ministérielle

Après le départ de Paul-Willem Segers, Jos De Saeger est devenu l'homme de confiance de l'ACW, au sein du CVP. C'était un personnage incontournable. On ne pouvait prendre aucune décision ni contre lui, ni sans lui. Il soutint ma candidature à la présidence du CVP. C'était une forte personnalité, un homme droit pourvu d'une capacité de travail extraordinaire. Ses notes manuscrites, rédigées d'une écriture claire et classique, sont restées légendaires. Il jouissait d'un prestige immense aussi bien auprès de ses adversaires que de ses amis. Je ne comprends pas pourquoi il n'a jamais tenté de diriger un gouvernement et pourquoi on ne l'y a pas poussé.

Renaat Van Elslande était lui aussi un dirigeant des plus brillants et des plus subtils de notre parti. Son intelligence politique, sa maîtrise des langues, sa prestance et sa longue expérience le destinaient à un rôle de premier plan qu'il n'a pas pu jouer. J'ai pourtant réussi à réaliser son rêve lors de la formation du cabinet Leburton. En 1973, il est devenu le premier ministre des Affaires étrangères flamand, à la grande fureur de tous ceux qui croyaient que ce domaine était une chasse gardée des francophones.

Jos Chabert a toujours été un ami fidèle à mes côtés. Il a assumé la succession de Jos De Saeger comme homme de confiance de l'ACW et a vécu une période difficile: la crise qui s'étendit de 1973 à 1981, sous les gouvernements Leburton, Tindemans, Vanden Boeynants, Martens I à IV et Mark Eyskens. Il a défendu le pacte d'Egmont et il fut frustré par son échec alors qu'il n'en était même pas cosignataire. Et finalement il a été «défenestré», comme il le dit lui-même, marqué après 1977 par l'impossibilité d'inverser la politique économique avec l'accord du mouvement ouvrier chrétien. J'ai été témoin d'une conversation téléphonique dramatique avec Jef Houthuys et Hubert Detremmerie au cours de laquelle il a désespérément tenté de les rallier à mon plan d'urgence. Après sa mise à l'écart, il a fait des séjours prolongés en Extrême-Orient puis il a eu une longue et fructueuse activité comme vice-ministre président de l'exécutif bruxellois et comme chef de groupe PPE et président du comité des Régions de l'Union européenne.

Martens-Gol

Jean Gol était en permanence inquiet. On pouvait le remarquer à son regard scrutateur, toujours en mouvement, et qui trahissait une certaine méfiance. Il était sans cesse sur ses gardes au cours des négociations. Un raisonnement nuancé, une parole mesurée le plongeaient dans des abîmes d'incertitude. Il était avide de pouvoir mais il était très attentif aux rapports de force et tentait toujours d'en tirer avantage. Malgré son côté frivole, son attrait pour la cuisine exotique, son humour, sa curiosité intellectuelle, il était dévoré par une passion: la puissance politique. Il voulait prendre les rênes du pouvoir, influencer le cours des choses et marquer de son empreinte la direction du pays. Il était autoritaire et supportait donc très mal la contradiction. Mais il la tolérait dans une coalition, pour autant qu'elle vienne de gens qu'il estimait.

Il jugeait dépassées les idéologies classiques de gauche et de droite; idem pour le terme «partenaires sociaux» et le monopole de la radio-télévision publique.

À l'image de l'expression de Churchill, sa carrière politique s'est déroulée comme on lit un livre: de gauche à droite. L'étudiant Gol était un militant d'extrême gauche. Lorsqu'il est entré au RW, il s'est métamorphosé en homme de gauche modéré avant de passer chez les libéraux. Lors de la formation du gouvernement Tindemans, j'ai assisté à une scène mélodramatique. François Perin, président du RW, proposait Henri Mordant, journaliste à la RTBF, au poste de secrétaire d'État. Jean Gol a fait irruption au Lambermont et a imploré Perin de renoncer à son choix et de le présenter, lui, à ce poste. Il s'adressait à son ancien professeur d'université en ne l'appelant jamais que «Monsieur le professeur»! Perin s'opposa catégoriquement à sa candidature jusqu'au moment où arriva un avis du Palais qui rejetait la candidature de Mordant. C'est ainsi que Jean Gol est devenu membre du gouvernement, le 11 juin 1974. Il avait 32 ans! Afin de rester au gouvernement, il passa au parti libéral francophone avec quelques autres : François Perin, Étienne Knoops et François-Xavier de Donnéa. Il devint rapidement le président du parti, puis le chef de file libéral incontesté de mon gouvernement.

Une de ses expressions favorites était « Si les États-Unis n'existaient pas aujourd'hui, il faudrait les créer ! » Son caractère étant ce qu'il était, j'ai toujours eu avec lui des relations tendues mais basées sur une confiance réciproque. Même lors de l'année 1979, quand il me fallut tenir les libéraux en dehors du gouvernement en raison des aléas de la politique, il me laissa entendre que j'étais pour lui un facteur politique important. Il avait d'ailleurs la même opinion de Willy Claes. C'est pourquoi il joua un rôle important dans la décision des libéraux de participer à la tripartite de 1980. Il fallait en finir le plus vite possible avec nos démêlés communautaires et ouvrir la voie à une grande réforme socio-économique…

La démission des libéraux de mon gouvernement en 1980 n'avait pour lui qu'une importance relative. La réforme de l'État arrivait à son terme. Gol ne pensait pas qu'on puisse mener avec les socialistes une véritable politique de rénovation. Il attendait des jours meilleurs. Ceux-ci se présentèrent bientôt : après ma démission en avril 1981, la chute du gouvernement Eyskens et les élections du 8 novembre 1981, les libéraux enregistrèrent un franc succès. Les électeurs ne voulaient plus des gouvernements traditionnels alliant sociaux-chrétiens et socialistes. Gol ne voyait aucun salut dans les tentatives de Willy De Clercq ni de Charles-Ferdinand Nothomb de former un gouvernement et il sabota celles-ci sur toute la ligne.

Les chefs de cabinet

Le 7 décembre 1981, j'ai été nommé formateur et, dix jours plus tard, mon gouvernement unissant sociaux-chrétiens et libéraux prenait son envol. Cette coalition allait s'appeler pendant six ans « Martens-Gol ». Pour Jean Gol, c'était très important. Willy De Clercq, Frans Grootjans et Guy Verhofstadt se relayaient comme chefs des libéraux flamands au gouvernement. Charles-Ferdinand Nothomb était un vice-Premier ministre stable, représentant les sociaux-chrétiens francophones jusqu'à sa démission forcée de ministre de l'Intérieur à cause de José Happart. Il fut remplacé par Joseph Michel. Mais Jean Gol était le chef du plus puissant parti francophone au sein du gouvernement et il entendait prouver qu'il était, avec moi, le vrai leader du gouvernement.

Tout cela était possible parce nous avions une équipe de collaborateurs exceptionnels. Dès mes quatre premiers gouvernements et malgré les crises gouvernementales successives, les chefs de cabinet ont pu maintenir un minimum de continuité. Il s'agissait de Jean-Luc Dehaene, pour le Premier ministre, de Philippe Moureaux, pour les vice-Premiers ministres socialistes et de Gérard Deprez, pour ceux du PSC. Ce trio a joué un rôle prépondérant dans la deuxième réforme de l'État, en 1980.

Jacques van Ypersele était mon chef de cabinet économique et, lors du cinquième gouvernement, le Martens-Gol, Fons Verplaetse devint son adjoint. Ils ont rédigé ensemble la fameuse note qui décidait de la dévaluation du franc belge. En 1983, lorsque Jacques van Ypersele devint chef de cabinet du Roi, Fons Verplaetse reprit la direction de mon cabinet. Pendant la période de redressement qui s'étend de 1982 à 1987, il a formé avec ses trois collègues chefs de cabinet des vice-Premiers ministres la «Bande des Quatre» qui, par sa créativité et son entente, a modifié complètement le visage de l'économie belge, a restauré sa force concurrentielle et transformé les relations sociales.

Parmi eux figurait Antoine Duquesne, l'homme de confiance de Jean Gol. C'est lui qui préparait avec Fons Verplaetse les compromis politiques qui seraient adoptés au Conseil des ministres.

Un jour, en lisant le *Standaard*, je suis tombé sur un article très intéressant concernant le plein emploi. J'ai demandé à Fons Verplaetse de prendre contact avec son auteur, Marcia De Wachter, et c'est ainsi que cette universitaire est devenue une de mes principales collaboratrices.

Depuis toujours, les cabinets ministériels sont fort critiqués; avec raison parfois. Toutes les tentatives visant à réduire leur nombre se sont soldées par un échec. Aucun gouvernement n'a réussi à les réformer. Ces cabinets auront cependant toujours eu un grand mérite: ils ont été une pépinière de grands serviteurs de l'État. Il suffit de lire le nom de ceux qui ont œuvré au cours de mes gouvernements: Jean-Luc Dehaene devint Premier ministre; Philippe Moureaux, vice-Premier; Antoine Duquesne, ministre et président de parti; Gérard Deprez, président de parti et parlementaire européen de grande qualité; Jacques van Ypersele, chef de cabinet du Roi; Fons Verplaetse, gouverneur de la Banque nationale et Marcia De Wachter, vice-gouverneur; Johan Van de Lanotte, ministre et président de parti.

L'éclat de la fonction

Je ne connais pratiquement aucun homme politique belge qui, s'il est brillant, ne nourrisse l'ambition de devenir un jour ministre; c'est un poste qui apparaît comme le couronnement d'une carrière. Je n'ai jamais compris pourquoi on ne peut trouver cet accomplissement au sein du Parlement. Je peux, en effet, très bien imaginer qu'on se propose comme but de devenir un grand chef de groupe ou un expert incontesté au sein d'une commission. Ce type de personnage redouté existe aux États-Unis, en Allemagne et aux Pays-Bas. S'il pouvait réapparaître chez nous, le problème de la revalorisation de la fonction parlementaire serait partiellement résolu. Mais la fascination du poste de ministre reste grande, en Belgique et ailleurs.

Je ne pense pas que le point de vue financier soit déterminant. Certes, un ministre peut vivre correctement de ses revenus mais, s'il rêve de richesse, ce n'est pas le meilleur choix! Celui qui désire faire fortune doit plutôt rechercher une fonction au sommet dans un établissement financier et, en tout cas, dans le secteur privé. C'est pourquoi j'ai été très étonné de lire une enquête faite en 1994 par *Trends*: la population a de la fortune du monde politique une image féerique. À la question de savoir quel est l'homme le plus riche du pays, la plupart des gens avaient en effet répondu: le Roi, puis le Premier ministre! C'est incroyable. Selon une enquête menée par le *Hay Group*, un bureau international spécialisé dans les comparaisons de salaires et de fonctions, les salaires des Premiers ministres européens atteignent à peine 10 à 15% de ce que rapporteraient des fonctions correspondantes dans le secteur privé. Le Premier ministre belge est un peu au-dessus de la moyenne: il gagne 15 à 20% de ce que gagne un *top manager* chez Dexia ou Fortis! Il est le seul en Europe, avec son collègue néerlandais, à ne pas recevoir d'émoluments supérieurs à ceux d'un simple ministre. Le *Hay Group* n'a pas comparé les pensions et les avantages en nature, que certains pays gardent secrets. Chez nous, il n'y a pas de mystère: un ministre est payé au jour le jour. Lorsque j'ai démissionné le sixième jour du mois, j'ai perçu six trentièmes, un cinquième de mon salaire mensuel. Les indemnités de départ somptueuses, habituelles dans le secteur privé, n'existent pas dans le domaine politique. Contrairement à ce que pensent beaucoup de gens, les ministres ne touchent pas de retraite. Et, en général, ils ne sont pas anoblis. Mais le Roi les nomme souvent ministres d'État, un titre purement protocolaire.

Ministre de tous

J'ai vu plus d'une fois le désarroi et la déception d'hommes politiques qui n'étaient pas ou plus repris dans un gouvernement et je le comprends. C'est le mandat public le plus important que je connaisse, et il est différent des autres. Un parlementaire ou un chef de parti est le représentant d'un groupe restreint, d'une fraction de la population. Par contre, un ministre est le ministre de tous.

J'ai remarqué plusieurs fois chez des personnalités talentueuses du secteur privé et du monde industriel l'ambition de prouver qu'elles ont l'étoffe de devenir un homme public.

Il ressort d'un sondage paru dans *Trends*, en juin 1994, que sur 167 entrepreneurs flamands, 67 % étaient partisans d'un cabinet d'affaires. On demandait de désigner qui était le ministre idéal parmi dix hommes politiques au sommet et dix grands chefs d'entreprise. C'est André Leysen qui l'emporta, juste devant Guy Verhofstadt. Et à l'exception de ce dernier et de Rik Daems, les huit autres politiques cités figuraient aux huit dernières places.

À mon avis pourtant, les chefs d'entreprise sont souvent inaptes à une fonction publique. Certains d'entre eux s'imaginent trop facilement qu'ils vont entrer en politique par la grande porte, ce qui, en Belgique, est très inhabituel, voire problématique. Et la désillusion est grande lorsqu'il leur faut se mettre au travail dans un gouvernement ou au Parlement. L'élaboration d'une décision y est si compliquée et si lente qu'ils en perdent le nord.

Le livre du professeur Robert Vandeputte parlant de « l'impuissance du ministre » est révélateur. En 1981, cet homme de 73 ans entra dans le gouvernement Eyskens aux Finances. Il ne put se faire aux facteurs irrationnels et politiques qui alourdissent le travail d'un gouvernement. Je crains que beaucoup de personnalités du monde industriel feraient la même expérience et se retireraient dans un minimum de temps. L'éclat du poste de ministre provient du fait qu'il apparaît comme l'incarnation de l'intérêt général. Mais il y a bien des jours où cet éclat n'est que faibles scintillements dans la nuit…

Le rôle de la personnalité

« L'importance de la personnalité reste singulièrement forte en politique. Mais il reste un problème que je pourrais pratiquement qualifier de productivité. Une forte personnalité qui doit affronter des situations périlleuses sans être protégée par des groupes de pression, aura bien du mal à réussir. Mais une personnalité forte qui parvient à réaliser ses objectifs propres en dialoguant avec les groupes de pression – je ne dis pas en devenant leur esclave – est dans une situation tellement plus forte. En politique, le prestige est plus dangereux que profitable. C'est la tâche des groupes de pression de trouver des êtres de valeur et d'envergure, de vraies personnalités. On peut retirer beaucoup de bonnes choses de cette façon de travailler ensemble», déclarait P-W. Segers à Hugo De Ridder qui l'interrogeait, le 7 mai 1992, sur les raisons de la chute de Léo Tindemans.

Comment peut-on appliquer cette analyse à mon action gouvernementale? La politique de mes gouvernements est généralement assimilée à la fédéralisation de notre pays et au prix fort qu'il a fallu payer pour ce faire, et par exemple l'énorme augmentation de la dette publique. Pourtant, l'inspiration et l'ardeur des créateurs de la réforme de l'État ont été bien plus décisives que le rôle des Premiers ministres.

Mes gouvernements ont réalisé la phase immédiate de cette fédéralisation en 1979 et les réformes de l'État de 1980 et 1988-1989. Leur contribution a été la réalisation des objectifs, des projets et des accords qui avaient été étudiés et préparés durant plusieurs décennies par les inspirateurs du fédéralisme. On réduit donc, de façon simpliste, ma politique à une action unilatérale centrée sur les problèmes communautaires et qui méconnaissait la réalité économique. Cela ne concorde nullement avec la vérité historique.

Jeu d'équipe

J'ai montré comment le gouvernement Martens IV, après deux années de concertations inutiles, avait essayé de se libérer de la mise sous tutelle des partenaires sociaux. Après le premier choc pétrolier, il fut impossible pendant huit ans de prendre des mesures efficaces. Après coup, Mark Eyskens a déclaré que j'avais eu tort de monter personnellement sur les barricades pour défendre mon plan d'urgence et que j'avais ainsi brûlé mes vaisseaux. Heureusement que je l'ai fait! L'assainissement du budget échouait depuis des années. Notre économie ne parvenait plus à digérer le système rigide de l'index. La situation était si dramatique qu'il fallait tourner le dos aux systèmes de pensée figés et aux tabous. J'ai tiré le signal d'alarme. Je me suis engagé personnellement dans ce plan d'urgence en espérant une prise de conscience et pour donner à mes successeurs les moyens de prendre les mesures inévitables.

Certes, mon plan d'urgence a échoué en 1981, mais il fut la base de la réussite de l'année suivante. Ce résultat est dû aux pouvoirs spéciaux dont le gouvernement a pu disposer. Les groupes de pression, ces partenaires tout-puissants, ont été réduits au rôle de simples interlocuteurs. Le gouvernement s'est libéré de leur férule et a pu prendre, en toute indépendance, une série de mesures impressionnantes qui ont retourné la situation. Les syndicats ont été tellement désarçonnés par les effets de notre intervention monétaire qu'ils n'ont pas été en état de mobiliser leurs troupes contre notre volonté d'action. Le syndicaliste Georges Debunne a déclaré que, puisque la décision de la dévaluation était prise, il fallait la transformer en succès. Le choc psychologique occasionné par cette mesure poussa également la population à fournir les efforts nécessaires. En quelques années, une diminution de 13 % des salaires réels a été obtenue et il n'y eut jamais, par la suite, de mesures de rattrapage. La leçon a été retenue puisqu'il a fallu cinq ans avant qu'on ne parle à nouveau de libre négociation des salaires.

Je considère cette entreprise comme mon action ministérielle la plus risquée et la plus bénéfique. Elle a pris cinq ans. Elle n'aurait pas été possible sans l'adhésion de la direction des syndicats chrétiens. J'entretenais un contact vital avec Jef Houthuys grâce aux entretiens de Poupehan. Je ne m'attaquais donc pas totalement sans protection à une situation périlleuse. J'ai réalisé mes propres objectifs avec lui, mais sans être son esclave, comme le disait P.-W. Segers. J'ai obtenu des résultats incroyables grâce à ce jeu d'équipe.

Chapitre XXXII

MA LOYAUTÉ FÉDÉRALE

À l'origine, le Mouvement populaire flamand était en fait un forum destiné à traiter uniquement les problèmes politico-linguistiques et culturels. Il n'avait rien à voir avec la clique bornée d'aujourd'hui. Je me rappelle très bien qu'après la « révolution renardiste » de 1960-1961, nous avons commencé à viser des objectifs structurels et davantage institutionnels. Nous devions nous mettre d'accord sur des notions de base comme l'autonomie et le fédéralisme. J'y suis parvenu grâce au professeur Jan De Meyer que j'ai retrouvé vingt ans plus tard au Sénat comme opposant à la réforme de l'État de 1980. Son cours de droit constitutionnel fut la base sur laquelle je me suis appuyé, en tant que président de parti puis comme Premier ministre, pour construire le processus de réformes institutionnelles.

Il n'y avait pour moi, au début des années soixante, qu'une toute petite distance entre la réflexion et l'action. Au VVB et au *Vlaams Actiecomité* (Comité d'action flamand) régnait une atmosphère agitée. La coalition travailliste Lefèvre-Spaak alors au pouvoir avait une attitude nettement réformatrice. Elle s'occupait de la nouvelle législation linguistique et de quelques grandes mesures socio-économiques comme l'assurance-maladie et la fiscalité. Je me concentrais pourtant plutôt sur la mise en œuvre d'un schéma fédéraliste que sur les lois linguistiques. Il me fallait pour ce faire connaître les positions wallonnes. Je lisais donc tous les jours *La Wallonie* pour savoir ce que pensaient les fédéralistes au sujet de la restructuration des mécanismes politiques belges, en cette période du renardisme florissant. J'ai même été parler à Liège, lors d'un congrès, ce que tous n'ont pas apprécié au *Vlaams Volksbeweging*. J'étais persuadé que, aussi longtemps que l'État belge ne serait pas réformé, beaucoup de jeunes Wallons souffriraient des mêmes handicaps sociaux que la jeunesse flamande.

J'ai aussi éprouvé des difficultés à préparer le grand congrès du VVB qui s'est tenu le 4 février 1962. J'étais rapporteur du dossier sur les réformes constitutionnelles. Lors de la préparation des projets de résolution, le comité directeur était très partagé devant mon option évidente pour le fédéralisme. Beaucoup de notables flamands trouvaient que ce choix politique allait plus ou moins dans le sens de la Volksunie. Ils ne parvenaient pas à se détacher mentalement du combat pour leur langue, des lois linguistiques, de la représentation flamande au pouvoir et de choses du même acabit. En fait, ils pensaient toujours dans l'optique unitaire. Le cours des affaires belges était leur unique cadre de référence et c'est dans celui-ci qu'il fallait s'occuper de l'émancipation des Flamands. Celui qui envisageait le fédéralisme s'opposait peu ou prou à l'État belge et à un ordre des choses qu'en fait ils ne désapprouvaient pas.

Je voyais les choses autrement. J'ai toujours considéré le fédéralisme comme une structure favorable au fonctionnement d'un État belge moderne, comme une méthode politique capable de faire fonctionner notre pays dans une harmonie et une union authentiques. Les projets de résolution du VVB en 1962 contenaient déjà l'adage auquel je suis resté fidèle toute ma vie: autonomie là où la chose est possible, autorité centrale solide là où la chose est nécessaire. Telle est la juste signification du concept de base d'un fédéralisme d'union.

Cette attitude a été pendant quarante ans le fil rouge de mon action politique: comme jeune CVP, dans les années soixante, lors du changement de cap fédéral du CVP en 1972, lors des tractations d'Egmont en 1977–1978, pour les négociations des réformes de l'État de 1980 et 1988 et jusqu'au congrès du Parti populaire européen consacré à la Constitution européenne, en 2002, et ma mission de réforme de la police en Bosnie-Herzégovine en 2004. Mon but a toujours été de créer une mentalité où la loyauté fédérale serait évidente; c'est ce que les Allemands appellent la *Bundestreue*.

Un ulcère à l'estomac…

J'essaie aujourd'hui de me représenter le jeune homme que j'étais il y a quarante ans. Pas un agitateur, mais un juriste remuant: d'un côté, je me plongeais de plus en plus dans le droit constitutionnel et, de l'autre, je participais à l'organisation de manifestations de masse flamandes traditionnelles. Le CVP de l'époque ne manifestait aucun intérêt pour l'idée fédérale. À cette époque, quelqu'un comme Jos De Saeger, qui deviendrait plus tard un grand ami, assimilait encore le fédéralisme à un délit de fuite. Pour un flamingant combatif comme le député CVP Louis Kiebooms, les fédéralistes vivaient dans un rêve. En fait, le raisonnement de certains était fondé sur la doctrine Van Cauwelaert d'un épanouissement de la force majoritaire flamande au sein d'un État belge unitaire. Une crainte inconsciente existait sans doute en toile de fond : modifier cet axiome pouvait menacer l'homogénéité de la pensée catholique et de ses institutions qui furent toujours si intimement liées au fait belge. Beaucoup de membres du CVP pensaient que le fédéralisme était inspiré par les nationalistes et qu'il impliquait un affaiblissement de la démocratie-chrétienne.

Les unitaristes n'étaient pourtant pas les seuls à combattre les idées du VVB. Une thèse radicale ne voyait plus aucun salut dans l'État belge comme tel. Pendant des mois, des années même, régna en Flandre un désaccord quant au contenu du fédéralisme et à ses possibilités de réalisation. Plus de cinq ans après le congrès du VVB, Lode Claes, nationaliste fanatique, sénateur VU et cofondateur du Vlaams Blok, doutait encore de la possibilité de transformer la Belgique en État fédéral. Il prétendait que jamais on ne trouverait de majorité parce que seuls les gens souffrant d'un ulcère à l'estomac en étaient partisans…

Les fédéralistes souffraient à cette époque d'un gros handicap : il n'y avait, rue de la Loi, aucun concept clair d'un État fédéral. Pour l'*establishment* politique de l'époque, le fédéralisme servait d'alibi au séparatisme tandis que d'autres, par manque de connaissances juridiques, assimilaient le fédéralisme au régionalisme ou à la décentralisation. Même les fédéralistes avaient une approche assez rudimentaire du fédéralisme, qui était pour eux un récipient où Flamands et Wallons pourraient évacuer leurs frustrations vis-à-vis de l'État unitaire.

Je me rendais compte que l'idée fédérale ne prendrait racine dans les milieux politiques belges que si cette confusion néfaste était levée. Il fallait, de toute urgence, traduire la doctrine fédérale en projets de réformes de l'État réalistes. En tant que président des Jeunes CVP, j'ai constitué dans ce but une commission qui réfléchirait sur « les réformes politiques de structures », en tenant compte de tout ce qui fermentait dans les échanges de vue auxquels se livraient les Jeunes CVP. En avril – mai 1967, cette commission, dont Jean-Luc Dehaene et moi-même étions les inspirateurs, livra des résolutions proposant des solutions à long terme. Elles furent approuvées sous les applaudissements lors de la Journée nationale de l'équipe des jeunes, le 10 juin 1967. Elles furent publiées dans le numéro de juillet du mensuel des Jeunes CVP et largement diffusées dans un dépliant très « classe », sous le titre « Manifeste sur l'autonomie des Jeunes CVP flamands ». Le fameux « Manifeste » venait de naître !

Le contenu rompait radicalement avec la ligne du parti de l'époque. Nous proposions une réforme fondamentale et fédérale des institutions pour mettre fin à la crise institutionnelle permanente dans laquelle baignait le pays. Notre revendication principale était la création de deux communautés autonomes, une flamande et une wallonne ; chacune aurait des compétences dans les matières législative, exécutive et judiciaire. Nous voulions cependant préserver en même temps l'unité du pays sur le plan politique, social et économique, grâce à un « pouvoir central fort qui resterait chargé de la gestion des intérêts communs ». C'était pour moi une exigence fondamentale : la fédéralisation devait se faire dans un contexte belge comportant une autorité centrale forte, avec maintien de la solidarité nationale. Ma fidélité au concept du fédéralisme d'union – à ne pas confondre avec l'unitarisme – me distinguait des nationalistes et explique pourquoi je n'ai jamais adhéré à la Volksunie. Dans mon esprit, un certain nombre de matières, comme la sécurité sociale, devaient être maintenues à l'échelon national.

Je le pense toujours. Cela explique mon aversion pour les formes dévoyées du nationalisme dont le Vlaams Blok/Belang est le porte-drapeau aujourd'hui. La méthode que les jeunes et moi avons proposée pour fonder l'État fédéral, était de défaire sans heurts, pas à pas, le centralisme de l'État belge et de donner graduellement plus d'importance aux différentes communautés. Nous envisagions quatre mesures concrètes : la mise en place constitutionnelle des communautés, la transformation de Bruxelles en province bilingue, la réalisation de l'autonomie culturelle et le développement de la décentralisation. L'*establishment* de l'État unitaire se sentirait moins provoqué si on lui proposait une mise en place progressive. Un fédéraliste comme moi ne pouvait se faire accepter autrement rue de la Loi et c'était la seule manière de réaliser mon projet fédéral.

« La Belgique de papa »

Je reste convaincu que le gouvernement Lefèvre–Spaak (1961-1965) était appelé à réaliser les lignes de force de cette grande réforme. J'appréciais plutôt favorablement le travail de la coalition et sa grande volonté de changement. Je me disais : pourquoi cette grande alliance ne voit-elle pas qu'il est temps de se pencher sur le problème des structures de l'État, après les grèves révolutionnaires de 1959-1960 ? Les lois linguistiques ne suffisaient plus. Que le gouvernement fasse un grand geste et active enfin le principe de base: «Autonomie là où la chose est possible, autorité centrale puissante là où la chose est nécessaire.» Si cette coalition avait réalisé cela, à ce moment-là, elle aurait sans doute accompli une action révolutionnaire mais elle aurait permis d'économiser pendant les années suivantes bien des difficultés politiques.

Le 24 septembre 1969 cependant, et pour la première fois dans l'histoire politique de la Belgique, tous les partis entamèrent un dialogue sur les problèmes communautaires. Ce fut le «groupe de travail des 28». Au côté des partis traditionnels, les partis linguistiques, comme le VU et le FDF/RW, et les communistes participaient à cet échange de vues. Le 18 février 1970, le Premier ministre, Gaston Eyskens, présenta son programme portant sur la révision de la Constitution. «Ce programme ne serait jamais né sans le groupe des 28», écrit-il dans ses mémoires[1]. Sa déclaration au Parlement fut significative: «Tel qu'il est actuellement régi par les lois, l'État unitaire est dépassé par les faits dans sa structure et sa façon de travailler. Les communautés et les régions doivent prendre place dans de nouvelles structures de l'État qui seront mieux adaptées aux situations propres du pays.» «Je suis toujours resté fidèle à la pensée fédérale. Voilà pourquoi la révision de la Constitution de 1970 fut une percée vers l'organisation fédérale de l'État belge. En même temps, j'ai ambitionné de garder la Belgique en vie et de donner au pays assez de force et de rayonnement pour lui permettre de réaliser sa vocation internationale», précise-t-il d'ailleurs dans ses mémoires[2].

La Libre Belgique résuma la déclaration en une phrase: «La Belgique de papa est morte.» L'orientation fédérale consistait à reprendre dans la constitution de 1970 les quatre régions linguistiques créées par les lois linguistiques de 1962-1963: les régions unilingues de langue néerlandaise, de langue française et de langue allemande et la région bilingue de Bruxelles-Capitale. La Belgique comprend aujourd'hui trois communautés qui à ce moment-là s'appelaient encore des communautés culturelles: la Communauté flamande, la Communauté française et la Communauté germanophone. Elle compte aussi trois régions: la Région flamande, la Région wallonne et la Région bruxelloise.

1 Gaston Eyskens, *De Memoires*, Lannoo, Tielt, 1994, p. 814.
2 *Ibid.*, p. 854.

La Constitution-cadenas

Dans le premier volet de la révision de la Constitution furent incluses les restrictions de la Constitution-cadenas, la bien nommée. Les francophones craignaient d'être minorisés en raison du poids démographique flamand. Dans les années soixante, ils avaient essayé de renvoyer aux calendes grecques la loi sur une nouvelle adaptation des sièges parlementaires. Mais en 1965, celle-ci fut adoptée et les Flamands obtinrent la majorité au Parlement. Les francophones ne l'acceptèrent pas et, dans la Constitution de 1970, un nouvel équilibre des forces fut atteint. La position majoritaire des Flamands était confirmée au Parlement et, on ajouta dans la Constitution l'adaptation automatique des sièges au résultat des recensements décennaux. La position minoritaire des francophones fut par contre protégée par trois garanties importantes. La Constitution stipulait que le Conseil des ministres devait compter autant de ministres francophones que néerlandophones, le Premier ministre éventuellement excepté. Les secrétaires d'État n'entraient pas dans cette répartition paritaire. Un groupe linguistique néerlandais et un autre, français, furent constitués, dans les deux Chambres ; une procédure dite de la sonnette d'alarme devait permettre aux trois-quarts d'un groupe linguistique de faire ajourner le traitement d'un projet ou d'une proposition de loi. Enfin, les lois concernant l'organisation de l'État ne pouvaient être adoptées qu'à une majorité spéciale. Ces garanties constitutionnelles suscitèrent, en Flandre, une vive opposition.

La composition paritaire du gouvernement, même si celui-ci avait été présidé par une longue série de Premiers ministres flamands, représentait pourtant un progrès réel vis-à-vis de la sous-représentation des Flamands dans le gouvernement depuis des décennies. Il a fallu bien du temps pour que la représentation flamande dans le Conseil des ministres soit satisfaisante et que les hommes politiques flamands se comportent comme tels et non comme des candidats élus en Flandre mais, en réalité, francophones. Il suffit de consulter les procès-verbaux du Conseil des ministres du gouvernement Duvieusart, en juillet 1950, à propos de l'abdication de Léopold III : seul le ministre de la Santé publique, Alfred De Taeye, était intervenu en néerlandais.

La disposition la plus contestée était la procédure de la sonnette d'alarme. Mon gouvernement Martens V fut un jour confronté à une « motion motivée » présentée par le groupe francophone de la Chambre qui s'opposait à un projet de loi sur l'enseignement universitaire présenté par Daniel Coens. Nous avons heureusement réussi à neutraliser ce projet de loi. Sinon, la motion aurait entraîné la fin du gouvernement.

La critique fondamentale que l'on pouvait émettre était l'introduction des mécanismes protégeant les francophones à un moment où l'autonomie des régions était encore balbutiante. En fait, beaucoup de revendications flamandes étaient soumises au bon vouloir des francophones, qui pouvaient avoir la tentation de faire payer chaque accord.

Une autonomie expansive

«La révision de la Constitution a été le plus grand succès parlementaire de ma carrière politique», écrit à juste titre Gaston Eyskens dans ses mémoires. Cette première réforme fondamentale de l'État de 1970 a profondément modifié les institutions belges. Mais Eyskens voyait davantage les régions comme une institution mineure; elles devaient, comme les provinces et les communes, appliquer la loi nationale. Par contre, la deuxième réforme de l'État, celle de 1980, a donné aux régions flamande et wallonne la possibilité d'exercer leurs pouvoirs par décret. Un décret qui a force de loi.

Pour la nouvelle direction du CVP, la réforme de 1970 était insuffisante. Nous étions de fervents promoteurs d'une approche fédérale. Nous voulions que l'article 107 quater soit utilisé pour accomplir un pas décisif vers le fédéralisme. Voilà pourquoi, en octobre 1972, le congrès anversois du CVP affirma: «Les conseils des régions doivent être autonomes, dans leur sphère de compétences.» Cela dépassait de loin ce que les pères de l'article 107 quater, Eyskens et Tindemans, avaient voulu en évoquant la formation des régions.

La région flamande et la région wallonne devenaient compétentes, entre autres, dans les domaines de l'environnement et de l'aménagement urbain, du cadre de vie, de l'aménagement du territoire et de la protection de la nature, du logement, de l'eau, de l'économie, de l'énergie et de tout ce qui en dépendait, de l'emploi et de la recherche scientifique appliquée. L'autonomie des régions entamait donc son «développement expansif».

C'était aussi le cas pour les communautés culturelles. La communauté culturelle néerlandaise s'appellerait désormais communauté flamande. Les communautés obtenaient, en outre, une compétence totalement nouvelle: les importantes questions liées à la personne, comme la politique de la santé et l'assistance aux personnes. Cela englobait le bien-être, l'accueil et l'intégration des immigrants, la politique concernant les moins valides et les personnes âgées, la protection de la jeunesse et l'assistance pénitentiaire et postpénitentiaire. Les liens entre la Flandre et les Bruxellois flamands s'en trouvèrent, de plus, resserrés, la communauté flamande devenait en effet compétente dans des institutions qui s'adressaient aux Flamands de Bruxelles pour les soins de santé et l'assistance aux personnes.

Pour la Flandre, cette réforme impliquait le choix définitif de la « fusion ». La région flamande n'obtenait pas d'institutions propres, ses compétences étaient exercées par le parlement et le gouvernement de la communauté flamande. Un membre, au moins, du gouvernement flamand devait être un Bruxellois flamand et les parlementaires flamands élus à Bruxelles siégeraient au parlement flamand sans jouir du droit de vote à propos des questions régionales. Ce qui avait été exclu dans le pacte d'Egmont était à présent une réalité : les institutions flamandes avaient leur siège à Bruxelles et Bruxelles était proclamée capitale de la communauté flamande.

Les 8 et 9 août 1980 virent l'éclosion de deux grandes lois que nous connaissons sous le nom de « réforme de l'État de 1980 » : la première, adoptée à la majorité parlementaire spéciale, permit de mettre en œuvre l'article 59 bis (aujourd'hui articles 127 et 128) et l'article 107 quater (aujourd'hui article 39) ; la deuxième, adoptée à la majorité simple, créait la Cour d'arbitrage, définissait les moyens financiers des régions et des communautés, établissait la manière de régler les conflits.

Imparfait

Les grandes réformes demandent un certain temps pour devenir évidentes. On prétendit pourtant que le système de 1980 ne fonctionnait pas. Certaines critiques n'étaient pas sans fondement. Le système instauré à Bruxelles était inachevé et d'autres problèmes subsistaient, comme le double mandat parlementaire et la définition imparfaite des compétences dans certaines matières. Pour parler à cœur ouvert, je dois dire que les personnes qui stigmatisaient ces faiblesses étaient les mêmes qui avaient jadis forcé sur ces points des concessions qui rendaient la Constitution moins claire.

Le même phénomène s'est produit avec les lois linguistiques de 1963. On en a parlé en Flandre, pendant des années, comme d'une « solution pourrie ». Mais, après un certain temps, le mouvement flamand n'a rien fait d'autre que de s'en réclamer afin d'en obtenir une application stricte. Il est clair qu'aujourd'hui, il ne voudrait plus être privé de cette législation.

Il est fondamental qu'un parlement flamand et un gouvernement flamand soient nés en 1980. Idem bien entendu du côté francophone. J'ai toujours eu le sentiment que les personnes ou les centres d'étude qui proclamaient haut et fort que les lois du mois d'août étaient imparfaites, ne s'étaient en fait jamais résignées à la fédéralisation du pays. Je le comprends, mais j'aurais trouvé beaucoup plus sympathique qu'ils l'avouent clairement. Leurs réactions ont frôlé la *Schadenfreude.* En outre, j'étais persuadé qu'il faudrait améliorer les manquements du système.

J'ai craint longtemps que les critiques de 1980 trouvent leur origine dans une fracture entre les générations. Mais je n'ai jamais cessé d'espérer, du plus profond de mon cœur, que tout était définitivement acquis, en Flandre comme ailleurs, et que l'avenir de notre pays serait bâti sur l'équilibre entre deux grandes communautés et sur leurs institutions qui, soit dit en passant, fonctionnaient parfaitement bien.

Selon Jan Velaers, la réforme constitutionnelle de 1980 signifiait « sans aucun doute un pas vers la véritable organisation fédérale du pays : les communautés et régions disposaient de pouvoirs étendus, leur autonomie avait une réelle valeur (les décrets ayant force de loi) mais surtout elles obtenaient leurs propres institutions, pour la première fois. Les "conseils" restaient, il est vrai, composés de parlementaires directement élus et de sénateurs qui possédaient un double mandat mais les "exécutifs" ne seraient plus intégrés dans le gouvernement national dès les prochaines élections. Ils seraient élus par les conseils et dans leurs rangs [1] ».

Une révolution copernicienne ?

La transmission de la compétence de l'enseignement aux communautés était programmée à l'agenda politique depuis 1970. Le problème fut tranché lors de la troisième réforme, celle de 1988-1989. Désormais, les trois communautés auraient pratiquement toutes les compétences dans tous les aspects de l'enseignement. Mais les garanties politiques du Pacte scolaire devaient être transposées en garanties juridiques rigoureuses. La crainte de minorisation idéologique venait surtout du côté social-chrétien francophone. Il y fut répondu en reprenant les principes de base du Pacte scolaire dans l'article 17 (aujourd'hui 24) de la Constitution avec contrôle par la Cour d'arbitrage.

---

1 Jan Velaers, *Tussen Staat en Maatschappij 1945-1995, De beste Krachten van een generatie; de CVP tegenover de staatshervorming (1968-1995)*, Lannoo, Tielt, 1995, p. 403 et 404.

Les compétences des régions furent en outre massivement étendues: secteur du transport, travaux publics et infrastructure, etc. Les moyens financiers considérables accordés aux régions illustrent parfaitement la portée de ces réformes: ils passaient de 10 à quasi 40 % de l'ensemble des ressources publiques.

Dans la quatrième réforme de l'État, celle de 1993, les compétences devinrent encore plus larges: environnement, commerce extérieur, agriculture, politique scientifique,... Mais ces aménagements étaient sans commune mesure avec la réforme précédente qui était une véritable révolution historique. Les accords de la Saint-Michel définissaient les nouvelles compétences reconnues aux régions. Compétences nouvelles, certes, mais surtout importantes car elles leur permettaient d'exercer aussi leur autonomie dans les relations extérieures. Notre modèle fédéral vivait sa révolution copernicienne.

À la requête obstinée de la Volksunie, le transfert des pouvoirs résiduaires, de l'État fédéral aux communautés et régions, fut ultérieurement acté dans la Constitution. L'article 35 de la Constitution stipule: « L'autorité fédérale n'a de compétences que dans les matières que lui attribuent formellement la Constitution et les lois portées en vertu de la Constitution même. Les communautés ou les régions, chacune pour ce qui la concerne, sont compétentes pour les autres matières, dans les conditions et selon les modalités fixées par la loi. »

Cette loi doit être adoptée à la majorité spéciale et une disposition transitoire stipule que c'est la loi qui décidera du moment où l'article entrera en vigueur. Cet instant ne peut précéder celui où un nouvel article sera inséré dans un titre III de la Constitution et précisera les compétences exclusives que le fédéral exerce. Le 30 avril 1993, lors d'une journée d'études à la KUL, Jean-Luc Dehaene, Premier ministre, a d'ailleurs déclaré: « Si l'on met en pratique l'article 25 ter (aujourd'hui, 35) de la Constitution, ce sera une révolution copernicienne dans le modèle fédéral belge. Etant donné que le système est devenu centrifuge, nous avons toujours travaillé, jusqu'ici, en attribuant des pouvoirs venant du niveau fédéral vers les régions. Dans cette formule, le solde des compétences reste automatiquement au niveau fédéral et les compétences fédérales n'ont pas lieu d'être décrites. Si nous voulons changer ce système, il faudra, non seulement, fixer qui des régions et/ou des communautés dispose des compétences résiduaires, mais il faudra, en plus, définir les compétences fédérales, ce qui n'est pas évident dans un système de compétences exclusives. Je suis convaincu que le nouvel article 25 ter de la Constitution ne pourra être appliqué que si on introduit en même temps les notions de compétences concurrentes et de hiérarchie des normes. »

La conviction de Jean-Luc Dehaene est aussi la mienne. Mais pourquoi a-t-on repris l'article 35 dans la Constitution sans compétences concurrentes ni hiérarchie de normes ?

Un financement ingénieux et complexe

À l'origine, le financement des régions s'appuyait sur des dotations. Il s'agissait d'une matière politique très explosive et les négociations ont duré des mois. On finit par accepter trois paramètres pour la répartition entre les régions : un tiers, population, un tiers, superficie, un tiers, revenu des impôts. La responsabilité financière des communautés et des régions fut reprise dans la Constitution en 1980, en partant du principe : *No power without responsability.*

Un système de financement ingénieux et complexe fut élaboré pendant la troisième réforme de l'État. Les communautés flamande et française recevaient quatre sources de financement : des recettes non fiscales comme des donations ou des legs ; des recettes fiscales perçues par elles-mêmes ; une partie de la recette d'une partie des impôts fédéraux comme les taxes radio et télévision, la TVA et l'impôt sur la personne physique ; et enfin, des emprunts. La communauté germanophone disposait des mêmes ressources mais obtint une dotation du budget fédéral en lieu et place d'une partie de la recette de la TVA et de l'impôt sur la personne.

Les régions avaient, elles, six sources de financement : des recettes non fiscales (comme les communautés) mais aussi les permis de chasse et de pêche ; des recettes fiscales encaissées par elles-mêmes comme les perceptions sur l'environnement ; des recettes fiscales perçues par l'autorité fédérale mais transférées vers les régions (droit de succession et impôt foncier, par exemple) ; une partie de la recette de l'impôt sur la personne ; une intervention de solidarité fédérale afin de niveler les trop grandes disparités entre la prospérité des régions ; et, enfin, des emprunts.

L'évolution de la part que les communautés et régions perçoivent sur la recette des impôts sur la personne et que les communautés perçoivent sur la recette de la TVA, fut strictement réglementée. Cette réglementation est la traduction juridique d'un programme extrêmement compliqué, élaboré par ordinateur. En résumé, on peut dire que, de 1989 à 1999, l'évolution était liée à l'inflation. À partir de 2000, elle fut couplée au PNB qui englobe la croissance réelle de l'économie belge et l'inflation. Entre

1989 et 1999, le mécanisme de financement redistribuait aussi les revenus entre la communauté flamande, la communauté française et les trois régions. La méthode élaborée en 1989 évolua vers un système basé sur la localisation de la recette provenant des impôts sur la personne. Pour la recette de la TVA, des négociations politiques mirent au point une clé fixe, en 1998. Elle fut toutefois adaptée en 1999 sur la base de la répartition du nombre d'étudiants. Cette adaptation rapportait des moyens supplémentaires à la Flandre aux dépens de la région wallonne et surtout de la communauté française. La région de Bruxelles-Capitale voyait également ses moyens s'accroître au détriment de la région wallonne. Ce fut une des causes de la pénurie d'argent qui frappa la communauté française et qui entraîna la quatrième réforme de l'État. Le financement supplémentaire des régions selon les accords de la Saint-Michel fut conçu par à-coups pendant presque neuf mois. Les collaborateurs de Jean-Luc Dehaene témoignent: « La loi de financement originelle de 1989 formait déjà un système compliqué qui transformait les budgets correspondant aux compétences transférées en moyens financiers, par le biais d'un couplage avec des données macro-économiques (inflation, croissance du PNB, impôts sur la personne), etc. L'incorporation des données du nouvel accord rendait la loi de financement originelle de 1989 encore plus compliquée pendant la période de transition. Il n'est donc pas étonnant que seuls, un petit nombre d'initiés comprirent parfaitement les textes. De plus, certains amendements ont dû être modifiés à plusieurs reprises et même remplacés pour rester à l'unisson du contenu évolutif de l'accord[1]. »

Jean-Luc Dehaene assure toujours que certains problèmes ne pouvaient être résolus que par des textes compliqués et accessibles à un petit nombre de personnes. Un dossier aussi périlleux que le financement des régions et des communautés repose depuis quinze ans dans une quiétude merveilleuse. Parce que pratiquement personne ne connaît les mécanismes sous-jacents tout en jurant ses grands dieux que le système est équitable...

Pas une troisième région à part entière

Les oppositions au développement du statut régional de Bruxelles purent être neutralisées en 1989 par un système qui allait à la rencontre de la plupart des griefs flamands contre la troisième région. Le rôle de Bruxelles

1 J. Clement e.a, *Het Sint Michiels accoord en zijn achtergronden*, Maklu-Uitgevers, Anvers, 1999, p. 24.

comme capitale du pays pourvue d'une mission internationale fut reconnu. De là, le nom de «région bilingue de Bruxelles-Capitale» mais aussi le statut des ordonnances bruxelloises qui peuvent être suspendues ou annulées par les autorités fédérales si elles mettent en péril le rôle de capitale ou le rôle international. La région fut limitée aux dix-neuf communes et on répondit à la double crainte de minorisation des Flamands. Ils redoutaient de ne pouvoir participer complètement à l'exercice du pouvoir à Bruxelles et ils craignaient, dans un état fédéral à trois, de se trouver face à deux régions à majorité francophone.

Il est pourtant clair que les institutions fédérales de la Belgique n'ont pas été créées sur une base tripartite mais bien bipartite : le Parlement est divisé en deux groupes linguistiques ; dans le Conseil des ministres, il y a une parité entre néerlandophones et francophones et le quota pour la répartition des postes de hauts fonctionnaires dans la magistrature et l'administration fonctionne à deux. On ne parle nulle part d'une représentation garantie des Bruxellois. Dans les institutions bruxelloises, la minorité flamande jouit *mutatis mutandis* de la protection accordée à la minorité francophone au niveau de l'État fédéral. Elle est protégée par la sonnette d'alarme dans le Parlement et par la parité dans le gouvernement, ministre-président et secrétaires d'État exceptés. Le gouvernement bruxellois prend ses décisions par consensus, comme le Conseil des ministres, si bien que, officiellement, on ne peut gouverner sans ou contre les Flamands. On n'avait pas prévu en 1989 un nombre de sièges garantis au Parlement régional. Le résultat des élections était déterminant mais avec des mécanismes élaborés pour optimaliser la représentation flamande : unilinguisme des listes, groupement des voix par communauté avant l'attribution des sièges et remplacement des ministres et secrétaires d'État par leurs suppléants dans le Parlement. Les accords de Lambermont du gouvernement Verhofstadt garantirent un nombre de sièges flamands au parlement de Bruxelles-Capitale : 17 sur un total de 89. Les élus bruxellois flamands participent aussi directement au Parlement flamand où ils disposent de six sièges. Le contrôle administratif des communes de la périphérie fut transféré du gouvernement fédéral au gouvernement flamand ce qui était sans aucun doute un acquis. Les facilités restèrent cependant en place et furent même «bétonnées». Elles ne pourraient en effet plus être modifiées à l'avenir, sinon par un vote à la majorité spéciale. Les Flamands reconnaissaient ainsi qu'il serait difficile de changer encore quelque chose aux facilités : elles ne s'éteindraient pas et il faudrait vivre avec elles.

Mon gouvernement en tirait les conséquences sur le plan communal dans la «loi de pacification», la bien nommée. Ma précédente équipe était tombée sur le carrousel des Fourons. La stabilité du nouveau gouvernement exigeait qu'on arrêtât ce carrousel.

Le Conseil d'État fut incapable de donner un avis unanime. Les néerlandophones et les francophones n'étaient pas d'accord sur la portée de l'article 4 de la Constitution qui divise le pays en régions linguistiques. Les dissensions entre les juristes du Conseil d'État étaient connues des initiés mais devinrent de notoriété publique dans l'avis des Chambres réunies du 15 juin 1988 où les deux conceptions étaient défendues. La loi du 8 août 1988 mit un terme au trouble politique et juridique généré par le problème du régime linguistique des mandataires communaux. Selon Jan Velaers, cette loi peut être considérée comme «un essai de compromis entre le point de vue flamand qui mettait l'accent sur la territorialité et l'homogénéité des régions unilingues et le point de vue francophone qui insistait, lui, sur la liberté de choix d'une langue et le droit démocratique d'élire des mandataires qui ne possèdent pas la langue de la région[1]». Si la loi confirmait l'exigence de l'usage et de la connaissance de la langue pour les mandataires locaux dans une région unilingue elle passait cependant sous silence l'exigence de l'usage effectif de la langue de la région dans l'exercice de leur fonction. Tous les mandataires des communes et des CPAS de la frontière linguistique et de la périphérie devaient posséder la langue mais la loi créait pour les élus directs une présomption irréfragable de connaissance linguistique. Les échevins, les membres du conseil du bien-être social et ceux des bureaux des CPAS seraient élus directement dans les six communes de la périphérie bruxelloise, à Comines-Warneton et à Fourons. Ils pourraient s'appuyer sur la présomption irréfragable de la connaissance de la langue.

Lors des discussions au Parlement, j'ai dû faire appel avec l'énergie du désespoir à mon imagination juridique pour faire admettre le projet de loi. Je me suis toujours demandé ce que les juristes du Conseil d'État penseraient plus tard de mon argumentation. J'ai toujours reconnu l'autorité du Conseil d'État, comme je l'ai prouvé plus tôt, dès le début de l'année 1982. Pour la première fois dans l'histoire de notre pays, j'avais alors demandé l'avis du Conseil à propos d'un projet de loi concernant les pouvoirs spéciaux.

«On peut comprendre que le législateur, par respect pour la volonté de l'électeur, n'ait pas voulu faire de la connaissance linguistique une condition d'éligibilité», écrira Jan Velaers dix ans plus tard, «mais n'était-il pas indiqué de reconnaître qu'il n'y a aucune contrainte imposant de plein

1 Jan Velaers, *De Grondwet en de Raad van State Afdeling Wetgeving*, Maklu Uitgevers, Anvers, 1999, p. 49.

droit la possession d'une langue plutôt que de se réfugier derrière une technique juridique malhonnête qui suppose "de manière irréfragable" la connaissance d'une langue alors que le législateur sait parfaitement qu'il ne s'agit pas d'une supposition mais d'une fiction[1].»

Après la loi de pacification, la quatrième Chambre de la section administrative du Conseil d'État a tenté de combiner son interprétation de l'article 4 de la Constitution avec celle de la Cour d'arbitrage. La Cour a statué le 10 mars 1998 que le caractère unilingue de la région néerlandophone impliquait que le néerlandais devait être utilisé, en principe, dans les affaires administratives et que les conditions autorisant l'usage d'une autre langue ne pouvaient pas avoir comme conséquence de compromettre la priorité du néerlandais prévue dans l'article 4 de la Constitution.

Le toit sur la maison

Jean-Luc Dehaene a déclaré à juste titre qu'on avait «mis le toit sur la maison» de la Belgique fédérale lors de la quatrième réforme de l'État, en 1993. L'article 1 du texte de la Constitution, coordonné le 17 février 1994, le confirme: «La Belgique est un état fédéral qui se compose des communautés et des régions.» Les accords de la Saint-Michel modifièrent très peu les éléments de base de l'État fédéral mais les institutions nationales avaient subi leur réforme la plus fondamentale depuis 1831. Le régime bicaméral fut radicalement remodelé. La composition et les pouvoirs du Sénat furent entièrement réévalués. Pendant que j'étais Premier ministre, le Sénat disposait encore du même pouvoir politique et législatif que la Chambre. Chaque déclaration gouvernementale, chaque budget, chaque projet de loi y étaient discutés et adoptés d'une façon identique à celle de la Chambre. Le gouvernement pouvait y être mis en minorité lors des votes du jeudi, comme à la Chambre. Suivre cette double procédure exigeait un très grand effort de la part du gouvernement et, les dernières années surtout, de la part du Premier ministre. Ce long chemin, un cauchemar, provoquait une énorme perte de temps. C'est ce qui a poussé mon gouvernement à demander des pouvoirs spéciaux lorsqu'il a fallu dévaluer le franc belge et prendre les mesures d'urgence qui s'ensuivaient et qui permettaient au gouvernement de modifier la législation (économique et financière) par arrêté royal.

---

1 Jan Velaers, *De Grondwet en de Raad van de State Afdeling Wetgeving*, Maklu Uitgevers, Anvers, 1999, p. 51.

Depuis la réforme du Sénat et celle du système bicaméral, ce parcours du combattant n'existe plus. Je doute cependant que notre Parlement y ait gagné en efficacité et en prestige. Le Sénat ne possède plus rien de son aura d'antan. Malgré le double emploi et la multiplication des efforts, il était naguère magnifique de débattre au Sénat, de discuter des textes importants et de les corriger avec de vrais experts. Je repense ici spontanément au professeur Jan De Meyer.

La Constitution limita le nombre des ministres fédéraux à quinze et instaura l'incompatibilité entre la fonction de ministre fédéral et celle de membre du Parlement. La stabilité des institutions fut certes renforcée par les règles sur le gouvernement de législature. Nous avions déjà inscrit dans la loi spéciale du 8 août 1980, la «motion de défiance constructive» dont le but était d'assurer la stabilité des gouvernements de communauté et de région. Nous nous étions inspirés de l'exemple allemand. Cela signifie, par exemple, qu'on ne peut obliger le ministre-président à démissionner si une majorité alternative ne s'est pas formée autour du nom de son successeur. Idem à présent pour le fédéral. On peut en effet lire dans l'article 96 de la Constitution: «Le gouvernement fédéral remet sa démission au roi si la Chambre des représentants, à la majorité absolue de ses membres, adopte une motion de méfiance proposant au roi la nomination d'un successeur au Premier ministre, ou propose au roi la nomination d'un successeur au Premier ministre dans les trois jours du rejet d'une motion de confiance. Le roi nomme Premier ministre le successeur proposé, qui entre en fonction au moment où le nouveau gouvernement fédéral prête serment.»

Un autre problème extrêmement important était d'annuler le déficit démocratique des institutions régionales. Le 21 mai 1995, après vingt-cinq ans de réformes de l'État, les parlements furent élus directement et non plus composés de membres issus de la Chambre fédérale et de sénateurs. Notre système politique possédait enfin les caractéristiques essentielles d'un État fédéral et le fédéralisme put prendre sa vitesse de croisière.

Une étape?

L'encre de la nouvelle Constitution était à peine sèche que certains milieux flamands firent marche arrière. Le ministre-président flamand Luc Van de Brande tint ainsi à Vincent Henderick, dans *La Libre Belgique* du 11 janvier 1993, un plaidoyer remarqué en faveur d'une Belgique confédérale. Il ne considérait l'accord de la Saint-Michel que comme une étape. Cinq mois plus tard, le 1er mai, le président du CVP Herman Van Rompuy parlait du caractère «dynamique» de la réforme de l'État et invitait à poursuivre la discussion sur la régionalisation de la Sécurité sociale, de la politique économique et sociale, de la politique scientifique, de la politique du transport,... Des milieux académiques insistèrent sur le caractère provisoire de l'accord. Le professeur Robert Senelle écrivit une de ses nombreuses tribunes libres polémiques dans laquelle il assurait que la réforme était insuffisante. Et, depuis, des partis politiques flamands ont remplacé la conception fédérale par la fiction juridique du confédéralisme.

En tant qu'ancien Premier ministre et réformateur de la Constitution, j'ai suivi cette évolution avec un étonnement croissant[1]. Je me soucie de la radicalisation des esprits, mais je m'inquiète surtout du fait que certains partis et hommes politiques proposent de nouvelles réformes sans véritable but ou stratégie. On veut saper le concept fédéral mais on est incapable de dessiner une alternative cohérente et praticable.

Ce manque de vision et de cohérence mine les positions flamandes à la table des négociations, comme on l'a encore douloureusement constaté lors des discussions sur Bruxelles-Hal-Vilvorde en 2004. Les dirigeants flamands doivent donc prioritairement, surtout s'ils veulent entamer de nouvelles négociations avec les francophones, renoncer clairement à leurs soupirs de désespoir et changer de tactique en s'intéressant à ce qui passionne les jeunes générations.

Dans ce climat général de radicalisation, je n'ai jamais voulu prendre de distances à l'égard du fédéralisme d'union. J'ai toujours eu pour principe qu'une forte extension de l'autonomie de la Flandre et de la Wallonie et un nouvel équilibre au sein de l'État central étaient indispensables.

---

1 «Si les gouvernants et les gouvernés ne sont pas, comme on les appelait du temps de la Révolution française, des "amis de la Constitution", à qui se fier?», se demande avec humour le professeur Delperée. Qui constate, en souriant moins: «Dans la pratique, les résultats ne sont pas à la hauteur des professions de foi. Moins encore des espérances. Le quotidien est médiocre et même décevant. La Constitution installe des garde-fous – il y a des fous... Elle dépose des sacs de sable pour colmater les brèches. Ces efforts ne sauraient suffire. Il y a souvent, trop souvent, des ruptures de digue. Négligences ou violations caractérisées... Peu importe. Le résultat est là. Il fait douter de la réalisation de l'État de droit. J'ai tendance à croire que les responsabilités sont partagées. Les pouvoirs se comportent mal. Les contre-pouvoirs ne sont pas toujours efficaces. Les citoyens désabusés prennent le parti de l'indifférence. Reste une poignée de constitutionnalistes pour sonner de temps à autre le tocsin. Eux-mêmes ne prennent pas toujours le parti de la collégialité et préfèrent jouer en solo ce qui devrait être l'interprétation d'un orchestre symphonique.» (Francis Delpérée, *La Constitution, de 1830 à nos jours, et même au-delà*, Éditions Racine, Bruxelles, 2006, p. 137).

Vouloir que la Flandre devienne une personne de droit public, qu'elle ait sa propre politique, la reconnaissance constitutionnelle de ses frontières, l'intégrité linguistique et culturelle se situait pour moi dans le prolongement de mon action flamande. Mais je n'ai jamais mis en doute non plus que cette autonomie de la Flandre se ferait dans le cadre étatique belge et européen. Cela signifie donc que cette autonomie ne sera jamais totale, que la Flandre ne deviendra pas un État indépendant, mais une entité fédérée belge et européenne. Une entité qui pourra aussi exercer ses pouvoirs dans l'Union européenne. Cette intégration des entités fédérées qui conservent leur identité dans une Europe fédérale, non pas centralisée mais décentralisée et basée sur le principe de subsidiarité, correspond tout à fait au sens de l'Histoire. La formation de nouveaux «mini» États (*Kleinstaaterei)* va à l'encontre de l'évolution historique qui s'accomplit en Europe depuis la fin de la Seconde Guerre mondiale et la chute du mur de Berlin.

La Belgique est un état fédéral riche de trois langues, de trois cultures et elle est située au centre de l'Union européenne. Si notre pays se montre capable de fonctionner efficacement, alors, nous bénéficierons d'un grand rayonnement et nous pourrons nous ériger en véritable cœur de l'Europe. Ce que je résume pour les Flamands en une devise: «La Flandre est le pays de nos racines, notre *heimat;* la Belgique notre patrie et l'Europe notre avenir.»

Un concept global

Ma conception fédéraliste est basée sur un concept global. En 1961-1962, lorsque je préparais mon rapport pour le congrès du VVB, celui qui aboutit à la notion de «fédéralisme d'union», j'ai réfléchi pendant des mois après avoir étudié à fond les *Études sur le fédéralisme* de Robert R. Bowie et Carl J. Friedrich. Ce concept forme un tout et repose sur des composants qu'on ne peut négliger sans mettre tout le concept en péril. Les éléments essentiels en sont: l'autonomie effective des États fédérés; l'existence et la cohésion du pouvoir fédéral; le partage des compétences et des moyens financiers entre le pouvoir fédéral et les États fédérés; le principe qu'il n'y a pas de pouvoir politique sans responsabilité financière; la reconnaissance constitutionnelle des frontières et de l'intégrité des États fédérés; la solidarité entre les composantes de la fédération. Ces éléments fondamentaux ne peuvent être remis en question sous la pression de l'air politique du temps.

Cette conviction explique pourquoi j'ai toujours été un adversaire du confédéralisme, et pourquoi je le reste. Un tel concept repose uniquement sur la volonté d'États ou de petits États souverains et indépendants de collaborer dans certains domaines qu'ils auront eux-mêmes déterminés. Dans une organisation de ce type, il n'est absolument pas question de concept global ni d'adhésion réelle à des règles communes. Tout dépend donc de la bonne volonté et de l'intérêt éventuel des partenaires confédéraux. Et une telle bonne volonté serait absente en Belgique, après une séparation de fait.

Le congrès du CVP de Courtrai a fait en 2002 le choix du confédéralisme. Le parti était certes convaincu de faire un pas nouveau et décisif dans l'optique fédéraliste et pensait se montrer beaucoup plus radicalement flamand que ses prédécesseurs. Rien n'est moins vrai. L'orientation fédérale du parti a en effet été pratiquement amputée de tous ses éléments vitaux. De plus, on peut comparer le radicalisme du choix confédéral à du « Coca light ». Je crains que les extrémistes flamands ne veuillent du « vrai Coca », ce qui veut dire la scission complète et la disparition de toutes les institutions belges.

Voilà pourquoi aussi, je suis l'adversaire de ces réformes « tous azimuts » qui n'en finissent pas. Il faut absolument donner à notre système politique la stabilité et la continuité. Cela n'exclut pas les aménagements nécessaires (en ce qui concerne notamment des paquets homogènes de compétences) mais un train permanent de réformes tous azimuts, sans aucune notion du but à atteindre, serait fatal pour notre régime fédéral.

Subsidiarité et solidarité

Le concept fédéral repose aussi sur un des grands acquis de la philosophie thomiste : le principe de « subsidiarité ». Ce principe peut et doit être abordé de deux façons.

Selon une première approche, il s'agit de mettre les niveaux d'autorité les plus « haut placés » au service des niveaux les plus bas. On doit privilégier la communauté de base parce qu'elle est la plus proche des gens et de leurs problèmes. Cette insistance sur la primauté des collectivités locales de base était, par exemple, très présente à l'esprit des fondateurs des États-Unis. Ils étaient imprégnés de philosophie chrétienne et du souci de la personne humaine. On retrouve la même insistance, en 1931, au cœur de l'encyclique *Quadragesimo Anno,* et dans l'usage même du mot : *subsidiarii officii principium.*

Selon la seconde approche, il s'agit d'élire l'autorité la mieux placée pour résoudre un problème posé ; ce ne sera pas nécessairement la communauté de base. Dans cette perspective, l'autorité supérieure n'intervient que « subsidiairement », sur la base d'un principe de parfaite égalité. En d'autres termes, chaque type d'autorité ne reçoit de pouvoirs que pour résoudre des questions qui, par leur nature ou leur ampleur, ne peuvent trouver de solution qu'à ce niveau-là[1].

Le principe de « subsidiarité » a été repris dans la Constitution européenne ; il forme, avec la solidarité, un des piliers de base de l'intégration européenne. Je suis persuadé, moi aussi, que la solidarité est un élément fondamental de l'État fédéral. La scission totale de la Sécurité sociale en Belgique, par exemple, attaquerait un élément vital de notre système fédéral. Bien sûr, des abus doivent être éradiqués mais la solidarité entre les personnes ne peut être abandonnée. Certains revendiquent (et ils ont des arguments raisonnables) une division partielle limitée aux allocations familiales et aux soins de santé. Mais en raison du vieillissement de la population, les soins de santé deviendront, sans doute, le plus grand défi à relever par les générations futures. Je ne vois pas comment le transfert de ces attributions aux régions et communautés nous armerait mieux pour relever ce défi.

Les *civil rights* du pays

Mon sentiment après quarante ans d'engagement politique consacrés à la construction fédérale de mon pays ? Je voudrais citer l'éblouissant *Een levensverhaal* de Manu Ruys et évoquer mes expériences de ministre-président « provisoire » de la communauté germanophone. Manu écrit : « Martens reste pour moi un chef de gouvernement qui a modifié la politique et la structure de la Belgique de manière persévérante, dans le dernier quart du vingtième siècle. Il n'est pas certain que le mérite lui en soit attribué à 100 %. La révision de la Constitution qui, en 1970, inaugura les réformes commença alors que Gaston Eyskens était Premier ministre et Leo Tindemans ministre flamand chargé des Affaires communautaires. La réforme qui fédéralisa la Belgique en 1993 était l'œuvre de Jean-Luc Dehaene qui la préparait depuis des années. Il ne sera pas difficile pour ses adversaires de minimiser son apport et de noyer son personnage dans le flou. Ce serait pourtant injuste[2]. »

---

1 Wilfried Martens, *L'une & l'autre Europe,* Éditions Racine, Bruxelles, 1994, p. 90.
2 Manu Ruys, *Een levensverhaal,* Lannoo, Tielt, 1999, p. 314.

Les réformes de l'État formaient un processus de longue durée difficile à gérer. Elles ne sont d'ailleurs pas complètement achevées. Mais pour moi, l'inspiration et la foi des fondateurs sont plus importantes que le rôle joué par les Premiers ministres dans les quatre réformes intervenues de 1970 à 1993. Sans l'idéalisme et sans la conviction des fondateurs, il n'aurait jamais été question de quelque réforme de l'État que ce soit. C'est la raison pour laquelle je crois que mes principales contributions ont été mes engagements dans l'action pour l'*Algemeen beschaafd nederlands*, dans le mouvement des étudiants, dans le Comité de la Jeunesse flamande de l'Expo 58, dans le Mouvement populaire flamand, dans le *Vlaams Actiecomité* (Comité d'action flamand), dans les Jeunes CVP et comme président du CVP.

J'ai pu constater avec plaisir que même les réformes ont une âme, pendant les deux ou trois ans où j'ai présidé l'exécutif de la région germanophone qui était repris au sein du gouvernement national. Je me suis rendu à plusieurs reprises à Eupen pour y défendre le budget en allemand, en néerlandais et en français. Je fus remplacé par un gouvernement tricéphale élu par un parlement de vingt-cinq membres directement élus. Un grand banquet eut lieu dans un hôtel réputé d'Eupen. Toute la Belgique était là: les présidents de la Chambre et du Sénat, ceux des parlements de région et de communauté, les présidents de parti. Pendant le dîner, un membre du chœur d'hommes d'Eupen se mit à chanter, a capella, et il avait une voix magnifique. Il interprétait l'aria de Papageno, dans la *Flûte Enchantée* de Mozart. L'atmosphère était telle que tout le monde se mit à l'accompagner. Stimulée par l'ambiance, Irène Petry, présidente du parlement de la Communauté française, m'invita à chanter avec elle, en duo. Devant son insistance et sa détermination, nous avons entonné, côte à côte et bras dessus, bras dessous, *Daar bij die molen, die mooie molen.* À ce moment-là, j'ai pris conscience que les structures politiques étaient peuplées d'êtres vivants.

La communauté germanophone de Belgique assimila harmonieusement les nouvelles structures de l'État. Elle forme aujourd'hui un fait unique en Europe. Avec ses 62 000 citoyens, elle dispose de compétences énormes dans le domaine culturel et dans celui de l'enseignement, dans les matières liées aux personnes, y compris la coopération internationale et les traités qui s'y rapportent, et en ce qui concerne l'emploi des langues. Elle a un parlement directement élu et l'allemand est traité de la même manière que le français et le néerlandais. Nos germanophones ont réussi spontanément à se couler dans leurs nouvelles institutions. Il ont adopté tous les *civil rights* qui y sont associés et ils ont fait la preuve que ce sont eux les vrais Belges, puisque la plupart sont capables de parler nos trois langues ou tout au moins de les comprendre. Dans les cantons de l'Est, la réforme de l'État a toujours été débarrassée de l'atmosphère conflictuelle qui, malheureusement, caractérise les relations entre la communauté flamande et la communauté française. Dans *L'homme sans qualités*, Robert Musil fait allusion à cette atmosphère typique de conflit, au sein d'un pays imaginaire : la « Kakanie ». Il décrit l'aversion stupide de chaque homme pour les aspirations de tous les autres, une situation que nous connaissons bien mais qui, dans le pays décrit, était parvenue depuis longtemps aux dernières extrémités, dans une espèce de cérémonial corrosif. Cela aurait pu avoir les pires conséquences pour la Kakanie si ce cycle infernal n'avait été interrompu prématurément par une catastrophe. J'espère que Flamands et francophones n'auront pas à subir une catastrophe pour acquérir la même sagesse de vie que nos compatriotes germanophones et qu'ils apprécieront à leur juste valeur, avec eux, tous les *civil rights* de nos institutions fédérales nouvelles.

Chapitre XXXIII

BAUDOUIN, TEL QUE JE L'AI CONNU

J'ai régulièrement mentionné tout au long de ces mémoires mes nombreux contacts avec le roi Baudouin. Ils ont commencé en 1974, du temps où j'étais président du CVP et la première confrontation fut assez rude. Elles se sont achevées dix-neuf ans plus tard par un inoubliable regard, lors du Te Deum célébré dix jours avant la mort du Roi.

J'ai vécu la monarchie sous le roi Baudouin comme une institution basée sur une grande droiture, de très hauts principes moraux et un sens de l'État poussé à l'extrême. Dans notre régime, le roi est le gardien de la Constitution, il assure l'équilibre entre les différents pouvoirs constitutionnels et il est le garant de la continuité. Le roi Baudouin a régné quarante-trois ans. L'institution avait, de ce fait, un impact beaucoup plus fort que ne se l'imagine le citoyen moyen.

Comme de pain

Notre monarchie est devenue si évidente qu'on a tendance à sous-estimer son rôle, celui de lien ultime et d'arbitre suprême. La monarchie n'est pas du décorum, une image télévisée lors du Te Deum du 21 juillet. Elle est le pivot constitutionnel. Le socialiste Achille Van Acker soulignait combien la Belgique en avait besoin «comme de pain». C'est parfaitement vrai. Toute autre forme de régime est impossible à envisager. De plus, le schéma constitutionnel dans lequel œuvre le roi est si délicat et si ingénieux, les limites de son influence politique sont telles que, tout naturellement, il joue un rôle d'arbitre.

J'ai été le premier chef de gouvernement qui fût plus jeune que le Roi. J'ai découvert comment il remplissait objectivement et scrupuleusement sa tâche la plus visible, c'est-à-dire la résolution des crises gouvernementales et la nomination du formateur et du Premier ministre[1].

Il agissait de la même manière dans la vie quotidienne. Les interventions du Palais étaient discrètes mais toujours utiles. En tant que Premier ministre, j'ai régulièrement éprouvé le besoin de faire connaître au Souverain mes idées, mes espoirs et les questions personnelles que je me posais. J'ai été avec lui spontanément amené à me soucier de principes comme l'intégrité et l'indépendance de l'État. Et, comme la Constitution met le roi à l'abri des discussions et des querelles politiques, il peut exercer toute l'autorité que confère le recul. De plus, il symbolise un concept auquel je ne trouve pas d'autre nom que celui d'harmonie, le souci du pays et de ses différences. Le roi Baudouin était très conscient de l'évolution de l'organisation de l'État, même si elle se faisait sous la responsabilité du gouvernement. Lui-même et ses collaborateurs se sentaient profondément impliqués dans la réforme de la Belgique. Et comme le sénateur Francis Delperée, professeur à l'UCL, j'aime à prendre la maxime selon laquelle « le roi règne, mais ne gouverne pas » dans une perspective positive[2].

---

1 Dans son album *Aux marches du Palais* (La Renaissance du Livre, 2002, p. 32 et 33), Guy Daloze rappelle que « la fonction du roi est politique, symbolique et représentative comme le souligne André Molitor, cet ancien chef de cabinet du roi dont le livre *La fonction royale en Belgique* (Crisp, Bruxelles, 1994) est la « bible » du Palais et des exécutifs. Pas de pouvoir personnel, mais une magistrature d'influence, une action de mobilisation et de motivation. C'est que les discours du souverain s'incarnent de plus en plus dans le quotidien et les préoccupations concrètes.

Le roi peut-il, pour autant, comme certains ont tendance à le demander, surtout lors des périodes de crise politique ou morale, s'ériger en interprète d'un prétendu « pays réel » en s'opposant par des prises de position personnelles aux décisions du « pays légal » ? « Le roi, répond André Molitor, peut et doit utiliser tous les moyens dont il dispose pour exercer sa mission. Il peut et doit, dans ses colloques avec les responsables politiques, insister sur ce qu'il estime être l'intérêt de tous les Belges, exprimer ses réserves à l'égard de projets qu'il estime inopportuns, mettre l'action gouvernementale en perspective avec le passé et l'avenir, proposer des initiatives dans tel ou tel domaine. Il ne peut aller plus loin. Quant aux responsables politiques, c'est pour eux un devoir de prendre en sérieuse considération et de peser avec soin les avis et les suggestions qu'ils reçoivent du roi. »

2 Francis Delpérée, *La Constitution de 1830 à nos jours, et même au-delà*, Éditions Racine, Bruxelles, 2006, p. 102. Le constitutionnaliste de l'UCL souligne que cette maxime signifie que « le roi assume un ensemble de fonctions officielles qui relève de tâches d'authentification (...). Le roi parle. Ses propos peuvent avoir une portée politique non négligeable. Il s'adresse à l'ensemble des Belges. Il leur fait part sans intermédiaire de ses préoccupations (sous la responsabilité du chef de gouvernement, mais ce dernier n'a pas préparé le discours dont il est de bonne pratique qu'il ait été informé du contenu). De manière discrète – le fameux "colloque singulier" en tête-à-tête – le roi s'entretient également avec les interlocuteurs qu'il reçoit. À cette occasion, il peut les inciter à prendre des initiatives ou, au contraire, à s'abstenir d'accomplir telle ou telle démarche ».

Je ne suis pas un structuraliste. Pour moi, l'histoire est faite par des hommes et non par des techniques programmées. Dans le cadre des règles constitutionnelles strictes qui régissent la fonction royale, le roi Baudouin possédait un don extraordinaire de sympathie, avec le souci de toute la société et en particulier de ceux qui font l'effort de s'y investir. Aux États-Unis, on qualifie ce trait de caractère de «*compassion*». Je l'ai retrouvée dans les grands discours qu'il a prononcés.

S'habituer à la Belgique nouvelle

Après la réforme de l'État de 1970 qui réalisa l'autonomie culturelle et mit au point l'article 107 quater qui créait les régions, le roi Baudouin affirma qu'il fallait s'habituer au nouveau visage de la Belgique, sans nostalgie inutile. Le même réalisme devait nous animer pour définir les tâches des nouvelles institutions. Mais il nous livra deux recommandations dans son discours de Noël du 21 décembre 1971 : «Prudence: un pas irréfléchi peut nous mener beaucoup plus loin que nous ne l'aurions souhaité. Nous devons agir à bon escient et savoir où nos décisions nous mèneront. N'oublions jamais que le respect des autres, surtout s'ils ne sont pas les plus puissants, est une des caractéristiques fondamentales de la démocratie.»

Je suis devenu président du CVP le 4 mars 1972. Ma première audience avec le roi Baudouin eut lieu au mois de mai. L'entretien se déroula de façon assez traditionnelle. Suivirent le congrès «fédéraliste» du CVP à Anvers, en octobre, et la chute du gouvernement Eyskens le 22 novembre. Le Palais se rendait compte qu'une révolution tranquille avait lieu au sein du CVP. Le Roi était préoccupé par l'incertitude qui régnait à propos de nos lignes de conduite futures, ce qu'il manifesta dans son message de Noël de 1972: «Si une telle période persiste, nous courons le risque d'avoir des gouvernements de plus en plus chancelants et de plus en plus successifs, ce qui est néfaste à une gestion saine de notre pays. Nous devons trouver au plus vite un cadre nouveau mais institutionnellement stable.»

Cependant, quatorze mois plus tard, une nouvelle crise gouvernementale survint, avec la chute du cabinet Leburton. J'ai eu un échange de vue très vif avec le Roi, le 26 janvier 1974. Je m'opposais formellement aux volontés des socialistes qui désiraient directement des élections, sans tenter de former un nouveau gouvernement. À mes yeux c'était contraire à une longue tradition politique. Le Roi sembla se rendre à mes arguments puisqu'il nomma quelques heures plus tard Léo Tindemans formateur. J'avais promis au Souverain que le CVP ne formerait pas de gouvernement sans le PSC et j'ai tenu ma promesse. Il n'y a donc pas eu de déclaration de révision de la Constitution à ce moment-là.

Cette confrontation avec le Roi fut à la fois dure et intense. Le Roi n'était manifestement pas habitué à des présidents de parti qui défendaient aussi franchement leur opinion. J'étais jeune, je n'avais que 38 ans, je n'avais rencontré le Souverain que trois ou quatre fois. Il a pu constater que je ne me contentais pas d'opiner du chef. Il m'a confié plus tard : « Au Palais, vos collègues disent "oui", puis ils disent "non" quand ils rentrent dans leur parti. » Après cette audience difficile, nos relations se trouvèrent totalement modifiées. La glace était rompue et une grande confiance ne fit que croître entre nous.

Dans mes fonctions de président, comme plus tard dans celles de Premier ministre, j'ai toujours essayé de rallier le Roi à mes convictions fédéralistes, non pas de façon brutale mais en utilisant la méthode socratique. Nos entretiens pouvaient durer des heures. Pendant les audiences, le Roi revenait sans cesse sur ce sujet. Il me disait qu'il avait consulté des experts en matière constitutionnelle et me faisait part de leurs objections. Je tentais de les réfuter lors d'une audience suivante. Cela a duré pendant des années. Je défendais mon fédéralisme qui n'entrait pas complètement dans les vues du Roi. Mais il savait que je n'étais pas séparatiste et que j'accordais, comme lui, une grande importance au maintien d'un pouvoir central puissant. Cela le tranquillisait. On a écrit que j'avais converti le Roi au fédéralisme. J'ai pris cela comme un compliment. Je dois avouer que mon influence ne fut pas la seule. « Mon père aussi était persuadé qu'il fallait un jour installer un régime fédéral en Belgique », m'a avoué Baudouin.

Le compromis des Belges

Il fallut attendre 1977 et le pacte d'Egmont pour que le roi Baudouin délivre à nouveau un message communautaire « fort ». Il salua en effet le pacte comme un « compromis des Belges ».

Après l'échec du pacte d'Egmont et les élections du 8 décembre 1978, on peut observer l'émergence d'une philosophie fédérale dans les discours du Roi. À la fin du mois de janvier 1979, il aborde le principe de subsidiarité : « La nation, détentrice à l'origine de tous les pouvoirs, transmet aux autorités européennes ce qu'elles peuvent mieux gérer et aux communautés régionales et culturelles ce qu'elles peuvent réaliser mieux que le pouvoir central. Cet allégement doit permettre au pouvoir national d'assumer de façon plus efficace ses propres responsabilités. Mais, pour être performant, chaque niveau d'autorité doit être complémentaire des autres. Il est impossible d'être uniquement européen, belge, flamand, wallon, bruxellois ou germanophone belge.»

Lors de la prestation de serment de mon premier gouvernement, le 3 avril 1979, le Roi était fort pessimiste. Mais, neuf mois plus tard, dans son discours aux corps constitués, il me remerciait: «Depuis que vous êtes à la tête du gouvernement, je suis frappé par les preuves que vous avez données de votre compréhension et de votre volonté de conciliation mais aussi par votre fermeté et votre sens des responsabilités.»

Cet éloge inhabituel d'un Premier ministre qui avait encore tout à prouver provoqua quelques froncements de sourcils chez quelques hommes d'État expérimentés. Ils auraient fait part de leur étonnement au Roi, selon Jan Grauls, mon chef de cabinet de l'époque. Certaines résistances se firent jour dans le monde politique et on me colla une étiquette: j'étais devenu le porteur d'eau du Roi. J'aurais peut-être mieux fait de supprimer ce passage lorsqu'on me soumit le discours du Roi. Mais j'étais trop inexpérimenté et je comprenais l'enthousiasme du Roi, soulagé de voir à nouveau un gouvernement stable à la tête du pays. Trois semaines après le discours royal, il me fallut exclure le FDF du gouvernement.

Un pouvoir central fort

Pendant les années de crise économique, le Roi laissa de côté les thèmes communautaires. Mais, le 8 février 1983, il exprima un souci, la nécessité d'un partage clair des compétences dans les relations internationales. C'est un sujet qu'il avait souvent abordé lors de nos entretiens. Les communautés règlent par décret leur coopération internationale dans de multiples domaines et peuvent conclure des accords. Mais le chef de l'État attirait l'attention sur un réel danger: le double emploi des compétences et des rivalités entre les négociateurs belges officiels était susceptible de provoquer une perte de crédibilité dont notre pays serait victime. C'est la raison pour laquelle le Roi, en tant que représentant du pouvoir exécutif national et en fonction de l'article 68 de la Constitution, restait le seul interlocuteur au plan international. Il ajoutait: «Les réformes de 1980 sont à peine en vigueur. Sur certains points, elles en sont encore dans une phase de transition. Et déjà, des voix s'élèvent pour dire qu'elles sont dépassées!

De nouveaux plans sont prêts, destinés à accorder plus d'autonomie aux communautés et aux régions. Je ne parlerai pas ici du contenu de ces projets. Il est de mon devoir, toutefois, de faire remarquer qu'une telle façon d'agir va rendre le pays de plus en plus difficile à gouverner et qu'il peut même devenir ingérable dans ce tourbillon de réformes.»

Un an plus tard, en 1984, lors de la fête nationale, il déplorait fermement qu'on insiste davantage sur ce qui séparait les Belges que sur ce qui les unissait. «Je ne cesserai jamais de vous montrer ce qui rassemble les Belges, parce que c'est mon devoir de roi d'en parler. Si je ne le faisais pas, je faillirais à ma tâche. L'évolution des institutions exige un nouveau sens civique grâce auquel le citoyen se sentira plus uni à sa communauté et à sa région, sera plus conscient de ses responsabilités au sein de ces nouvelles structures et sera plus respectueux des compétences allouées à ces nouvelles institutions par la Constitution et par les lois. Pour travailler harmonieusement, un État régionalisé a le besoin vital d'une autorité centrale forte qui veille aux intérêts définis par la Constitution comme communs. Dans ce domaine aussi, il s'agit de se conformer aux règles du jeu. En d'autres mots, fédérer n'est pas séparer mais unir.»

Au cours des années suivantes, quand la stabilité gouvernementale fut sans cesse menacée par le problème des Fourons et par José Happart, le Roi n'a cessé d'en appeler à une concertation constructive. Ainsi, dans son allocution de la fête nationale 1987 : «Dans certaines circonstances, il est extrêmement difficile d'obtenir un consensus. Comme c'est le cas dans beaucoup de problèmes humains, je redoute les rancœurs et l'agressivité... Éviter les conflits ne suffit malheureusement pas. Il faut restaurer un climat de confiance; il faut des gestes témoignant d'une réelle compréhension mutuelle... Il est réconfortant de constater les efforts qui ont été consentis dans les nombreuses communes jouissant d'un statut linguistique spécial, afin de vivre en bonne harmonie. Nous oublions souvent qu'il y a, en Belgique, trente communes de ce type. Dans la plupart d'entre elles, l'entente est remarquable parce que les autorités locales traitent tout le monde avec respect et parce que les habitants se fient les uns aux autres... En tant que membre de l'Europe de la diversité, d'une Europe qui est encore en quête de son unité, je voudrais que notre pays fasse la preuve que des cultures différentes peuvent grandir ensemble et prospérer à l'intérieur d'un cadre politique unique.»

Profession de foi fédérale

Malgré ces appels à la raison, la crise des Fourons était hélas inévitable. Une nouvelle réforme de la Constitution ne pouvait être évitée après la chute de mon gouvernement, le 19 octobre 1987, et les élections du 13 décembre. La crise dura plus de six mois. Jean-Luc Dehaene parvint finalement à réunir ses interlocuteurs et à progresser d'un pas vers cette nouvelle réforme de l'État. Et le 9 mai 1988, mon huitième gouvernement pouvait prêter serment.

Le Conseil des ministres entama alors les discussions sur une réforme de l'État qui avait été négociée sans moi. Dans son livre *Baudouin. L'homme qui ne voulait pas être roi*[1], l'ancien journaliste du *Monde*, José-Alain Fralon écrit : « L'enjeu est de taille puisque ce gouvernement va précisément mettre au point une des réformes les plus importantes des institutions de la Belgique, qui devient alors un véritable État fédéral. Baudouin ne peut s'y résoudre. À l'issue d'un Conseil des ministres où chacun se félicite d'avoir pu mener à bien cet énorme chantier, Wilfried Martens lit une lettre que Baudouin lui a adressée, et dans laquelle il exprime les plus extrêmes réserves sur le processus en cours et sa profonde inquiétude quant à l'avenir du pays. Le sang d'un des vice-Premiers ministres ne fait qu'un tour : « Je crains de devoir donner ma démission ; la coutume veut que nous ayons la confiance du roi et des Chambres, or j'ai l'impression d'avoir perdu la confiance du Roi. » Embarrassé, Martens tente de le calmer : « Mais non, il ne faut pas prendre cela ainsi. » L'impétrant ne veut pas en démordre. Martens lui arrangera alors une entrevue avec le Roi, qui l'assurera de sa confiance totale. L'incident sera clos et le Roi signera les lois sur la fédéralisation. »

Le Roi m'adressa en effet la lettre suivante, le 11 juillet 1988[2] :

« *Mon cher Premier ministre,*

Vous ne vous étonnerez pas que je vous écrive sur le grave sujet de la refonte des structures de l'État. Depuis des mois je m'en suis souvent entretenu avec le formateur, avec vous-même, avec les ministres, les chefs de parti et les principaux hommes politiques. Mais au fur et à mesure de la préparation des textes, mes préoccupations ne cessent de grandir.

---

1 José-Alain Fralon, *Baudouin. L'homme qui ne voulait pas être roi*, Fayard, Paris, 2001, p. 344 et 345.

2 Minutes du Conseil des ministres, 15 juillet 1988, Archives générales du Royaume, Document Wilfried Martens.

C'est pourquoi je ressens l'obligation d'exercer ici les missions qui appartiennent à ma charge. Les pouvoirs du roi définis par la loi fondamentale et les coutumes constitutionnelles sont essentiellement de conseil, d'influence et de mise en garde. Je dois donc vous confirmer ici les avis qu'au cours des mois qui viennent de s'écouler j'ai multipliés auprès de chacun de mes interlocuteurs.

Ai-je besoin de répéter mon adhésion au système qui aboutira dans les structures d'un État fédéral, à l'élargissement des compétences des communautés et des régions; cet accroissement des autonomies devant aller de pair, comme vous l'avez dit au Parlement, avec le renforcement de l'État central? Ce double mouvement peut, s'il s'accomplit bien, renforcer la confiance réciproque et l'union entre tous les détenteurs d'un pouvoir autrement partagé. Mais je crains que ces buts et cette vision d'ensemble n'apparaissent plus clairement et qu'à défaut d'utiliser les structures classiques d'un État fédéral on aboutisse à une construction ambiguë que les uns appellent un État fédéral, les autres des États fédérés, et d'autres encore une confédération d'États différents.

J'ai des doutes sérieux sur certains aspects des modifications envisagées et sur la méthode adoptée pour les réaliser.

Sur la méthode d'abord. Je ne suis pas le seul à constater la brièveté des délais dans la préparation de la réforme. Quant à ceux qui sont laissés au Parlement pour l'examiner, ils sont extrêmement courts, alors que la définition des règles de notre vie en commun constitue une de ses prérogatives essentielles. Certes, je connais les contraintes du calendrier que s'est fixé le gouvernement. Mais il ne faudrait pas que l'agenda finisse par l'emporter sur la substance.

Sur le fond, je suis préoccupé parce que dans les textes actuels, nombre de questions essentielles me paraissent rester sans réponse.

Durant les négociations l'on a été d'accord pour renforcer le pouvoir national dans les matières qui restaient de sa compétence. Comment cela va-t-il se réaliser?

Il est beaucoup question dans le projet de loi sur les compétences de concertation et de coopération entre l'État, les communautés et les régions et de ces composantes entre elles. Comment s'appliqueront-elles et si elles n'aboutissent pas à des accords, comment évite-t-on dans ce cas la paralysie et le blocage?

Comment peut-on améliorer les instruments de prévention des conflits de compétences et d'intérêt?

Quelles procédures va-t-on utiliser pour la solution des conflits d'intérêt, en particulier dans le cadre de l'Union économique et monétaire?

Comment va-t-on résoudre le problème de la force obligatoire des normes européennes à l'égard des régions et des communautés ?

Il me semble indispensable qu'avant l'entrée en vigueur du transfert des compétences et de leur financement, on ait apporté par la loi des solutions efficaces aux problèmes que je viens d'évoquer. Je vous serais reconnaissant de bien vouloir m'indiquer que telle est bien l'intention du gouvernement.

Par ailleurs je voudrais vous dire dès maintenant, les préoccupations sérieuses que m'inspirent deux sujets qui seront traités plus tard : les relations extérieures et les pouvoirs résiduaires. Ces matières devraient faire l'objet d'une réflexion sereine et approfondie avant que des textes ne soient proposés.

Enfin j'ai eu l'occasion, tant lors de la formation du gouvernement que par après, de mettre en garde à propos d'autres sujets précis : Union économique et monétaire, politique scientifique, commerce extérieur, infrastructure, statut de la Fonction publique. Certains textes sont améliorés, d'autres pas.

Mon cher Premier ministre, je suis conscient des difficultés de votre tâche, de celle de vos collègues et du Parlement. En définitive, ce sont les pouvoirs législatif et exécutif qui porteront devant l'Histoire des responsabilités de ce qui va se faire et qui engage pour une durée indéfinie l'avenir de nos compatriotes. En vous écrivant aujourd'hui, j'assume la part qui est attribuée au roi dans l'exercice de ces deux pouvoirs.

Vous apprécierez, mon cher Premier ministre, s'il ne convient pas de porter les considérations qui précèdent à la connaissance de vos collègues, dans le secret du colloque entre le roi et ses ministres.

Votre affectionné
(s) Baudouin »

Cette lettre était assurément un avertissement critique, même si elle était d'une grande beauté classique. Elle représente l'achèvement de l'évolution des idées de Baudouin vers une politique fédérale authentique. Elle cadre parfaitement avec son rôle de conseiller qui ne requiert aucun contreseing ministériel. Le roi peut prévenir, consulter, questionner sans engager la responsabilité d'un ministre. Pour moi, il est clair que Fralon a pu signaler l'existence de cette lettre dans son récit, qui ne fait pas preuve d'une grande rigueur intellectuelle, grâce à l'indiscrétion d'un ministre. Une raison de plus pour révéler le contenu réel de la lettre et de la discussion qui s'entama alors entre les ministres.

Moureaux a un problème

J'ai lu la lettre du Roi au Conseil des ministres du 15 juillet. Le vice-Premier ministre Moureaux a réagi immédiatement. Il a dit qu'il s'agissait d'un texte extrêmement important qui allait causer un problème fondamental au gouvernement, et en particulier aux deux vice-Premiers ministres, Jean-Luc Dehaene et lui-même, en charge des réformes institutionnelles. Philippe Moureaux voulait savoir s'il disposait encore de la confiance du Roi. Il affirma qu'il n'admettrait aucune ambiguïté. Sans clarification dans les prochaines heures, il ne défendrait pas les projets de réforme devant le Parlement.

J'ai communiqué alors aux ministres mon projet de réponse au Roi:

«Sire,

C'est avec respect et une attention toute particulière que j'ai lu les considérations sur la réforme des structures de l'État que Votre Majesté m'a communiquées dans sa lettre du 11 juillet 1988.

Dans le respect du caractère secret de la concertation entre le roi et ses ministres, j'ai également porté ces considérations à la connaissance des ministres au cours de la réunion du Conseil des ministres de ce 15 juillet 1988. Avec le même souci à propos de la réforme de la structure de l'État qui est actuellement en cours, je puis assurer Sa Majesté que le gouvernement a la ferme intention d'apporter, dans la loi sur le financement ainsi que dans la loi d'exécution sur la Cour d'arbitrage, en ce qui concerne certains aspects du règlement de conflits, des solutions aux cinq problèmes que Sa Majesté a soulevés dans Sa lettre, de sorte que le transfert effectif des compétences aux communautés et aux régions soit accompagné aussi bien d'un renforcement du pouvoir central dans les matières qui relèvent de sa compétence, que des mécanismes opérationnels, efficaces et ayant force obligatoire, pour prévenir et régler les conflits d'intérêt et de compétence.

Sur les points susmentionnés, l'exposé des motifs du projet de loi concernant les compétences donne déjà certaines indications à propos des solutions qui seront reprises dans la loi sur le financement (et la loi sur la Cour d'arbitrage):

– en ce qui concerne les formules de collaboration, il est fait référence, à différents endroits, aux mesures à prendre, comme en matière de commerce extérieur (page 15: «Un code de bonne conduite consacrera les modalités de coordination et de collaboration de leurs actions respectives»), en matière d'infrastructure (page 19: «La même loi (de financement) organisera un

mécanisme pour faire respecter les procédures de concertation....») et en d'autres matières.

À propos de la garantie de la force obligatoire et de l'empêchement d'un blocage, l'exposé des motifs annonce à la page 53 les mécanismes suivants:

«Dans la deuxième phase des réformes institutionnelles, des mécanismes particuliers seront prévus en vue de remédier à l'absence éventuelle de tels accords, ou à leur absence d'exécution, par exemple en ce qui concerne les travaux nécessaires pour assurer la sécurité en matière de lutte contre les inondations, de transport et de déchets.

Ces mécanismes particuliers pourront prendre la forme d'un droit d'évocation par l'autorité nationale selon un contrôle juridictionnel à définir et/ou d'une substitution de l'autorité nationale à l'autorité défaillante selon des modalités financières à définir. De même, des mécanismes seront institués pour régler la participation financière d'une région aux coûts des travaux effectués par une autre Région.»

C'est la volonté certaine du gouvernement d'inscrire ces mécanismes indispensables dans la loi sur le financement. Comme l'indique le Conseil d'État dans son avis, il est évident que «sans dispositions permettant d'assurer le respect de l'exécution des accords (de coopération) visés, il n'est pas de réglementation cohérente possible» (page 50 in fine);

– au sujet de la force obligatoire des règles visant à sauvegarder l'union économique et l'unité monétaire, il ressort déjà de l'exposé des motifs (page 45) qu'une violation des règles répartitrices de compétence en la matière, peut être poursuivie devant les cours et tribunaux et devant le Conseil d'État, quand il s'agit d'actes de l'autorité administrative, et devant la Cour d'arbitrage, quand il s'agit d'actes législatifs. À propos de la Cour d'arbitrage, le nouvel article 107 ter de la Constitution prévoit un droit de recours individuel;

– à la page 3 de l'exposé des motifs, une amélioration des procédures de résolution des conflits est également annoncée;

– la force obligatoire des normes européennes vis-à-vis des communautés et des régions n'est pas contestée. C'est ainsi qu'à la page 45 de l'exposé des motifs, il est dit expressément «que les régions – à l'instar de l'État et de tous les autres pouvoirs publics – restent, sur le plan économique, également soumises aux traités internationaux». À propos de leur force obligatoire, le même exposé des motifs (à la page 10) mentionne que cette problématique sera réglée dans la phase suivante de la réforme des institutions.

Sire, c'est l'intention du gouvernement d'apporter, avant l'entrée en vigueur du transfert des compétences et leur financement, par une loi, une solution adéquate à tous les problèmes susmentionnés.

Pour le reste, Sire, le gouvernement ne proposera, dans une deuxième et une troisième phase de la réforme des institutions, des textes concernant les relations extérieures et le pouvoir résiduaire qu'après une concertation sereine et approfondie, à laquelle peuvent être associés des experts scientifiques, et pour lesquels le temps suffisant pour l'examen et la réflexion sera donné au Parlement.

Enfin, Sire, le gouvernement adaptera et corrigera ces textes aussi précisément que possible, en fonction de l'avis du Conseil d'État à propos du projet de loi concernant les compétences.

J'espère, Sire, avoir répondu aux soucis fondés de beaucoup de personnes à propos de nos structures de l'État. Je peux Vous assurer que le gouvernement et moi-même ferons tout ce qui est en notre pouvoir pour réaliser ce qui a été annoncé. Entre-temps, mes collègues et moi Vous prions, Sire, de bien vouloir agréer l'expression de notre profond respect et dévouement.

(s) Le Premier ministre
Wilfried Martens»

Philippe Moureaux n'en continua pas moins de répéter que la lettre royale constituait un problème pour les ministres chargés des réformes institutionnelles. Il répéta qu'il voulait être sûr de la confiance du Roi et qu'il voulait en être informé personnellement. Il me demanda de poser la question directement au Roi. Il ne tenait pas à être un demi-ministre et, en attendant la réponse royale, il lui était impossible de parler sereinement des réformes de l'État. Je lui ai promis de poser la question au Roi.

Un problème personnel

Willy Claes déclara qu'il comprenait la réaction de Moureaux, mais il ajouta qu'il ne pouvait y avoir de différence entre la responsabilité individuelle d'un ministre et celle du gouvernement étant donné le principe de la solidarité gouvernementale; pour lui, Moureaux ferait mieux de demander lui-même audience au Roi pour régler son problème personnel au lieu d'avoir recours à un intermédiaire.

Jean-Luc Dehaene vit dans cette lettre l'expression des soucis antérieurs du chef de l'État. Il estimait aussi que les projets gouvernementaux amorçaient une transition entre l'État préfédéral et l'État fédéral. Il fit remarquer que les textes concernés engageaient la responsabilité collective du gouvernement et qu'un certain nombre de points et de problèmes devaient être renvoyés à une deuxième phase afin de permettre la réflexion. Il termina en disant qu'il n'attachait pas à cette lettre la même importance que Philippe Moureaux et qu'il fallait d'abord continuer à travailler à la réforme.

Philippe Moureaux reconnut que dans notre système il n'y avait aucune différence entre la responsabilité individuelle d'un ministre et la responsabilité collective du gouvernement, mais que cela n'empêchait pas un ministre de se sentir responsable des tâches qui lui étaient confiées. En dehors de cette précision, il maintint ses remarques précédentes.

J'ai répété que le Roi était resté dans le rôle qui était le sien et que mon projet de réponse était tout à fait correct. J'ai promis de soumettre les questions au Roi. Moureaux insista toutefois alors pour que l'accord gouvernemental ne soit pas mis en péril ; il voulait poursuivre dans sa ligne et ne souhaitait en rien hypothéquer ses chances.

J'ai confirmé que, par ma réponse au Souverain, je prenais sur moi l'entière responsabilité de la réforme de l'État. Willy Claes fit alors remarquer qu'approuver en Conseil des ministres la lettre du chef du gouvernement, c'était aussi approuver les structures de l'État qui étaient projetées. J'ai donc demandé si tout le monde était d'accord avec le contenu de ma lettre et la réponse positive fut unanime. Philippe Moureaux fut reçu quelque temps après en audience par le Roi. Il faut croire que son problème personnel fut résolu car il ne m'en a plus jamais parlé.

Un énorme chemin

Dans son discours du 21 juillet, le Roi confirma dans les grandes lignes ce qu'il avait développé dans sa lettre au gouvernement : « La réforme de l'État va modifier nos structures et faire de notre pays un État fédéral. Comme c'est le cas dans la plupart des États fédéraux du monde occidental, nous aurons besoin d'un pouvoir central solide qui exerce efficacement les compétences qui restent siennes et ne soit pas en permanence à la merci des discussions communautaires... Il s'agit donc d'un fédéralisme qui unit, qui maintient la solidarité entre ses différentes composantes et qui refuse toute forme de séparatisme, qu'elle soit ouverte ou cachée. »

Le Roi avait fait remarquer que le temps accordé au Parlement était fort court et pourtant, le premier projet de loi sur les compétences fut approuvé dès le 8 août. Cinq ans plus tard, lors de son dernier discours, le 21 juillet 1993, Baudouin exprima ce qui serait son testament politique au sujet du fédéralisme: «La réforme que nous avons appliquée cette année forme la clé de voûte de tout ce qui a été modifié depuis 1970 dans notre régime politique. Dans les termes de notre Constitution, la Belgique est aujourd'hui un État fédéral. Le Parlement a voulu trouver un nouvel équilibre entre, d'une part, une extrême autonomie des régions et des communautés et, d'autre part, l'unité indispensable et la convivialité d'un pays. Cette réforme s'est produite de façon démocratique et paisible. On ne trouve pas beaucoup d'exemples semblables dans le monde. Aujourd'hui, il s'agit de faire bien fonctionner ces nouvelles institutions. Ce ne sera possible que si tous les responsables font preuve d'une volonté de conciliation, de bonne volonté, de tolérance et de sens civique fédéral. La grande majorité de nos compatriotes y attache beaucoup d'importance car ils ne sont pas favorables à une quelconque forme de séparatisme et ils n'hésitent pas à l'exprimer hautement. Cela me réjouit.»

On peut dire qu'au fil de ma vie politique, le roi Baudouin a fait un énorme chemin. Au début des années septante, il était le défenseur d'une décentralisation économique et d'une autonomie culturelle. Avec le temps, il est devenu un fédéraliste convaincu. Dans la mesure où j'ai pu jouer un rôle dans cette évolution, je crois avoir rendu service à la monarchie. Le statu quo ou le maintien d'institutions dépassées auraient été néfastes au maintien de la monarchie dans notre pays.

«Mauvais au téléphone»

Je repense souvent avec une certaine nostalgie aux heures que j'ai passées avec le roi Baudouin. Un homme politique ne peut être davantage sincère que dans le bureau du Roi ou dans les fauteuils du château de Laeken. Il sait que l'entretien restera totalement discret. Contrairement aux dires de certains, je sais que c'est là que se raconte l'histoire politique la plus complète et la plus véridique parce que l'homme politique s'y sent protégé. C'était en tout cas ainsi sous le règne de Baudouin. Le Roi prenait de temps à autre des notes dans son petit calepin noir. Je me demande parfois quel historien pourrait retrouver et comprendre toute la finesse de ces notes, dans vingt ou cinquante ans. Si jamais elles étaient rendues publiques, bien des mythes risqueraient de s'effondrer...

Baudouin avait le sens de l'humour. Il était capable d'un rire franc, mais il était souvent extrêmement sérieux et consciencieux, à la limite du scrupule. Il ne prenait certes pas les affaires de l'État à la légère. Sa tâche lui pesait. Il se levait tous les matins avec la perspective peu enviable d'être confronté toute la journée à un monceau de problèmes auxquels il lui était impossible d'échapper.

En général, Baudouin me saluait d'une poignée de main ferme. Son regard pénétrant semblait vouloir sonder mon humeur. Il se disait «mauvais au téléphone». Il avait besoin de voir son interlocuteur. Parfois, pourtant, il lui fallait régler certains problèmes par téléphone. Dans ce cas, il était bref, comme je le suis moi-même. Mais, lors de la conversation suivante, il expliquait le sens de sa démarche.

Le Roi préparait ses entrevues avec soin. Il était généralement informé par les conversations approfondies entre nos deux chefs de cabinet. Je lui exposais en détail tous mes projets gouvernementaux. Je lui faisais part des remarques ou des oppositions des ministres et des membres de partis. Le Roi ne cessait de poser des questions et me donnait son avis sans mâcher ses mots. Nous parlions parfois de problèmes pratiques et élémentaires comme le ravalement d'un immeuble, la pose de nouvelles lignes téléphoniques sûres ou même la gestion des finances royales. S'il faisait beau, nous nous promenions dans le magnifique parc du château de Laeken. L'audience au palais de Bruxelles était plus formaliste. À Laeken, lorsque nos conversations se prolongeaient, le Roi m'a souvent invité à partager son lunch. Nous nous rendions dans une pièce assez vaste où il y avait un billard et un réfrigérateur. Le Roi me servait ce qui était préparé. Il y avait même du vin, mais lui ne buvait que de l'eau.

J'ai eu de très bonnes relations avec le Roi jusqu'à la fin de sa vie. L'ancien journaliste du *Monde*, José-Alain Fralon, écrit dans sa biographie de Baudouin que le Souverain m'a laissé tomber à cause de mon divorce «comme il le faisait souvent avec les gens qui ne pouvaient plus lui être utiles». C'est faux! Comment aurait-il pu me laisser tomber à cause de mon divorce… survenu quatre ans après son décès? Il était clair qu'en novembre 1991, il ne pouvait plus me nommer formateur, pour des raisons politiques. Nous en avions convenu dès notre première entrevue après les élections.

Des sympathies et des aversions

Au fil des années, j'ai appris à connaître ses sympathies et ses aversions. Parmi ceux qu'il écoutait volontiers, il y avait indiscutablement P.-W. Segers, Pierre Harmel, Étienne Davignon, Herman Vanderpoorten, Robert Henrion, Willy Claes, Frank Van Acker, Dries Kinsbergen. Les relations étaient toutes différentes avec des socialistes wallons comme André

Cools, Philippe Moureaux ou Edmond Leburton. Le Palais a pendant des années craint un mouvement révolutionnaire en Wallonie si les socialistes étaient dans l'opposition. C'était, pour Baudouin, une obsession et son souci permanent était de ne pas voir se former un gouvernement qui ne serait soutenu que par une minorité de Wallons. Cette crainte revenait en permanence dans nos conversations.

Baudouin adorait Paula D'Hondt. Quand, suite aux réformes de l'État, son département des Travaux publics est devenu de la compétence des régions, il m'a demandé à brûle-pourpoint: « Qu'allez-vous faire de Paula D'Hondt? » C'est une des seules fois où j'ai entendu le Roi parler du sort personnel d'un ministre[1]. Comme j'avais en tête la nomination d'un commissaire royal à l'immigration, j'ai avancé le nom de Paula et la réaction de Baudouin fut enthousiaste. Cette bonne entente n'a fait que s'amplifier. Ils étaient des âmes sœurs.

Quel successeur ?

Sa succession lui causait du souci. Son dauphin était sans conteste le prince Philippe. J'en ai eu des preuves suffisantes. Il m'a demandé d'informer le fils aîné de son frère Albert du fonctionnement de l'État. Baudouin était persuadé qu'il allait encore régner pendant de nombreuses années et atteindre un grand âge et que, par conséquent, son frère ne serait plus sur les rangs. D'ici là, son neveu serait marié et suffisamment préparé à perpétuer la monarchie sans heurts.

Le Roi, bien sûr, était au courant des difficultés qu'avait connues le couple Albert et Paola. La rupture définitive avait pu être évitée grâce, entre autres, à l'intervention du Premier ministre Gaston Eyskens. Je sais que Baudouin craignait les indiscrétions au sujet de la fille naturelle de son frère et il redoutait que la vérité éclate au grand jour. Je suis convaincu que, à ses yeux, la publication de cette nouvelle ternirait le blason de la monarchie et pèserait sur la succession de son frère.

L'évolution de ses idées sur une succession féminine au trône est notable. Après y avoir été opposé, il la souhaita avec force. Sans doute, craignait-il que quelque chose n'arrive au prince Philippe qui était encore, à cette époque, célibataire.

---

1 Il a aussi insisté pour qu'Édouard Poullet soit nommé au sein de l'exécutif francophone.

Un phare pour la société

Baudouin est réellement devenu lui-même dans les dix dernières années de son règne. Ses visites comme ses discours devenaient de plus en plus marquants et lourds de signification. Il devenait un phare pour la société et son engagement envers les personnes en détresse était de plus en plus marqué. Cet épanouissement était en accord parfait avec les convictions profondes de son nouveau chef de cabinet, Jacques van Ypersele. Ce dernier est une personnalité motivée et profondément engagée, qui a une perception idéaliste de l'homme et de la société.

Cela ne veut pas dire que le Roi avait acquis un plus grand pouvoir politique, mais son influence grandissait incontestablement avec l'âge. Il était devenu en quelque sorte la mémoire du pays. C'est dans les problèmes de société et non dans le domaine politique qu'il devint une personnalité de premier plan. Le Roi peut être un lien entre les différentes couches de la population, il peut maintenir des idéaux qui génèrent un large consensus. Baudouin a joué ce rôle à la perfection pendant les années quatre-vingt. Jacques van Ypersele était incontestablement en la matière un grand inspirateur.

Un des soucis permanents du Roi était le prestige et le rayonnement de la Belgique à l'étranger. Tout ce qui pouvait y contribuer, dans le domaine économique, scientifique ou culturel, obtenait son appui. Il m'a ainsi instamment demandé, à plusieurs reprises, de sauver la Sabena ; une compagnie aérienne indépendante faisait partie, selon lui, de notre image de marque dans le monde. Sa disparition était pour lui un coup porté à notre prestige international et une idée insupportable. Dans le même ordre de réflexion, il souhaitait éviter le chevauchement de nos représentations à l'étranger afin de ne pas donner une impression confuse de notre réforme de l'État.

Le Roi a très mal pris notre refus de livrer des armes à la Grande-Bretagne, lors des préliminaires de la guerre du Golfe, en 1990. Je trouve personnellement que c'est une des décisions les plus stupides prises par un de mes gouvernements. Mais toutes nos objections se sont heurtées au « *njet* » du ministre de la Défense Guy Coëme qui avait été endoctriné par un des membres de son cabinet, Rik Coolsaet. Pour ce dernier, Saddam Hussein pouvait donc poursuivre sur sa lancée. La reconnaissance internationale que nous avions obtenue en 1985, en tenant parole sur l'installation des missiles, fut complètement anéantie par ce refus. Jamais une décision aussi lourde de retombées internationales n'avait été prise pour des raisons doctrinaires gratuites. Je l'ai ressenti comme chef de gouvernement dans les années qui ont suivi; et aujourd'hui encore, on m'en parle dans les colloques internationaux.

Le Roi et la Reine tenaient beaucoup à la Fondation roi Baudouin qui attirait l'attention sur des problèmes qui n'étaient pas directement politiques. Je sentais bien que certains ministres étaient agacés par cette institution. Cela fut manifeste lors de l'attribution d'un crédit additionnel lors des festivités organisées pour les 60 ans du Roi et ses quarante ans de règne. Que le Roi puisse disposer d'une cellule de réflexion semblait importuner des ministres qui pratiquaient une « politique sans inspiration ». Dès que la Fondation s'attaquait à un nouveau problème de société, ils le prenaient comme une critique de leur politique. J'ai souvent été seul à défendre les initiatives de la Fondation roi Baudouin.

Un faux doux

Plus de quarante ans de règne ont profondément marqué l'homme Baudouin. Il avait des convictions bien ancrées mais s'accommodait, en toute conscience, du système au sein duquel il évoluait. Il savait très clairement ce qu'il voulait. La reine Fabiola me l'a directement fait comprendre. Nous attendions à l'aéroport militaire de Melsbroek et la Reine me fit remarquer les brins d'herbe qui poussaient entre les blocs de béton. « Voilà Baudouin, me dit-elle. Un faux doux. »

Il était capable de revenir à la charge, avec prudence et gentillesse, sans jamais renoncer à convaincre. Mais il ne voulait pas transgresser les règles. Là se situe l'énorme problème que lui a posé la non-signature de la loi sur l'avortement. Les auteurs du *Manuel pour le Roi* soulignent que « la fonction royale garantit la continuité de l'État et exige que les motivations, les valeurs et les buts personnels du souverain soient soumis à ceux de la majorité politique au pouvoir. En ce qui concerne le refus royal de signer la loi sur l'avortement, il semble que le gouvernement ait espéré jusqu'au dernier moment que le Roi éviterait un affrontement au grand jour. La grande différence entre l'attitude du roi Léopold III et celle du roi Baudouin, c'est que ce dernier ne voulait pas de rupture avec le gouvernement ni avec la majorité parlementaire. Il ne voulait pas être un obstacle à la volonté de la majorité politique de la nation. Mais il a placé ses valeurs personnelles au-dessus de l'exercice de sa fonction [1] ».

---

1 Robert Senelle, Emiel Clement et Edgard Van de Velde, *Handboek voor de Koning*, Lannoo, Tielt, 2004.

Certains ont prétendu que les convictions religieuses du Roi avaient eu une influence de plus en plus grande sur son rôle de chef d'État. Elles ont sans doute joué dans sa prédilection pour le Rwanda. Mais il avait surtout une profonde amitié avec Habyarimana et la photo du président rwandais figurait à une place d'honneur au château de Laeken.

Le Roi était certes très croyant mais cela ne voulait pas dire que, fort de ses certitudes, il ne respectait pas d'autres visions de la vie et d'autres convictions. Il réfutait ces insinuations avec une grande véhémence. Il me demandait mon assentiment avant d'assister à des solennités au Vatican ou d'avoir des contacts religieux plus discrets, notamment dans un couvent suisse. Je n'ai jamais été pris au dépourvu par des initiatives qu'il aurait prises sans m'en avoir averti. Puisque nous partagions la même religion, ainsi qu'il le disait, nous avons prié ensemble à des moments exceptionnels comme lors de la Journée mondiale pour l'unité des Églises où nous avons récité de concert le *Notre Père* lors d'une audience.

La visite papale de 1985 fut incontestablement un point d'orgue dans la vie du roi Baudouin. Il s'est préparé minutieusement à la venue du pape Jean-Paul II. Toute la famille royale a d'ailleurs participé à ce moment historique. Le Souverain a veillé personnellement au bon déroulement de l'événement. Nous avons accompagné le pape à Bierset qui avait reçu un accueil enthousiaste et impeccable dans notre pays. Le Roi était si content et si soulagé après son départ qu'il m'a joyeusement promené dans sa voiture personnelle pendant une petite heure dans les drèves du parc royal de Laeken.

« Je suis à bout »

Le Roi fut très touché par les innombrables marques de sympathie qu'il reçut après son opération du cœur en 1992, et il était très optimiste. Il déclara d'ailleurs dans son discours du 21 juillet : « Maintenant que les médecins m'ont redonné une excellente santé, je pourrai continuer à vous être utile pendant de longues années, à ma plus grande joie. » Mais il était sans cesse sous pression. Il en parlait au pluriel majestatif : « Nous sommes sous pression. » Il a rempli sa tâche pendant plus de quarante ans et il a été soumis au stress pratiquement à chaque minute de sa vie d'adulte. À la fin de sa vie, il me disait : « Je suis à bout. »

Mon dernier entretien avec Baudouin eut lieu dans notre domicile gantois, en mars 1993. La reine Fabiola et toute ma famille étaient là. Il savait que mon couple était en difficulté et s'en montrait très préoccupé.

Le 21 juillet 1993, j'étais au *Te Deum*, au premier rang. En quittant la cathédrale, le Roi a regardé dans ma direction, et je n'oublierai jamais ce regard préoccupé mais aussi empli de compréhension. Toute une période de ma vie s'est achevée avec ce contact visuel.

Le 31 juillet, en route vers la Somalie, j'étais à la maison de Médecins sans frontières, à Nairobi. Très tôt le matin, en écoutant les émissions mondiales de la VRT, j'ai appris que Baudouin était mort. L'émotion m'étouffa et la nature fit silence. Une âme sœur s'en était allée.

Chapitre XXXIV
L'ESPRIT DE FAMILLE

On dit que notre pays est dirigé par des gens originaires du plat pays. Si c'est vrai, j'en fais partie. Je viens du cœur du Meetjesland, à la limite des villages de Sleidinge et Waarschoot. Le paysage est plat et il y a beaucoup d'eau.

Des parents pieux

J'ai grandi dans un milieu pauvre où l'artisanat dominait encore. L'histoire de ma famille est celle de tant d'autres «petites gens», en Flandre. Mes ancêtres étaient ouvriers agricoles ou tisserands à domicile. Ils travaillaient à la pièce et ont certainement connu une grande misère. Une exception, toutefois: l'ancêtre Jacob Martens qui a été de 1602 à 1618 bailli de Hansbeke, une commune qui a aujourd'hui fusionné avec Nevele. Ces familles avaient en général beaucoup d'enfants et appartenaient à la classe ouvrière la plus modeste. Beaucoup de mes oncles et tantes étaient placés comme bonnes ou comme valets chez des agriculteurs plus fortunés. Certes, le fermage était dans les mœurs, mais ils rêvaient d'avoir leur propre petite exploitation. J'ai vu à quel point mon premier comme mon deuxième père ont été déçus de ne pas y être parvenus malgré tout le travail qu'ils avaient fourni. Ils étaient tous affiliés au *Boerenbond* dont ils lisaient les publications, ma mère en particulier. Elle avait été à l'école jusqu'à l'âge de 14 ans, ce qui était peu courant, et elle m'impressionnait par sa sagesse et par son intelligence. Il y avait peu de place dans ce milieu pour la réflexion et pour l'affection. À la maison, il fallait, dès 10 ans et même avant, beaucoup travailler, aider aux champs et dans les étables et, en hiver, s'occuper du fourrage des animaux.

Nous devions nous coucher tôt. Même en été, nous étions au lit vers 19, 20 heures, car le lever était très matinal. Chaque soir, nous disions le rosaire et chaque matin, nous assistions à la messe de 7 heures. Chaque journée commençait pour moi de la même manière: je me rendais à l'église à vélo. Et je l'ai fait jusqu'à 20 ans! La religion et la foi étaient le centre de tout, la grande certitude: les choses étaient bien comme elles étaient. Mes parents se sont posé des questions, ils ont eu des doutes. Mais ils avaient une force morale plus puissante qui leur permit de continuer à travailler malgré tout et même d'accomplir une chose révolutionnaire: donner aux enfants qui le voulaient la chance de continuer leurs études, et cela en dépit de leur manque de moyens. Mes parents étaient conscients de leurs faiblesses et de leurs imperfections, mais ils étaient profondément croyants. Ils ont travaillé dur, toute la vie, ils ont affronté d'innombrables soucis matériels, mais ils ont toujours vécu selon les règles strictes de la morale chrétienne. Moi qui vis les turbulences du monde moderne, je sais que mes parents ont vécu avec piété.

Le mariage parfait

On ne parlait pas de sexualité à cette époque, ou alors c'était en secret. Un jour, j'ai annoncé à ma mère que je voulais devenir prêtre. Elle m'a dit d'attendre car, en grandissant, je connaîtrais mieux le monde. À Louvain, *Le mariage parfait* du docteur Th. H. Van de Velde me tomba un jour entre les mains. L'auteur se présentait comme un homme de science, un gynécologue plein d'expérience, l'homme de confiance de beaucoup d'hommes et de femmes, un époux qui avait connu le bonheur et la douleur du mariage. J'ai dévoré ce livre en 24 heures et je suis entré dans un monde merveilleux.

Dès la première édition, il y a quatre-vingts ans, le docteur Van de Velde écrivait: « S'il est une chose dans la vie dont il faille se soucier, c'est l'obtention de droits égaux pour les deux sexes et, dans l'intérêt des partenaires, l'égalité dans l'union sexuelle. Dans le mariage parfait, il n'est pas concevable que la femme s'offre à l'homme et que celui-ci en profite en lui manifestant plus ou moins de reconnaissance. Non, les époux doivent se donner l'un à l'autre et, dans ce domaine en particulier, se fondre l'un dans l'autre. »

Le docteur Van de Velde décrivait notamment le baiser amoureux et ses variations: d'abord, la caresse légère des lèvres, un effleurage, avant une gamme d'attouchements dont les nuances et l'intensité dépendent de la maîtrise des partenaires. Ensuite, le baiser profond qui, par la finesse de sa réalisation, est totalement différent du baiser donné par des rustres qui s'amusent à promener leur langue aussi loin que possible dans la cavité buccale. Au contraire, la séduction et l'excitation seront beaucoup plus grandes si la pointe de la langue se promène doucement, à des vitesses variées, sur le bord des lèvres et de la langue de l'aimée. Pour notre génération, ce fut un manuel inoubliable.

C'est l'amour qui passe

La révolution sexuelle éclata en 1968. Le mouvement féministe progressait à grands pas. L'époque où les jeunes demoiselles des *CVP-Jongeren* ne venaient aux réunions que pour servir le café fut bientôt révolue. Nos jeunes femmes se mirent à militer avec force dans les associations féministes. Leurs porte-paroles furent bientôt reconnues. La libération sexuelle était à l'ordre du jour, l'égalité aussi. La pilule et d'autres préservatifs, à la portée de tous, mettaient les femmes à l'abri des gros risques du passé. Faire l'amour devenait plus libre, plus joyeux et plus équilibré entre partenaires. Beaucoup de femmes s'en sentaient mieux.

Conséquence logique : les rencontres internationales devenaient une occasion unique de rencontres sexuelles en dehors du programme officiel. J'entendais dire régulièrement que telle participante était accompagnée d'un bel amant totalement étranger aux débats ou que telle autre avait invité un Africain dans son lit où il avait dû multiplier les prouesses sexuelles. La première y voyait la confirmation de son émancipation ; la seconde avouait avoir agi par curiosité, ou, disons, par excitation devant ce puissant Africain. Toutes deux ont sans doute eu beaucoup de plaisir avec leurs amants de fortune, pour ne pas dire leurs gigolos. Elles n'étaient ni meilleures ni pires que leurs collègues masculins.

Je me suis rendu un jour en Sardaigne à l'invitation des chrétiens-démocrates italiens. J'étais là en tant que président du Parti populaire européen. Mais j'étais aussi Premier ministre, sous la haute protection de la Sûreté de l'État, qui m'avait recommandé de n'ouvrir ma porte sous aucun prétexte, pendant la nuit. Mais la direction de l'hôtel m'a changé de chambre. Lorsqu'on frappa à ma porte vers minuit, je n'ai pu m'empêcher d'ouvrir. Une jeune femme se tenait devant moi et son message était simple : « C'est l'amour qui passe. » Je n'ai pas accepté son offre qui, d'ailleurs, ne m'était sans doute pas destinée mais bien à un des participants italiens qui occupait précédemment ma chambre…

J'ai observé avec une certaine stupéfaction cette ruée vers le sexe. Mais j'étais d'avis qu'on ne peut discuter des goûts et des couleurs. La seule question qui me préoccupait, c'était de savoir si ces dames et ces messieurs prenaient leurs précautions afin de ne pas infecter leurs conjoint(e)s ou leurs amant(e)s.

Une société unisexe

Les femmes ressemblent de plus en plus aux hommes. Ce n'est pas pour cela que l'égalité sexuelle, qui existe sur le plan juridique, est réellement atteinte, malgré de réels efforts. La publiciste allemande Christine Hoffman s'est penchée sur le problème. Un constat à la fois positif et amer, partant du fait que hommes et femmes s'habillent de la même manière: «Les femmes font les mêmes études que les hommes, elles ont des carrières équivalentes, à quelques exceptions près. Elles sont aussi mobiles, autonomes et indépendantes que les hommes. Elles n'ont plus d'enfants. Il ne faut donc pas s'étonner que cette société unisexe ne se multiplie pas.»

J'ai toujours eu beaucoup d'admiration pour les mères de famille nombreuse. Ma vie aurait été toute différente et j'aurais été un autre homme si j'avais eu une sœur, ou connu une fille dans mon entourage. Ma seule référence féminine était ma mère: une femme merveilleuse, intelligente et travailleuse. Pendant des années, en me référant à elle, j'ai idéalisé la femme. J'ai rectifié le tir. J'ai découvert trop tardivement les jeunes filles et les jeunes femmes. J'ai appris qu'elles pouvaient avoir des défauts comme les hommes, être paresseuses ou négligentes ou même n'être pas dignes de confiance. J'ai rencontré des femmes très branchées sur le plan sexuel et incapables de la moindre forme de tendresse.

La dénatalité pose un problème énorme au monde occidental. Pour les démographes, l'homme sans enfants reste une énigme. La journaliste allemande Sandra Kegel écrit qu'il est grand temps de rencontrer les jeunes générations et de les libérer du sentiment qu'ils ont le devoir d'être parfaits, au travail et dans leur ménage. Celui qui a des enfants ne peut plus être parfait, parce que les enfants sont imprévisibles, engendrent le désordre et les nuits blanches. Ils limitent les parents mais ouvrent aussi des horizons. Ils ne font pas que réduire, ils focalisent l'attention sur l'essentiel. Ils insufflent ce brin de courage nécessaire à l'improvisation, à la fantaisie au milieu des exigences pratiques de la vie, tout ce qui redonne un sens à cette aventure qu'est la famille.

Vivre avec un enfant handicapé

Il m'a fallu des années pour assimiler la maladie de mon fils Kris. Celui qui vit à côté d'un enfant gravement perturbé sur le plan psychiatrique ne peut pas échapper à un sentiment permanent de culpabilité. Après son accident en Espagne et l'amputation de sa jambe gauche, Kris avait la possibilité de mener une vie pratiquement normale. Certes, son handicap était grand, mais ce qui s'est passé dans la suite est beaucoup plus dramatique. Il a été interne au collège Sint Jan Berchmans à Bruxelles et rentrait à Gand, en train, tous les week-ends. Il entra ensuite à la faculté de droit de Louvain. Alors qu'il avait 20 ans, il me téléphona un jour pour me dire: « J'ai peur. » C'était le début d'un long calvaire. Il a fallu quelques années encore avant qu'il ne soit hospitalisé. Les médecins ont commencé par étudier tous les éléments de la situation. Kris avait-il de bonnes relations avec sa mère? Avec son père? J'ai senti que, peu à peu, je devenais responsable de sa maladie.

Je me suis alors intéressé aux sciences médicales. Mon fils est un des 100 000 Belges, un compatriote sur cent, qui souffrent de la même affection. Certains ont réussi à se réintégrer dans la société mais pour Kris, cela reste un énorme problème. Les remèdes sont de plus en plus efficaces mais souvent, ils n'ont d'effets que sur les symptômes. La recherche continue. Je continue à espérer pour lui, mais pas uniquement pour lui. S'il pouvait accepter la situation, il pourrait s'apaiser. Mais son tempérament le pousse à poser sans cesse les mêmes questions. Pourquoi ai-je échoué? Pourquoi ne suis-je pas devenu avocat ou homme politique? Lorsque j'étais Premier ministre, il me téléphonait des centaines de fois et me posait les questions qu'il m'adresse toujours aujourd'hui.

Un monde inconnu

Kris suit un traitement psychique depuis plus de vingt ans déjà. Lors de son amputation, j'ai cru que nous avions vécu le plus dur mais ce n'était pas le cas. C'est la mère de Kris, Lieve, qui porte le poids le plus lourd, beaucoup plus lourd que le mien. J'imagine comme il doit être difficile pour les infirmiers de l'aider et je les admire profondément. En juin 1989, Lieve déclarait dans une interview au *Standaard*: « Depuis que nous avons été confrontés à ce problème, un monde inconnu s'est ouvert devant moi. Je n'avais jamais approché de malade mental. Pour moi, c'était tout neuf. Depuis lors, j'ai appris que beaucoup plus de gens qu'on ne le croit vivent cette tragédie. Comme parent, on a parfois tendance à retarder l'appel à une aide psychiatrique. Il y a tant d'explications évidentes pour justifier le comportement étrange d'un enfant. Ce peut être la puberté, une crise d'identité, la conséquence d'un accident grave. Mais, à un moment précis, on comprend qu'il est impossible de continuer de cette façon. On appelle un psychiatre à l'aide et un long calvaire commence.»

La maladie de Kris a beaucoup influencé ma manière de fonctionner en politique. En 1985-1987, lors de mon deuxième gouvernement avec les libéraux, ce qui lui arrivait n'était pas clair. Etait-ce définitif ou non? Après deux ou trois ans, il devint évident que le processus était irréversible. Lors de mon dernier gouvernement, la pression devint infernale, ce qui a provoqué toutes sortes de spéculations: beaucoup ont prétendu que je m'étais moins impliqué dans mon travail gouvernemental entre 1988 et 1992. Les hommes politiques avec lesquels je travaillais, les ministres de divers partis étaient au courant de la situation. Mais je crois que personne ne se rendait vraiment compte des conditions dans lesquelles je devais travailler. Je n'en ai parlé qu'à quelques amis intimes mais ce n'était même pas une délivrance pour moi.

Ma démission de 1992 m'a beaucoup soulagé. En politique intérieure où les problèmes n'en finissent pas de surgir, on est sans cesse sous pression. Elle diminua lorsque je devins président du Parti populaire européen. J'ai pu mieux répartir mon travail et y donner à nouveau le meilleur de moi-même.

J'ai appris tout doucement à accepter le problème de Kris et à vivre avec lui. Mais il ne me quittera jamais.

L'énergie de Promothée, la patience de Job

En 1978, j'ai fait une rencontre passagère qui resurgit aujourd'hui dans ma mémoire. Après l'accident et l'amputation de Kris, un médecin assez âgé m'aborda sur le parking de la clinique Saint-Raphaël, à Louvain. Il me demanda: «Que signifie cet accident pour votre vie politique? Va-t-il y mettre fin? Va-t-il changer le cours de votre vie?» Je n'ai pas réagi sur le champ, mais cette rencontre me trotte encore en tête. Cet homme avait posé une question fondamentale. J'aurais pu répondre que je retournerais au barreau et que je m'occuperais désormais pleinement de cette question existentielle pour ma famille. J'ai quand même accepté une fonction publique au prix d'un déchirement intérieur. J'étais devenu moins précis, plus lent, plus vulnérable. En regardant en arrière, je m'étonne de mon audace lorsque j'étais jeune. Il y a vingt ou trente ans, je n'hésitais pas une seconde. Aujourd'hui, je réfléchis à deux fois et il m'arrive de ne pas dormir, la nuit. Jadis, j'agissais spontanément et j'avais évidemment plus de réserves d'énergie. Quand on vient de la campagne, on n'en manque pas.

Lors d'un entretien radiophonique avec Martin Dejonghe à la VRT, en décembre 1990, j'ai déclaré: «Nous essayons de protéger notre fils et nous espérons toujours une amélioration. Il y a un mieux, mais c'est dû à une médication lourde. On peut parler de stabilisation. C'est un terrible drame dans notre vie. Dans un livre célèbre, il est écrit que pour vivre face à cette maladie, il faut l'énergie de Prométhée et la patience de Job. Nous essayons d'agir positivement. Ma femme préside une campagne en faveur du Centre pour l'hérédité humaine qui trouvera peut-être la solution. Nous voudrions rompre les tabous. Ce type d'affection doit être résolu par la recherche fondamentale et nous espérons que, dans les années à venir, les fonds nécessaires seront débloqués.»

Le jour où une loi stricte concernant les dépenses électorales a vu le jour en Belgique, j'ai transmis le solde de mes fonds électoraux au Centre pour l'hérédité humaine (CME) qui était dirigé par le professeur Herman Vanden Berghe de la KUL. Ce centre connaît un rayonnement mondial depuis le début des années septante. Avec lui et d'autres centres génétiques, notre pays possède la meilleure structure au monde en ce qui concerne l'assistance sociale dans le domaine de l'hérédité humaine.

Lieve et Ilse

Lieve et moi avons connu une longue et pénible période d'éloignement. Finalement, en 1993, je me suis installé seul, à Saint-Gilles, une commune bruxelloise. Ce n'était pas évident pour moi. J'ai dû vaincre un énorme obstacle moral, un immense sentiment de culpabilité. Je sors d'un milieu très catholique et j'avais moi-même des conceptions très rigoureuses. Je me suis marié avec mon premier amour. Il m'a fallu plusieurs années avant de vaincre cette culpabilité et de retrouver un nouvel équilibre. J'ai appris à connaître Ilse, ma nouvelle compagne, lorsqu'elle a rejoint mon cabinet en 1988. Lors de ma démission, en 1992, elle m'a accompagné rue de la Victoire, au quartier général du Parti populaire européen. Deux ans plus tard, elle faisait partie de ma vie privée. J'étais sous le charme de son intelligence, de sa séduction et de sa compétence. Le fait que des enfants soient venus a tout fait pencher dans le bon sens. J'avais 60 ans à la naissance de Sophie et de Sarah et 64 ans lorsque Simon vint au monde. Ils ont donné un sens différent, nouveau et positif à ma vie. C'est grâce à eux que je ne suis jamais tombé dans un trou noir.

J'ai eu le courage de divorcer et de ne pas vivre dans l'ambiguïté, même si cette séparation était pénible et l'est encore pour la famille de ma première épouse. On disait du CVP qu'il était le parti de l'hypocrisie : on ne divorçait pas, on ne se remariait pas, on avait une amie. Aujourd'hui, le divorce fait partie du quotidien, mais ce n'était pas le cas au CVP il y a dix ans. Beaucoup de femmes, aujourd'hui comme hier, sont opposées au divorce par principe ou pour des raisons émotionnelles, parce qu'elles ont la conviction qu'à un moment précis, elles pouvaient être abandonnées.

La *donna è mobile*

Un an avant mon divorce, j'avais été le proche témoin du drame de Johan van Hecke. Il a quitté la présidence du CVP à cause d'une relation extra-conjugale avec Els De Temmerman. Je l'ai rencontré une heure après qu'il avait pris sa décision.

On a écrit plus tard que Johan avait peur de son ombre et qu'il aurait pu continuer à assumer la présidence du CVP même s'il avait divorcé. Je pense qu'il n'aurait plus obtenu 90 % des voix mais qu'il en aurait conservé 70 %. Et cela aurait été une grande libération pour lui et pour notre parti qui aurait enfin pu rompre avec les tabous et une longue hypocrisie. La situation est bien différente dans les autres partis membres du Parti populaire européen : la chancelière CDU Angela Merkel est divorcée et remariée, le CSU Théo Waigel aussi, bien qu'il provienne de la très catholique Bavière.

Johan Van Hecke a raté l'occasion de faire une percée. Il aurait pu réaliser encore pas mal de choses et j'espérais le voir me succéder à la présidence du PPE. Il était très talentueux mais manquait de constance. C'est dans ce sens que je lui applique l'adage que les Italiens réservent en général aux femmes : *La donna è mobile.*

Des jumelles ? Et alors !

Je n'ai jamais mis les bouleversements de ma vie privée sur la place publique. Mes jumelles sont nées le 11 janvier 1997 et je n'ai pas trouvé nécessaire d'en aviser le monde entier. Je sais qu'on jasait à ce propos dans les coulisses du Parlement européen et j'avais décidé de répondre comme Mitterrand si on me posait des questions: «Et alors?» Mais les choses ne se sont pas passées comme prévu. Une journaliste francophone m'a contacté en avril 1997 dans l'intention de publier la nouvelle. J'ai été dès lors obligé de faire immédiatement une annonce à l'agence Belga et il n'était plus possible de me contenter d'un «Et alors?» Je crois qu'on a rarement autant cancané en Belgique à propos de l'heureux père de jumelles...

Avoir des enfants à 60 ans, c'est une totale révolution. La situation est pleine de risques et on le sait. J'ai hésité un moment, mais il faut avoir le courage d'accepter cette responsabilité, avec tout ce que cela implique. Tout homme public s'expose à des commentaires. Je m'y attendais donc et je savais que je vivais dans un milieu hypocrite. Les réactions désobligeantes ne m'ont pas rendu amer. Je n'y ai vu que la petitesse de leurs auteurs. Ce fut un des pas les plus importants de ma vie. Quand je regarde aujourd'hui mes enfants, je sais que tout cela en valait la peine.

Huit ans ont passé et, à mon grand étonnement, tous ces événements ont pris un tour positif. La population ne m'a pas laissé tomber. L'homme de la rue a un jugement bien plus équilibré. Tous les jours, pratiquement, de parfaits inconnus s'approchent de moi et me demandent: «Comment vont les jumelles?» À la mer, à Bruxelles, dans le métro, dans le bus, dans le tram. Et les allochtones me demandent: «Comment va la petite famille?» Je suis sensible à ces marques de sympathie.

Il y a huit ans, on pouvait encore essayer d'atteindre un homme politique au travers de sa vie personnelle et de l'intimider en répandant des rumeurs malveillantes et en ignorant le respect de la vie privée. Certes, on peut toujours tenter de ruiner la réputation de quelqu'un, mais la société a tellement évolué que je crois ces tentatives vouées à l'échec.

Je ne suis pas un poisson froid

Selon l'Église catholique, le mariage est indissoluble comme le sacrement qui le consacre. Mais à mon avis, il y a des circonstances où le mariage ne peut continuer et certainement dans la société d'aujourd'hui. Les autres confessions l'ont reconnu. Mon divorce n'a pas entamé ma foi, mais a modifié ma façon de la vivre. Cela n'a rien à voir avec la question de savoir si je crois en Dieu, et, certes, j'y crois. L'Évangile est la source de mon action politique et je lis la Bible comme le plus passionnant des romans. La position de l'Église catholique vis-à-vis des divorcés me paraît inacceptable, mais j'en accepte les règles. Je vais à la messe mais je ne communie pas. L'an passé, le Synode a décidé que les divorcés remariés ne pouvaient communier. Mais le cardinal Danneels a déclaré ensuite qu'on ne pouvait refuser la communion à personne.

Je ne fais pas l'apologie du divorce, au contraire. J'ai déjà parlé de mon profond sentiment de culpabilité. Il m'a fallu du temps pour le surmonter et trouver un nouvel équilibre. Le divorce est une épreuve pénible, un naufrage, comme disait le général de Gaulle à propos de la vieillesse. La responsabilité de l'échec est presque toujours partagée par les époux. Les enfants, et plus particulièrement les jeunes enfants, sont souvent les victimes de cette rupture dont je crains qu'ils gardent le souvenir à jamais. J'éprouve un vague réconfort à penser que les enfants de mon premier mariage étaient adultes au moment de notre séparation et qu'ils ont pu comprendre cette décision. Envers et contre tout, il me semble positif de regarder la vérité en face et de repartir, plutôt que de vivre dans le faux-semblant.

On me demande souvent si j'ai d'autres rapports avec mes jeunes enfants qu'avec ceux de mon premier mariage. Autrefois, je répondais par l'image classique d'un homme très occupé. Parfois, mes tâches politiques m'absorbaient à un tel point que je n'entendais tout simplement pas ce que disaient mes enfants. J'ai cependant, toujours, essayé d'être présent pendant les week-ends que nous passions à la mer.

On me décrit souvent comme un homme froid et distant. C'est inexact. À la télévision, je donne l'impression d'être sévère, mais c'est parce que j'exerce sur moi une espèce d'autocensure, que je le veuille ou non. Cela ne disparaîtra jamais. Je ne suis pas du tout un poisson froid, c'est tout le contraire. Je ne suis pas insensible, mais j'exprime mes émotions avec réserve.

Mais « wîîî » je ris !

Mais « wîîî », je sais rire, et même parfois en public. Mon fantaisiste francophone préféré est Stéphane Steeman, et pas seulement parce qu'il est le seul artiste belge à savoir m'imiter à la perfection, avec la pointe d'esprit (de sel) nécessaire. J'ai deux très grands souvenirs qu'il évoque d'ailleurs dans ses propres mémoires[1].

« J'animais la convention du PSC qui se tenait dans un énorme chapiteau à Wavre le 5 octobre 1985. L'arrivée de Wilfried Martens provoqua

1 Stéphane Steeman, *Inoubliables Rencontres*, Éditions Ciné-Revue, Bruxelles, 2005.

un véritable délire : cris, applaudissements à tel point que je ne pus m'empêcher de le qualifier de “Brigitte Bardot de la politique”. Ensuite, mon sketch de la visite guidée de son bureau rue de la Loi le fit pleurer… de rire et j'en garde une photo dédicacée très émouvante. »

« Un autre jour, je l'invitai au Théâtre des Galeries à venir “se” voir dans la *Revue*. Au sixième rang, il semblait ne pas s'ennuyer. Vint “notre” sketch, le sien parce qu'il en fut l'initiateur involontaire, le mien car j'en fus l'interprète. Au moment où je déclarais “mais wîîî, rouler sur la terre à la mer c'est dur à faire”, je m'adressai à lui en improvisant “n'est-ce pas que c'est vrai ?” Et Wilfried, bien distinctement, rompit le silence de la salle en répondant aussitôt avec grand naturel “mais wîîî”. Inutile de vous dire que la salle fut prise d'un fou rire interminable. Un nouveau duo venait de naître ! »

Je l'ai même reçu en ma résidence privée du Lambermont pour un grand moment de détente et nous venons de nous retrouver en novembre 2005 lors de la Librévasion sur l'Orénoque. Et « wîîî », nous avons encore beaucoup ri ensemble !

Mes enfants

J'aime autant les aînés de mes enfants que les plus jeunes, mais je suis plus disponible vis-à-vis de ces derniers. Il y a pour moi une loi fondamentale : au moins un des parents doit être là chaque soir, sinon une forme d'inquiétude s'installe chez les enfants. Je n'accepte donc plus guère de réunions le soir, ce que je vis comme une véritable libération. J'ai assumé des tâches nocturnes pendant trente, quarante ans et on peut se demander quel a été alors le contenu de ma vie. J'avais à peine le temps de lire un livre. Un grand vide s'est créé que j'ai pu, heureusement, combler plus tard.

Quand j'observe mes anciens collègues au Parlement européen et que, je les vois loin de chez eux, toutes les semaines, souvent en voyage, je me demande quand ils sont disponibles pour leurs enfants. Il n'est peut-être pas très sérieux de leur part de déclarer sans se poser de questions qu'ils appartiennent au parti de la famille. Les enfants sont le cœur et l'avenir de notre communauté. Sans eux, il n'y a pas d'espoir et c'est d'eux qu'il s'agit lorsque le Christ dit : « Qui accueille en mon nom cet enfant, m'accueille moi-même ; et qui m'accueille, accueille aussi celui qui m'a envoyé ; car celui qui est le plus petit d'entre vous tous, voilà le plus grand[1]. »

1 Luc 9, 48. Traduction œcuménique de la Bible, Cerf, 1972.

Chapitre XXXV

CE QUE JE CROIS

Je crois en un Dieu personnel. Il ne faut pas me demander si je trouve cela raisonnable, si je puis le prouver ou si c'est seulement une espérance. J'y crois, tout simplement. Je crois dans l'au-delà. Chaque être humain est appelé à la transcendance et après la mort, il y a une autre vie. Je crois aussi dans la communion des saints.

Pour mes parents, l'au-delà était beaucoup plus existentiel que ce qui leur arrivait ici sur terre. Leur vie était dure, mais ils l'assumaient avec dignité. Ils savaient endurer la souffrance et l'angoisse. Quoi qu'il leur arrivât, ils y donnaient un sens à la lumière de leur foi chrétienne. Après la mort de mon père, ma mère resta seule avec quatre enfants en bas âge. Après quelques jours de chagrin, elle reprit les tâches du ménage et les soins de sa famille comme auparavant. L'homme moderne tombe souvent dans la dépression ou la maladie lorsqu'il est confronté à ce genre d'épreuves. Mais ma mère pouvait surmonter ce malheur car elle savait l'intégrer dans sa vision du monde. Elle resta croyante toute sa vie. Je sais que ce sera aussi mon cas.

« Maintenant donc ces trois-là demeurent, la foi, l'espérance et l'amour, mais l'amour est le plus grand », écrit saint Paul dans sa première épître aux Corinthiens[1]. Garder la foi est cependant le plus difficile. Je demandai un jour au cardinal Danneels comment il était possible que le père Damien n'ait pas encore été canonisé, car « toute sa vie a tout de même été un miracle ! » Le cardinal me répondit : « Pour être reconnu saint, il ne faut pas seulement aimer son prochain. La première condition est de faire preuve d'une foi inébranlable et inconditionnelle. Une foi profonde ne s'exprime pas exclusivement dans la charité, la dimension horizontale. L'essentiel reste la relation personnelle à Dieu, la dimension verticale. »

1 Paul, I Cor., XIII, 13, traduction œcuménique de la Bible, Cerf, 1972.

La force motrice de l'amour

J'ai beaucoup de mal à accepter cette haute exigence, car je constate que l'amour sous ses diverses formes est vécu de la même manière par des croyants et des incroyants de toute sorte. Il n'y a pas seulement l'amour entre homme et femme, ou entre parents et enfants. Il y aussi l'amour-service du prochain, l'engagement social et la solidarité durable. Marguerite Yourcenar met ainsi en scène des personnages qui étaient de purs humanistes mais se comportaient comme de véritables saints. Je me sens sur la même longueur d'ondes qu'elle à cet égard, et c'est pourquoi je ressens le plus profond respect pour les autres convictions. Par sa préoccupation agissante pour son prochain, le non-croyant peut être un « saint » aussi bien que le croyant. Je me demande souvent pourquoi la communion des saints n'engloberait pas cette catégorie d'hommes et de femmes.

Je n'ai pas une vision déterministe de la vie. Nous ne naissons pas avec un destin tracé d'avance. S'il y a bien une force qui mène notre vie, c'est l'amour. Dans un de mes entretiens avec Hugo De Ridder en 1991, je disais que « deux grandes passions peuvent nous dominer, mais aussi nous pousser à des actes sublimes : le service de la communauté et l'amour. Mais personne, même pas le politique, ne peut faire de grandes choses sans soutien affectif. Le service de la communauté est le but de la politique, et la popularité qui s'y attache parfois, si elle conduit vers la foule, ne brise pas l'isolement, comme l'a dit un jour Théo Lefèvre. L'amour, par contre, brise l'isolement et délivre l'homme de la solitude. Il y a aussi la foi qui donne à tout ce que je fais un sens qui dépasse la vie ici-bas. Je puise aussi des valeurs dans l'Écriture sainte. La vie que je connais sur cette terre n'est que la préparation d'une autre vie. Si ma vie laisse une trace et a une signification pour toute la communauté, mon étoile aura scintillé un instant au firmament de Dieu[1] ».

Ma dette envers Ricœur

J'ai dit plus haut combien j'ai été marqué par les ouvrages de Paul Ricœur. J'ai lu, relu et annoté son ouvrage *Politique et foi* dans sa version néerlandaise, parue en 1968. Les essais réunis dans ce volume ont inspiré et sous-tendu mes premières expériences politiques. Dans ce chapitre final,

1 Hugo De Ridder, *Le cas Martens*, Duculot, Louvain-la-Neuve, 1991, p. 199 et 200.

où j'essaie de retrouver les sources de mon engagement politique, Ricœur sera encore une fois mon mentor et mon compagnon de route irremplaçable.

Le premier de ces essais, « Le *socius* et le prochain », contient le noyau de sa philosophie politique. A. Peperzak, son traducteur néerlandais, le résume comme suit : « Le chrétien perçoit dans l'annonce de l'Évangile une exigence unique et absolue : aime ton prochain ! Tout le *kérygme*, toutes les paraboles appellent l'auditeur à témoigner de cette exigence en paroles et en action. (...) L'exigence de l'amour, qui me fait le prochain de mon prochain, se distingue radicalement d'une vision sociologique et historique de la société où les structures et les institutions comptent avant tout : la relation d'amour qui doit être constamment réinventée, apparaît comme tout autre chose qu'un ordre régi par les exigences de techniques socio-économiques et politiques, et dans lequel les hommes ne se reconnaissent qu'à travers leurs fonctions. (...) Comment comprendre et vivre la tension entre l'amour évangélique et l'organisation de notre vie sociale moderne ? Quel sens donner à notre système social à la lumière du message chrétien ? [1] »

Ricœur souligne qu'il importe bien plutôt de rester attentif à l'envergure historique de la charité et de discerner toute la richesse de la dialectique du *socius* et du prochain. « Tantôt la relation personnelle au prochain passe *par* la relation au *socius* ; tantôt elle s'élabore *en marge* ; tantôt elle se dresse *contre* la relation au *socius*. (...) Le prochain, c'est la double exigence du proche et du lointain. Ainsi était le Samaritain : proche parce qu'il s'approcha, lointain parce qu'il demeura le non-Judéen qui, un jour, ramassa un inconnu sur la route. (...) Le prochain, c'est la manière personnelle dont je rencontre autrui *par-delà toute médiation sociale* ; c'est la rencontre dont le sens ne relève *d'aucun critère immanent à l'histoire*. (...) Le sens *final* des institutions, c'est le service rendu à travers elles à des personnes. S'il n'y a personne pour en tirer profit et croissance, elles sont vaines. Mais ce sens final, précisément, demeure caché ; nul ne peut évaluer les bienfaits personnels prodigués par les institutions. La charité n'est pas forcément là où elle s'exhibe ; elle est cachée aussi dans l'humble service abstrait des postes, de la sécurité sociale. Elle est bien souvent le sens caché du social. Il me semble que le Jugement eschatologique veut dire que nous "serons jugés" sur ce que nous aurons fait à des personnes, même sans le savoir, en agissant par le canal des institutions les plus

1 *Politiek en geloof. Essays van Paul Ricœur*, choix et introduction par Ad Peperzak, Uitgeverij Ambo, Utrecht, 1968, p. 9.

abstraites, et que c'est finalement le point d'impact de notre amour dans des personnes individualisées qui sera départagé. C'est cela qui reste *étonnant*. Car nous ne savons pas quand nous atteignons les personnes. Nous croyions avoir exercé cet amour immédiat dans les relations "courtes" d'homme à homme, et notre charité n'était souvent qu'exhibitionnisme ; et nous croyions n'avoir atteint personne dans les relations "longues" du travail, de la politique etc., et peut-être ici aussi nous faisions-nous illusion. Le critère des relations humaines serait de savoir si nous atteignons des personnes ; mais nous n'avons ni le droit ni le pouvoir d'administrer ce critère[1]. »

En 1960, Paul Ricœur reprenait cette réflexion dans *L'image de Dieu et l'épopée humaine*. Il se demandait comment la méditation sur « l'image de Dieu » peut nous aider à nous orienter dans toutes nos « rencontres » de l'homme avec l'homme. « Il y a une voie possible, disait-il; je l'avais prise, il y a quelques années, dans mon essai sur "Le *socius* et le prochain", où je confrontais les relations "courtes" de l'homme à l'homme (les relations avec le prochain) avec les relations "longues" à travers les institutions et les appareils sociaux (relations au *socius*). Notre méditation sur l'image de Dieu nous permet de partir de ce qui était alors le point d'arrivée, à savoir l'unité profonde et cachée de toutes ces relations sous le signe d'une théologie de l'amour qui serait en même temps une théologie de l'histoire. Les Pères de l'Église, précisément, savaient que l'Homme est *indivisément individuel et collectif*; l'Homme, c'est chaque homme *et* l'humanité entière. Certains savaient encore qu'Adam veut dire l'Homme, *Anthropos...* ; ils étaient capables de se représenter un *singulier collectif*, un individu qui vaut un peuple, un collectif qui se monnaye en pensées, vouloirs et sentiments individuels. Ce paradoxe, ils le comprenaient encore, parce qu'ils avaient sauvegardé la dimension historique et cosmique de l'image de Dieu. Comment ne serions-nous pas étonnés, nous autres, hommes d'aujourd'hui, qui sommes menacés comme jamais de voir notre humanité cassée en deux entre les relations courtes de l'amitié, du couple, de la vie privée, et les relations longues de la vie économique, sociale, politique ? Cette dichotomie du privé et du public, qui rend insensés l'un et l'autre, est très exactement contraire à une anthropologie amorcée par une méditation sur l'image de Dieu[2]. »

---

1 « Le *socius* et le prochain », dans *Histoire et vérité*, Seuil, Paris, 1955, p. 106 et 110.
2 « L'image de Dieu et l'épopée humaine », dans *Histoire et vérité*, Seuil, Paris, 1960, p. 114 et 115.

La force de la réconciliation

Comment un homme politique peut-il vivre l'idéal de Paul tel qu'il l'a décrit dans sa lettre aux Corinthiens ? Car Paul ne parle pas ici de l'amour entre homme et femme, mais de l'amour fraternel chez les chrétiens des premières communautés : « L'amour prend patience, l'amour rend service, il ne jalouse pas, il ne plastronne pas, il ne s'enfle pas d'orgueil ; il ne fait rien de laid, il ne cherche pas son intérêt, il ne s'irrite pas, il n'entretient pas de rancune ; il ne se réjouit pas de l'injustice, mais il trouve sa joie dans la vérité. Il excuse tout, il croit tout, il espère tout, il endure tout[1]. »

Ma devise est *Luctor et emergo*, (« je lutte et me relève »). Je lutte au besoin à contre-courant. Mais lorsque l'exercice de la politique et la vie des partis se ramènent à du pur *management*, lorsque l'indifférence et le cynisme règnent en maîtres et que la solidarité humaine disparaît, il faut du courage personnel pour tenir le coup. Il faut alors beaucoup de patience et de confiance pour « tout excuser, tout croire, tout espérer, tout endurer ».

Partageant ces mêmes prémisses, Herman van Rompuy et moi avons toujours affiché nos convictions. Cela ne nous a pas empêchés de connaître entre nous de longues périodes de rivalité, de désaccord, de silence. Après les élections de 2003, nous nous sommes reparlé pour la première fois depuis longtemps. Herman confia peu après à *Knack* que je figurais sur la liste des gens avec lesquels il aimerait se réconcilier avant de mourir. C'était vrai pour moi aussi. Depuis lors, nous nous reparlons effectivement. La vie continue et le passé est dépassé. Lorsque des gens sont prêts à se parler, aucun problème entre eux n'est irrémédiable. Rien, dans les relations interpersonnelles, ne résiste à la force de la réconciliation. Selon le mot célèbre de Vaclav Havel, nous devons vivre dans la vérité. Et selon l'apôtre Paul, « l'amour trouve sa joie dans la vérité[2] ».

Dieu et la liberté

Cet idéal, il me reste à le faire passer au niveau de notre mouvement chrétien-démocrate européen, à celui de mon pays et à celui de la Flandre. Je collabore actuellement avec soixante-cinq partis de traditions catholique, protestante, orthodoxe, juive, anglicane et musulmane. Nonobstant

1 Paul, I Cor., XIII, 4-7, T.O.B., Cerf, 1972.

2 *Ibid.*, verset 13.

nos origines variées et nos diverses cultures politiques, nous nous entendons au sein du Parti populaire européen sur une même conception de l'homme. Tout être humain a une valeur inaliénable et est un sujet, non un objet, de l'Histoire. Conformément aux valeurs judéo-chrétiennes qui sont les nôtres, chaque homme et chaque femme est pour nous une personne; tous les humains sont égaux en nature et en dignité, uniques, irremplaçables, irréductibles, libres et ouverts à la transcendance. Parce qu'il est un être libre, solidaire et responsable, tout homme doit participer à la construction de la cité. Pour beaucoup d'entre nous, ceci repose sur la croyance que nous sommes tous appelés à coopérer à l'œuvre créatrice et rédemptrice de Dieu. La liberté est inhérente à l'homme, et fonde le droit et le devoir de chacun d'être pleinement responsable de ses actes et de ses choix, et de se sentir également responsable de son prochain et de la Création.

Cette conception de l'homme, qui constitue un point central du programme de base du Parti populaire européen, est reconnue et défendue par tous nos partis membres, y compris par nos membres musulmans, l'AKP (Parti pour la justice et le développement) du Premier ministre turc Recep Tayyip Erdogan, et le SDA (Parti d'action démocratique), le principal parti de Bosnie-Herzégovine.

Nous reconnaissons aussi que l'homme est par nature faillible, parce que la Vérité est transcendantale et donc partiellement inaccessible: «À présent, nous voyons dans un miroir et de façon confuse, mais alors, ce sera face à face. À présent, ma connaissance est limitée; alors, je connaîtrai comme je suis connu[1].» À propos de ce verset de la première épître aux Corinthiens, Bill Clinton disait: «Pourquoi est-il important de traiter l'autre avec amour et respect? Parce qu'à travers le miroir de la vie terrestre, nous n'avons qu'une image confuse. Parce que les hommes sont faillibles. C'est pourquoi, si les hommes politiques peuvent agir selon leur foi et leurs valeurs, ils doivent toujours être assez humbles pour se dire qu'ils ne sont jamais dépositaires de la vérité, comme le dit l'apôtre Paul. Il m'est égal de savoir si vous êtes un démocrate progressiste ou un républicain conservateur, musulman, chrétien, juif, hindou ou bouddhiste: du moment que vous reconnaissiez que vous ne pouvez jamais connaître qu'une partie de la vérité. Autrement dit, que vous pouvez aussi vous tromper[2].»

---

1 *Ibid.*, verset 12.

2 Interview de Bill Clinton par Diane Salvatore, parue dans *Ladies' Home Journal* et publiée dans *Humo* le 3 janvier 2006.

Il est impossible de concevoir ou d'édifier une société parfaite, sans tensions ni conflits. Nous devons continuellement améliorer notre société en nous appuyant sur des valeurs de référence et des principes régulateurs définis collectivement. C'est ainsi que les conflits entre groupes humains, et les problèmes ou défis concernant l'humanité entière, peuvent être prévenus, gérés et réglés pacifiquement. Ces valeurs de référence sont pour nous la liberté et la responsabilité, l'égalité fondamentale, la justice et la solidarité. Elles sont du reste interdépendantes et universelles.

Depuis la chute du mur de Berlin, la société européenne se cherche une nouvelle identité. L'affrontement idéologique, politique et militaire a fait place à l'ouverture, au bon voisinage et à la coopération. Mais les grandes mutations comportent aussi des incertitudes, des risques et des dangers de conflits. Nos démocraties sont aux prises avec une grave crise de valeurs qui atteint le système politique jusque dans ses racines.

Nous avons apporté la preuve que l'heure des chrétiens-démocrates avait sonné. Au cours des quinze dernières années, nous avons, certes, aussi connu des désillusions. Nous sommes restés très conscients des dangers, des tentations et des pièges liés à cette recherche d'une nouvelle identité européenne. Nous n'avions pas de solutions toutes faites, mais nous avons réagi sur la base de valeurs et de principes fondamentaux qui nous ont indiqué la route à suivre.

Dangereux nationalisme

Malgré la disparition du marxisme-léninisme, la fin des idéologies n'est pas encore en vue. Mais leurs rivalités se présentent tout autrement. Les partis socialistes ont totalement ou partiellement abandonné l'ancien modèle de la lutte des classes. Il ne répondait vraiment plus aux attentes de nos concitoyens. Les sociaux-démocrates ont été plus conséquents. Mais ils continuent à se méfier d'une société d'individus responsables et à se défier des corps intermédiaires. Ils attachent une importance démesurée à l'action d'un État déjà si lourdement présent dans le tissu social.

À première vue, la doctrine libérale a des atouts en mains. L'économie de marché a produit un niveau de vie qui semblait hors d'atteinte par d'autres systèmes. Mais le néo-libéralisme néglige la dimension sociale. Il privilégie trop aveuglément l'effort individuel en ignorant les plus faibles. Cela conduit à de nouvelles oppositions et à des conflits qui sont néfastes pour la solidarité.

La doctrine des Verts tient compte des hommes et privilégie la qualité de vie. Mais elle est tentée de donner une valeur absolue à la nature et à la terre, et donc de s'opposer à tout progrès technologique ou économique. En cela, elle menace de réduire les chances d'un libre développement et, finalement, de ne pas respecter la Création.

La réponse la plus dangereuse à la chute du communisme vient de l'idéologie nationaliste. L'amour de la patrie et le besoin d'appartenir à une communauté font partie de toute expérience humaine et doivent être respectés comme légitimes. Mais le nationalisme est inacceptable quand il devient un absolu au détriment d'autres valeurs et d'autres devoirs comme la loyauté à l'égard de l'État démocratique, les droits des minorités, la paix entre pays voisins, la coopération entre les peuples et la solidarité mondiale.

Les besoins de la personne

Nous savons que les faiblesses de ces idéologies risquent de nous mener sur une voie de garage. Mais les chrétiens-démocrates rejettent tout autant une démarche simplement pragmatique, une *Realpolitik* sans plus. Nous œuvrons à une alternative avec ceux qui veulent construire une société pour l'homme. Notre société ne peut pas se borner à satisfaire seulement les besoins matériels. Prendre en compte les besoins de la personne humaine dans sa plénitude et les moyens de les satisfaire est déterminant pour la réalisation de son bonheur.

La société européenne est soumise à bien des mouvements contradictoires qui mettent sa cohésion à l'épreuve. L'évolution démographique n'a jamais représenté un tel défi pour les générations à venir. Les grands courants migratoires résultent de la surpopulation dans certaines régions du monde et de la force d'attraction des pays développés et stables. Le fossé entre riches et pauvres reste l'une des grandes tragédies de notre temps. En Europe se pose en outre le problème du vieillissement. Il pèse lourdement sur notre avenir et nous force à repenser notre système de solidarité.

L'économie se mondialise, mais l'interdépendance croissante n'est pas organisée. Nous devons prendre conscience de l'épuisement des ressources naturelles, du gaspillage de l'énergie et des risques de catastrophes environnementales. Les progrès scientifiques et technologiques ne doivent pas nous dispenser de respecter la nature et ses limites. La science est certes une source d'inquiétude, mais elle permet aussi un bien-être futur à partager. Les innovations technologiques sont appelées à rendre meilleure notre vie en commun.

L'Europe n'est plus un projet porté par les leaders politiques, les forces vives et les médias. De plus en plus, l'intérêt national est mis à l'avant-plan, tandis que la solidarité et l'union politique sont mises à mal. L'opinion publique ne mesure pas suffisamment les bienfaits de l'intégration européenne et décroche. Depuis l'adhésion à l'Union européenne de huit États d'Europe centrale, elle est d'ailleurs lasse des élargissements. Le risque existe de voir une nouvelle génération politique renoncer à accomplir une mission historique que, en héritière des pères fondateurs, elle devrait mener à bien.

Des signes d'espoir

Une surinformation superficielle et trompeuse peut conduire à une totale disparition du sens des responsabilités et l'acceptation des décisions politiques dictées par des considérations purement émotionnelles. Cela peut créer un climat d'incertitude, de confusion et d'apathie et donner l'impression que tous les problèmes ont une solution sans peine. Les bases du consensus social réalisé en Europe sont menacées par la résurgence de la haine raciale et du nationalisme, et par une recrudescence de l'agressivité et de la criminalité. Les chrétiens-démocrates ne prétendent pas qu'ils peuvent surmonter ces tendances par des solutions toutes faites. Nous sommes très conscients des risques, mais ce qui guide notre action, ce sont les signes d'espoir visibles dans notre société.

La fin du conflit Est-Ouest fournit au monde la possibilité d'une paix durable et permet des économies sur les budgets de défense, dont les montants peuvent être consacrés au développement. Pour beaucoup de problèmes mondiaux, on recherche plutôt le consensus grâce à des organisations internationales. Un ordre juridique mondial se prépare.

La démocratie parlementaire connaît une vogue irrésistible et le modèle occidental de consensus, qui marie économie sociale de marché et démocratie, récolte de grands succès. Presque partout dans le monde, on accepte aujourd'hui la combinaison entre liberté politique et liberté économique. Cela devrait définitivement nous convaincre de rester fidèle à ce modèle.

Grâce à son processus d'intégration, le continent européen connaît la paix, la sécurité et le bien-être. L'Union européenne garantit la consolidation des jeunes démocraties de l'Est et peut contribuer à une relance économique à l'Ouest. La diversité des langues, des cultures et des religions offre à chacun des chances d'épanouissement personnel et nous invite constamment à relever le défi d'une véritable société européenne.

Les valeurs telles qu'elles sont vécues par les citoyens européens prennent des formes diverses. Elles sont très variées et semblent parfois contradictoires : repli sur la sphère privée ; progression du matérialisme, de l'individualisme voire du cynisme allant de pair avec l'effondrement des idéaux globalisants ; mais, en même temps, disponibilité pour un réel engagement et pour des causes précises, recherche d'un vrai sens à l'existence et aspiration à une vie de responsabilité, de fidélité et de stabilité.

Nous, chrétiens-démocrates, nous voulons apporter notre pierre à cette évolution positive du climat immatériel et saisir les chances qu'il nous offre. Beaucoup de citoyens, liés ou non à une Église ou à une religion, sont ouverts à des actions communes, à l'engagement, à la solidarité. Par tradition politique, la démocratie-chrétienne fait appel à ce qu'il y a de meilleur et de plus constructif chez chacun. Elle veut donner au personnalisme sa signification d'aujourd'hui.

Gardiens de l'intérêt général

Je suis, bien sûr, conscient des critiques soulevées par une certaine instabilité des chrétiens-démocrates dans leurs conceptions et leur vision de la société. Je sais à quoi nos adversaires se référaient quand ils accusaient, par exemple, le CVP de leur donner le tournis. Il est indéniable que le CVP était articulé autour de diverses composantes sociales, les *standen*, qui ne partagaient pas toujours les mêmes intérêts politiques. Ce n'est pas chose facile de maintenir un tel ensemble uni en toute circonstance. Sa grande faiblesse a parfois été, et peut encore être, de dériver vers une simple représentation d'intérêts catégoriels et de devenir un amalgame de gens ou de forces qui ne cherchent, par la politique, qu'à tirer leur épingle du jeu.

Chaque fois que les chrétiens-démocrates ont cédé à cette dérive, ils en ont rapidement subi les effets négatifs, tant sur le plan intellectuel qu'électoral. C'est seulement quand ils défendent un contenu et un objectif, formulés à partir d'une synthèse, toujours à refaire, portée par des leaders autonomes que les chrétiens-démocrates peuvent être vraiment eux-mêmes dans notre système politique. À condition de le vouloir, leur grand atout est d'être vraiment un parti irréductible à un seul groupe social préoccupé surtout par ses propres intérêts.

Il est clair que chez nous, les socialistes comme les libéraux cherchent leur substance dans une classe sociale bien déterminée. Il est tout aussi clair qu'ils ne pourront jamais devenir des partis populaires durablement stables s'ils ne parviennent pas à dépasser leur cadre spécifique. C'est parce que les chrétiens-démocrates y sont souvent parvenu que leur mission et leur rôle historique s'imposaient aussi clairement : occuper la place centrale dans notre système politique et être le gardien de l'intérêt général. Ce ne sont pas des paroles en l'air. L'intérêt général est un concept bien défini auquel le dirigeant politique est concrètement confronté dans sa tâche de chaque jour et dans la chaîne des décisions qui découlent de son action.

La démocratie-chrétienne perd son sens si sa politique n'est pas conduite par ce concept. On reproche parfois aux chrétiens-démocrates flamands, quand ils sont au gouvernement fédéral, de ne pas assez défendre les intérêts de leur région alors que leurs collègues wallons le feraient mieux pour la leur. C'est précisément là qu'est la différence. C'est la grande force d'un ministre chrétien-démocrate d'être, en toutes circonstances, à l'écoute de l'ensemble du pays. Cela vaut encore plus pour le Premier ministre. S'il perd de vue la dimension nationale, il n'est plus vraiment un Premier ministre. C'est pourquoi le parti qui fournit le chef du gouvernement s'impose, bien sûr, une servitude dont il doit accepter le poids. Il endosse une responsabilité particulière qui n'est pas celle des autres partenaires de la coalition. C'est précisément parce que les chrétiens-démocrates sont ce qu'ils sont qu'ils ont fourni tant de chefs de gouvernement. Ce n'est pas un hasard, mais la réponse à un besoin politique intrinsèque. Les faits sont ici plus parlants que les constructions théoriques les plus sophistiquées.

Le courant profond

Je pense que, dans les années à venir, la population saura séparer le bon grain de l'ivraie, du moins pour ce qui est des partis. Car un parti qui se dit apte à gérer les conséquences de nos choix politiques, et donc à fournir des dirigeants fédéraux, doit avoir des chefs qui en sont capables. Ils sont rares et on ne peut pas les fabriquer artificiellement par des combines ou des accords tactiques. Le parti politique qui néglige ce point de départ ne pourra jamais s'imposer ni être à la hauteur de l'enjeu. Les dirigeants chrétiens-démocrates ne doivent pas se laisser paralyser par l'éternelle question : notre parti est-il conservateur ou tourné vers les réformes sociales? Personnellement, je n'ai aucun problème pour situer le CD&V et le CdH dans ce débat gauche-droite. Il défendent viscéralement le courant profond, qui n'est pas, par nature, très porté aux réformes. Le grand art consiste donc à le faire changer de cap. Cela ne se fera pas à coups de propositions spectaculaires; il faut mener ces changements avec circonspection. On voit régulièrement qu'un bon nombre de chrétiens-démocrates ont des réflexes conservateurs dans beaucoup de domaines: fiscal, constitutionnel, socio-économique, éthique. J'en ai toujours été conscient, mais je sais aussi que nos partis ne sont pas sectaires et sont capables d'aller avec tout leur cœur à la rencontre de nos populations.

Celui qui adopte cette attitude peut avoir une action fructueuse. Il ou elle sait, bien sûr, que les grandes organisations sociales vont en grande partie déterminer la carrière de l'homme politique chrétien-démocrate. Mais il existe un vaste corps électoral en dehors de ces structures. Il ne peut être gagné que si le CD&V et le CdH lui présentent des hommes et des femmes ayant les aptitudes voulues en matière de bonne gestion, de bon *leadership*, de bonne communication. Ce que les partis peuvent gagner au-delà de leur électorat de base, ne peut leur venir que d'un surplus de compétence.

Le cavalier et sa monture

Cette compétence dépasse les frontières de la Belgique et suppose des liens avec les chrétiens-démocrates d'Europe et du monde. Pendant un demi-siècle, un *leadership* de poids a été fourni par des ténors de notre pays. La vision de l'homme et du monde qui fonde notre mouvement trouve son inspiration dans l'école personnaliste de Louvain – en particulier chez Albert Dondeyne et Jacques Leclercq – et dans l'enseignement social de l'Église. C'est à partir de là qu'a été conçu et formulé le programme de base d'Athènes, fondement doctrinal du Parti populaire européen.

Notre mouvement s'est développé jusqu'à devenir la formation politique la plus forte d'Europe. Ces derniers temps, il a connu une large expansion et englobe aussi des partis et des mouvements que les politicologues et sociologues classent au «centre-droit». Selon une terminologie anglo-saxonne simpliste, avidement reprise par certains journalistes de chez nous, on les dénomme encore «conservateurs». La simple vérité est que le cœur de ce grand parti est toujours formé par le courant chrétien-démocrate dans son inspiration, son programme et sa direction. La grande question qui me préoccupe aujourd'hui est celle de la continuité : qui est prêt à reprendre le flambeau ?

Lors d'une rencontre avec tous nos Premiers ministres et chefs de parti, juste avant Noël dernier, la nouvelle chancelière allemande Angela Merkel m'a demandé d'accepter un nouveau mandat de trois ans comme président du PPE. Je n'ai pu m'empêcher de penser à cette histoire qu'un ami m'a racontée récemment. Comme Bismarck prenait de l'âge, il dit à l'empereur d'Allemagne Guillaume : « À mon âge, je ne peux plus rester chancelier, je dois arrêter ! » L'empereur lui répondit : « Comment ? Mais je suis plus âgé que vous ! » « C'est juste », dit Bismarck, « mais il y a une grande différence entre le cavalier et sa monture. »

Je n'ai évidemment pas répondu à Angela Merkel que j'étais le cheval de notre parti. Mais je lui ai bien dit que je considérais le PPE comme mon enfant car c'est comme père que je l'ai vu naître. Aujourd'hui, le PPE est adulte, mais je suis prêt, dans la période cruciale qui nous attend, à passer encore quelque temps à son service…

INDEX

des noms de personnes

A

A Kempis Thomas *page(s)* 95
Abou Nidal 166
Adenauer Konrad 233, 367, 369
Aelvoet Magda 185
Agag Longo Alejandro 293, 294, 345
Albert II, roi 75, 76, 188, 304, 350, 428
Alen André 179, 181, 212, 217
Alliot-Marie Michèle 343
Amato Giuliano 351, 353
Amssoms Marianne 322, 334
Ancia Véronique 169, 170
Andreotti Giulio 241, 248, 249, 255, 275-277, 282, 283, 287
Andriessen Frans 248
Anseele Edouard 38, 39
Arzalluz Xavier 290, 293, 320
Aznar José María 218, 221, 270, 287, 290-294, 296, 302, 313, 315, 327, 330, 333, 334, 340, 345, 346, 358, 362, 367
Azzolini Claudio 314

B

Babylon Mik 22, 257
Bach Jean-Sébastien 86
Baker James 243
Balkenende Jan-Peter 270, 362
Barbi Paolo 306
Barnier Michel 351, 360, 371
Barroso José Manuel Durão 270, 294, 356, 356-362
Barrot Jacques 343
Bartels Alphons 151
Baudis Dominique 342
Baudouin Ier, roi 10, 11, 16, 21, 24, 37, 39, 40, 42, 43, 45, 48, 49, 54, 59, 60, 62, 66, 69, 71, 73-75, 77, 78, 81, 82, 84, 87-90, 92, 106, 130, 138, 140, 143, 144, 149, 154, 155, 160, 162, 173, 175-188, 191, 193-195, 197, 199-204, 211, 213, 215, 217, 219, 238, 265, 300, 338, 381, 386, 413-416, 418-422, 424-432
Baudrin Germain 38
Bayrou François 311, 343, 347, 363
Beatrix, reine 188
Beauvois Roland 93, 95
Berlusconi Silvio 270, 294, 305, 310, 313, 314, 317-319, 329, 340, 352, 356, 359, 360, 362, 364
Bernaert Robert 110, 136
Bertrand Alfred 226, 335
Bildt Carl 315
Birkin Jane 259
Bizimungu Casimir 202
Blair Tony 294, 359, 360, 371
Böge Reimer 325
Bond Nguza Karl I 190, 199, 269
Bot Ben 371
Bowie Robert R. 408
Brel Jacques 86
Breznjev Leonid 105
Brittan, Sir Leon 301, 310
Broers Huub 134
Brok Elmar 351
Brouhon Hervé 136
Bruton John 320, 351
Bush George sr. 242, 243, 254
Bush George W. 345
Buttiglione Rocco 312, 362
Buyle Daniël 91

C

Calewaert Willy 173
Cameron David 341
Cammarata François 99

Camps Hugo 203
Cardijn Jozef 102
Carette Pierre 112, 113
Carrington Peter 124
Castagnetti Pierluigi 314
Cavaco Silva Anibal 244, 277, 309
Chabert Jos 33, 38, 52, 74, 80, 81, 88, 351, 383
Chanterie Raf 234, 307, 308
Cheysson Claude 240
Chirac Jacques 243, 251, 283, 315, 342, 343, 352, 355, 357-360
Churchill Winston 242, 384
Claes Jef 29
Claes Lode 393
Claes Willy 41, 44-46, 48, 51, 65, 80, 81, 88, 97, 119, 157, 169-172, 179, 181, 184, 288, 330, 385, 424, 425, 427
Clement Miel 430
Clinton Bill 450
Cockfield, Lord Athur 241
Coëme Guy 120, 165, 170, 171, 197, 202, 203, 429
Coene Helga 257
Coene Mieken 257
Coens Daniel 92, 176, 244, 251, 396
Collard Leo 29, 34
Colombo Emilio 303
Cool August 33, 172
Cools André 41, 44-46, 48-52, 54, 59, 60, 70, 71, 75, 77, 79, 80, 85, 88, 97, 114, 132, 161, 169, 211, 260
Coolsaet Rik 120, 429
Coppieters Maurits 23
Cossiga Francesco 236
Coveliers Hugo 114
Cresson Edith 326

D

Dabin Paul 299
Daelemans Alfred 30, 33, 147, 176
Daels Paul 22
Daems Rik 388
Daloze Guy 4, 9, 122, 150, 169, 171, 263, 267, 350, 414
Damseaux André 147
Danneels Godfried 176, 442, 445
David Mario 317, 357
Davignon Étienne 88, 97, 240, 322, 427
De Backer Rika 169
De Bellefroid Éric 263
De Bondt Ferdinand 49, 50
Debunne Georges 79, 81, 85, 95, 96, 102, 390
De Clerck Berten 128
De Clerck Lou 65, 67, 260
De Clerck Roger 242
De Clerck Stefaan 138, 242
De Clercq Willy 26, 38, 77, 87, 90-94, 96, 99, 243, 245, 288, 365, 385
De Crombrugghe Werner 65
De Croo Herman 145, 191, 194
De Donnéa François-Xavier 169, 210, 385
De Fontenay Patrick 93
Defosset Léon 44, 69
Defraigne Jean 26, 136
De Gaulle Charles 442
De Geest Hilaire 106
De Groote Jacques 93
De Gucht Karel 205
De Habsbourg Otto 325
Dehaene Jean-Luc 27, 29, 30, 34, 47, 51, 65, 68, 69, 91, 92, 101, 114, 120, 121, 124, 133, 138, 140, 145-147, 153, 154, 157-165, 167, 171, 174, 175, 179, 184, 185, 209-211, 214-218, 220, 245, 246, 264, 285, 288, 293, 301, 302, 309, 315, 322, 327, 330-332, 334, 336-338, 351, 353, 355, 378, 386, 393, 400-402, 405, 410, 419, 422, 424
Dehousse Jean-Marie 133
Dejonghe Martin 439
De Keersmaeker Paul 44, 52, 287
De Keyzer Jean-Charles 267
Delanghe Luc 257, 332
De Larosière Jacques 94
Delcroix Leo 172, 207
Deleye André 220
Delors Jacques 239-241, 243-250, 269, 274, 276, 277, 279, 281, 308, 310, 327, 352, 365, 367
Delpérée Francis 380, 407, 414
Delruelle-Vosswinkel Nicole 88
Demeester Wivina 145, 211
De Meyer Jan 22, 28, 71, 391, 406
De Palacio Ana 351
Deprez Gérard 61, 65, 133, 147, 148, 151-154, 157, 262, 307, 308, 363, 386
Dequae Dries 128
De Raeymaeker Louis 22
De Ridder Hugo 8, 29, 38, 69, 141, 150, 151, 220, 380, 389, 446
De Rougemont Denis 357

De Saeger Jos 23, 26, 383, 392
Descamps Pierre 189
De Schepper Albert 18
De Schoutheete de Tervarent Philippe 273
De Schryver August-Edmond 25, 226, 335
Desmarets José 80, 81, 119
De Strycker Cecil 81, 93, 95
De Taeye Alfred 396
De Temmerman Els 440
Detiège Leona 173
Detremmerie Hubert 101, 103, 160, 322, 384
Devisch Noël 332
De Wachter Marcia 386
De Wilde Eddy 150
D'Hondt Paula 92, 147, 148, 169, 217, 428
D'Hondt Robert 102
Dhoore Luc 33
Dillemans Roger 33
Dillen Karel 81, 213
Dimitrakopoulos Giorgos 365
Dondeyne Albert 18, 19, 22, 456
Douste-Blazy Philippe 372
Drossens Albert 17
Dubois Abel 38
Dukes Alan 288
Duncan Smith Ian 340, 341
Duquesne Antoine 185, 386
Duran i Leida Josep 320
Dury Raymonde 186
Dutroux Marc 114, 138
Duvieusart Jean 11, 396

E

Elena, princesse 324
Elles James 367
Erdogan, Recep Tayyip 369-371, 450
Eyskens Gaston 11, 26, 28, 30, 33-37, 51, 60, 127, 395, 397, 410, 415, 428
Eyskens Mark 81-83, 85, 87, 89, 96, 97, 137, 165-168, 184, 193, 197, 203, 216, 256, 273, 384, 385, 388, 389

F

Fabiola, reine 187, 430, 431
Fanfani Amintore 244
Fontaine François 322
Fontaine Nicole 343
Fontaine Pascal 322
Fraga Iribarne Manuel 291
Fralon José-Alain 11, 419, 421, 427
Frère Albert 97
Friedrich Carl J. 408
Frost David 242
Furnémont Jean-François 85, 153

G

Gabarski Eddy 209
Gabriëls Jaak 210
Galeote Gerardo 314, 347
Gandois Jean 98-100
Gasperi Alcide de 233
Geens André 184, 202, 211
Geens Gaston 33, 35, 36, 169
Gillon Robert 97, 99
Gil-Robles José María 320
Gilson Arthur 100, 215
Giscard d'Estaing Valéry 67, 80, 96, 235-238, 246, 249, 294, 342, 351, 352
Glinne Ernest 284
Godeaux Jean 95
Goffinon Guy 110
Gol Jean 42, 43, 84, 90, 92, 99, 106, 110, 112-114, 121, 125, 132, 136-139, 143, 154, 194, 203, 260, 263, 378, 384-386
Gonzalez Felipe 244, 248, 249, 255, 256, 277, 294, 309
Goossens Ingrid 364
Goossens Paul 330, 331
Gorbatchev Michael 117, 126, 242, 254, 256
Gramme Georges 44, 73, 74
Grammens Flor 21
Grauls Jan 25, 26, 44, 65, 417
Grauls Jan jr. 9
Green Pauline 318, 320, 326
Gromyko Andrej 125
Grootjans Frans 87, 91, 145, 162, 221, 385
Grosch Mathieu 307, 308
Guckenberger Gerhard 317
Guigou Elisabeth 253, 284
Gül Abdullah 369
Guteress Antonio 294
Gysen Jan 234

H

Habyarimana Juvénal 197, 198, 201-203, 431
Haeck Arnold 150

Haemers Patrick 115
Hague William 340, 345
Haider Jorg 345
Hallet Jean 36, 88
Hänsch Klaus 320
Hansenne Michel 92, 147, 260
Happart José 73-75, 127, 130-132, 134, 135, 148, 149, 151-154, 381, 385, 418
Harmel Pierre 18, 25, 26, 37, 216, 299, 427
Hassan II, roi 193, 194
Haughey Charles 244, 273, 277
Havel Václav 449
Havelange Pierre 54
Heath Edward 295
Helgers Hans 320
Henderick Vincent 219, 406
Hennicot-Schöpges Erna 320
Hennig Ottfried 315
Henrion Robert 78, 88, 427
Herman Fernand 299, 307, 351
Herman-Michielsens Lucienne 173, 174
Heylen Yvan 219
Hintze Peter 271, 356
Hoffman Christiane 436
Hollants van Loocke Jan 166, 167
Houben Robert 26, 30, 35, 37
Houtekins Emmanuel 166
Houthuys Jef 81, 93, 95, 101, 147, 148, 151, 160, 384, 390
Howard Michael 341, 359
Howe Geoffrey 244, 245, 248
Hoyaux Jacques 49, 50
Hurez Léon 44, 50, 51
Hussein Saddam 195, 275, 429
Huyghebaert Jan 29
Huysmans Camille 21, 26, 216

J

Jansen, Thomas 225, 287, 298
Jean-Paul II 323, 354, 431
Jenkins Roy 236
Juncker Jean-Claude 270, 315, 327, 355-357, 359, 362
Juppé Alain 315, 343

K

Kagame Paul 196, 203
Karamanlis Kostas 356, 359, 362, 369
Kegel Sandra 436
Khaled Walid 137, 165-168
Kiebooms Louis 392
Kimbulu Jean-Pierre Moyanso wa Lokwa 192
Kinsbergen Dries 427
Kissinger Henry 28
Klepsch Egon 290, 296, 297, 306, 307
Knoops Etienne 42, 43, 385
Kohl Andreas 344
Kohl Helmut 149, 161, 208, 218, 221, 225, 231, 237, 240, 241, 243-250, 254-256, 268, 273-275, 277, 278, 280-282, 284, 287-289, 291, 293, 295-299, 301-304, 306-309, 312-315, 319, 324, 330, 343, 351, 361
Kok Wim 301, 327
Korthout Guy 364
Kremer Christian 363

L

Lahaut Julien 114
Lallemand Roger 174, 175
Lamassoure Alain 342, 351
Lamfalussy Alexandre 248
Lamy Pascal 243
Lawson Nigel 248
Leburton Edmond 34, 37-41, 44, 50, 189, 194, 216, 378, 383, 415, 428
Leclercq Jacques 456
Leemans Edward 34
Lefèvre Theo 23-26, 63, 128, 135, 226, 335, 378, 391, 394, 446
Leinen Jo 365-366
Lenssens Jan 176
Leopold II, roi 193
Leopold III, roi 11, 16, 180, 396
Lepère Christiane 91, 132
Leysen André 388
Leysen Vaast 45, 87, 160
Liikanen Erkki 326
Lizin Anne-Marie 284
Lopéz-Istúriz Antonio 294
Loppe Pierre 263
Lousse Émile 22
Lubbers Ruud 161, 188, 208, 218, 244, 246, 253-256, 277, 278, 280-282, 284, 285, 296, 297, 301, 302
Lücker Hans-August 227-229, 231, 232, 234, 335
Luyten Walter 257

M
Madelin Alain 343
Maertens Paul 299
Major John 275-277, 280, 281, 296, 297, 302, 340
Mangé Etienne 170
Marin Manuel 326
Marini Franco 320
Martens Amaat 15
Martens André 15
Martens Anne 5, 52, 252, 272
Martens Daniël 15
Martens Eduardus 15
Martens Emma 16
Martens Gilbert 15
Martens Henri Cyriel 15
Martens Jacob 433
Martens Kris 5, 52, 272, 437-439
Martens Sarah 5, 272, 439
Martens Simon 5, 15, 272, 439
Martens Sophie 5, 272, 439
Mathot Guy 29, 80, 81, 83, 84
Mayence-Goossens Jacqueline 92
Maystadt Philippe 61, 81, 92, 103, 131, 133, 147, 148, 151, 154, 155, 209, 262, 278, 320
Mazière Lothar de 274
Méan André 150, 267
Meert Marie-Paule 69, 169
Méhaignerie Pierre 342, 343
Méndez de Vigo Iñigo 351-353
Merkel Angela 271, 350, 356, 358, 360-362, 369, 373, 440, 457
Michel Joseph 149, 152, 154, 385
Michel Louis 143, 145, 154, 205
Michelis Gianni de 283
Milquet Joëlle 346
Mitsotakis Konstantin 277, 296
Mitterrand François 98, 119, 149, 161, 237, 239-241, 243, 244, 247-250, 253-255, 268, 273, 283, 284, 302, 338, 441
Mobutu Sese Seko 37, 189-196, 203, 266
Mock Aloïs 344, 345
Moens de Fernig Georges 19, 21
Molitor André 74, 414
Monard Georges 29
Monheim Francis 195
Monnet Jean 242, 322
Monsengwo Laurent 196
Monti Mario 310
Mordant Henri 384, 385
Moreau Robert 45
Moreels Reginald 205
Moureaux Philippe 65, 80, 133, 163, 164, 167, 169, 171, 179, 181, 184, 185, 193, 202, 209, 210, 212, 386, 422, 424, 425, 428
Mouton Olivier 147
Museveni Yoweri 198, 200
Musil Robert 412

N
Nassauer Harmut 369
Nasser Saïd 166
Newman John Henry, Cardinal 7
Neyts Annemie 288
Niiniströ Sauli 344
Normington Richard 345
Noterdaeme Paul 215
Nothomb Charles-Ferdinand 36, 37, 40, 44-46, 49, 51, 53, 54, 59, 61, 89, 90, 92, 110, 123, 130, 132, 136-139, 144, 146, 148, 149, 184, 186, 226, 234, 262, 378, 385

O
Oomen-Ruijten Ria 323
Orban Victor 354
Oreja Marcelino 291, 310, 348
Outers Lucien 44, 46, 69, 211

P
Paola, reine 428
Papandreou Andreas 244
Patten Chris 296, 359, 360, 367
Peperzak Ad 447
Peremans Willy 22
Périn François 41-43, 212, 384, 385
Persoons François 69
Peterle Alojz 289, 290, 351
Pétry Irène 411
Philippe, prince 269, 428
Picqué Charles 210
Pierlot Hubert 181
Piret Jean-Marie 69, 73, 74
Plasschaert Paul 332
Pöttering Hans-Gert 270, 310, 311, 314, 317, 339, 341, 356, 359, 360
Poullet Edouard 428
Prestel Bernhard 367
Prodi Romano 313, 318, 319, 326, 327, 355, 359, 363-364, 447
Prout, Sir Christopher 290, 295-297

Q
Quevrin Anne 150

R
Rabin Yitzhak 293
Raffarin Jean-Pierre 270, 343, 352, 362
Ramaekers Jef 44
Reagan Ronald 117, 121, 122, 124, 126, 239, 242, 243, 266
Reyn Alex 166, 167
Ricoeur Paul 31, 446-448
Rinsche Günther 307
Robles Gil 320
Rocard Michel 253
Römer Harold 296
Ronsijk Pieter 8
Roosens Antoon 24
Rupérez Javier 291
Ruys Manu 34, 410
Ryan Patrick 252, 379

S
Salvatore Diane 450
Sanader Ivo 354, 371
Santer Jacques 226, 244, 249, 255, 277, 288, 296, 301, 302, 305, 308-310,325-327, 336
Sarkozy Nicolas 342
Sassoye Bertrand 112
Schäuble Wolfgang 340, 350, 351, 361
Schouteden Ilse 220, 272, 439, 334
Scheyven Raymond 35
Schiltz Hugo 44, 46, 47, 49, 59, 148, 179, 181, 185, 211, 221
Schleicher Ursula 365
Schlüter Poul 244, 277
Schmidt Helmut 66, 67, 80, 96, 117, 119, 235-238, 240
Schröder Gerhard 327, 355, 357-359
Schultz George 242
Schuman Robert 233, 324, 347
Schüssel Wolfgang 345-348, 358, 362
Segers Paul-Willem 26, 60, 87, 88, 383, 389, 390, 427
Séguin Philippe 314, 343
Senelle Robert 212, 407
Simonet Henri 75, 76, 88, 118, 119, 194
Smal Louis 99
Smet Miet 29, 325, 329-337
Spaak Antoinette 49, 51, 59, 69, 70
Spaak Paul-Henri 23, 25, 135, 391, 394
Spitaels Guy 65, 80, 85, 88, 131, 133, 153, 157, 160, 161, 165, 171, 174, 175, 192, 212, 259, 288, 365, 379
Stalpaert Georges 52, 106
Steeman Stéphane 9, 262, 442
Steen Edward 323
Stengers Jean 180, 181
Stoiber Edmund 362
Sturzo Luigi 312
Suárez Adolfo 294
Sutherland Peter 301
Swaelen Frank 35, 36, 81, 89, 121, 123, 145, 159, 160, 174, 184, 186, 217, 245

T
Tegenbos Guy 150, 162
Thatcher Margaret 86, 124, 149, 231, 235, 237-244, 247-255, 268, 273, 275, 277, 281, 290, 295, 296, 379
Thevissen Frank 144
Thierry Jean-Pierre 322
Thiers Adolphe 73
Thorn Gaston 236, 239, 240
Thys Petrus 332
Thyssen Marianne 307, 330, 335, 351
Timmermans Felix 17
Tindemans Leo 26, 28, 33, 34, 36-44, 46-55, 59, 60,62, 66-69, 77, 80, 82, 83, 87-90, 92, 93, 95, 119-126, 143, 161, 165, 173, 191, 193, 216, 221, 226, 227, 233, 234, 236, 243, 288, 300-301, 306-309, 335, 383-384, 389, 397, 410, 415
Tito Josip Broz 37
Tobback Louis 114, 118, 166, 170, 192
Trakatellis Antonios 369
Tshisekedi Etienne 196
Tsjernenko Konstantin 125

U
Urbain Robert 184, 212
Uwilingivmana Agathe 204
Uyttendaele Marc 212

V
Vaes Robert 76, 185
Valvekens Jan 257
Van Aal Henri-François 189
Van Acker Achiel 216, 413
Van Acker Frank 88, 427
Van Buitenen Paul 325
Van Cauwelaert Edgard 19
Van Cauwelaert Rik 169, 171, 393

Van de Lanotte Johan 138, 386
Vanden Berghe Herman 439
Vanden Boeynants Paul 25-28, 36, 52, 59-61, 65, 66, 70, 82, 90, 194, 209, 377, 378, 383
Vanden Bogaert Ronald 191
Van den Bossche Luc 336
Van den Brande Luc 219
Van den Broek Hans 278, 279, 310
Vandenbroucke Frank 165, 195, 210
Van de Perre G. 19
Vandeputte Luc 83, 364
Vandeputte Robert 388
Van der Elst Frans 41, 44, 45
Van der Haeghen Octaaf 15
van der Haeghen Rudy 15
Van der Kelen Luc 331
Vandermeulen Wim 257
Van der Velden Ben 327
Van de Velde Theodoor Hendrik 434
Van de Voorde Aloïs 260
Van de Woestijne Francis 150, 263
Van Elslande Renaat 383
Van Eynde Jos 34, 37, 41, 189
Van Gennip Jos 299
Van Gerven Lieven 187
Van Gerven Walter 326
Van Hecke Johan 221, 293, 300, 324, 330, 332, 335, 358, 363, 440
Van Hemeldonck Marijke 186
Van Istendael Geert 91, 212
Van Miert Karel 48, 49, 54, 59, 75, 118, 120, 245, 246, 320
Van Peel Mark 320, 329-331, 333-337
Van Peteghem Leonce 38
Van Rompuy Éric 68, 336
Van Rompuy Herman 68, 103, 124, 145, 167, 175, 176, 215, 217, 221, 300, 330, 332, 333, 335, 379, 407, 449
Van Rossem Jean-Pierre 213, 214
Van Stallen Pol 66, 109
Van Velzen Wim 304, 347, 354, 369
Van Ypersele de Strihou Jacques 65, 66, 74, 80, 94, 95, 143, 179, 191, 199, 201, 239, 260, 386, 429
Vandekerckhove Robert 26
Vanderpoorten Herman 88, 89, 173, 427
Vanlaecken Virginia Estella 15
Vanpeteghem Baudouin 147
Velaers Jan 380, 399, 404, 405
Verbeke Gerard 22
Verhofstadt Guy 114, 144-148, 150, 151, 153, 154, 157, 161, 185, 192, 214, 215, 263, 350, 355-361, 363, 365, 367, 369, 371, 373, 377, 379, 385, 388, 403
Verleyen Frans 61, 144, 197, 303
Vernaillen Herman 110
Verplaetse Fons 93-95, 101, 146, 160, 243, 386
Verroken Jan 28, 47, 128
Vitorino António 356, 359
Von Hassel Kai-Uwe 230
Vreven Freddy 126, 136

W

Waigel Theo 315, 440
Wathelet Melchior 114, 154, 166, 181, 184, 185, 197, 208, 215, 379
Weber Max 31
Weckx Hugo 176
Welle Klaus 298, 315, 341
Werner Pierre 95, 96
Westerlinck Albert 22
Wezenbeel Bob 257
Willockx Freddy 210, 318
Wintoniak Alexis 344
Wynants Roger 149

Y

Yourcenar Marguerite 446

TABLE DES MATIÈRES

Lever de rideau		7
Première partie	Mes débuts	13
I	Mes jeunes années	15
II	Pas par la grande porte	25
III	J'étais un président inquiétant	33
IV	La pénible épopée du Pacte d'Egmont	43
Deuxième partie	Douze ans Premier ministre	57
V	D'abord un refus	59
VI	La première fois	65
VII	Le Roi et le Prince mis en cause	73
VIII	Martens III : à trois pour la réforme	77
IX	Martens IV : la bataille de l'index	79
X	Martens V : l'inévitable dévaluation	89
XI	La chute du géant wallon	97
XII	La vérité sur Poupehan	101
XIII	À cœur ouvert	105
XIV	Terreur sur notre pays	109
XV	Un étrange accord sur les missiles	117
XVI	Carrousel dans les Fourons	127
XVII	Le psychodrame du Heysel	135
XVIII	Martens VI : on prend les mêmes, ou presque	143
XIX	Martens VIII : à boire et à manger	157
XX	Le Roi refuse de signer la loi sur l'avortement	173
XXI	Mes expériences africaines	189
XXII	Le Maure a fait son devoir	207
Troisième partie	Mon Europe	223
XXIII	La laborieuse création du PPE	225
XXIV	Deux fois président du Conseil	235

XXV Le chemin de Maastricht… et de Bruxelles 253
XXVI Helmut Kohl, José Maria Aznar et les autres 287
XXVII Naissance dans un bungalow 305
XXVIII Une basse manœuvre 329
XXIX La croissance spectaculaire d'un parti et d'une idée 339
XXX Parce que Verhofstadt n'était pas au PPE… 353

Quatrième partie Le parcours d'une vie 375
XXXI Mes huit gouvernements 377
XXXII Ma loyauté fédérale 391
XXXIII Baudouin, tel que je l'ai connu 413
XXXIV L'esprit de famille 433
XXXV Ce que je crois 445

Index des noms de personnes 459

Achevé d'imprimer le 26 avril 2006
sur les presses de l'imprimerie Lannoo à Tielt